皇居明治宮殿の室内装飾

野中和夫

同成社

はしがき

京都御所は、延暦十三年（七九四）、桓武天皇による平安遷都から、明治二年（一八六九）の東京奠都に至るまで千有余年を天皇の御座所としての皇城であった。現存する京都御所は、安政二年（一八五五）の造営によるものである。紫宸殿・清涼殿などにみる寝殿造りや御常御殿・御学問所などの書院造りは、純和風様式の我国を代表する建造物である。また、迎賓館赤坂離宮は、明治四十二年（一九〇九）、当時皇太子であった大正天皇の東宮御所として造営されたものであるが、ジョサイヤ・コンドルの弟子、片山東熊が建設を手掛けたネオ・バロック様式の西洋風建造物として知られる。現存する二つの宮殿については、建築様式はもとより装飾品等々に至るまで比較をすることが可能である。

他方、明治二年の奠都により元治年間に建造された江戸城西丸仮御殿が皇居とされるが、明治六年五月五日の火災で全焼する。新たに建造されるべき宮殿はその位置や建築様式を巡って紆余曲折の結果、表宮殿を西丸、奥宮殿を山里、宮中三殿を吹上とし、明治二十一年十月に竣工した。名称は宮城と変えられ、翌二十二年二月十一日、正殿で明治憲法発布式が執行されたのは周知の通りである。この明治宮殿は、昭和二十年（一九四五）五月二十五日に桜田濠沿いにあった参謀本部が爆撃され、その類焼によって全焼する。その後、新たな宮殿が昭和三十五年に着工、昭和四十三年十月に竣工し、現在に至っている。

明治宮殿は、「謎の宮殿」ともいわれてきた。それは、現存しないことにもよるが、宮内庁書陵部が所蔵する膨大な資料が公開されなかったことが大きな要因となっていた。もっとも杉戸絵は焼失前に一部が持ち出され、それらは宮内庁と東京国立博物館に所蔵されている。関千代の大著『皇居杉戸絵』や柴田是真・真哉親子が描いた後席之間天井画下絵（東京藝術大学所蔵）の公開などにより断片的ではあるがその存在が知られていた。

平成二十二年（二〇一〇）四月、宮内庁書陵部図書課内に宮内公文書館が設立されたことを契機として、皇居（明治宮殿）造営に関する資料が公開されることとなった。筆者は、拙著『江戸城―築城と造営の全貌―』の中で、土木・建築を中心として宮城造営について述べたことがある。宮城造営については、『皇居御造営誌』と『皇居造営録』の二つの基本資料がある。前者が一三五件、後者が七二九件の合計八六四件からなる。さらに、造営下調図、建物及び内部諸装飾図の造営図面類が六六帖あり、これらだけで九三〇件となる。このほか、明治宮殿写真帖や明治憲法発布式図、宮城風致考などの関連する資料を加えると、優に、一千件を超える膨大な資料群なのである。

明治宮殿の位置や建築様式が正式決定する明治十六年七月十七日（着工は翌年四月十七日）以前に、謁見所と食堂を赤坂仮皇居内に洋風石造建物として建築しようとしたことはあまり知られていない。ちなみに、明治十二年、建設中に地震が発生。亀裂が入って即刻、中止となる。この石造建物の中止が、宮殿の位置と建築様式を決定する上で大きな影響を及ぼすことになる。

大正十一年に編纂された「明治宮殿写真帖」の表宮殿の間内の写真を見ると、実にモダンである。後に迎賓館の建設を手掛けた片山東熊がドイツに派遣され、各種家具や装飾器具の調達で奔走したことが活用されることになる。本書では触れないが、『皇居造営録（片山技師独逸出張装飾品購買諸件）一』に載る「御装飾品ニ係ル説明書第二」の各宮室のレイアウトは、時代を先取りする見事の一言に尽きるものがある。

本書は「皇居明治宮殿の室内装飾」の書名であるが、関連する資料の公表に心掛けている。そのため、明治宮殿竣工に至るまでの経過を「皇居御造営誌（本紀）」から時系列で追い、「明治宮殿写真帖」の各間内に如何に反映されているかを紹介した。さらに、表宮殿と奥宮殿の二つの建築様式、機能が異なる間内の相違点などについても検討を加えている。

明治宮殿は、政府と皇居御造営事務局とが一体となり、新政府の威信をかけて造営されたものである。明治期日本を代表する建造物の一つであったことは間違いない。だが、残念ながら灰燼と化し、面影は全く残されていないがゆえに、資料を通して復元に迫ろうと試みたのが本書である。

『皇居明治宮殿の室内装飾』目　次

第一章　表宮殿・奥宮殿の主要間内の配置と名称、間内の景観

（一）表宮殿と奥宮殿

明治宮殿は、二つの区画に大別することができる。一つは、公的な機能・性格を有する表宮殿。一つは、天皇や皇后の日常的な生活空間である奥宮殿。すなわち、「表《おもて》」と「奥《おく》」の両者から構成されている。その位置は、表宮殿が旧江戸城の西丸御殿、現在の皇居正殿付近、奥宮殿がその西側の山里地区にあたる。奥宮殿は、このほか天皇・皇后に仕える女官たちの居所である女官部屋が楓山下（紅葉山）に築かれる。これらの配置は、後述する付章1の『皇居御造営誌下調図1・2』で紹介するが、京都御所の内裏や、江戸城御殿などを参考としている。

図1—1は、『皇居造営録（図）明治一五～二二年』（識別番号四四四九）に所収されている表宮殿の全体図である。竣工後に間内の名称が一部変更するが、本図は竣工時点の図である。長軸がほぼ南北を指し、西側に奥宮殿、北側に宮内省が位置する。

宮殿間内の配置は、二重橋を渡り正面玄関となる唐破風の御車寄が図の下端。通常の玄関が図右端中程の東車寄となる。二つの玄関は、紀元節や天長節、新年拝賀、国賓や外国公使などの朝儀・公儀を御車寄。それ以外の通常の謁見を東車寄と区別して用いられた。宮中儀礼の主要な建物（間内）は、御車寄を中心として東車寄を結ぶラインを長方形に廊下で繋ぎ、中軸線上に御車寄受附之間、謁見所（竣工後は正殿。以下、括弧内は竣工後の名称）、饗宴所（豊明殿）を配置する。その上で、南側から右・左廂、東・西脱帽所（各一之間・二之間）、東・西化粧之間（西化粧之間は女官面謁所、葡萄之間）、東・西溜之間を左右対称に置き、饗宴所に隣接する西側には、後席之間広間・婦人室・小食堂（千種之間・牡丹之間・竹之間）が並ぶ。東車寄受附之間左右には、左手に南溜之間、右手に北溜之間となる。整然とした配置である。また、謁見所と饗宴所に挟まれた広い空間には噴水池の庭園が拡がる。

天皇が日常の政務を行う内謁見所（鳳凰之間）と御学問所（表御座所）は、図内左下、謁見所の西側となる。内謁見所と廊下を挟んだ北側には、皇后の表謁見所となる北之間（桐之間）が位置する。御学問所は、表宮殿の主要な間内では唯一、二階建である。

内謁見所・御学問所の北側には、天皇を補佐する侍従長・侍従・侍医等々の詰所や皇族・大臣候所などが置かれている。

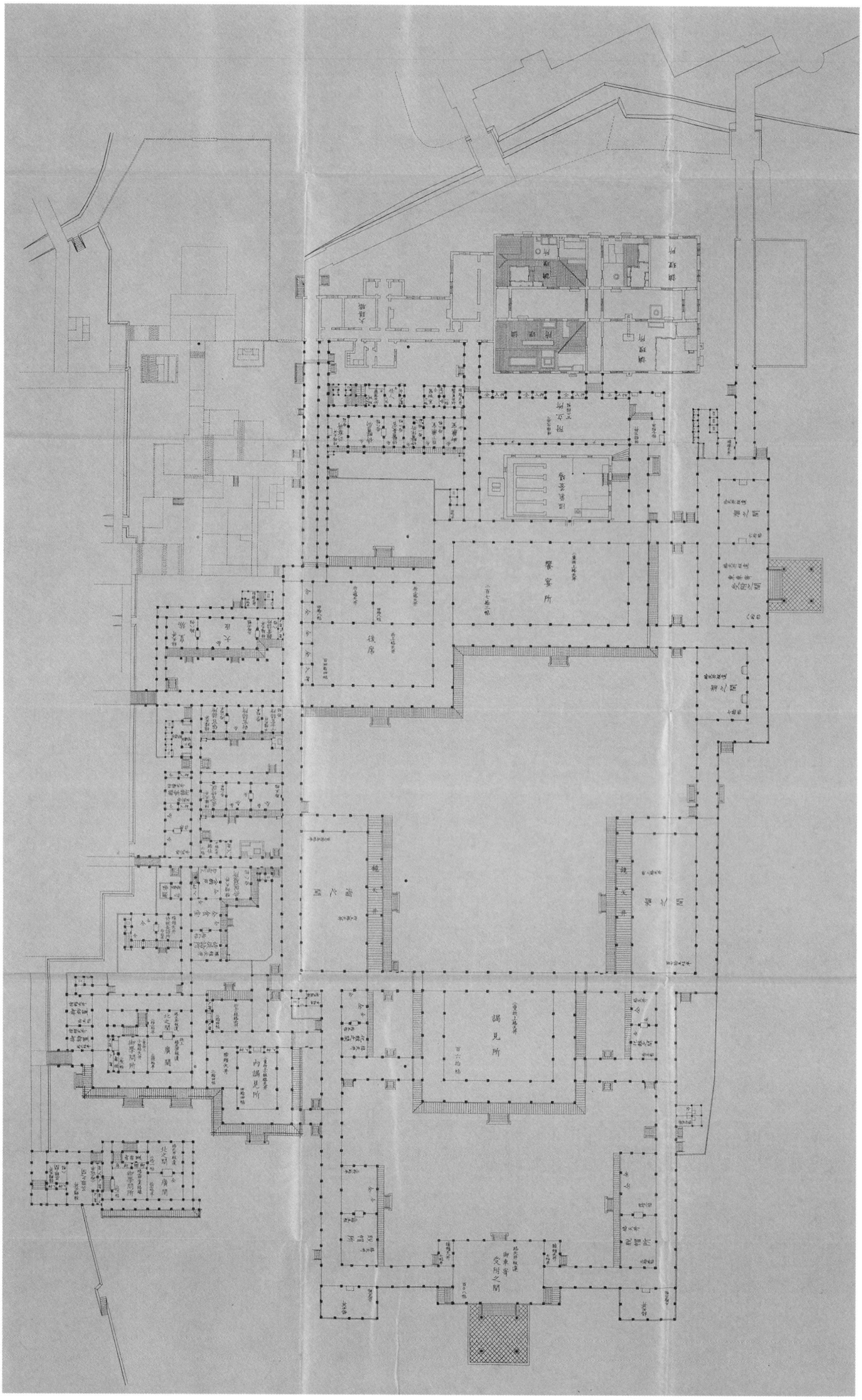

図１－１　表宮殿全体図

ちなみに、表宮殿から奥宮殿への通路は三通りある。一つは、御学問所の広間から入側・廊下を通るもの。一つは、後席之間南入側から下士官・尉官・佐官詰所前の廊下を通るもの。一つは、前二者の中程、西溜之間西側から侍従寝所前の廊下を通るもの。このうち、天皇が奥の聖上常御殿から表宮殿に渡るのは、御学問所の西側となる。連絡通路が唯一、絨毯敷となる。

なお、饗宴所の北側は、機関所、附立所、料理所、その西側には、御薬室・侍医局、内膳課などが配置する。

図1―2は、『皇居造営録（聖上常御殿）四　明治一五～二一年』の第一二號に所収されている奥宮殿の全体図である。図1・2とも同一の縮図として作成されており原図は共に四〇〇分ノ一、前述した両宮殿を連絡する三条の廊下は、図右側中央から右斜下で整合する。着色が施されているのは、引用した資料が奥宮殿の絨毯敷を示す図によるものである。主要な建物をみることにする。

宮殿内で最も高所にあるのが聖上常御殿である。図左下の最も大きな建物である。一〇部屋からなり、このうち、剣璽之間と御上段の二間が畳敷、他が椽座敷を含め絨毯敷である。床と棚を備える書院造りの御小座敷は左下隅に位置する。聖上常御殿から右下の御学問所への取合廊下が最も重要となる。

聖上常御殿の北側に位置するのが、皇后宮常御殿、皇太后宮御休所である。皇后宮常御殿は、聖上常御殿北西側椽座敷から廊下で入側に渡ることができ、九間からなる。このうち、最も格式の高い御一之間は、図中左隅下に位置する。皇太后宮御休所は、皇后宮常御殿のさらに北側にあり、四間からなる。中心となる御休所は、間内左下となる。

奥宮殿で重要な空間は、この三殿を除くと絨毯敷の箇所となる。（明治一九年六月宮内大臣の伊藤博文から婦人服制について洋装の通達が出される。これによって皇后宮常御殿でも絨毯が導入され、明治二十一年四月、カールローテ商会から購入することになる。）皇后宮常御殿の東側、表宮殿に最も近いのが宮御殿である。入側と廊下に挟まれた南側に中庭がある。六間からなる。このうち、宮御殿は最も西側に位置する。二つの御殿に挟まれた空間には、南から申口取合之間・女官候所・奥御物置・御用談之間が置かれ、廊下で奥の各御殿と表宮殿とが結ばれている。奥の宮御殿の北側、廊下を挟み、供進所・清流之間、御膳掛・御道具掛がある。

本図の上位、右上が奥御車寄である。左手に連絡路が北西の楓山下の女官部屋に延びる。奥御車寄から皇太后宮御休所の方向に絨毯敷の廊下が延びるが、その途中に御霊代と二位局の間が位置する。

（二）「明治宮殿写真帖」にみる間内の景観

明治宮殿の間内は、昭和二十年五月の東京空襲によって全焼し、今日、見ることができない。その優美な姿をとどめている資料として、宮内公文書館所蔵の『明治宮殿（四つ切り）その壹～その参（写真帳）／大正十一年』（識別番号四六八五七～四六八五九）がある。これは三帖からなり、一二三点の写真と表宮殿平面図一点が所収されている。写真は、通し番号とキャプションが付き、その壹には「第壹號　正門及石橋」に始まり「第五〇號　南溜之間内部　其壹」までの五〇点、その貳には「第五壹號　南溜之間内部　其貳」から「第壹〇〇號　女官候所外観」までの五〇点、その参には「第壹〇壹號　内謁見所一之間」から「第壹貳参號　西溜之間内部」までの二三点に表宮殿平面図一点が加わるもので、その参には皇后宮御殿・常御殿・宮内省なども含まれている。いずれも貴重でかつ資料性が高いことから、まず構成を紹介する。括弧内は、前述した名称に対応するものである。

はじめに、写真帳その壹のリストをあげることにする。この写真帳には、

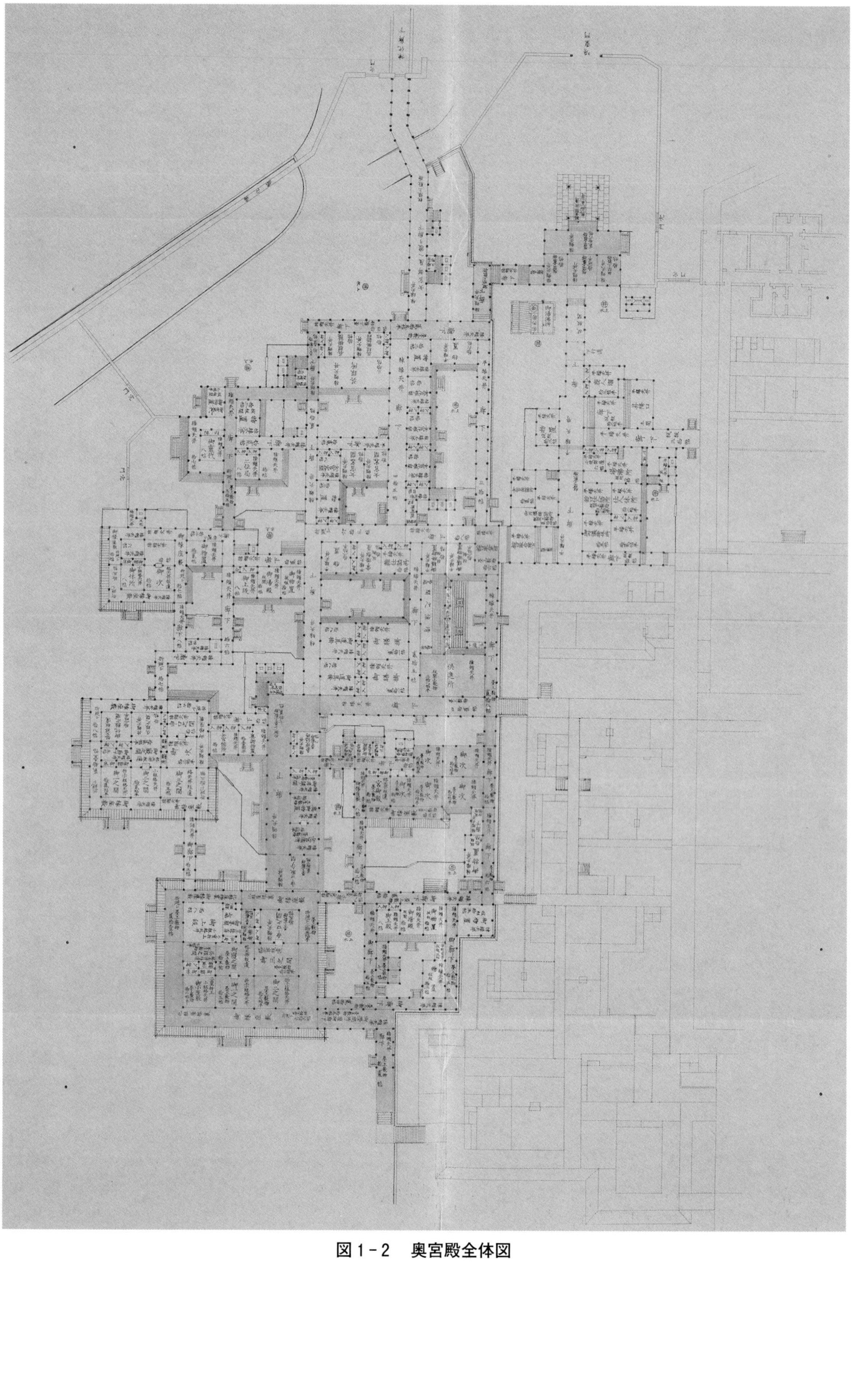

図１－２　奥宮殿全体図

二重橋正門から大手門と石橋鉄橋を見下ろす写真に始まり、西丸大手門、二重橋、御車寄正面と公式訪問の順序で編集されている。表宮殿内も正殿を中心に据え、東西溜之間までの順路となる。受附之間、同・左右廂、東西一・二之間、正殿へと続く。東西一・二之間は、竣工時には東西脱帽所と呼称し、後述する『皇居御造営誌（家具装置事業）三』の装置費明細書を参照すると、表宮殿の間内で唯一、帽子掛兼傘台を設置したところである。東・西の相違は、脱帽所を例に挙げると東は大臣、西は皇族の控え室に各々、使われたという。化粧之間や溜之間も正殿での式典の同様な機能をもつ。西側の各間の写真が幾分多いのは、このあたりの理由であろうか。正殿は、明治二十二年二月十一日に欽定憲法である大日本帝国憲法発布式が行われたことで有名である。重要な式典には欠くことのできない空間である。

写真帖は、キャプションが付けられていることで場所を特定することができ、宮殿に例をあげると間内にとどまらず、必ず外観の写真も添えてある。このあたりにも資料的価値が高いところである。ところで、この写真帖には、號数・キャプションのほかに、写真下のアルバムに数字が打ち込んであるものがある。一例として第八號には「8.9.10」とある。おそらくこの数字は、撮影日と考えられる（有るものには一覧表の號数うえに「・」印を付した）。参考までに、撮影日と考えられる数字は、写真帖「その壹」で二四点、同・「その貳」で二六点、同・その参で三点の合計五三点となる。四割程度は付けられているが、同・「その参」の中で奥宮殿の写真には全く見られない。ちなみに、数字を拾うと、「8.9.10.」のほかに「8.5.1」と「11.4.…」がある。「8.5.1」とある第貳壹・貳貳・貳四・貳五・八〇〜八四・八六・八七・八九〜九壹號の一五点（いずれも西脱帽所と内謁見所）、「11.4.…」は第壹貳壹〜第壹貳参の三点となる。つまり、この数字が日付で有るならば、少なくとも大正八年から同十一年にかけて三回以上、撮影したことになる。資料名に「大正十一年」とあるのは、ここからきているのである。余談であるが、写真帖「その参」に収録されている日付の入った三点の写真は、舞楽鑑賞に伴う一連の行事と思われる。正殿には、龍蓋（天蓋）と反対中央に玉座椅子二つ、玉座の左右と二壁に沿って椅子が並び、床の中央やや奥側に舞楽用の座。人物こそいないがその配置は『憲法発布式図5　舞楽殿御覧之図』（識別番号八〇〇八四）の景観と全く同じである。豊明殿には二列の卓と椅子が整然と並び、開宴前の様子。西溜之間は、廊下と接する壁側には長椅子、広椽側には小形卓子と椅子。大きな花瓶には生花。想像すると、「明治宮殿写真帖」の編集者が最後の三点の写真で表宮殿の一連の行事を表現しているように見えてくる。写真帖の最後に表宮殿平面図があることも納得できるのである。残念ながら撮影者、編集者ともわからない。

つぎに、写真帖「その貳」のリストを見ることにする。これには、表宮殿の北半と、天皇の表宮殿における表御座所の御学問所と政務を執る鳳凰之間までが収録されている。通常の玄関となる東車寄及び受附之間は、正面玄関である御車寄・受附之間と比較すると規模が幾分小さいが銅板葺唐破風の堂々とした構えをしている。南北溜之間は、控え室の役割も課している。豊明殿は、宮殿最大の建物で数々の饗宴が催されたところである。それに続く千種之間は、饗宴後のレセプション会場である。牡丹之間と竹之間は、それらの小規模な間内となる。いずれも豪華な装飾が施されており、角度を換えて撮影されている。竹之間は、竣工時には小食堂と呼称され、後述する装飾費明細書には、宮殿内で唯一、大・小食器棚が備えられていた。大食卓子などもみられるが、三〇数年を経過した写真帖にはその景観が失われている。

宮殿全体を見渡すと、建物の床・地盤高さによって上中下段と分けることがある。都立中央図書館所蔵『皇居（明治宮殿）表宮殿・奥宮殿建物」床・地盤高さ比較図』（木戸文庫一〇九—一—二一）をみると、聖上常御殿がある奥宮殿が最も高く上段、御学問所・内謁見所が中段、謁見所や饗宴所が下段と区別されている。下段の建物は、外観が和風、内装が洋風という和洋折衷様式をとる。これに対して中段の建物は、外観は和風、内装は暖炉や寄木張（床）としながらも御床や天井形式など和風色が強いものになっている。多方向から撮影されているので、その様子を理解することができる。

写真帖「その参」は、奥宮殿の間内を撮影したものである。冒頭の「第壹〇壹・壹〇貳號」の内謁見所とあるのは、宮御殿の誤りである。第三章の御棚、障壁画や後述する宮御殿の平面図に天井の形態が格天井板違とあり一致することからも明らかである（内謁見所と御学問所の壹之間には、御床は備えてあるが、当初予定の御棚の位置は暖炉に変更されている。）。表宮殿の間内の写真と比較すると、御殿内の写真撮影は一層、制約が厳しくなる。皇太后宮御休所は、昭憲皇太后が大正三年（一九一四）四月九日に崩御し、利用されていないことから外観のみにとどまる。聖上常御殿の三種神器である草薙剣と八尺瓊勾玉が安置されている剣璽之間とそれに続く御上段之間は含まれていないが、聖上常御殿・皇后宮常御殿・宮御殿の一之間が収録されており、床・違棚を備えた書院造を比較することができる。

写真に収められた各間の景観

「明治宮殿写真帖」から、宮殿内各間の室内装飾をみることにする。第二章以降で明細図を用いて各項目別に論じるので、ここでは各間内を立体的にみることを主眼とする。補助的に『皇居御造営誌』の各事業に収録されている各種図面と後述する装飾費明細書（以下、明細書と記述）を引用する。なお、本節では、宮殿写真帖と対応するために、間内の名称は、竣工後のものを用いる。

a．御車寄受附之間・左廂内部

図1―3（第八號）は、御車寄近景である。槻造りで屋根は銅葺き三ツ桝

図1-3　御車寄（其参）

柱貫虹梁《こうりょう》蟇股の重厚な唐破風。『皇居御造営誌四七　御車寄事業』（識別番号八三三四七）御車寄地之間図（**図1―4**）を参照すると、四枚の開戸を入ると一〇八帖の受附之間となる。天井は、格天井板違で高さが一五尺一寸（約四・六メートル）。**図1―5**（第壹貳號）は、内部の景観である。天井は、格天井の形態をとりながらも天井画はみられない。床は、通路に沿って絨毯が敷かれ、ここを、除くと寄木張となる。寄木張は、廊下を除き各間内の模様が異なることから第二章で詳述する。絨毯敷は、画面左手で直角に曲がるがその先が玄関となる。通路は、開戸を進み正面突当り左手が左廂。右折すると西脱帽所となる。受附之間の内部をみることにする。壁には、第二章**図2―27―1**の二重に巡らした楕円形の区画文内に双鷹紋模様、小壁には小紋イチゴ模様を織り込んだ壁張。柱には釘隠金物。三種類あり、下から内法長押の古紋菊菱、天井の一窠雙鶴、廻縁長押の八重蜀葵と続く（釘隠金物の詳細は第四章参照）。壁張・釘隠金物の文様一つを取上げても、鳳凰（鷹）・菊・鶴などを配し、最高の慶事を示している。家具に目を転じると、正面の時計が目に付く。明細書をみると、竣工時、表宮殿で時計（時計台を含）を設置したのは、後席之間廣間・西化粧之間・内謁見所・北之間・御車寄受附之間・東車寄受附之間（このうち後二者は時計台）の六間に限られている。特徴的なものといえる。

図1―6（第壹四號）は、受附之間からみると左手奥にあたる左廂の内部である。天井は格天井で古紋葵花の天井画。寄木張に壁は藍色の壁張。これは、第二章の**図2―30―1**にあたり、表宮殿内では北溜之間をはじめとして間内各所で用いられている。特徴的なのは、画面中央右手の暖炉と鏡。明治宮殿では、正殿・豊明殿・千種之間・牡丹之間・竹之間・東西溜之間・御車寄・東車寄等々を除き、間内には暖炉、その上には鏡が設置されている。暖炉前飾は、奥宮殿の御殿では蒔絵が施されているものもあるが、暖炉石と鏡縁には各々異なった文様が彫刻されており、特徴の一つとなっている。

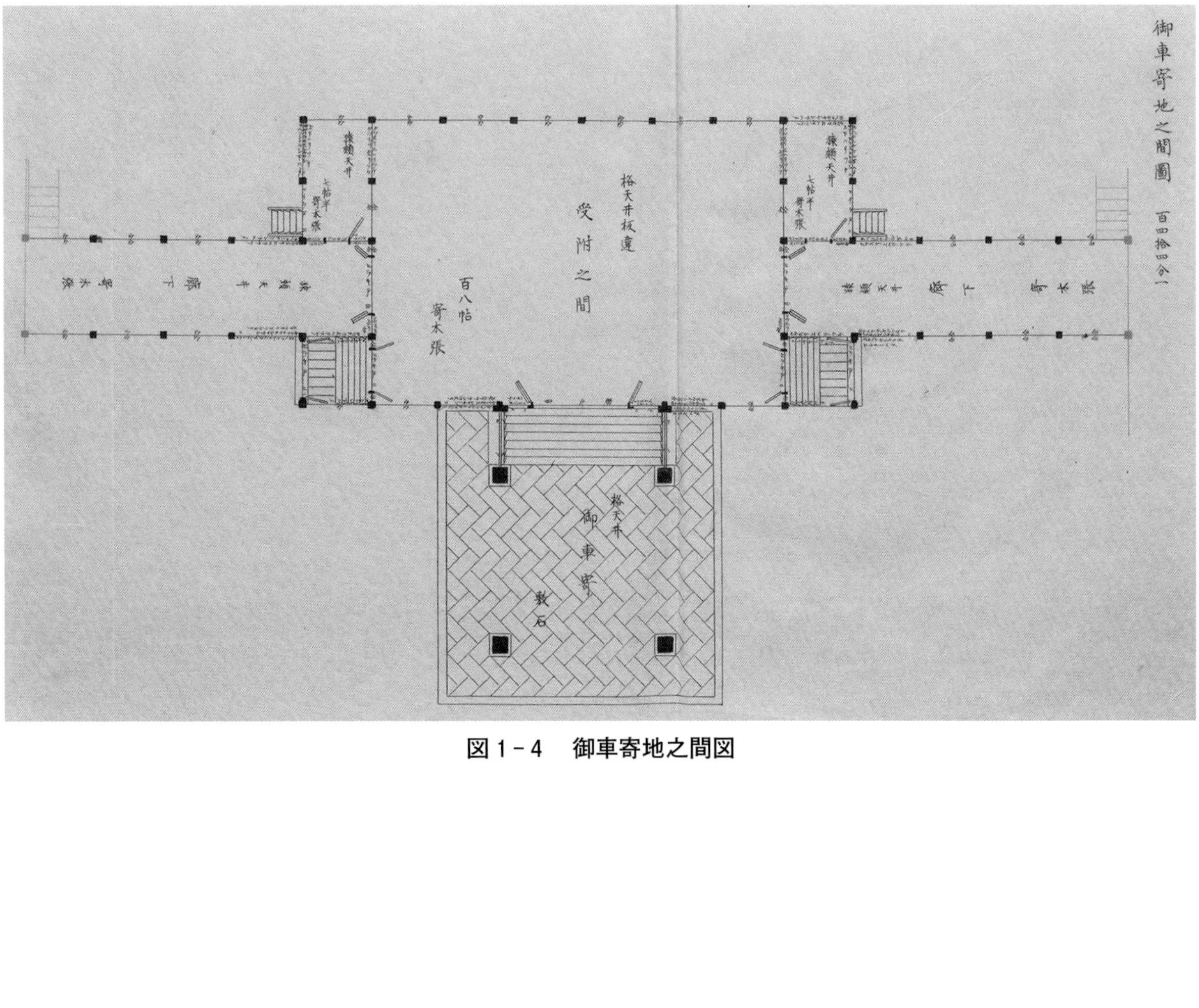

図1－4　御車寄地之間図

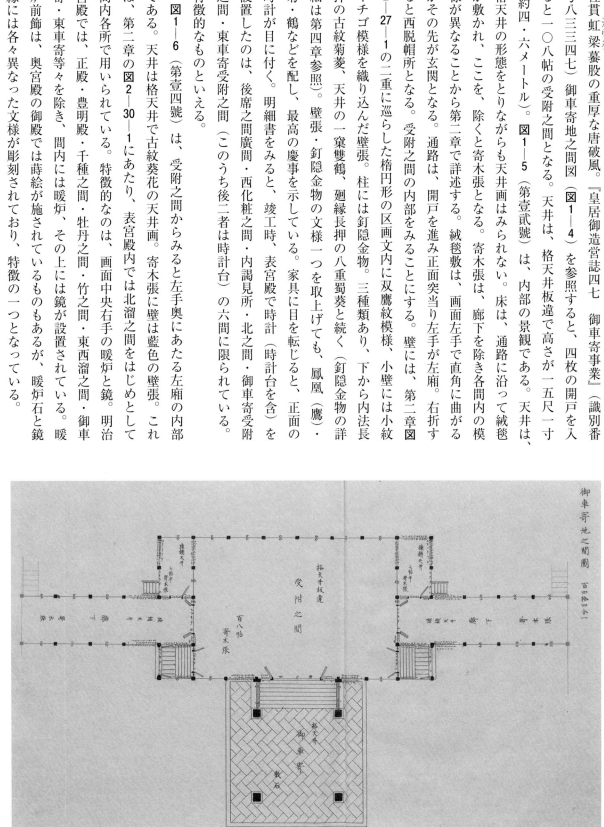

図1－5　御車寄内部（其参）

図1－6　御車寄左廂内部

b．東脱帽所

東西脱帽所には、二間あり図1―7（第壹七號）は、東脱帽所の南側に位置する一之間の内部である。卓と椅子が片付けてあることから、間内は殺風景である。正面の暖炉と鏡は、二之間と背中合わせとなる。図1―8・9の『皇居御造営誌四三　東脱帽所事業』（識別番号八三三四三）地之間・切断図を参照すると、一之間の方が広く、天井が高い。一之間は四二帖、天井までが十三尺九寸九分（約四・二四メートル）に対して、二之間は、三九帖、十三尺一寸六分（約三・九九メートル）を測る。図1―9の右下側に便所が描かれているが、西脱帽所には付設されていない。ちなみに二之間と廊下を挟んで左側に位置するのが右廂となる。

内部をみることにする。格天井には雲襷ニ葵花の天井画。寄木張は、六条を一単位とした一枚を交互に貼る。壁張は、間内が寶花模様、小壁が古紋イチゴ模様を張立。内法・天井長押には六葉釘隠金物。西脱帽所の間内の写真（第貳壹〜貳五號）には、間内に卓や椅子が並び、衝立や飾棚があるのと比べると大分、異なる。

東西脱帽所は、東が大臣など西が皇族の控え室といわれている。明細書に記され、名称に用いられた帽子掛兼傘台は、いずれの写真も見当らない。

c．東西化粧之間

正殿と小さな庭を挟んで東西に位置するのが、東西化粧之間である。共に二間からなり、北側を一之間、南側を二之間と呼称する。東西脱帽所では、間内の規模が東西及び南北で異なるが、化粧之間は、二間とも空間の広さは同じである。いずれも間内は一五帖で、天井の高さは一三尺一寸六分（約三・九九メートル）を測る。また、西化粧之間は、造営中に女官面謁所（時期は不詳）、更に竣工後の明治二十二年十一月二十日に葡萄之間と改称される。暖炉上の鏡縁に葡萄の彫刻が施されているのが特徴である。

図1－7　東一之間〔東脱帽所〕内部（其壹）

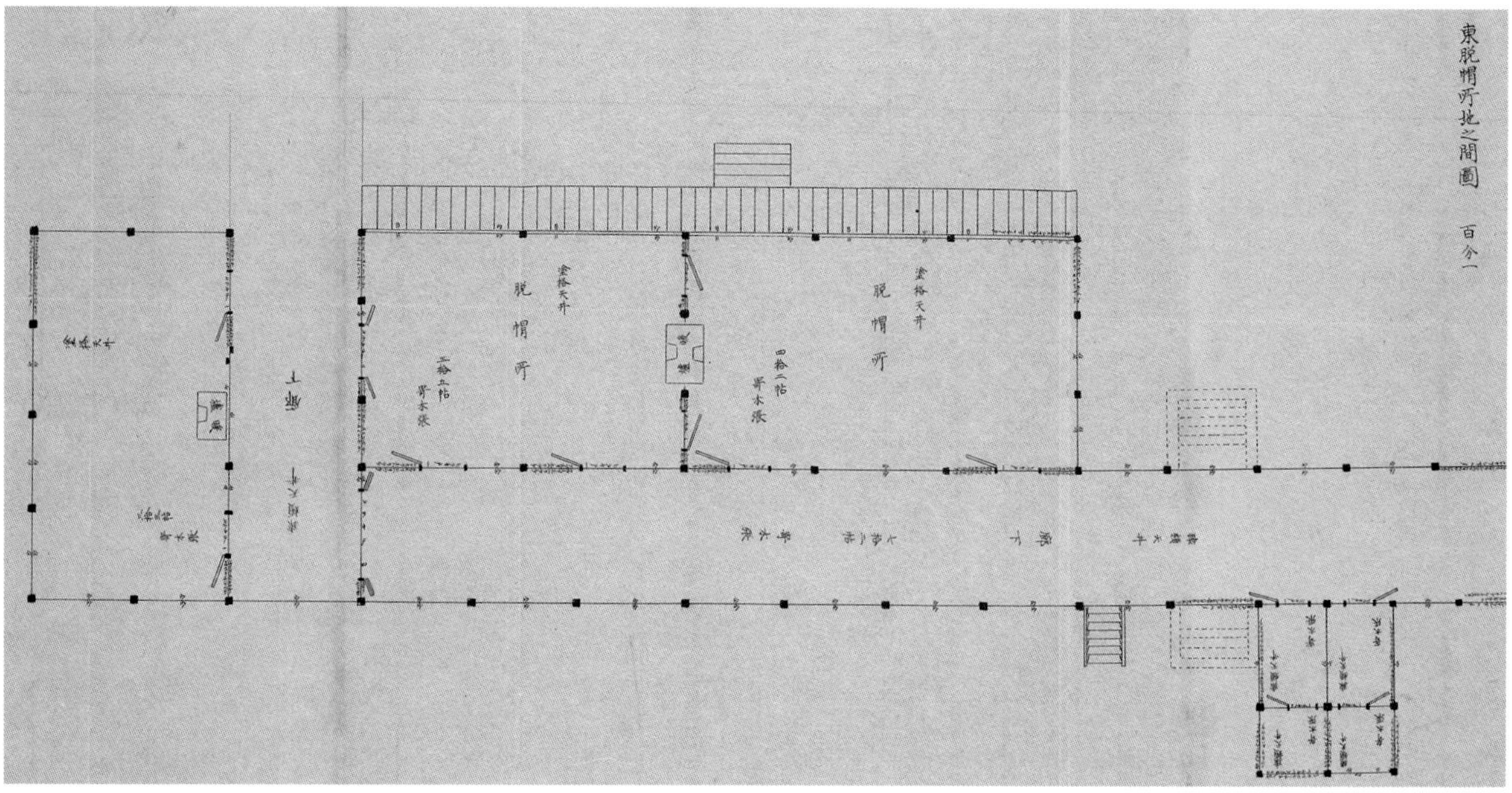

図1－8　東脱帽所地之間図

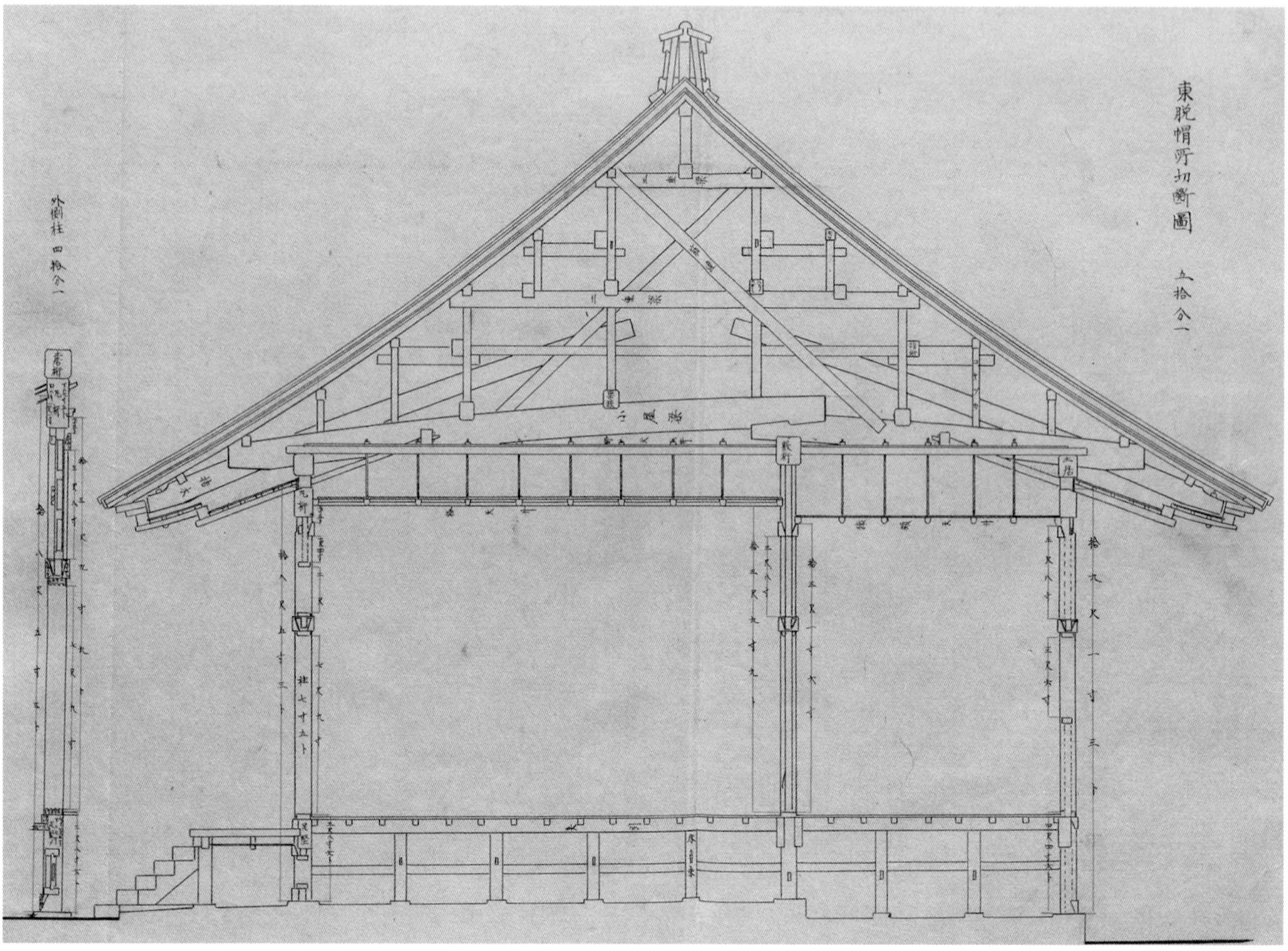

図1－9　東脱帽所切断図

図1―10（第参七號）は葡萄一之間、**図1―11**（第参九號）が同・二之間の内部である。鏡に写された格天井の百花図と寄木張、さらには暖炉上の鏡縁彫刻が同じであることから、卓と椅子の配置を除くと同じようにみえる。しかし、二点で異なる。それは、釘隠金物の形状と壁張の文様である。釘隠金物は、東西に関係なく一之間の内法長押が紅梅、天井長押が枇杷であるのに対して、二之間の内法長押は紅葉、天井長押は櫻花とトータルで四季を表現している。**図1―10・11**では、内法長押を見ることができる。文様の判読は困難であるが、その外形を第四章と照会すると、**図1―10**が紅梅、**図1―11**が紅葉であることがわかる。壁張は、**図1―10**の一之間では牡丹模様、**図1―11**の二之間では唐草模様を張立てている。ちなみに、写真を用意していないが、第参四・第参五號の東化粧之間二之間も**図1―11**と同様、唐花模様を張立てている。なお、天井画をよくみると、格枠全体に百花図を描いているわけではない。画面の周囲には、蝶の文様を印金した唐草模様を施した綴子を貼り巡らしている。これは、表宮殿の中で東西化粧之間の間内のみに施された特徴といえるものである。

d．東溜之間の間内と入側

正殿とは廊下を挟んで北東に位置する。皇居内には、明治二十二年に内桜田門の裏手に枢密院が創設されるが、この間内は、かつて枢密院会議場として使用されたこともある。**図1―12**（第四参號）は、東溜之間の内部である。

これまでの間内より格式が一段上がり、天井の形態が折上格天井となる。折上格天井の蛇腹には、法隆寺針筒紋の魚兒牡丹模様、格天井平には、東大寺蔵連座紋の八重唐花菱模様の天井画を嵌め込んでいる。格天井を飾る辻金具もみられる。寄木張の床。壁張は、櫻蜀紅文様の織物を張立て、東壁には花鳥の大画面の額が二つ掛けてある。広い間内の隅に椅子が片付けてあるが柱が見当たらない。そのため、間内には釘隠金物がない。これは、東西溜之間

図1-10　葡萄一之間〔西化粧之間〕内部（其壹）

図１-11　葡萄二之間内部

図１-12　東溜之間内部（其貳）

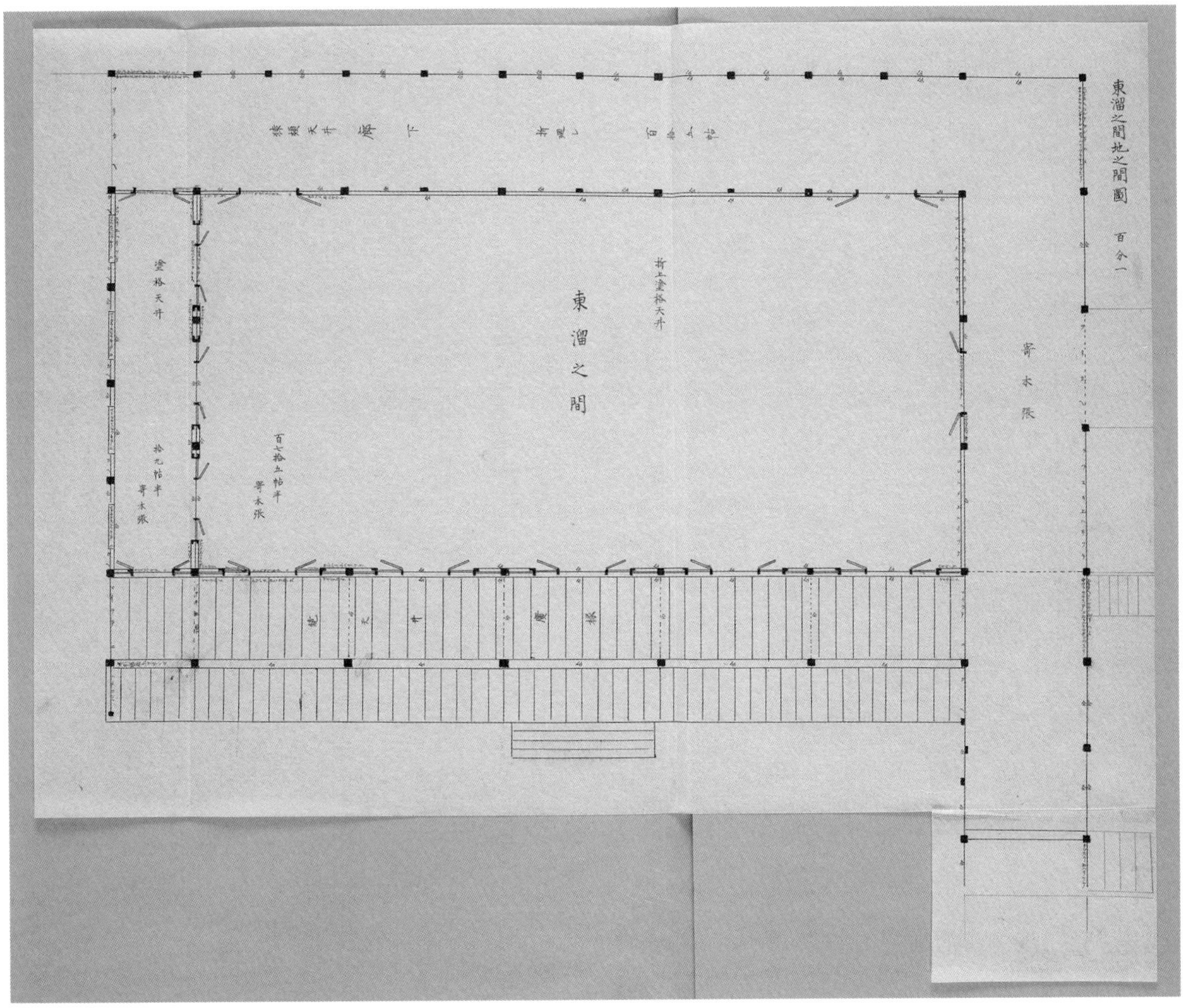

図１-13　東溜之間地之間図

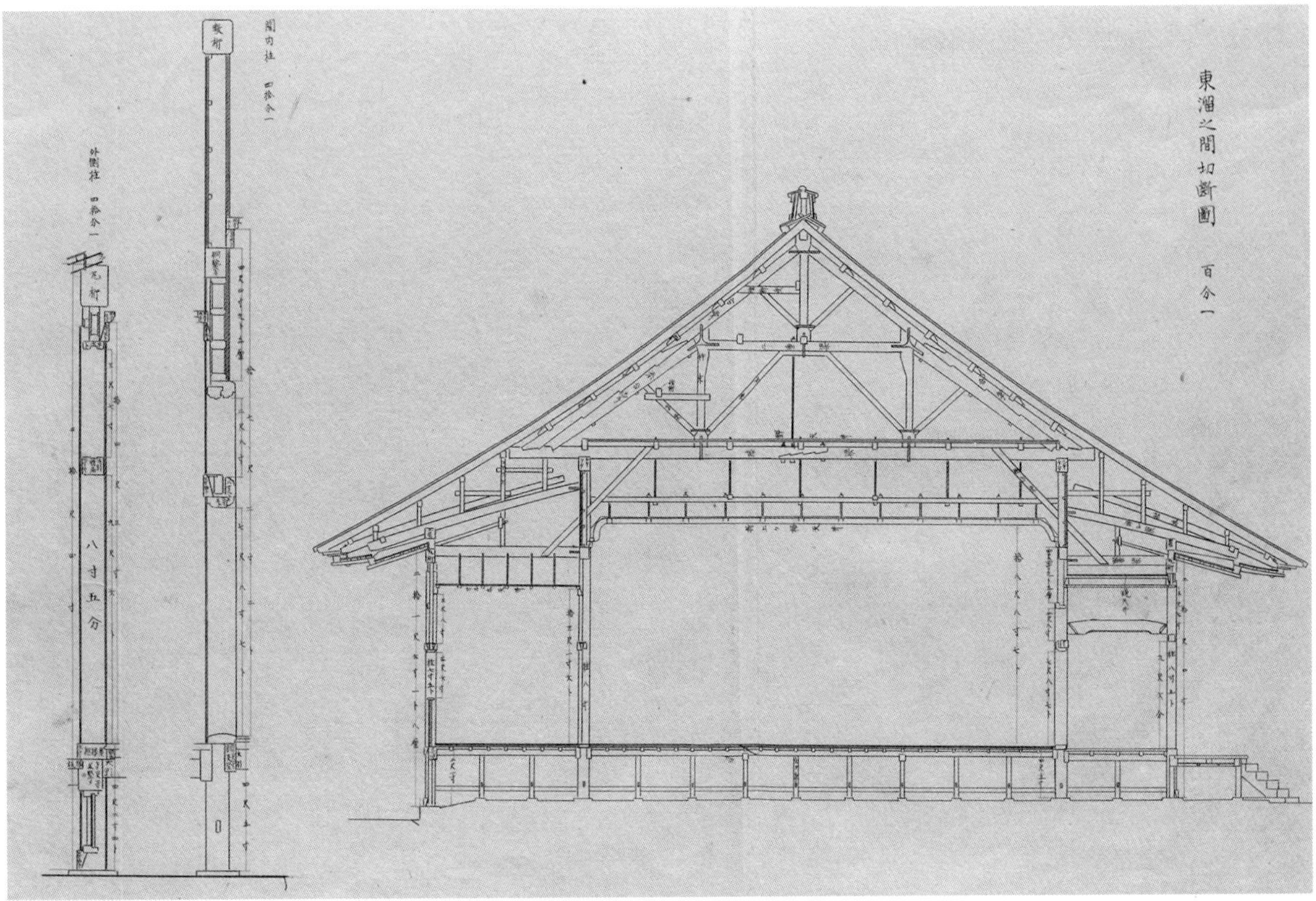

図１-14　東溜之間切断図

図 1-15　東溜之間入側

の間内に限られている。

図1―13・14は、『皇居御造営誌三九　東溜之間事業』に所収されている東溜之間の地之間図と切断図である。間内は、一七五帖半あり、表宮殿では豊明殿・正殿に次いで広い。北側に一九帖半の入側、西側に鏡天井の広椽をもつ。**図1―14**の切断面をみると、天井までの高さが一八尺八寸七分（約五・七二メートル）、開戸の高さが七尺八寸七分（二・三七メートル）であるから、間内に入ると一層、広く高く感じる。

明細書を見ると、肖像が二つ備えられていた。表宮殿で肖像を設置したのは、東溜之間と後席之間に限られている。間内の機能を暗示している。明治天皇が崩御されたことから除かれたものと考えられる。

図1―15（第四壹號）は、東溜之間の入側である。画面左手が間内となる。塗天井には、東大寺蔵蠟結紋から八重葵花文様の天井画を嵌め込み、床は寄木張。天井までの高さが一三尺一寸六分（約三・九九メートル）。壁張は、牡丹模様を張立、柱の内法長押には未央柳の釘隠金物。入側には釘隠金物をみることができる。

e．正殿

表宮殿の中心である。明治二十二年二月十一日にここで欽定憲法である大日本帝国憲法発布式が執り行われたのは周知のことである。詳細なことは後述する。

図1―16・17は、『皇居御造営誌四一　謁見所事業』（識別番号八三三四一）に所収されている正殿（謁見所）の地之間図と切断図である。間内は一六〇帖と豊明殿に次いで広く、東・西・南側の三方が入側となる。さらに、三方には切目椽が付く。東西に走る二間廊下から入側には漆塗四枚開の開戸を備える。ちなみに、この開戸は、北側の二箇所のほかに、東西化粧之間に通じる二箇所もある。いずれも同じ仕様である。天井は、表宮殿では豊明殿と共に最高の格式となる二重折上格天井の形態をとり、天井までの高さは二三尺一寸七分（約七・〇二メートル）を測る。三方の入側は、いずれも塗格天井で、天井までの高さは一五尺六寸九分（約四・七五メートル）を測る。入側から間内に入ると一層の高さを感じることになる。

図1―18（第貮七號）は、正殿入側の西隅から東側をみた景観である。塗格天井の枠内には東大寺経函絵紋を意匠とする七曜葵花模様の天井画を嵌め込み、格枠は漆塗で四ツ手の辻金具。寄木張の中央、通路となる箇所は絨毯敷。前述した東溜之間の入側では絨毯敷はないが、豊明殿・千種之間・牡丹之間・竹之間などの入側は、正殿と同様、通路に沿って絨毯敷である。表宮殿全体の絨毯敷を示した図としては、明治三十三年に作成された『表宮殿向其外地之間図』（識別番号三八六四一）がある。余談であるが、三方の入側の幅は、一四尺（約四・二メートル）あり、二間廊下より（京マで一三尺）より一尺長い造りとなっている。写真は、左手が正殿の内部になるが、彫刻が施された腰羽目の上位は硝子窓を嵌め込み間内を見渡すことができる。柱には釘隠金物。内法長押には草菱、天井長押には八重宝花を取付る。

図1―19・20は、正殿内部である。**図1―19**（第参貮號）は玉座正面、**図1―20**（第参壹號）は間内東側より西側を見た写真となる。本間の最大の特徴は、玉座と龍蓋（明細書による）が設置されていることである。玉座は、北壁中央階段に深紅の絨毯を敷いた上に天皇・皇后のため玉座椅子二つが並び、格式を誇張するように御紋を刺繍した深紅の龍蓋が上位を覆う。間内を見渡すと、豪華な大型の二基のシャンデリアが下がる。天井は、二重折上格天井で、間内の空間が広いため、格枠の一間が大きい。意匠は東大寺の意匠で統一され、初重蛇腹が慶雲寶花模様、初重平・長之間が菱形寶相花模様、二重蛇腹が蜀葵模様、二重平・長之間が寶相花模様を施す。いずれも打出紙に鮮やかな彩色が施され、格間の黒漆と厳島野菊模様を彫込み金鍍金された三ツ手・四ツ手金具が格天井を一層、引立たせている。床は寄木張で、壁には鳳

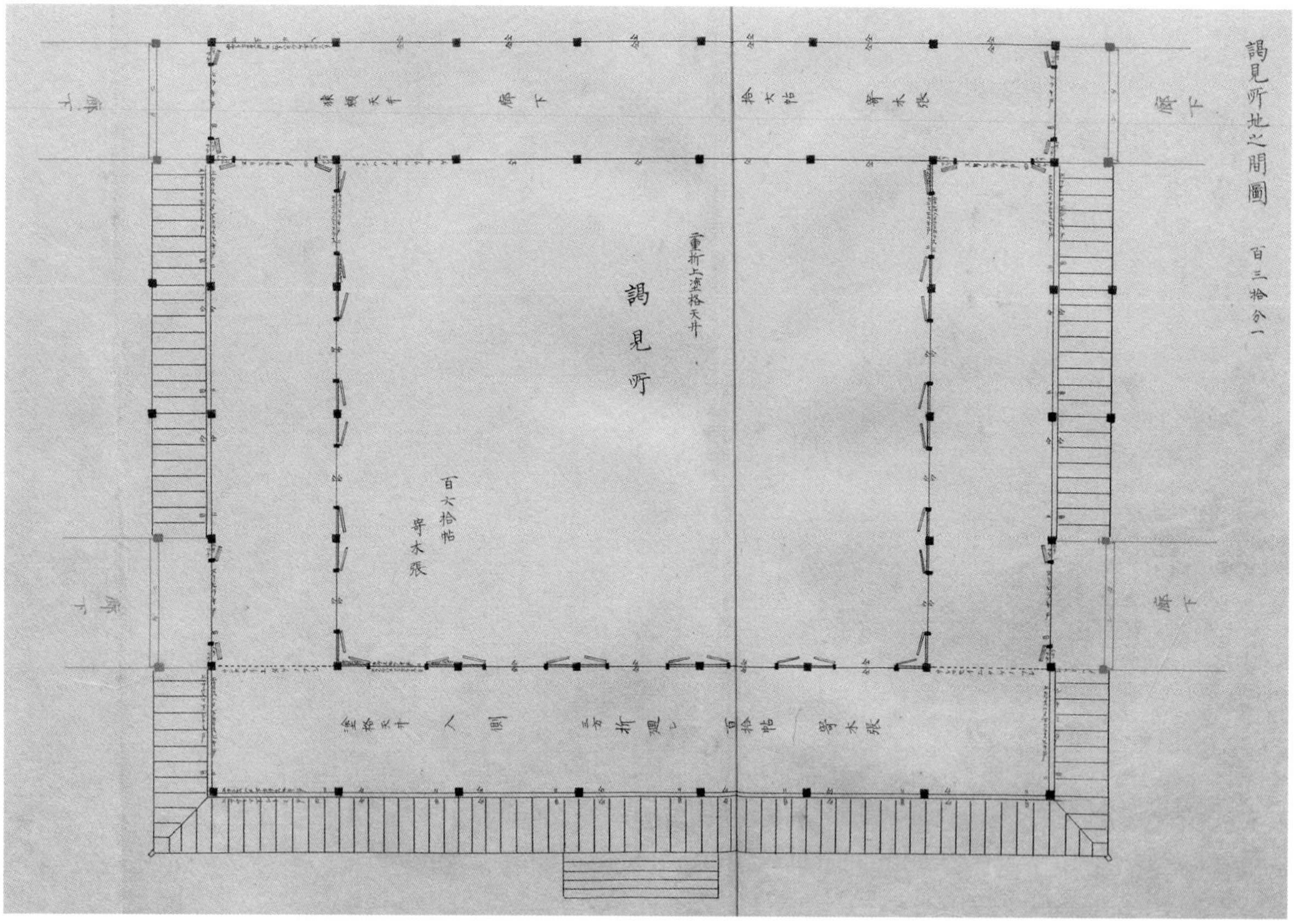

図 1-16　謁見所地之間図

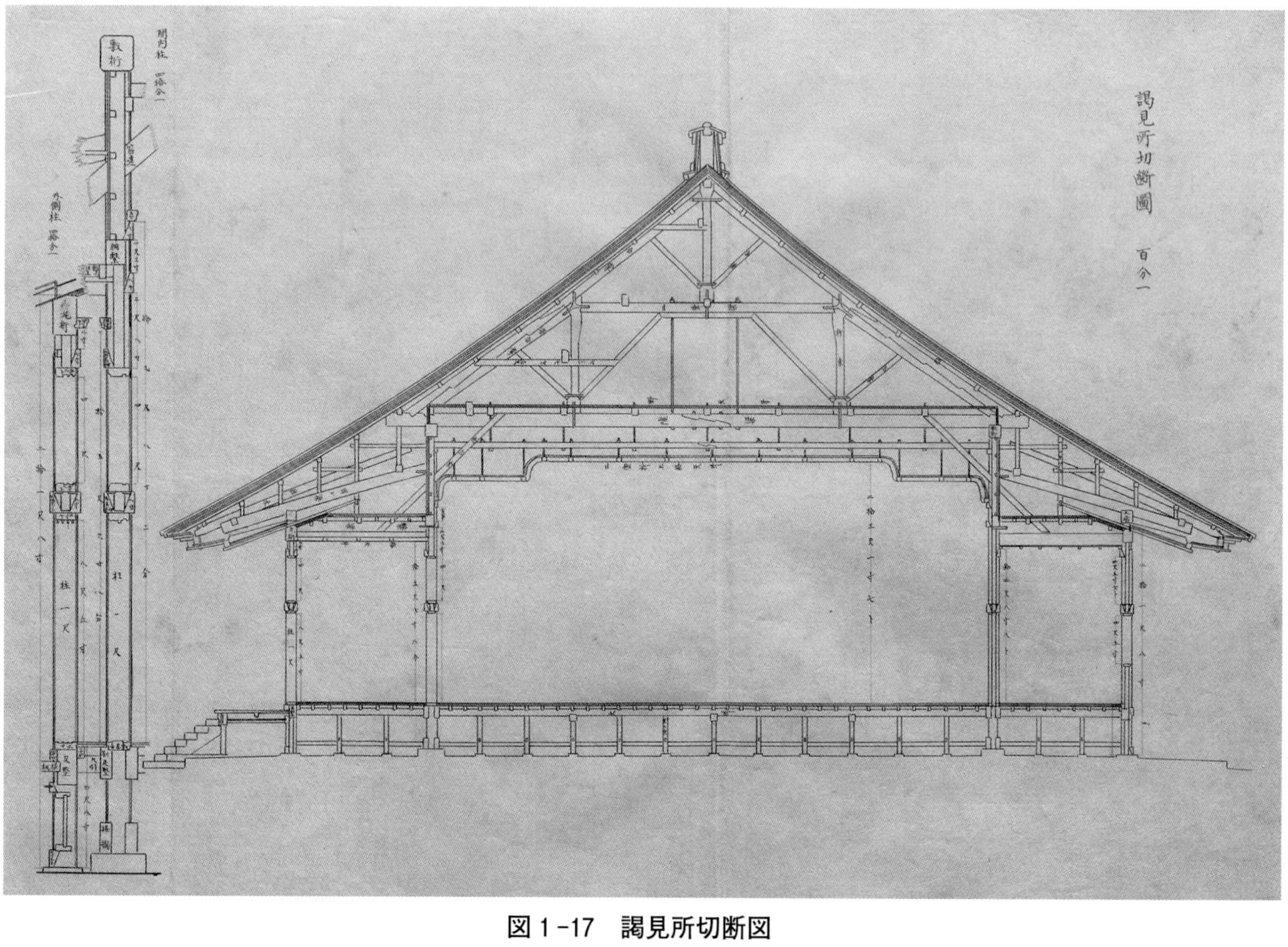

図 1-17　謁見所切断図

図 1-18　正殿〔謁見所〕入側

図１-19　正殿内部（其五）

図１-20　正殿内部（其四）

凰唐草模様を織込んだ深紅の緞帳が垂下する。また、白茶色の菊唐草模様の柱隠があることで緞帳の鮮やかさを引立せる。図1―20では判然としないが、開戸の上位や腰羽目・硝子を被う薄象牙色の桐唐草四釜模様を織込だレースも見事である。壁張は、紫赤色の正倉院龍紋模様、小壁には同色獅子唐草模様を張立てる。柱には、釘隠金物を取付ける。内法長押には彩鳥金馬、天井長押には末央柳、廻縁長押には古紋鵜柄（皇居造営録には鉄仙）を用いるが、図では廻縁長押のみを確認することができる。

さらに、壁張は、間内に紫赤の正倉院龍模様、小壁に同色の獅子唐草模様を張立ているが、図からは確認することができない。二つの図では片付けて見ることができないが、後述する「憲法発布式図」や明細書に燭台が置かれているのも特徴である。ちなみに、宮殿内で燭台が設置されるのは、正殿・豊明殿・千種之間の三つの間内に限られている。

f．東車寄

表宮殿の北東部に位置する。重厚な銅葺唐破風の屋根であるが、御車寄と比較すると規模が幾分、小さい。

図1―21は、『皇居御造営誌四八　東車寄事業』（識別番号八三三四八）に所収されている東車寄及南北溜之間地之間図である。東車寄の階段をあがり槻造の四枚開戸を入ると八〇帖の受附之間がある。図1―4の御車寄では、左右に開戸があり、ここから廊下を経て左右廂、東西脱帽所に通じたが、東車寄では北側に北溜之間が隣接し、廊下を挟んで南側に南溜之間が位置する。受附之間の裏手（西側）に廊下が巡ることから、ここにも開戸を備える。南北溜之間は、各々二箇所の暖炉を布設し、東車寄の控室の役割を担う。ちなみに、両間内は、明治憲法発布式では、豊明殿とともに宴席が設けられている。『憲法発布式図六　南溜間御陪食之図』（識別番号八〇〇八五）と『憲法発布式図七　北溜間御陪食之図』（八〇〇八六）にみることができる。

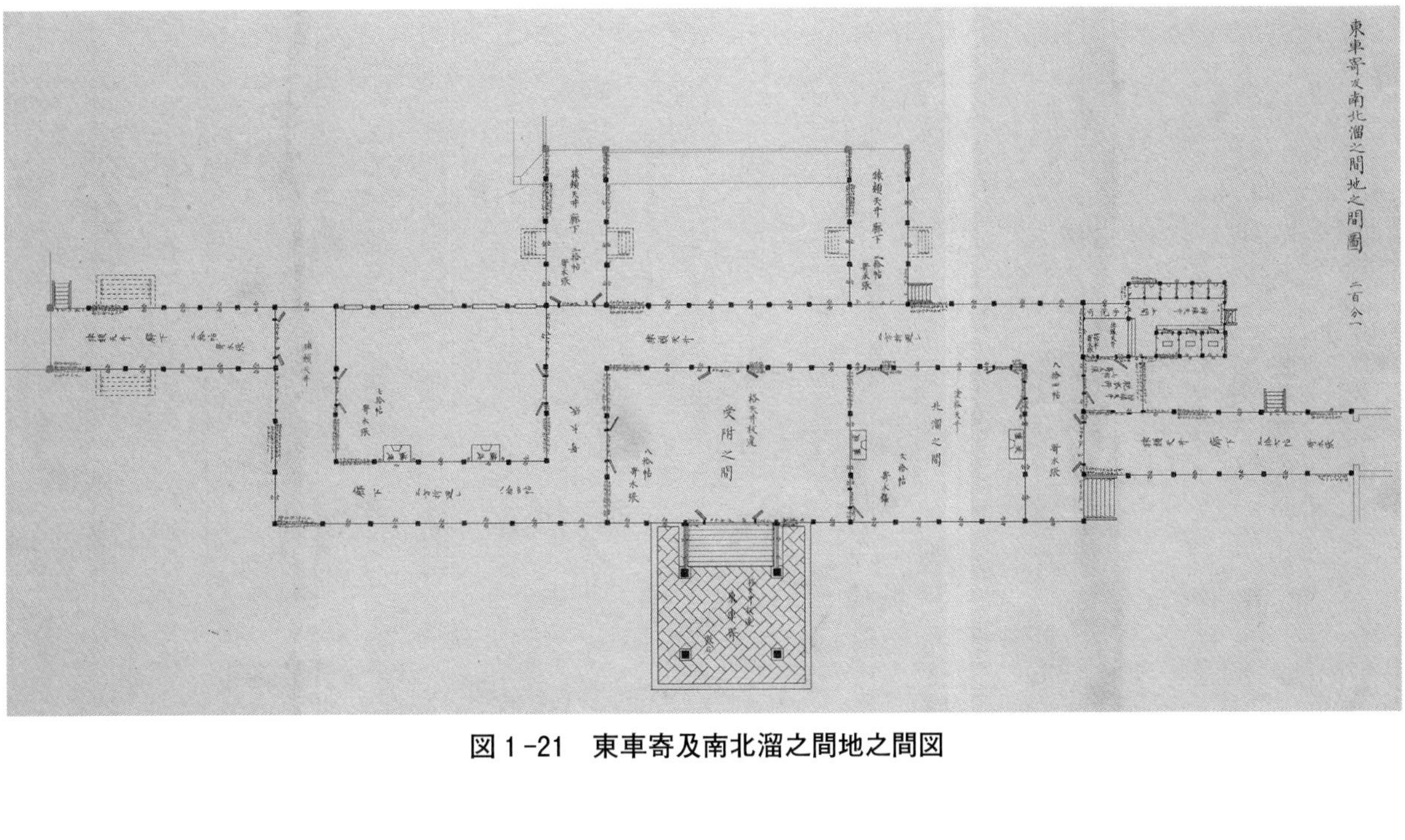

図1-21　東車寄及南北溜之間地之間図

図1―22（第五八號）は東車寄受附之内部、**図1―23**（第五壹號）が南溜之間内部、**図1―24**が（第五参號）が北溜之間である。

図1―22は、画面正面が東車寄、その左手、開戸が開いて廊下がみえるが、その先が南溜之間となる。天井は、格天井板違、床は寄木張。壁張は、白茶色の雙鸞模様を張立、通路は絨毯敷。柱には釘隠金物を取付け、内法長押に金橋、天井長押に窠櫻、廻縁に菱呉竹模様を配す。調度品は、正面の開戸を挟んで左右に飾枠の付いた大型の鏡が二台。寄木張上には長方形・八角形卓子と椅子。本図ではみることができないが、第五七號には北壁中程に飾付の大型時計台。

図1―23は、七〇帖の寄木張に折上格天井。天井画は、蛇腹に東大寺蔵子日鋤紋より紫豆花模様、天井平に東大寺蔵織紋より蔓花菱模様。壁張は、海老茶色の花模様を張立て、柱には釘隠金物。内法長押に未央柳、天井長押に瑞雲寶花文様を配す。東壁には暖炉を二つ付設し、上位には縁に彫刻を施した大型の鏡。八角形の卓子と椅子、長椅子も見ることができる。

図1―24は、六〇帖の寄木張に塗格天井。天井までの高さは一五尺（約四・五五メートル）を測る。天井画は、東大寺蔵織紋から如意頭模様。壁張は、浅黄綿が入る寶花模様を張立てる。開戸は、偏在して四箇所。柱には釘隠金物を取付け、内法長押廻縁長押とも葉取六葉。南・北両壁中央に暖炉を付設する。写真は、北壁側の暖炉。暖炉飾が彫られ、上位には縁彫刻が施された大形の鏡。床には八角形の卓子と椅子。壁際には長椅子が置かれている。

東車寄は、**図1―21**が示すように、受附之間、南溜之間、北溜之間が一体となり機能している。これに、北側の脱衣所、手洗所、便所が付随するのである。

g．豊明殿

表宮殿で最大規模を誇る。正殿が重要な式典の場であるのに対して、豊明

図1-22 東車寄内部（其参）

図 1 -23　南溜之間内部（其貳）

図 1 -24　北溜之間内部（其貳）

殿は饗宴の場である。図1―25・26は、『皇居御造営誌三七　饗宴所事業』に所収されている豊明殿（饗宴所）の地之間図と切断図である。二七二帖の間内に、東側と南側に一〇八帖の入側をもつ。同所の先には切目椽を備える。天井は、正殿と同様、二重折上格天井で、天井までの高さが二三尺七寸九分（約七・二二メートル）を測る。正に広く高い華燭の間内である。天井からは四基のシャンデリアが垂下する。図1―27（第六三號）は間内を南西方向から、図1―28は入側を西側から見たものである。

図1―27を観察する。二重折上格天井の意匠は、初重蛇腹が手向山神社蔵鐙紋から春日鉄仙模様、同初重長之間に花イチゴ模様、初重平に蜀葵模様、二重蛇腹に厳島神社蔵経表紙紋から厳島鉄仙模様、二重長之間に厳島神社蔵経表紙紋から一窠實菱模様・菱花模様・舞鳳模様、二重平には政子手函浮線綾紋より小牡丹模様を配す。全体として神社が所蔵する花紋を採用している。天井画は打出紙に彩色を施し、漆塗の格枠には厳島鉄仙模様を彫込んだ三ツ手四ツ手金物を取付けることで一層、極立たせている。床は、寄木張。壁張は、暗茶色に相蜀紅模様、小壁には暗茶色の鳥鉄仙唐草模様を張立て、柱には釘隠金物を取付ける。内法長押には天野鉄仙、天井長押に柄花蝶、廻縁長押に高野鉄仙を配す。各所に緞帳がみられるが、藍鼠色のタベストリ織で縄目花鳥貳釜模様、レースは濃白茶色で唐花三釜模様を施す。写真右手中程の塗開戸は北側を除き間内に二八枚あり、檜造りで春日鉄仙青貝入高蒔絵、腰板に高野鉄仙を彫刻し白檀塗で四隅に高蒔絵を仕立てた豪華なもの。北側開戸の横には燭台。間内北東側には卓子と椅子が整然と並ぶ。『憲法発布式図四　豊明殿御陪食之図』（識別番号八〇〇八三）を参照すると、卓子と椅子の下が絨毯敷。絨毯は、饗宴に応じて用意されている様子。

図1―28は、左手が豊明殿の間内となる。前述した塗開戸の彫刻や高蒔絵を垣間見ることができる。反対側は、腰付硝子開。塗天井には、軟綿紋模様の天井画を配し、格枠の三ツ手四ツ手金物は間内と同様、厳島鉄仙を彫込ん

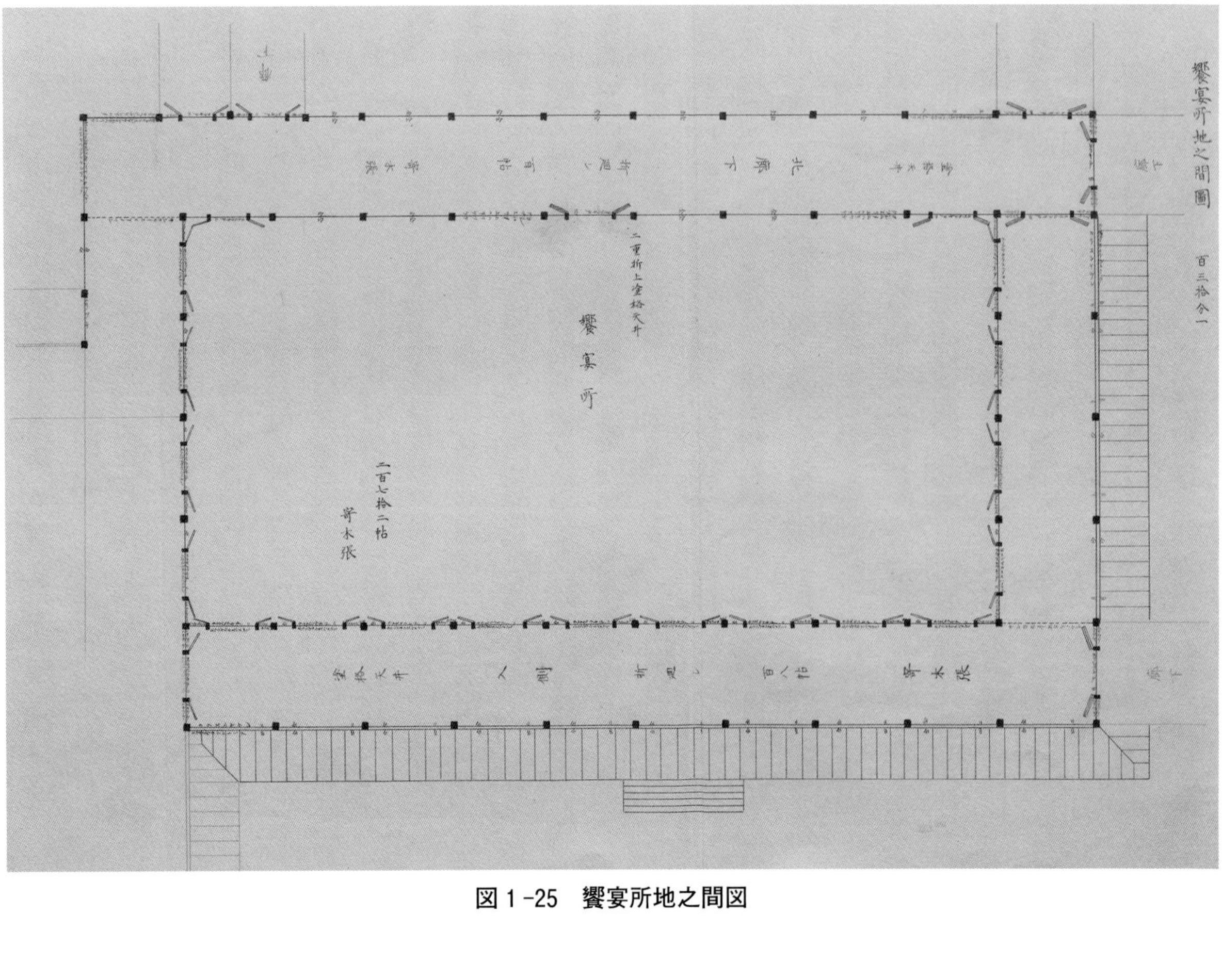

図１-25　饗宴所地之間図

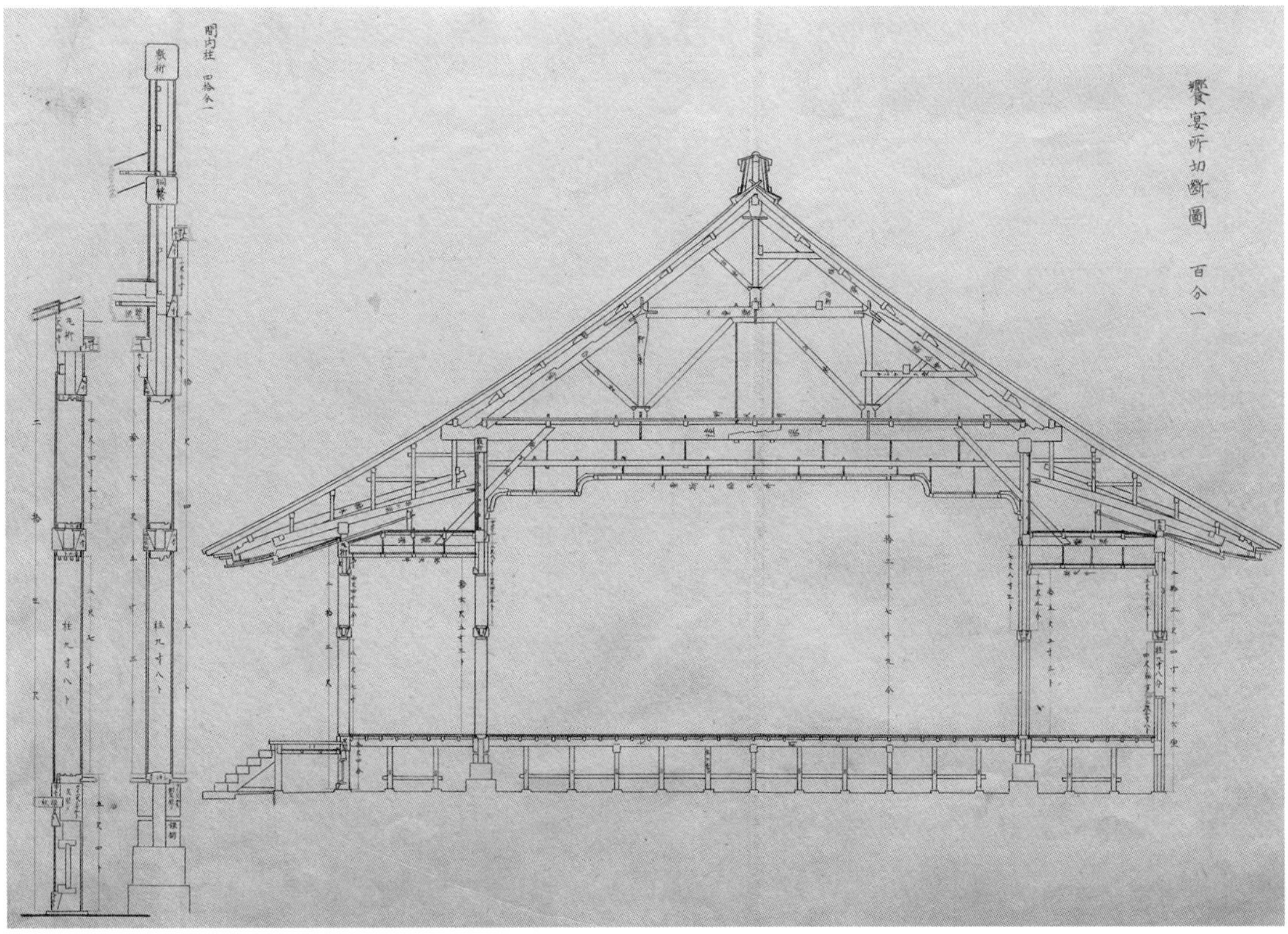

図１-26　饗宴所切断図

図１-27　豊明殿〔饗宴所〕内部（其四）

図1-28　豊明殿入側

で鍍金されたもの。床は寄木張で通路に沿って絨毯敷。壁張は、本図には写らないが暗褐色の正倉院模様、小壁には同色の亀甲模様を張立てる。柱には釘隠金物が取付られ、入側内法長押に蔓花菱、天井長押に舞鶴紋を配す。ここではみることができないが、外側内法長押しには法隆寺鉄仙、切目長押には瑞雲蜀葵を配す。

図1—29（第六七號）は、南西の中庭側からみた豊明殿の外観である。表宮殿の外観は和風、内装は洋風といわれるが一目瞭然である。右手端に東車寄受附之間がわずかにみることができる。第六五・六六號の二点には、正殿と豊明殿との間の中庭に噴水が写る。

図1-29　豊明殿外観

h．千種之間

豊明殿の西側に位置し、牡丹の間、竹之間と共に豊明殿での饗宴後の歓談及び少人数での陪食を行う場としての役割を担う。図１―30・31は、『皇居御造営誌三八　後席之間事業』に所収されている後席之間地之間図と切断図である。ここは、一四四帖の千種之間（後席之間）に各四八帖の牡丹之間（婦人之間）と竹之間（小食堂）の三間からなる。いずれも折上格天井で寄木張の床、内法・天井・廻縁長押に共通する釘隠金物を取付けるという特徴をもつ。間内を囲むように南・東・北側の三方を入側とし、西側には廊下が延び

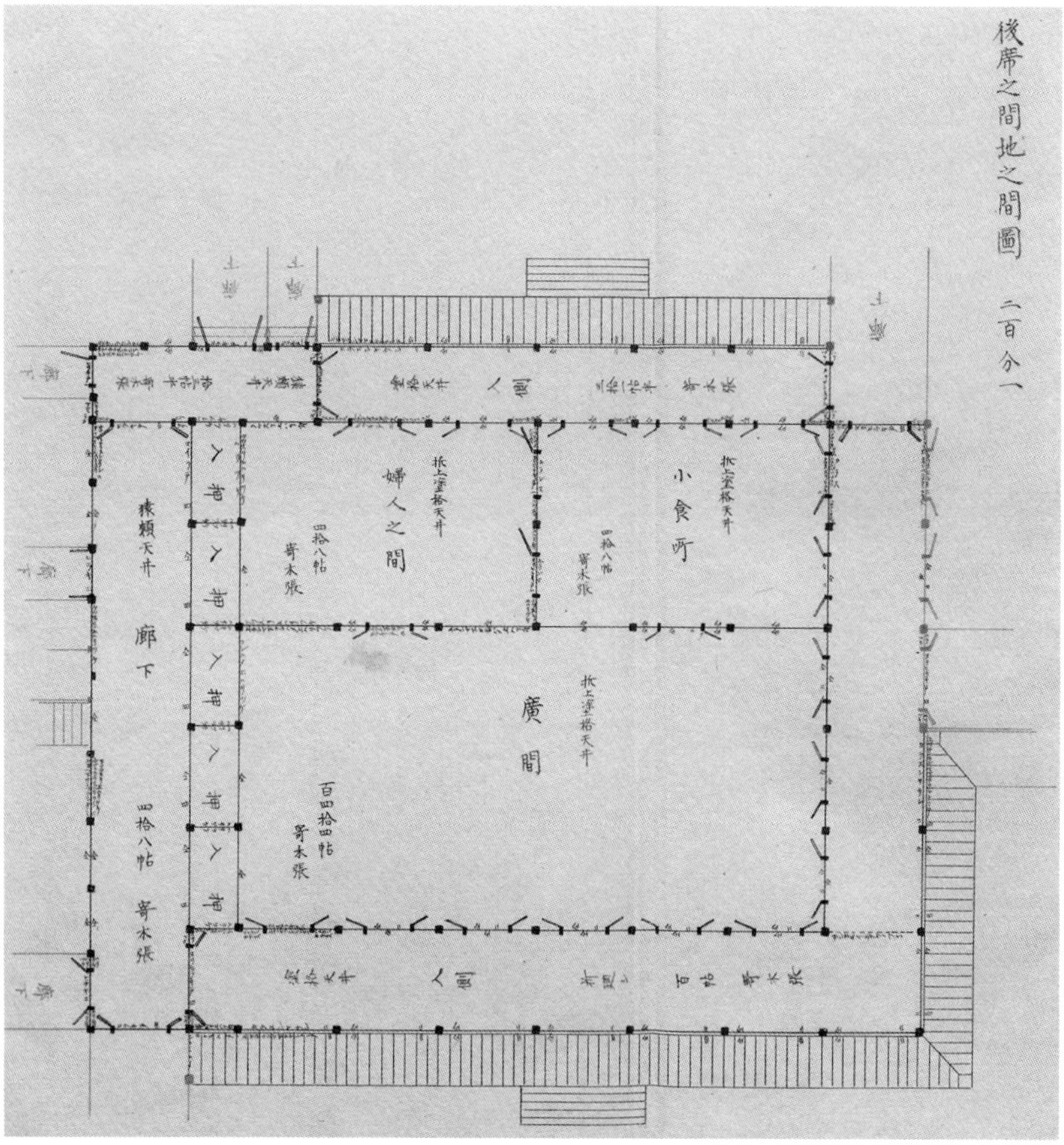

図１-30　後席之間地之間図

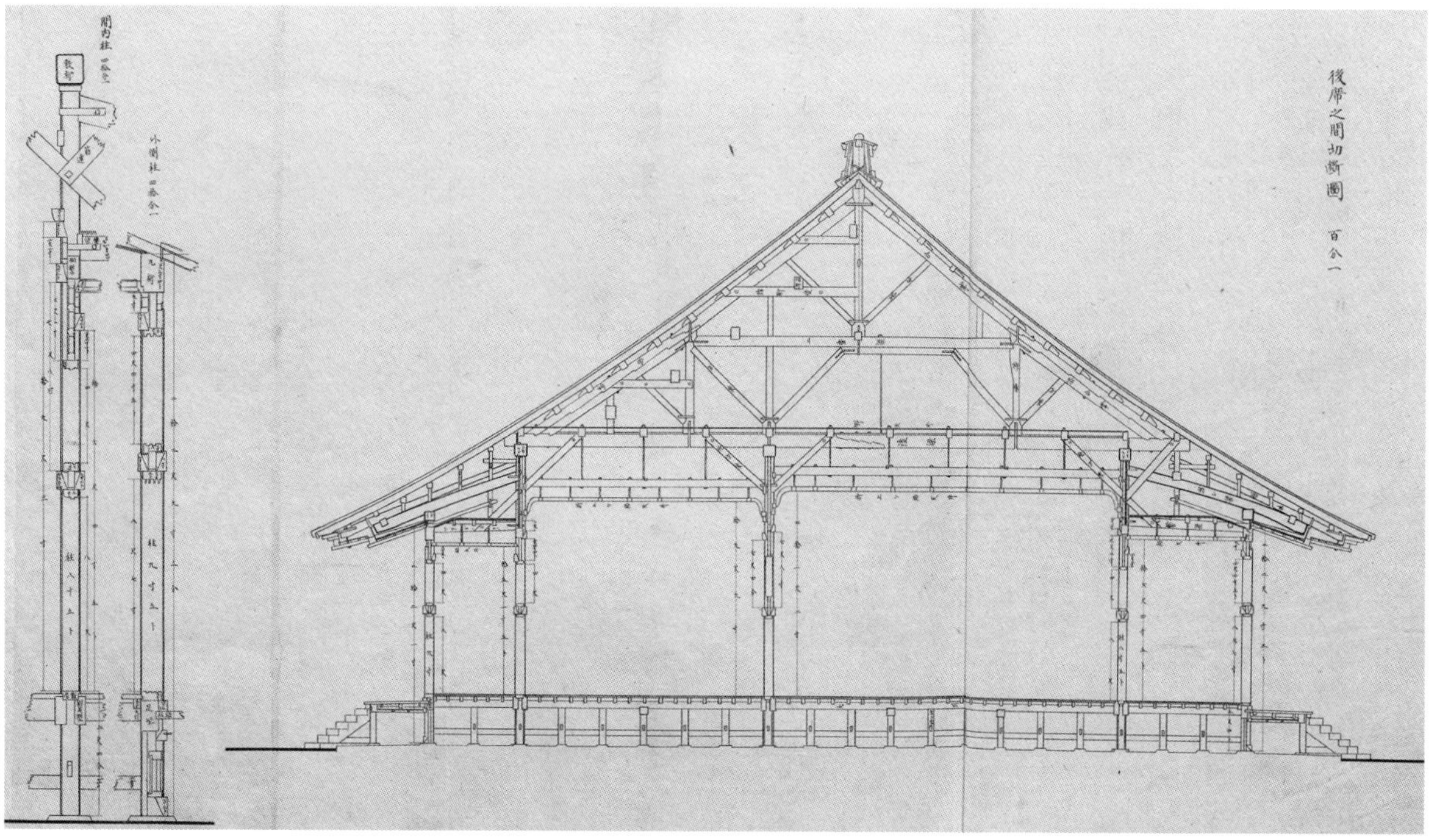

図１-31　後席之間切断図

る。

図1―32（第七〇號）は、千種之間間内を南東方向からみたものである。折上格天井の天井画は、蛇腹には渡辺省亭が描いた紅葉した蔦、天井長ノ間の藤花を村瀬玉田、天井平には柴田是真の次男である池田真哉（慎次郎）による百花の花丸模様を下絵とする。格枠には柳櫻を彫り込んだ三ツ手四ツ手金具が輝く。天井の高さは、二一尺九寸（約六・六四メートル）を測る。壁の上位欄間の位置には芭蕉の彫刻、腰羽目には村瀬玉田の蔬菜図を彫る。壁張は、鶯茶色の牡丹唐草模様、小壁には蝶・鳥模様を張立てる。柱には三間共通の釘隠し金物を取付る。内法長押には、濤川惣助が制作した七宝焼の鳩、天井長押には蝶、廻縁長押には燕。この二種類は、彫金の塚田秀鏡が担当する。図内ではみることができないが、第六九號の間内入側には緞帳とレースが目に入る。緞帳は、鶯茶色で唐花屏風四釜模様、レースは、象牙色の蔦三釜模様を織る。すなわち、間内全体の装飾が花鳥で統一されているのである。正殿、豊明殿と比較すると、間内が柔らかい雰囲気を作り出している。調度品をみることにする。圧感なのは、西壁の三台の大形鏡。豪華な装飾が施されている。北西隅と写真右端には燭台。中央の円形卓子や臂掛椅子は、御車寄・葡萄一之間・東車寄・北溜之間に備えてあるものと比較すると、細工が丁寧で高級感が増す。柱台には花瓶が置かれている。明細書をみると、肖像・時計・楽器（ピアノ）・象棋盤・屏風・置戸棚などが装置されたとあるが、それらは見当らない。普段は別室に収納されているものであろうか。

図1―33（第七九號）は、牡丹之間の間内を南東方向からみたものである。中央左手、竹模様蒔絵を施した中仕切開戸の先が千種之間となる。折上格天井の下絵は稲田豊章が担当し、蛇腹を垣ニ鉄仙模様、天井平に牡丹模様を描く。婦人之間を牡丹之間と改称するがここからきている。天井は、間内が狭いことから千種之間よりも低く、竹之間と共に一九尺九寸（約六・〇三メートル）を測る。壁張は、小壁共月光色の薔薇模様を張立てる。欄間は、千種

図1-32　千種之間〔後席之間〕内部（其参）

図１-33　牡丹之間〔婦人之間〕内部（其参）

の間と同様、芭蕉の彫刻。鳩・蝶・燕の釘隠金物が輝く。西壁中程には、装飾を施した鏡。中仕切開戸の左右には置戸棚。方台もあり、上には彫刻がのる。円形卓子に臂掛椅子。椅子にはカバーが被覆しているものもある。明細書には婦人椅子の記述もある。緞帳・レースは写真の中では見ることができないが、緞帳は、ベージュ色を基調とし薔薇や菊などの秋草模様。レースは、象牙色の凌霄花模様を織る。

図１—34（第七四號）は、竹之間の間内を東側からみた写真である。正面、竹模様の高蒔絵中仕切戸の先が牡丹之間となる。折上格天井の天井画は、蛇腹の意匠が東大寺碁盤紋より二色葵模様、天井平に同寺蔵古織紋より花雀模様を配する。壁張は、紫壇色の正倉院模様、小壁に同色の葡萄文様を張立てる。右手入側には、蘇芳色の正倉院模様の緞帳と凌霄花三三釜模様のレースを掛ける。欄間の芭蕉の彫刻と、鳩・蝶・燕の釘隠金物は同じである。本間の特徴として、右手入側の硝子障子をあげることができる。本図では判然としないが、腰板に兎ニ竹模様の透彫を施している。兎は肉彫、竹は平彫とし、蒔絵仕様のものである。間内中央には、長方形卓子と椅子が整然と並ぶ。天井から垂下するシャンデリアは、千種之間や牡丹之間と異なり装飾的にはやや劣る。二間と比較すると、幾分、硬い雰囲気がする。明細書には、かつて小食堂と呼称されるに相応しい大食器棚・小食器棚・ペテスタールが載る。写真には、それらはない。

図１—35（第七参號）は、竹之間入側である。**図１—18・28**の正殿・豊明殿の入側と比較すると、写真のアングルもあるが、幅・天井の高さ、装飾などで雰囲気が大分、異なる。入側の幅は一間五分と前者より五分短く、天井の高さは、一五尺一寸五分（約四・五九メートル）を測る。塗格天井の天井画は、意匠が東大寺蔵器物紋から八重蜀葵模様を配す。硝子障子腰板の兎ニ竹の透彫が引立つ。柱には釘隠金物を取付け、内法長押に蔓花菱、天井長押には舞鶴紋。床は寄木張で、通路に沿って絨毯を敷く。

図 1-34　竹之間〔小食堂〕内部（其壹）

図 1-35　竹之間入側

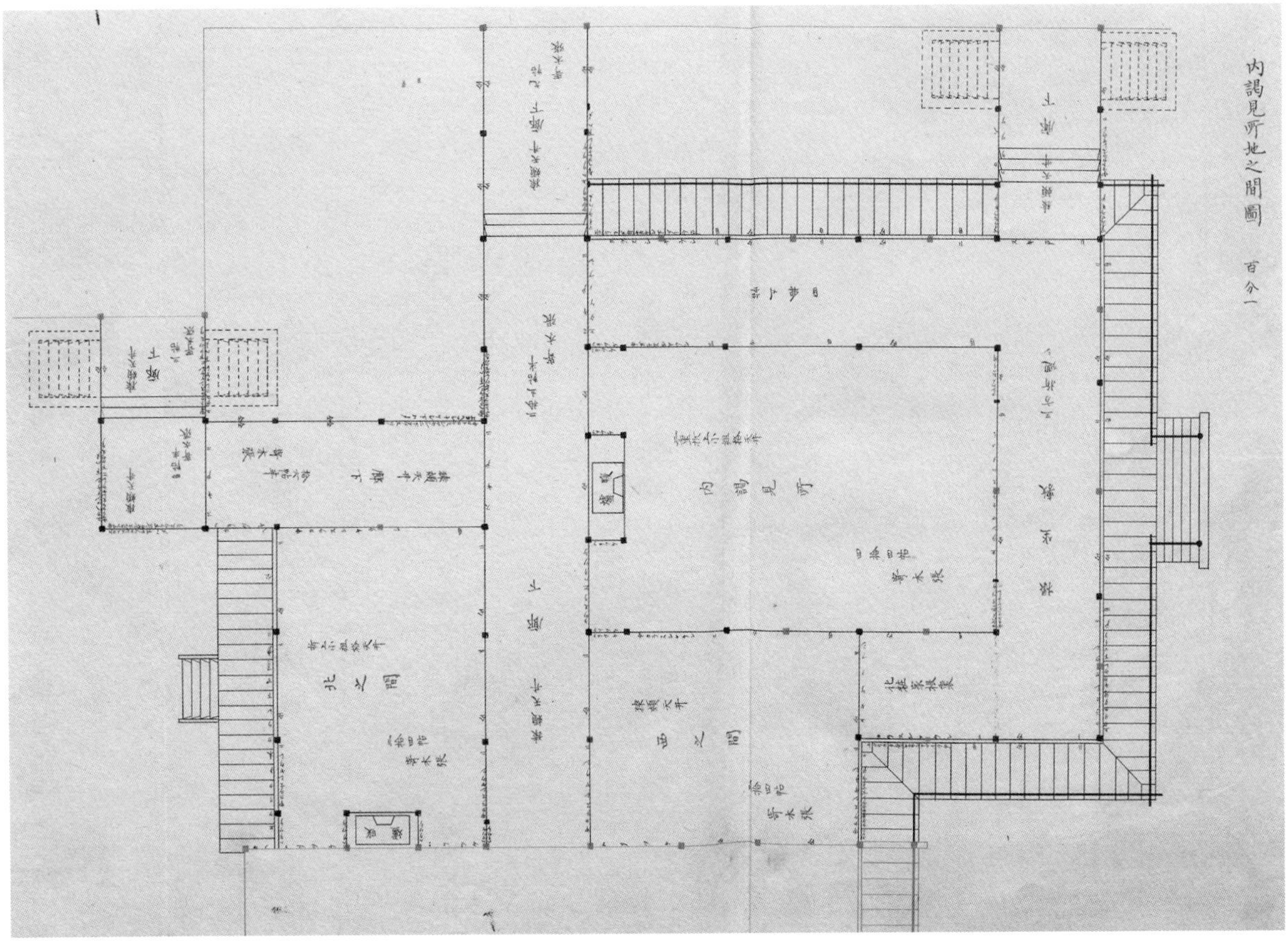

図1-36　内謁見所地之間図

i．鳳凰之間・西之間・桐之間

正殿・西化粧之間の西側に位置する。表御座所と共に天皇の日常の政務を執るための場である。

図1―36・37は、『皇居御造営誌四四　内謁見所事業』（識別番号八三三四四）に所収されている内謁見所地之間図と切断図である。内謁見所（鳳凰之間）は、天皇の表での少人数による謁見所、北之間（桐之間）は皇后宮謁見所である。鳳凰之間には、北側を除く三方に四五帖の椽座敷が巡る。

図1―38（第八〇號）は、鳳凰之間の間内を正面から見たものである。四四帖の寄木張の正面には暖炉を布設し、その上には飾枠が付く鏡台。時計も置かれている。天井は、もっとも格式が高い二重折上小組格天井で、高さは一七尺七寸（約五・三六メートル）を測る。入側が八尺であることから、数字以上に高く感じる。張付画は、狩野晏川が担当し、入側を押箔砂子蒔による瑞雲模様、上之間長押上を同技法による瑞雲模様と千鳥模様を描く。柱には釘隠金物を取付け、内法長押には花雀、天井長押には未央柳を配す。図では左手中程が西之間にあたる。調度品をみると、暖炉前には千鳥の衝立が置かれ、その前には細工がこんだ書物机と左右に椅子。図1―38を側面からみると玉座椅子の臂掛には獅子の彫刻。八角形の小卓子が置かれている。壁際には長椅子と臂掛椅子が並ぶ。正面の鏡の左右には大飾棚。西之間に入る右手には飾台を据える。空間全体は、和洋折衷様式といえる。

図1―39（第八七號）は、西之間の間内である。画面右手が鳳凰之間となる。二四帖の寄木張で、天井は猿頬天井。張付画は、狩野晏川が担当し、金砂子蒔による五雲模様を描く。柱には釘隠金物を取付け、内法長押に蜀葵、天井長押に藻カツミを配す。調度品は、写字机と椅子。壁際に椅子・臂掛椅子が並び、北西隅には置戸棚を設置する。

図1―40（第八九號）は、桐之間の間内を東からみたものである。二四帖の寄木張で、折上小組天井の形態をとる。西壁中央に暖炉を付設し、上位に

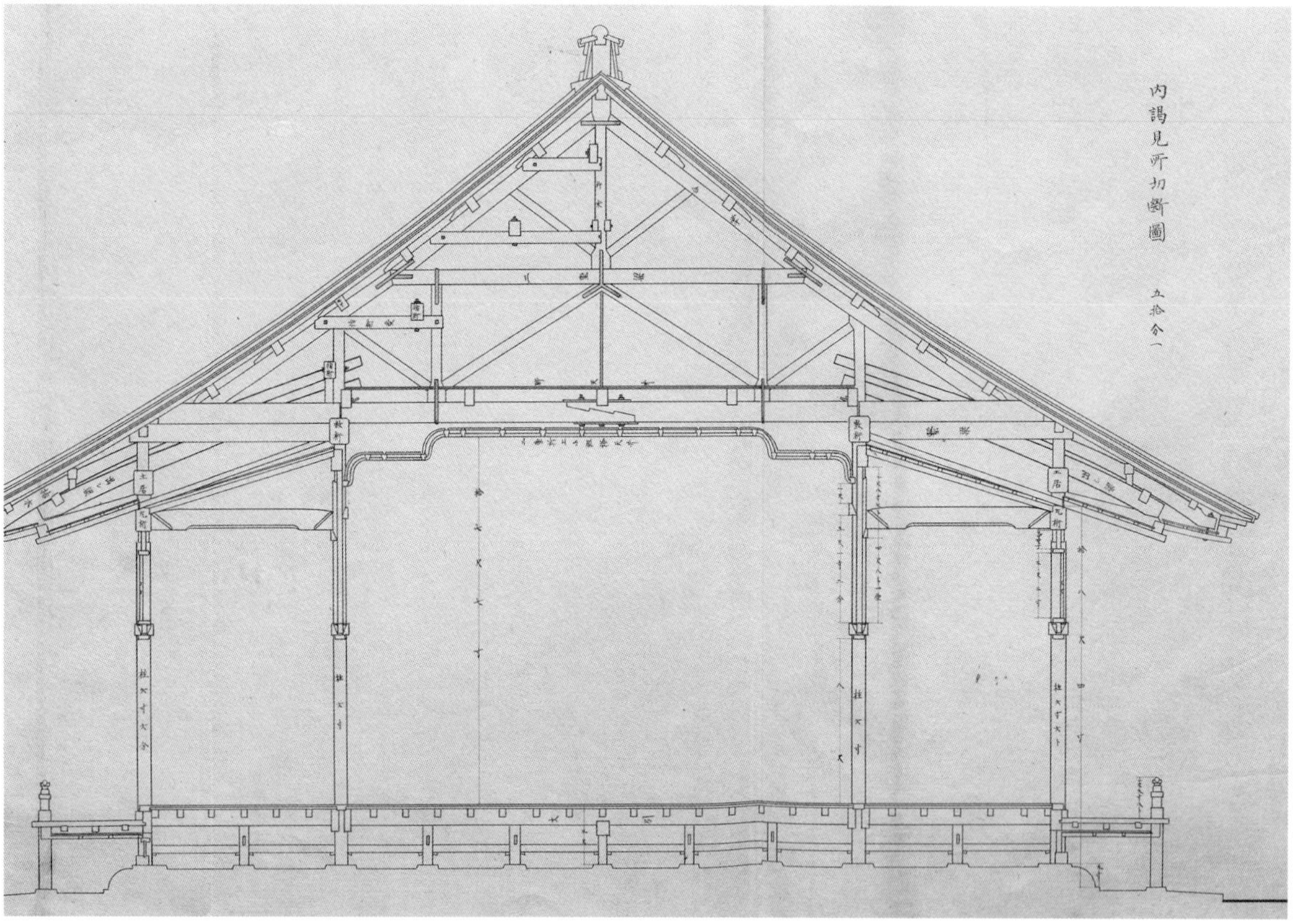

図１-37　内謁見所切断図

図１-38　鳳凰之間〔内謁見所〕内部（其壹）

図１-39　鳳凰之間西之間内部

図１-40　桐之間内部（其壹）

周縁を彫刻した大鏡、飾時計も置かれている。張付画は、遠藤貫周が担当し、押箔砂子蒔による小萩模様を描く。柱には釘隠金物を取付け、内法長押に未央柳、天井長押に折枝宝花を配す。間内には硝子付飾棚のほか長方形卓子、長椅子・小椅子・婦人椅子等々多くの椅子類が用意されている。

j．表御座所

表宮殿で最も西に位置する。先に、地形からみると鳳凰之間と共に中段に位置すると述べた。第九七號（付章1図5—9）の写真には、表御座所から奥の聖上常御殿への取合廊下が階段になることが撮られている。

図1—41は、表御座所を南側の中庭からみた外観である。宮殿の主要建物では唯一、二階建である。左手の建物は、中二階にあたり、一階片側が取合廊下となる。屋根に煙突が二箇所あるが、暖炉の煙出しのためのものである。

図1—42・43は、『皇居御造営誌三四　御学問所事業』（識別番号八三三三四）に所収されている御学問所階下地之間と切断面である。階上は、御学問所・廣間・北之間の配置は同じであるが幾分狭くなる。天井は、表御座所（御学問所）と廣間が折上小組格天井であるのに対して、北之間は格天井板違と異なる。天井の高さをみると、一様ではなく、階下では、表御座所が一三尺五寸六分（約四・一一メートル）、廣間が一四尺六寸七分（約四・四五メートル）を測る。表宮殿の間内は、寄木張であるのに対して表御座所の各間が絨毯敷であることも看過することができない。

図1—44（第九五號）は、階下表御座所を廣間側からみたものである。折上小組格天井と共に御床は、書院造りの和風様式をとどめている。正面右手に暖炉、上位に鏡縁を彫刻した大鏡を置くが、ここに袋戸が付く違棚があっても何ら遜色がない。階下の張付画は、全て伊藤雅良が担当する。彩砂子蒔による須磨之寝覚模様が描かれている（事業の仕様書には金粉砂子蒔千鳥とあり）。ちなみに、廣間は燕語春風模様、北之間は八重霞模様、入側長押上

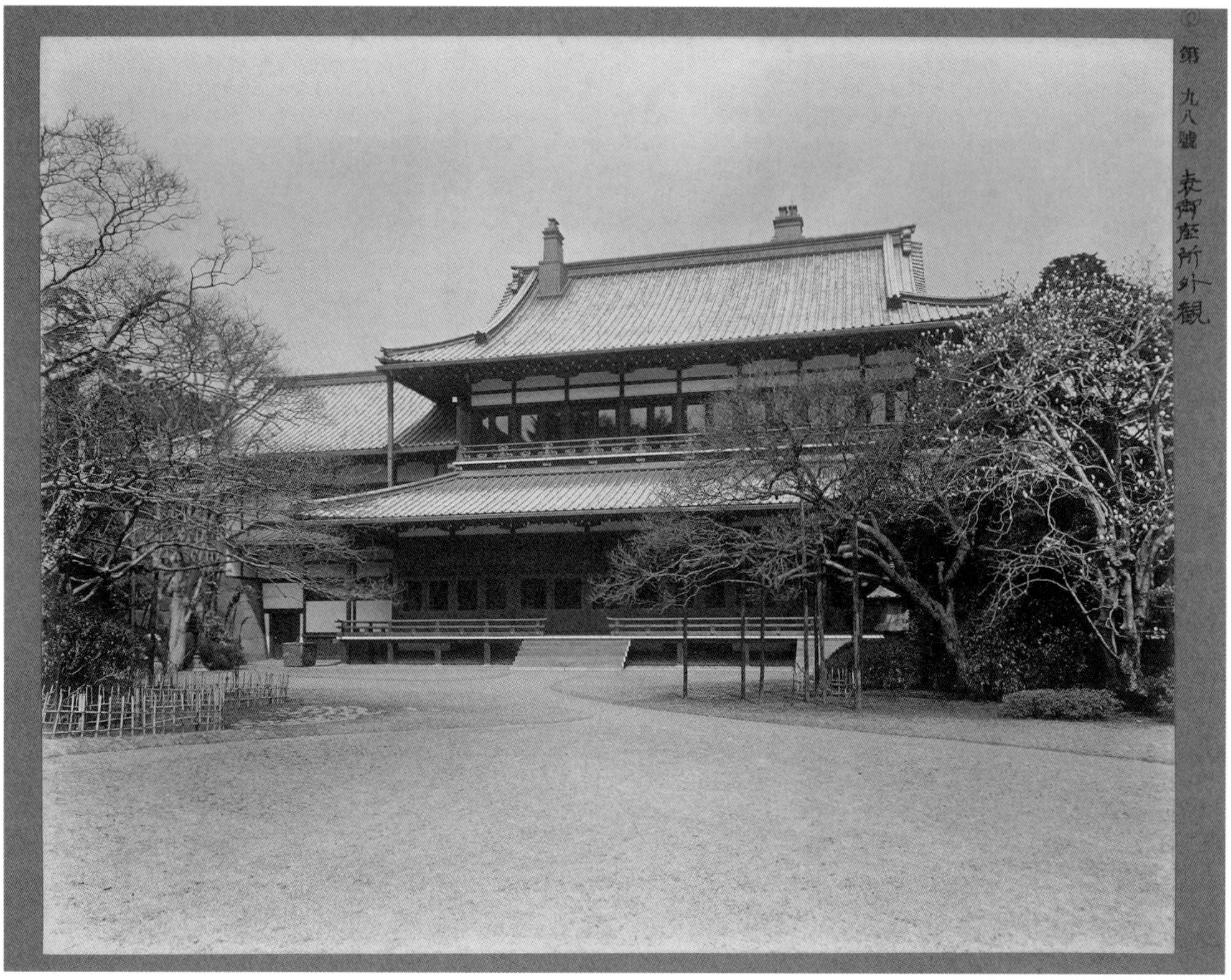

図1-41　表御座所（御学問所）外観

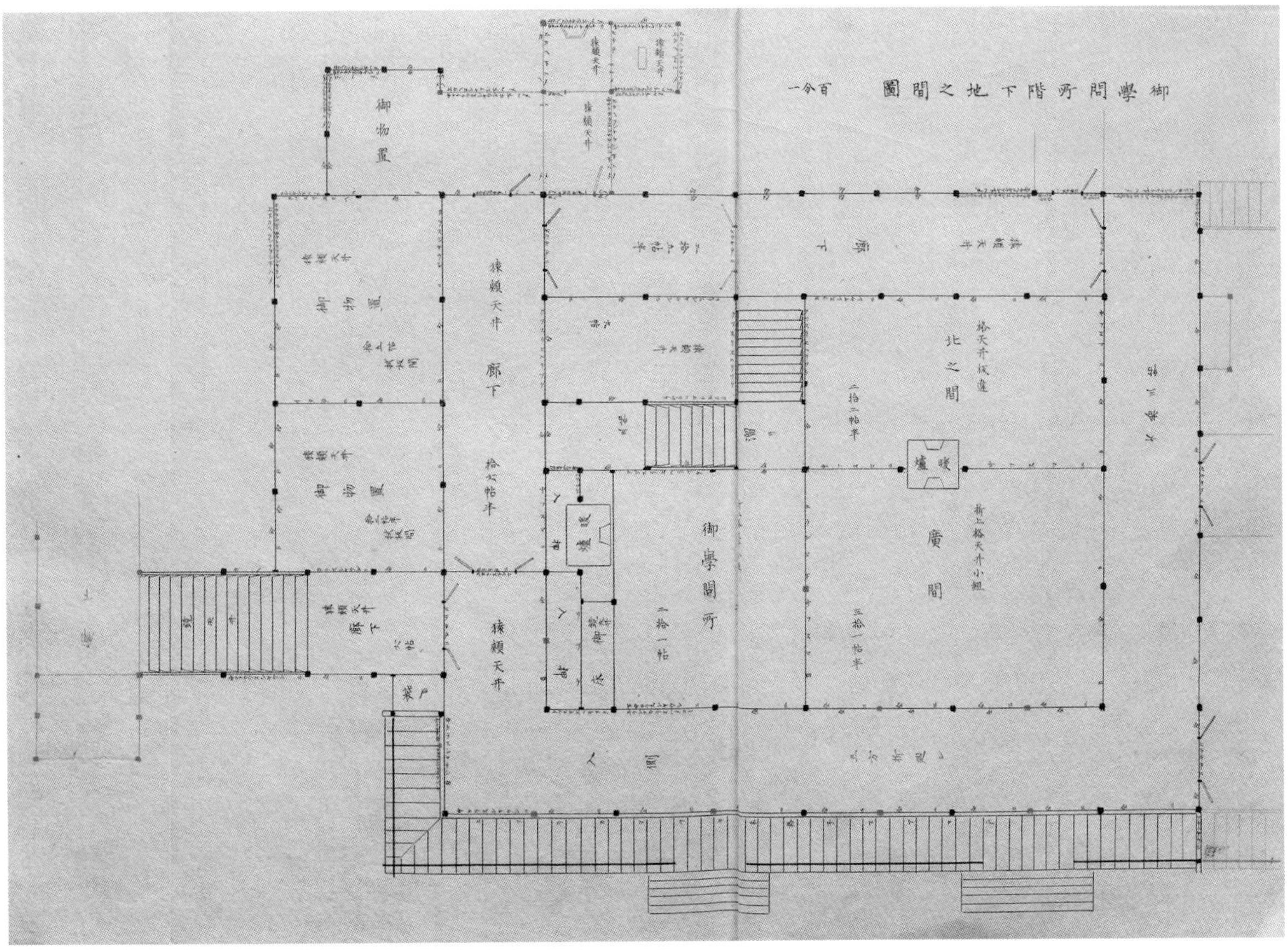

図１-42　御学問所階下地之間図

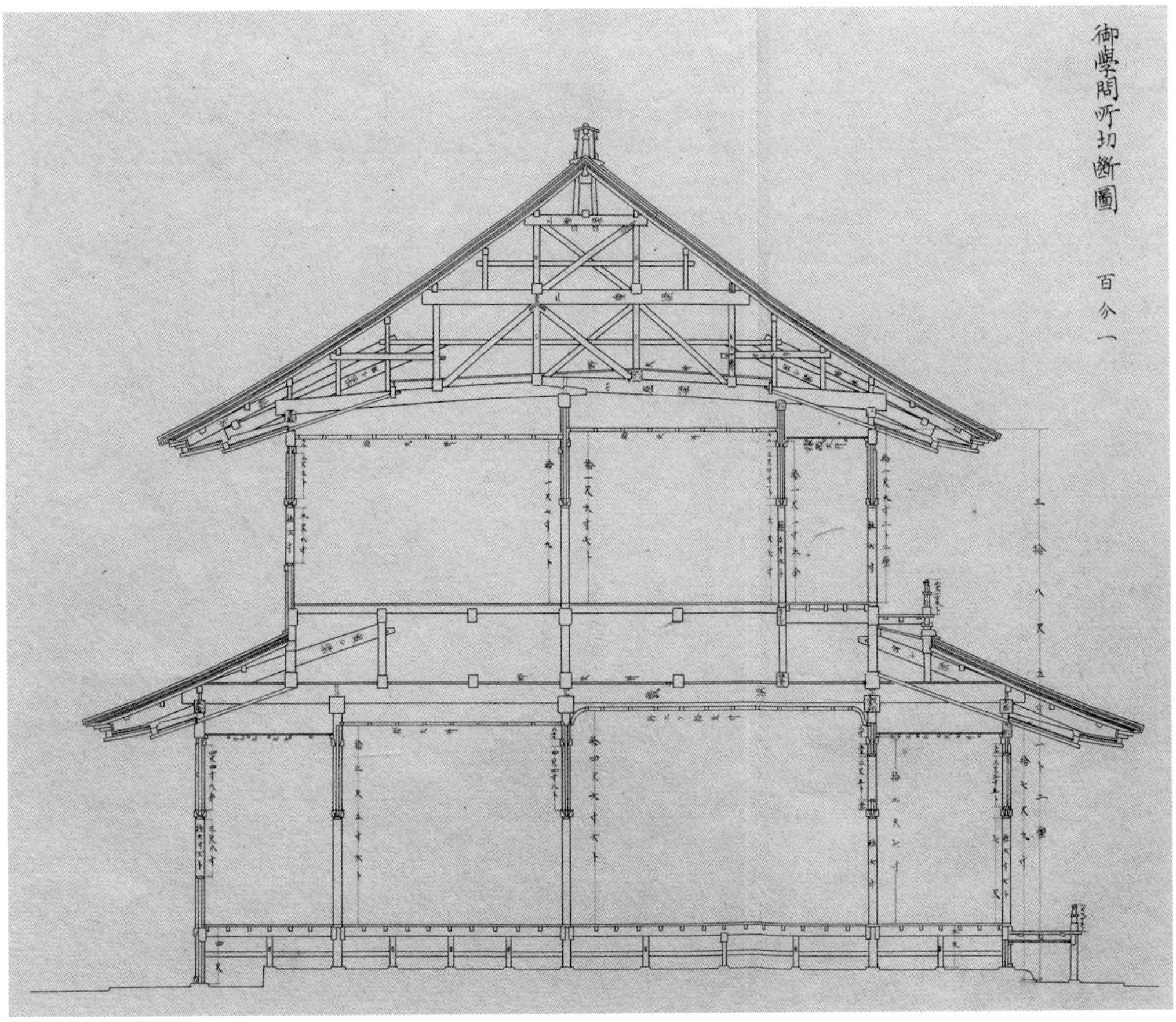

図１-43　御学問所切断図

図１-44　表御座所階下御座所

は残霞模様が各々描かれている。余談であるが、階上の張付画は、狩野久信が担当している。柱には釘隠金物を取付けるが、階下と階上では全く様相が異なる。図１―46では電燈に隠れ判然としないが、第九五號の廣間には後光座六葉がみられ、北之間も同様である。これは、奥宮殿の伝統的な六葉が踏襲されているものである。他方、階上では、翟麦丸・藻カツミ・波ノ丸・波ニ兎などの彩色にとんだ具象文で構成されている。階上の釘隠金物は、これまで紹介した表宮殿の間内に類似するものといえる。間内全体がシンプルな和風様式であることがうかがえる。

k．宮御殿

奥宮殿の主要御殿の中では最も東側に位置する。図１―45・46は、『皇居御造営誌二五　宮御殿事業』（識別番号八三三二五）に所収されている宮御殿地之間図と切断面である。宮御殿は、御床・御棚を構える宮御殿之間を中心として五つの次之間、御椽座敷、湯殿・物置等々からなる。図１―46は、宮御殿之間を中心とする縦断面図で、左から物置、廊下、中央の狭い空間が御床、宮御殿之間、御椽座敷を示している。宮御殿之間は、一〇帖でこれに二間×五分の御床・御棚が付く。天井は、格天井板違いで、高さが十一尺五寸六分（約三・五〇メートル）を測る。

図１―47（第壹〇壹號）は、宮御殿之間である。キャプションに内謁見所一之間とあるのは誤りである。さきに、内謁見所一之間（鳳凰之間）を紹介したが、寄木張で二重折上格天井であった。本図は、畳の上に絨毯敷とし、格天井板違であることから相違が一目瞭然である。

図をみることにする。御床と御棚に目が向く。御床には、馬上に乗る人物を描いた軸がかけてあるが、壁張画を福田豊作が担当し、鳥ノ子紙に金砂子泥引模様、襖は薄群青白群青スマリ松喰鶴松模様を描き張立てている。御棚は違棚で、御地袋戸が御袋戸に比べ大きく、左側に偏在していることを特徴

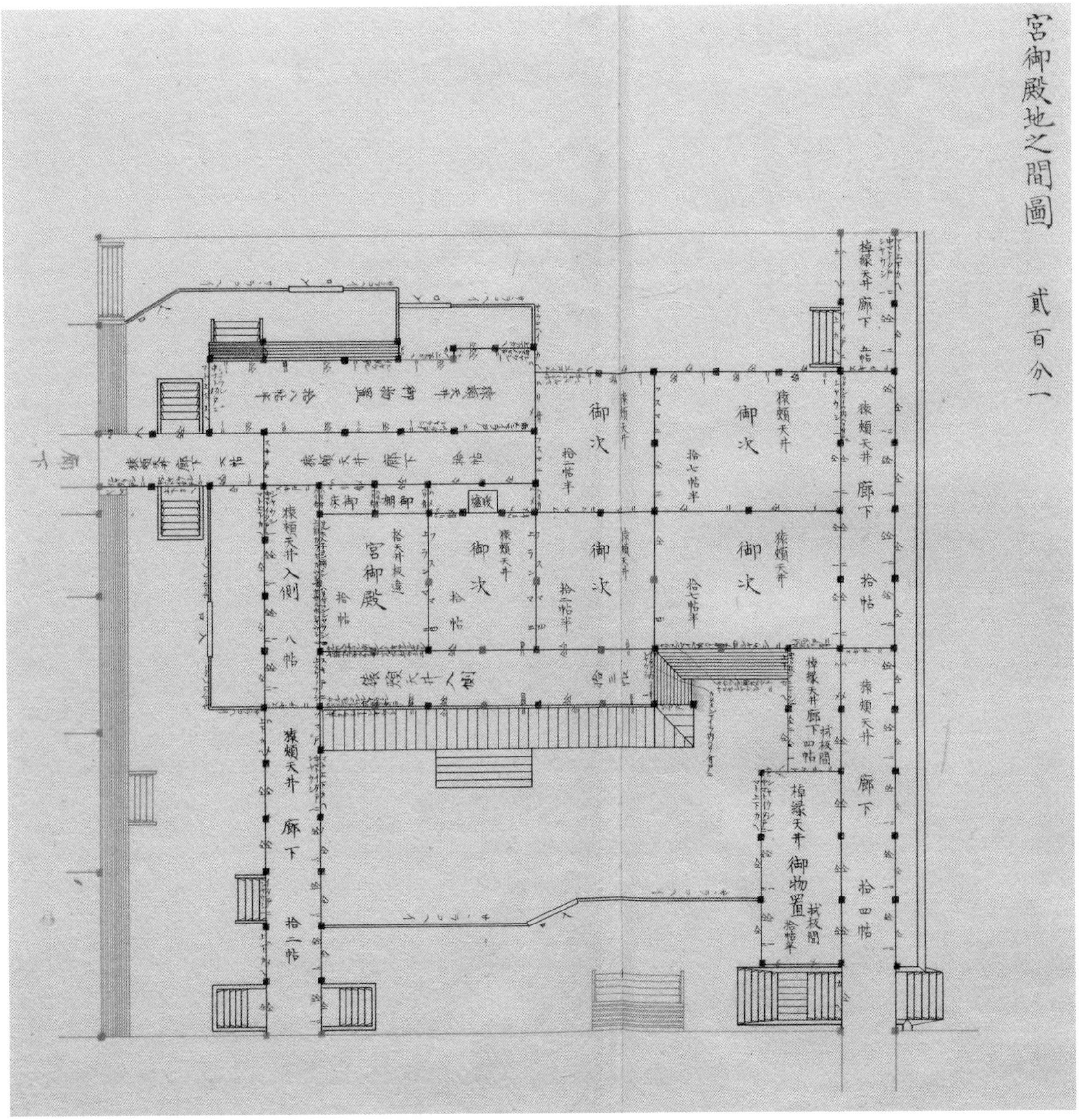

図 1 -45　宮御殿地之間図

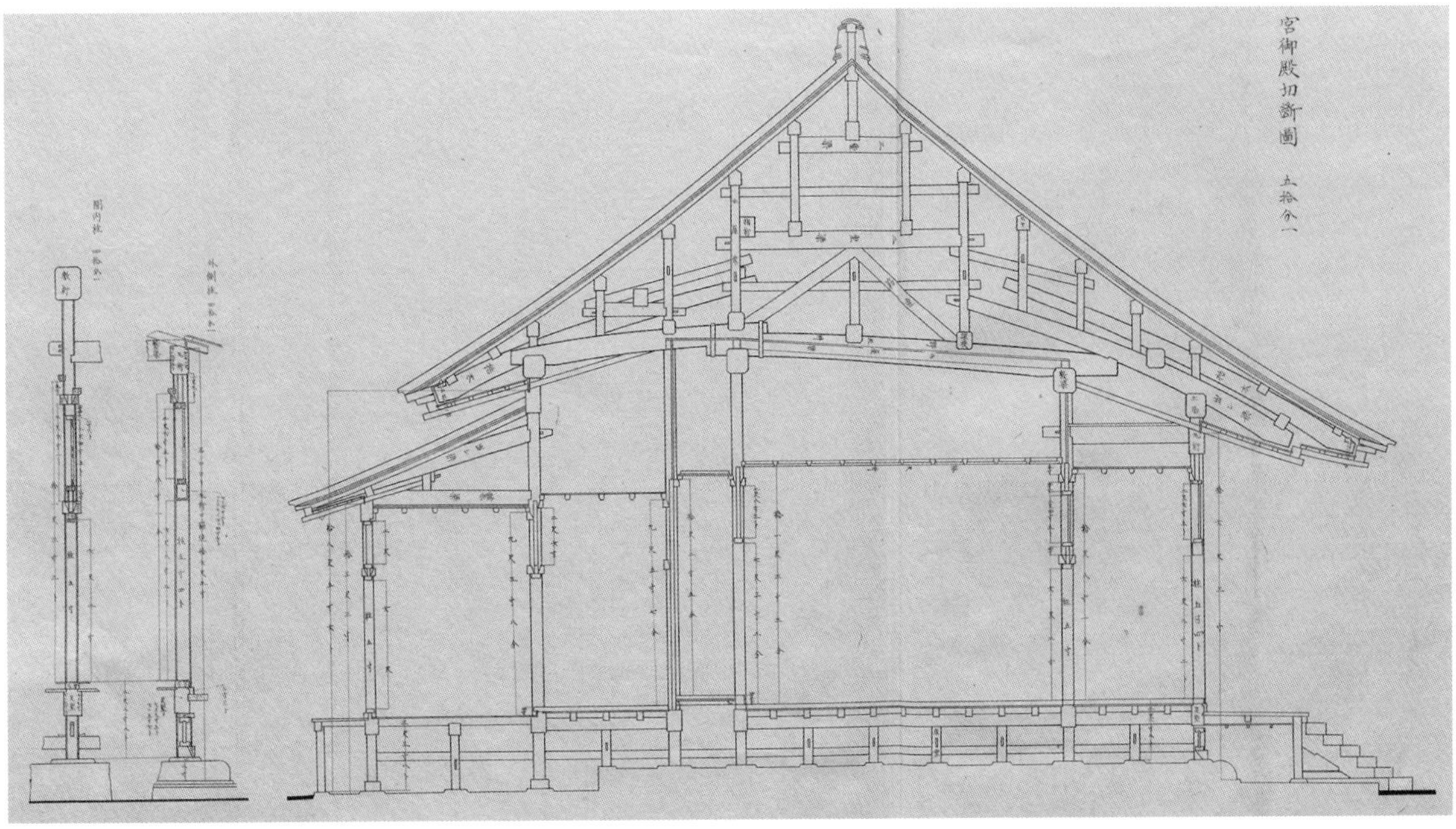

図 1 -46　宮御殿切断図

図１-47　内謁見所（宮御殿）一之間

図１-48　内謁見所二之間

とする。各々の絵は、御袋戸を岸竹堂が「池邊蛍」を、御地袋戸を田崎芸が「雪中竹」を描いている。両者は、「康孫康雪読書車胤嚢蛍照書」の故事に習い蛍と雪を一対としている。柱には、六葉の釘隠金物を取付る。天井からは、飾金具が付いた三燈の電燈が垂下する。竣工時には、奥宮四殿の主要間内には釣ランプが装着されていた。この釣ランプは、電気燈用としても兼務し、宮御殿の場合、八燈ランプの高さが五尺六分、径が三尺のものが一個用意された。釣ランプにも格があり、聖上常御殿では十二燈（高さが七尺二寸）二個、八燈一個、皇后宮常御殿では一〇燈（高さが七尺二寸）二個と八燈一個、皇太后宮御休所では八燈（高さが六尺二寸）一個とある。『皇居御造営誌八四　ランプ装置事業』（識別番号八三三八四）に詳細な図と仕様書が掲載されている。時間が経過する中で釣ランプは不用となり、電燈へと替わる。詳細な記録はないが、写真と釣ランプ図を照会すると違いが明瞭である。

図1―48（第壹〇貳號）は、宮御殿二之間である。前述した宮御殿之間は写真左手にあたる。右側は、十二帖半の御次之間となる。本間は、宮御殿之間と同様、一〇帖で三燈の電燈が付くが、天井は猿頰天井と格が下がる。正面中央に暖炉を布設し、その上には大鏡を置く。暖炉飾は、前田貫業が下絵を担当し「常夏色蒔絵」を描いたが、写真では取除かれ、大理石に柱状の模様が彫られている。鏡縁は、芝永章が下絵を担当し、胡麻竹に「藤花ニ燕」の中蒔絵を描く。壁張と襖は、福田豊作が担当し、砂子泥引で青緑青薄群青其他入模様。柱には、内法長押・天井長押ともに六葉釘隠金物を取付ける。わずかに覗く次之間の壁張と襖は、遠藤貫周が担当し、砂子泥引紫隈入模様で襖には「洲濱ニ貝尽シ」模様が描かれている。

I．皇后宮常御殿

奥宮殿では、聖上常御殿に次いで重要な建物である。御一之間をはじめとして九間からなり、周囲を入側が巡る。聖上常御殿とは渡廊下で結ばれてい

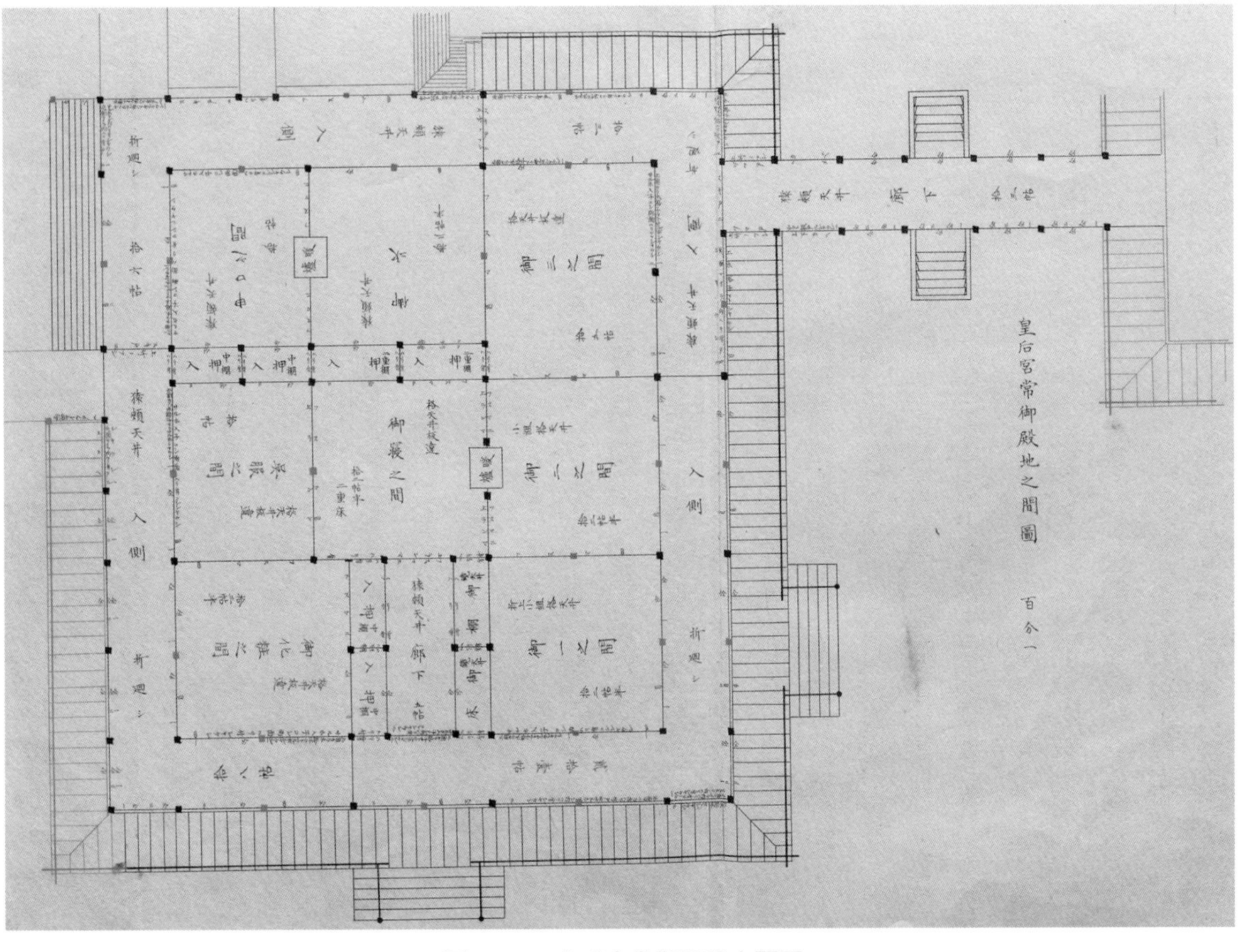

図1-49　皇后宮常御殿地之間図

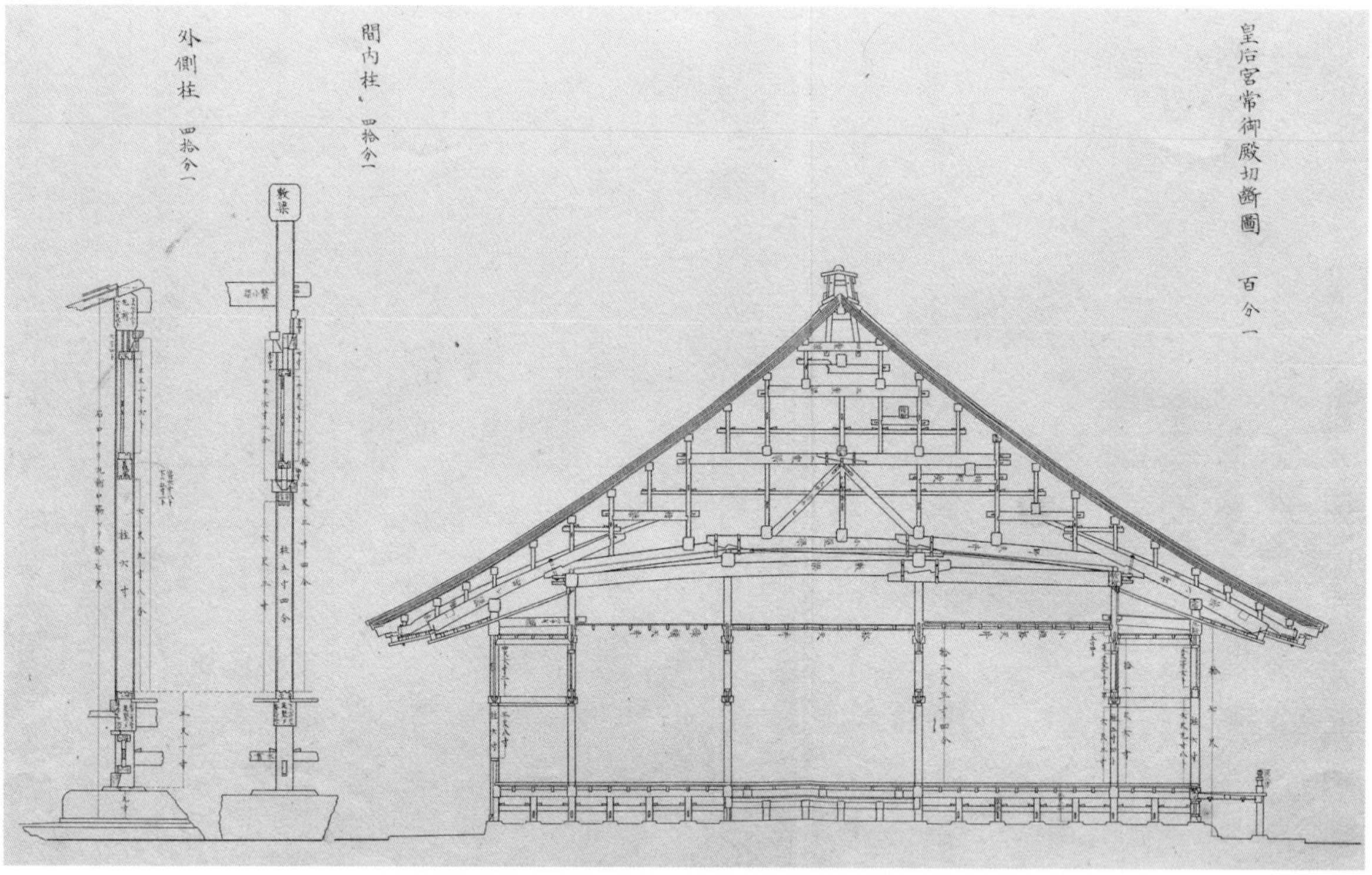

図1-50　皇后宮常御殿切断図

る。図1―49・50は、『皇居御造営誌二三　皇后宮事業』（識別番号八三三二三）に所収されている皇后宮常御殿地之間図と切断図である。御床御棚の有無、天井の形態等々により区別されている。切断図は、建物の中央を南北方向に示したもので、入側を除くと右側から御二之間、御寝之間、申口之間（位置としては呉服之間であるが、天井の形態の違いから変更したものと考えられる）の順となる。御二之間は小組格天井で、天井までの高さが一二尺三寸四分（三・七四メートル）を測る。さきの宮御殿をはじめとして奥宮殿の各間の天井が表宮殿よりも低いのは、一間《マ》が狭いことによるものである。御二之間の場合、一二帖半となる。

図1―51（第壹〇五號）は、御一之間の内部である。正面に御床御棚を構え、皇后宮常御殿の間内では最高の折上小組格天井の形態をとる。襖の片側からは、御二之間が覗く。御床御棚は、二間五分×五分の規模で鏡天井。壁張襖絵は狩野晏川が担当し、金砂子泥引入で春錦模様の「柳櫻折枝」を描く。これは、厳島経巻を参考としたものである。御棚は、中位にとり板間に海老束を入れ、棚板端にやや大きめの筆返が付く。御袋戸（天袋）の絵は守住貫魚が担当し、極彩色で「撰虫図」を、御地袋戸の絵は山名貫義が担当し、本朝列女伝から極彩色で「應神天皇居高臺望兄媛之舩図」を各々描く。襖絵は、壁張と同様、柳櫻折枝模様が描かれており、襖縁は、厳島経巻の野菊の文様をとる織物を貼る。柱には、御紋が入る唐花紋の釘隠金物を取付ける。一二帖半の間内は絨毯敷で、天井からは四燈（一燈は手前で隠れる）の電燈が垂下する。

図1―52（第壹〇六號）は、御二之間の内部である。皇后宮常御殿では、煖炉を御二之間・御寝之間・御次之間・申口之間の四つの間内に布設する。四基の煖炉は、二基ずつ背中合わせの位置関係にあり、本図の反対側には御寝之間の暖炉となる。暖炉前飾りは全て異なる。本図の場合、北側中程の柱間を暖炉とし、上位に大鏡を置く。暖炉前飾りは、下絵を端舘紫川が担当し

図１-51　皇后宮常御殿一之間

図１-52　皇后宮常御殿二之間

「雪中ノ南天鶺鴒」を中蒔絵とする。余談であるが、反対側の御寝之間の下絵は芝永章が担当し「雲ニ藤及撫子」模様を中蒔絵としている。暖炉上の鏡縁は、下絵を小堀桂三郎が担当し「雪花ニ雪割草散梅貝入」の蒔絵を施す。暖炉前飾・鏡縁とも蒔絵の様子をうかがうことができる。襖絵は狩野宴川が担当し、金砂子泥引白群青緑青其他色入模様として厳島経巻の梅花を描く。鴨居の上の欄間の障子も見事である。柱には、御一之間と同様、御紋入唐花模様が入る六葉釘隠金物を取付ける。図では判然としないが、小組格天井から四燈の飾電燈が垂下する。

m．聖上常御殿

奥宮殿で最も高位置にあり、最大の建物である。建坪が一七九坪九合九夕三才、これに軒坪四〇坪一合六夕七才が加わる。**図1―53**（第壹壹五號）は、南西方向からみた外観である。両妻破風造りの銅板葺屋根は、重厚である。画面左手隅には皇后宮常御殿がみえる。同所と表宮殿の表御座所とは渡廊下で結ばれている。

図1―54・55は、『皇居御造営誌二二一　聖上常御殿事業』（識別番号八三三二二）に所収されている聖上常御殿地之間図と切断図である。奥宮殿の他の宮殿にはない剣璽之間と御上段之間が加わり一〇間《マ》からなる。このうち、御床御棚を構えるのは、剣璽之間と御小座敷の二間であるが、剣璽之間の場合、御床と御棚が隣接することなく、北壁側と南壁側に二分する形状をとる。御殿内の各間を御座敷が囲繞するが、御縁座敷は、杉戸で三つに分断される。一つは、剣璽之間と御廊下座敷の延長線上。一つは、御上段之間と呉服之間の延長線上。一つは、御二之間と申口之間の延長線上。御縁座敷によって外側と遮断し、杉戸によってさらに規制していることになる。**図1―55**の切断面は、御上段之間と御小座敷を結ぶ南北方向の断面図である。中央の天井が低く狭い箇所が呉服之間の押入となる。したがって、左側から御椽座敷、御

図1-53　常御殿外観（其貳）

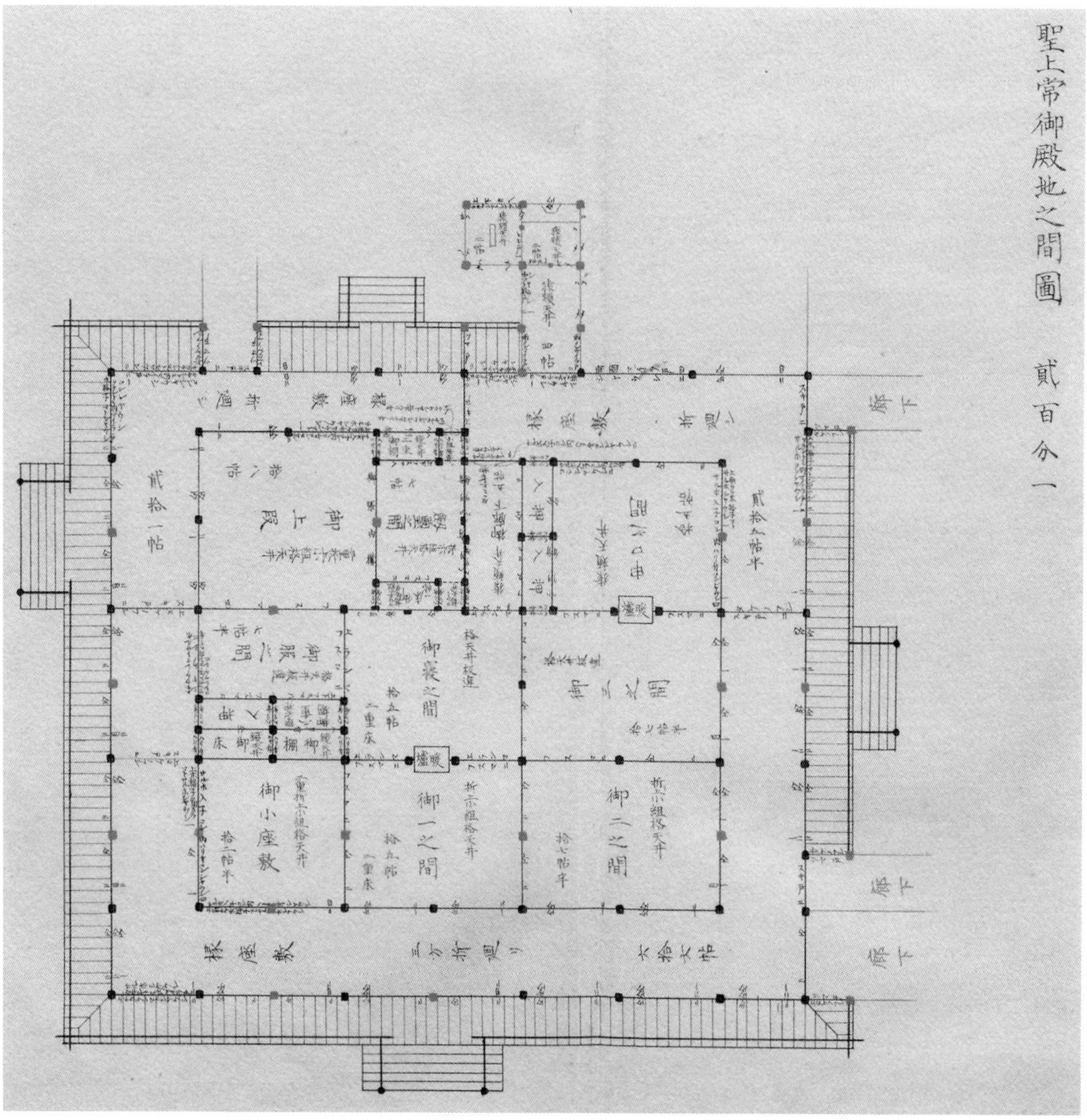

図 1 -54　聖上常御殿地之間図

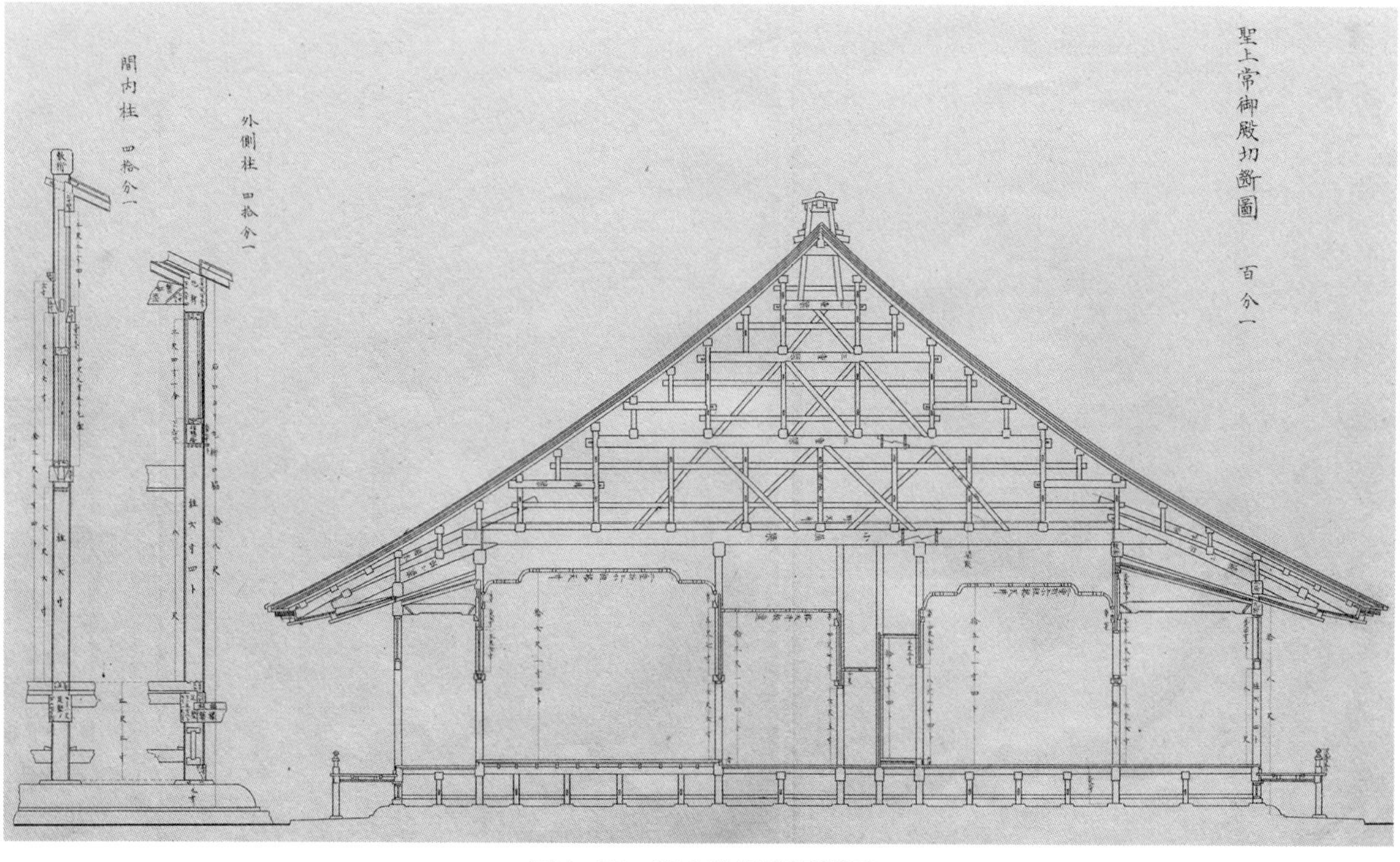

図 1 -55　聖上常御殿切断図

上段之間、呉服之間、同・押入、御小座敷御床、御小座敷、御縁座敷となる。天井までの高さは、御上段之間が最も高く一六尺一寸四分（約四・八九メートル）、呉服之間が一三尺一寸四分（約三・九八メートル）、御小座敷が一五尺一寸四分（約四・五九メートル）を測る。聖上常御殿の天井の形態には、二重折上小組格天井・折上小組格天井・格天井板違、猿頬天井の四型がある。切断面の御上段之間と御小座敷が二重折上小組格天井、呉服之間が格天井板違となる。

図1—56（第壹〇九號）は、御小座敷の内部である。一二帖半の畳の上には絨毯が敷かれ、二重折上小組格天井は画面が暗いため判然としない。電燈が付設されていないことは確かのようである。画面左手が椽座敷、右手が御一之間となる。間内をみることにする。正面右手の御棚は、違棚の上板が海老束を通して御地袋戸上の天板にそのまま取付けてあることを特徴とする。筆返しは大きめのものを取付ける。御地袋戸は、柱間の中程から右に寄る。御袋戸の絵は鈴木百年が担当し、金地水墨で「田蘆秋風図」を、御地袋戸は狩野永悳が担当し、「菅原文時作序於冷泉院図」を各々描く。壁張ならびに襖は遠藤貫周が担当し、金砂子泥引で群青緑青隈入の秋晴模様を描く。襖縁には蠟色塗の織物を貼る。柱には、御紋が入る唐花文様の釘隠金物を取付る。

図1—57（第壹壹〇號）は御一之間（写真帖では御小座敷を一之間としたことから、二之間と記入）の内部、**図1—58**（第壹壹壹號）は御寝之間の内部である。さきに、皇后宮常御殿には暖炉が四間《マ》に布設されており、二基ずつ背中合わせの関係にあると述べた。聖上常御殿においても同様である。**図1—57・58**がその関係となる。両間は、拾五帖の絨毯敷で写真ではわからないが二重床、天井から六燈の飾電燈、六葉の釘隠金物という共通点もあるが、ここでは相違を述べる。暖炉前飾りと鏡縁、天井の形態、張付、欄間繁狭間障子などがその要素となる。

図1—57、左手が御小座敷となる。天井は、折上小組格天井。建具をみる

図1-56　聖上常御殿一之間〔御小座敷〕

と、正面の大鏡左右が欄間繁狭間障子が目に付く。壁張と襖絵は遠藤貫周・遠藤廣宗が担当し、金砂子泥引群青隈入模様の「水邊青蘆」を描く。襖縁には、厳島経巻より野菊模様の織物を貼る。暖炉前飾は、純白大理石に花紋などを彫刻。鏡縁は下絵を高取熊吉が担当し、正倉院古裂模様の写で七寶蒔絵とする。

図1―58は、格天井板違の形態をとり、壁張および襖絵は木林雅経が担当し、金砂子泥引を描く。襖縁は、正倉院古裂文様の織物が貼られている。建具で御一之間の欄間繁狭間障子は、ここでは壁張となる。なお、写真右手の裏側は、御小座敷御棚、呉服之間押入と同間内になる。暖炉は、澤田山青石に彫刻を施した後、蒔絵を施す。下絵は端舘紫川が担当し、群蝶を描く。鏡縁は、特段の模様はない。それは、記録にも見当らない。

図1-57　聖上常御殿二之間

図1-58　常御殿〔御寝之間〕

以上、表宮殿と奥宮殿の間内の様子について、三帖の写真帖をもとに述べてきた。写真であるが故に撮影の方向、さらに、第二章以降、装飾の各論を述べるには、建築学的視点から間内の平面図と断面図が必要と考え、最低限の図面を用意した。本章では、写真がもつ資料性から紹介することに力点を置いた。第二章以降で検討を加えることにする。

（三）「皇居御造営誌（家具装置事業）」装置費明細書にみる宮殿間内の特徴

前節で、明治宮殿写真帖から間内の様子を紹介した。写真は、記録された数字（日にち）を参考にすると、撮影日が宮殿竣工後、およそ三〇年余り経過したことになる。その間、宮殿間内では名称が変更したところや、改修・増築、調度品の追加購入などもみうけられる。大幅な変更はないものの、当初の様子は気にかかるところである。格好の資料として、『皇居御造営誌（家具装置事業）一〜三』（識別番号八三三八〇〜八三三八二）がある。皇居御造営事務局が明治二十五年に事業の収支報告書の一つとして作成したものである。三冊之内第壱の冒頭に家具装置事業の経過が記してある。第二章以降とも深く関連するので、長文ではあるがその部分を抜粋する。

家具装置事業

御造営内部諸口ノ物品ハ務メテ精工ヲ尽サント欲シテ広ク之ヲ海外ノ商社ニ購求シ或ハ内国事業者ニ製造ヲ命スル等其工夫ヲ労費スル甚タ大イナリトス為ニ技師片山東熊ヲ（附属員十一等出仕河野光太郎雇杉田幸五郎）独逸国漢堡ニ派遣シ各種ノ家具又装飾器具ノ新製ヲカールローデ商会ニ依託セリ而シテ御造営工業ノ途中模様換ニ際シテハ自カラ製作ニ影響ヲ暨ス事些少ナラス依テ海外万里ニ電信ヲ往復スル数拾回ノ多キニ至リ以テ諸事漸好結果ヲ了得セリ又内国ニテ製造スル家具類ハ事業者杉田幸五郎ニ命シ（独国ヨ帰朝後該受負者トナル）織物ハ農商務省技師荒川新一郎ニ当事務局織物取調専務ヲ嘱託ス依テ京都府下織殿近藤徳太郎小林綾造川島甚兵衛飯田新七東京製織会社曽根嘉兵衛羽野喜助群馬県下桐生成愛者青木熊太郎等ニ親シク製織ノ法ヲ伝授シ欧州製ニ模擬シタル錦繡綾羅ヲ織ラシム又各所ニ装置スル玻璃鏡モ亦海外ニ購買スル者少シトセス鏡縁及椅子ノ如キハ珍奇ノ彫刻髹工ニ描金等ヲ施シテ精工ヲ尽セリ両御殿等ランプ金具ノ製造ハ起立工商会社松尾儀助ニ命ス又各所格天井ニ資用ノ紙ハ大鷹質ニ種々古代ノ花紋ヲ打出シ金碧ヲ以テ之ニ彩色ヲ施ス其地紙ハ製造ヲ印刷局ニ嘱託ス総テ絵画或ハ彩色等に係ル事ハ博物館長山高信離専ラ之ヲ指揮セリ（十三等出仕広瀬季庸モ従事ス）襖及壁張付ニ資用ノ紙ハ鳥ノ子質ニシテ偉大ナルモノヲ新製セリ該紙ハ京都府下平安抄紙場会員平塚源四郎ノ新発明ニシテ大ニ功用ヲ呈セリ

最初該紙納方請負を府下小西五兵衛ニ命シタリシニ製造元ノ都合ニ依リ雙方連署ヲ以テ平塚源四郎ヨリ直チニ納入ノコトヲ出願シ之ヲ聞届タリ

とある。家具・織物・ランプ金具の調達責任者や製造方法、天井画や壁張・襖紙の調達など、いずれの要素を取上げても明治宮殿の室内装飾を語る上で欠かすことができない。

三冊の資料の中で第参の装飾費明細書は、宮殿間内の特徴や役割を知る上で注目される。そこでは、

装飾費明細書

総計金四拾壹萬五千八百貳拾六圓七拾八銭七厘

一金四拾壹萬五千五百壹圓七拾八銭七厘

外

金三百貳拾五圓　献納品評價

金三拾六萬六百七圓四拾弐銭五厘　家具其他ノ費

とあり、内訳が続く。謁見所の明細書に始まる、数字を簡略し、少し記すと、

金四四、六〇八圓五二銭一厘　謁見所

内

玉　座　一個　金一四四円六〇銭

同階段敷《天鵞絨製》　一個　金三三九円二〇銭

同高段敷《スミルナ製》　一個　金三三五円七〇銭

龍　蓋　一個　金一〇、一八八円六〇銭

玉座椅子　二個　金八五六円六〇銭

同被覆《天鵞絨製》　二個　金二九七円九〇銭

〈中略〉

同真田織（曇帳）　四、五〇一尺九寸　金九九九円四銭二厘

同　二六九尺一寸　金八円六一銭一厘

同　一、一六三尺五寸　金二四円四三銭四厘

同職工費　三八人八分　金一九円四〇銭

※括弧は筆者による

で謁見所の二六項目は終わる。謁見所は竣工後、正殿と名称を変更するが、明治憲法発布式をはじめとする重要な式典はこの間内で行われる。最も特徴的な品目は、玉座・龍蓋（天蓋）・玉座椅子である。いずれも前節写真帖で紹介したが、他の間内には存在しないものである。龍蓋は、天蓋のことを指し、玉座の上位に取付ける。豪華な造りで、謁見所経費のおよそ四分ノ一を占めている。最後の項目に曇帳《どんちょう》職工費として、三八人八分（一人当り五〇銭）がある。他の間内では曇帳を備えているにもかかわらず、職工費の項目は見当らない。どうも龍蓋の設置と関連しそうである。

本間内の装飾品の中で、燭臺も注目される。さきに、燭臺を備えるのは、正殿・豊明殿・千種之間の三間に限られることを指摘した。それは、写真帖でもうかがえる。装飾費明細書では、深く知ることができる。それは、

謁見所（正殿）　八個　金一三、三〇一円五〇銭

饗宴所（豊明殿）　一二個　金九、二四〇円七九銭二厘

後席之間（千種之間）　八個　金六、一六〇円五二銭七厘

と記されている。饗宴所が一二個と多く、他の二間が各八個とある。一個当りの値段でみると、謁見所が一、六六二円六九銭であるのに対して、饗宴所と後席之間は、各七七〇円七銭となる。謁見所の燭臺の方が二倍以上の金額となり、他よりも一層、豪華であることを示唆している。項目、数量、金額を精査することによって、間内の特徴を垣間見ることができるのである。

曇帳の記述も気になるところである。一般的には「緞帳」の文字をあて、生糸や練子で織った刺繍を施した豪華な幕のことを指すが、明細書では、曇帳の文字でくくり、中に曇帳、緞子、繻子、紋紗、真田織を含んでいる。詳細は後章に委ね、ここでは真田織について補足する。明細書では三項目あり、他の曇帳内の項目と比較すると真田織は、格段に安い。一尺当りの単価でみると、二銭二毛・三銭二毛・二銭一毛となる。そもそも真田織とは、レースのことを指すが、『皇居御造営誌八六　各種織物事業一』（識別番号八三三八六）では、レースについて二つに区別し、レース紋紗と真田で表現している。その中で、謁見所に関する部分を抜粋する。真田織については、

謁見所及饗宴所後席之間東西溜ノ間婦人室小食堂共レース壓真田御入費積り書

納人　伊藤次郎左衛門

一金五九五円一五銭四厘

内訳

金一〇七円六五銭三厘　謁見所

此訳

品名	長巾	一尺ノ価	小計
薄象牙色真田	長　四五〇丈一尺九寸 巾　五分	金二銭二厘	金九九円四銭二厘
同	長　二六丈九尺一寸 巾　八分	金三銭二厘	金八円六一銭一厘

〈以下略〉

とあり、単価の相違は、一尺当りの巾ということになる。他の間内でも真田織りの単価は同じで、色が幾分、異なる。ちなみに、饗宴所では濃白茶色、他は象牙色とある。

　他方、レース紋紗織についても、同様に伊藤次郎左衛門が製造を命じられ、

一金四、二七〇円八六銭八厘

　内譯

金七九八円五二銭八厘　謁見所

　此譯

品名	長巾	一尺ノ価	小計
紋沙織薄象牙色 桐唐草四釜模様	長　八五丈二寸 巾　三尺一寸五分	金五六銭	金四七六円十一銭二厘
同花唐草壹釜模様	長　一四五丈九尺七寸 巾　六寸	金一八銭	金二六二円七四銭六厘
同	長　三九丈七尺八寸 巾　五寸	金一五銭	金五九円六七銭

〈以下略〉

とある。紋紗織では、レース地の色に加えて文様が加わることになる。文様が入ることによって一尺当りの単価も格段に高くなる。真田織では、レースの色の相違はあるものの、値段に間内の差がないことを述べた。紋紗織も同様である。他間内の巾三尺一寸五分の基本単価が最も高いものでみると、饗宴所では「紋紗織濃白茶色唐草三釜模様」、後席之間では「紋紗織象牙色蔦三釜模様」、西溜之間では「紋紗織象牙色凌霄花三釜模様」とある。紋紗織の現品の実物サンプルが宮内庁公文書館に所蔵されている。『皇居御造営内部諸装飾明細図／曇帳其他裂現品の部』（識別番号八一四一三）である。図1―59（12）は、謁見所紋紗織である。左上の裏地に「正殿／？／レース」の文字が入った布を縫うことで場所を特定している。桐唐草模様が鮮明である。図1―60（13）は、饗宴所紋沙織である。右上に「豊明殿　レース」の文字が入った布を縫付けてある。図1―61（15）は、後席之間の紋紗織である。右上に「千艸之間レース／梅ノ間」の文字がみえ、模様としての蔦（ブドウの葉）の特徴がよく表現されている。図1―62（14）は、凌霄模様の紋紗織である。凌霄花とは、ノウゼンカズラのことを指し、落葉性のつる性本木で秋口に橙や赤色の大きな花が咲くという。植物図鑑で照会するとまさしくその模様である。左上の裏地に白布が縫いつけてある。「…婦人室　小食堂…／西（溜ノ間）…」までは確認することができる。各間内で単価は同じでも紋様を変えることで区別していることになる。

　これら史料には、仕様書が付く。謁見所を例にとり、さらに補足しておく、

謁見所

一レース

長八拾五丈貳寸

耳付巾三尺壹寸五分

但曲尺ノ事

図１-59　紋紗織・桐唐草模様（裂現品12）

図１-61　紋紗織・蔦模様（裂現品15）

図１-60　紋紗織・唐草模様（裂現品13）

図１-62　紋紗織・凌霄花模様（裂現品14）

紋紗織薄象牙色桐唐草平戸米
入四釜模様
丈壹尺三寸
一縦糸原料　飛騨国益田器械製緒
　撚絹糸
一緯糸原料　同国益田手引平絹糸
一縦緯糸共　毛薄象牙色アリジヤ
　リン染
一筬歯数　壹寸ニ付四拾筋
一緯糸　壹寸ニ付四拾越
一織器械　ジャカール六百ノ口
一縦緯糸　無糊
一量目　壹尺ニ付五匁
〆
〈以下略〉

謁見所装飾費明細書にみる間内の特徴、さらに項目の最後にあがる紋紗織・真田織からいささか方向の異なる説明に及んだ。とは言え、明治宮殿の室内装飾を考える上で、この明細書を避けて通ることができない。

ところで、この明細書をみると、二つに大別することができる。一つは、前述した謁見所のもの。一つは、これら間内の記述の後にくる受負材料之費なるものである。そこには、

金四萬九千六百七拾四圓貳拾六銭　受負材料之費

とあり、各間内ごとにまとめてある。両者の数字のうち、表宮殿の数字を示したのが章末に掲載した**表1―4**である。正確には、鏡縁の加工に関しては奥宮殿を含めて別に記入してあるので、すべてというわけではない。宮殿の家具装置事業費が四一・五万円程であることから、**表1―4**の金額だけで全体の九割を占めている。残りが鏡縁の加工費、奥宮殿にわずかではあるが宮内省関連の経費となる。

さきに、謁見所の装飾費項目にみる間内の特徴を述べたが、この表からも看取することができる。すなわち、謁見所・饗宴所・後席ノ間の三間《マ》は、空間の広さもさることながら、経費も大きい。共通して燭臺を設置していることから、式典・饗宴・饗宴後の歓談の場であることを暗示している。この三間に続く東西溜之間も軽視することができない。間内も広いが、家具装置費用も三間に次いで大きい。間内が狭いにもかかわらず、経費が大きい婦人室（婦人之間）は、特異と言わざるをえない。隣接する小食堂、東西化粧之間などとの比較の上で検討してみたい。

〔饗宴所〕『明治憲法発布式図4　豊明殿御倍食之図』（識別番号八〇〇八三）の会場として利用されたことは周知の通りである。明細書の内訳に

献立卓　一個　金一二、三五三円七八銭四厘
同曇帳《タベストリ織》　一個　金一、一〇一円二二銭九厘
献立卓　二個　金五、〇〇五円五八銭五厘
配膳卓　十三個　金二、八六三円一九銭五厘
同被服　十三個　金八一九円五〇銭
（以下略）

と始まる項目は、間内の目的・特徴をよく示している。憲法発布式図では、陪食に参加した多勢の人物、配膳卓、椅子に加えてそれらの下に絨毯が描かれている。明細書には、椅子・並椅子・大臂掛椅子・小臂掛椅子など椅子類一三二個、敷物《スミルナ製》一五枚の記述がある。椅子の数量が饗宴の際の招待の客の最大人数と考えることができる。明治憲法発布式は、最大の式典である。招待客が多く、陪食之図に限ると豊明殿のほかに南溜之間・北溜之間・宮内省での描かれた図がある。招待客が多い場合には、ランクに応じて他の間内を利用することがわかる。

〔後席之間・廣間〕ここでは、あえて廣間と付けた。それは、後席之間と称した場合、婦人之間と小食堂を加えた総称として用いることもあるからである。一つの建物を壁で仕切るわけであるから止むをえない。

謁見所・饗宴所と比較して、家具装置の項目が多いこと、宮殿全体を見渡してもほとんどない項目があることも特徴である。高段・肖像・屏風・象棋盤・置戸棚・楽器（ピアノ）などが該当する。象棋盤・楽器の設置はここでしか記されておらず、間内の雰囲気の和らぎが伝わってくる。それは、イス類をみると、通常のイスや臂掛椅子などもあるが床榻（腰掛）や円形長椅子を設けることで歓談しやすいことからも理解できる。意外なのは、肖像である（前章の本紀七の明細書には、大理石製立像とある）。明細書全体をみても、ここと東溜之間の二ヶ所の間内でしか見当らない。前節の大正年間に制作された「宮殿写真帖」では、肖像は撮られていない。おそらく、肖像の主は明治天皇と考えられるが、正に象徴的といえる。

明治宮殿では、謁見所や東溜之間、小食堂など一部の間内を除くと表・奥にかかわらず鏡を設置している。それは、間内に暖炉を付設し、その上に鏡を備えることからもいえるものである。前節で間内の古写真を紹介したが、宮殿内にあって後席之間と婦人之間の二つの間内の大鏡は、圧倒的な存在感といえる。明細書の値段からも看取することができる。参考までに、表宮殿の中で、内謁見所を除く主要間内で比較する。**表1―5**には、男女化粧之間（東西化粧之間）の明細書の区別をすることができないので参考としてある。複数面の設置がある場合には、単純に一面当りの単価としてある。この表か

ら、後席之間と婦人之間の二つの間内の鏡が特別な意図をもって設置されているのである。

ここの項目を精査したわけではないが、家具設置明細書からも後席之間が重要な役割を担った空間であることがわかる。

〔婦人之間・小食堂〕間内の空間がさほど広くないにもかかわらず、装飾家具を設置しているのが婦人之間である。来賓の中でも特別のゲストを迎え入れる間内といえる。天井画や装飾性の高い鏡縁、釘隠金物の形状などで東西化粧之間と比較されることがある。両者を対比すると、婦人之間には椅子類の全てに被覆する織物が用意され、豪華な棚、方台や花台を備えている。写真帖ではみることができないが、明細書には寄木張の上に敷くスミルナ製敷物の記述がある。さらに、照明でみると、前節で述べたような豪華な二つのシャンデリアが間内を照らす。すなわち、全てにおいて婦人之間の造りの方が華やかなのである。それは、**表1—4**の装飾品明細書が物語っている。

小食堂は建設途上においては「吸煙所」、竣工後は「竹之間」と名称を変更するが、明細書をみると間内の特徴がよくわかる。それは、

大食器棚　一個　金一、三八一円七三銭
小食器棚　一個　金一、一四四円六銭
ペテスタール　一個　金一二一円七二銭
大食卓子　一個　金四八四円七五銭

の四項目から、間内が小規模の食事会の場であることを示唆している。つまり、饗宴所だけではなく、ここでも陪食が行われたのである。前述の写真帖では、これら四項目の家具は見当らない。

〔東西溜之間〕二つの間内が謁見所に近く、かつ饗宴所について広いことから、式典の控室であったことは容易に推察することができる。さらに各種卓子や椅子を用意していることから、歓談の場であることもわかる。表宮殿の間内を見渡すと、東・西位置に間《マ》が六箇所ある。このうち、二間続きの東脱帽所と西脱帽所ではわずかに間内の広さが異なるが、東西溜之間と東西化粧之間は同一である。単純に来賓を二分にしたとも考えなくはないが、東西の区別は気になるところである。

そこで、東西溜之間を例にあげ、東・西の相違を装飾費明細書から抜き出してみた**表1—6**。卓子・椅子という区分の中で、半円形座席をあげたのは、適当でないかもしれない。とは言え、この家具は、式典・会議・陪食の場に用いることは不適当であり、その際には片付けざるをえない。東溜之間では、半円形以上に注目されるのが、二個の肖像である（前章の本紀七の明細書には青銅製馬上像二個とある）。つまり、来賓の控室・歓談の場でありながら硬い一面がうかがえる。

他方、西溜之間をみると、噴水器とあるが、これは間内に設置されたものではなく、謁見所、饗宴所間の中庭に設置されたものを指している。便宜上、所属として項目に入れたものと考えられる。したがって、これを除く方柱・置戸棚・鏡の三項目が残ることになる。ここでは除いたが、婦人椅子一二個の項目もある。間内の軟らかい一面をのぞかせている。

ところで、**表1—4**の装飾費明細書では、表宮殿で唯一、御学問所の項目が見当らない。明治六年五月五日、皇城が焼失すると赤坂離宮を仮皇居とする。そこには、明治七年に洋風の御学問所を新築する。明治二十二年一月十一日、明治天皇は、昭憲皇后と共に赤坂離宮から皇居に移られる。愛用の品々も、移動したということであろうか。

本書では、明治宮殿の室内装飾を知る上で、「皇居御造営誌　家具装置事業」の中から、表宮殿各間内の装飾費明細書の数字を取上げ検討を加えてきた。間内の特徴をみることに主眼を置いたために、分析・検討が不十分であることはお許しいただきたい。

表1－1　写真帖その壱の掲載一覧

	號数	キャプション
	第壹號	正門及石橋
	貳	
	参	正門（大手石橋と西丸大手門）
	四	正門内より鐵橋・宮殿方面をみる
	五	表宮殿全景
●	六	御車寄　其壹〔全景〕
	七	御車寄　其貳〔近景・南西ヨリ〕
●	八	御車寄　其参〔正面〕
	九	御車寄　其四〔内側から唐破風天井〕
●	第壹〇號	御車寄内部　其壹（受附之間）
●	壹壹	御車寄内部　其貳（受附之間）
	第壹貳號	御車寄内部　其参〔受附之間全景〕
	壹参	右廂内部
●	壹四	左廂内部
	壹五	御車寄内部廊下
●	壹六	西溜之間外廊下
●	壹七	東一之間内部　其壹（東脱帽所・一之間）
	壹八	東一之間内部　其貳（東脱帽所・一之間）
	壹九	東二之間内部（東脱帽所・二之間）
	第貳〇	東一・二間外観
●	貳壹	西一之間内部　其壹（西脱帽所・一之間）
●	貳貳	西一之間内部　其貳（西脱帽所・一之間）
	第貳参號	西一之間内部　其参（西脱帽所・一之間）
●	第貳四號	西二之間内部　其壹（西脱帽所・二之間）
●	貳五	西二之間内部　其貳（西脱帽所・二之間）
	貳六	西一・二之間外観
●	貳七	正殿入側（謁見所入側）
	貳八	正殿内部　其壹（謁見所正面）
	貳九	正殿内部　其貳（謁見所南西側より）
●	第参〇號	正殿内部　其参（謁見所南東側より）
●	参壹	正殿内部　其四（謁見所側面より）
●	参貳	正殿内部　其五（謁見所正面拡大）
	第参参號	正殿外観
●	第参四號	化粧之間内部　其一（東化粧之間）
	参五	化粧之間内部　其二（東化粧之間）
	参六	化粧之間外観
	参七	葡萄一之間内部　其一（西化粧之間一之間）
●	参八	葡萄一之間内部　其二（西化粧之間一之間）
	参九	葡萄二之間内部（西化粧之間二之間）
●	第四〇號	葡萄之間外観
●	四壹	東溜之間入側
●	四貳	東溜之間内部　其壹
	第四参號	東溜之間内部　其貳
	第四四號	東溜之間内部　其参
	四五	東溜之間外観
●	四六	西溜之間内部　其壹
●	第四七號	西溜之間内部　其貳
	第四八號	西溜之間内部　其参
	四九	西溜之間外観
●	第五〇號	南溜之間内部　其壹（東車寄南溜之間）

※　●印は、日付と考えられる数字が入ったもの。

表1－2　写真帖その貳の掲載一覧

	號数	キャプション
	第五壱號	南溜之間内部　其貳（東車寄南溜之間）
	五貳	北溜之間内部　其壹
●	五参	北溜之間内部　其貳（東車寄北溜之間）
●	五四	東車寄外観　其壹〔南東から〕
	五五	東車寄外観　其貳〔北東から〕
	五六	東車寄内部　其壹
●	五七	東車寄内部　其貳
●	五八	東車寄内部　其参
●	第五九號	豊明殿入側（饗宴所入側）
●	第六〇號	豊明殿内部　其壹（饗宴所東側より）
●	六壱	豊明殿内部　其貳（饗宴所西側より）
	六貳	豊明殿内部　其参（饗宴所南東より）
	六参	豊明殿内部　其四（饗宴所南西より）
	六四	豊明殿前庭　其壹
	六五	豊明殿前庭　其貳
	六六	豊明殿前庭　其参
	六七	豊明殿外観
●	六八	千種之間入側（後席之間入側）
●	第六九號	千種之間内部　其壹（後席之間西側より）
●	第七〇號	千種之間内部　其貳（後席之間南東より）
	七壱	千種之間内部　其参（右やや拡大）
	七貳	千種之間外観
●	七参	竹之間入側（小食堂入側）
●	七四	竹之間内部　其壹（小食堂東側より）
●	七五	竹之間内部　其貳（小食堂西側より）
	七六	竹之間内部　其参（小食堂東側より）
●	七七	牡丹之間内部　其壹（婦人之間東側より）
●	七八	牡丹之間内部　其貳（婦人之間北西より）
	第七九號	牡丹之間内部　其参（婦人之間北東より）
●	第八〇號	鳳凰之間内部　其壹（内謁見所正面）
●	八壱	鳳凰之間内部　其貳（内謁見所北東より）
●	八貳	鳳凰之間内部　其参（内謁見所南東より）
●	八参	鳳凰之間内部　其四（内謁見所南西より）
●	八四	鳳凰之間内部　其五（内謁見所北西より）
	八五	鳳凰之間内部　其六（内謁見所南側より）
●	八六	鳳凰之間内部　其七（内謁見所北西隅）
●	八七	鳳凰之間西之間内部（内謁見所西之間）
	八八	鳳凰之間外観
●	第八九號	桐之間内部　其壹（内謁見所北之間正面）
●	第九〇號	桐之間内部　其貳（内謁見所北之間北西より）
●	九壱	桐之間内部　其参（内謁見所北之間西側より）
●	九貳	桐之間内部　其四（内謁見所北之間東側より）
	九参	桐之間内部　其五（内謁見所北之間北東より）
	九四	表御座所階下入側
	第九五號	表御座所階下御座所（御学問所御座所）
	第九六號	表御座所階下廣間（御学問所廣間）
	九七	表御座所より常御殿の階段
	九八	表御座所外観
	九九	表御座所前庭
	第壱〇〇號	女官候所外観〈奥宮殿〉

表1－3　写真帖その参の掲載一覧

	號数	キャプション
	第壱〇壱號	内謁見所一之間（宮御殿一之間）
	壱〇貳	内謁見所二之間（宮御殿次之間）
	壱〇参	皇太后宮御休所外観　其壹
	壱〇四	皇太后宮御休所外観　其貳
	壱〇五	皇后宮常御殿一之間（御一之間）
	壱〇六	皇后宮常御殿二之間（御二之間）
	壱〇七	皇后宮常御殿（御化粧之間か？）
	壱〇八	皇后宮常御殿外観
	第壱〇九號	常御殿一之間（聖上常御殿御小座敷）
	第壱壱〇號	常御殿二之間（聖上常御殿御一之間）
	壱壱壱	常御殿（聖上常御殿御寝之間）
	壱壱貳	常御殿御化粧之間（洗面所）
	壱壱参	常御殿御湯殿
	壱壱四	常御殿外観　其壹
	壱壱五	常御殿外観　其貳
	壱壱六	常御殿前庭　其壹
	壱壱七	常御殿前庭　其貳
	壱壱八	常御殿前庭　其参
	第壱壱九號	御内庭御馬見所
	第壱貳〇號	宮内省庁舎正面
●	壱貳壱	正殿内部〈表宮殿〉
●	第壱貳貳號	豊明殿内部〈表宮殿〉
●	第壱貳参號	西溜之間内部〈表宮殿〉
	第壱貳四號	〈表宮殿平面図〉

表1－4　表宮殿間内の装飾費明細書一覧

間内		装飾費（入札）	請負装飾費	合計	間内の広さ
	謁見所（正殿）	44,608円52銭1厘	817円43銭6厘	45,425円95銭7厘	160帖
	饗宴所（豊明殿）	74,711円55銭9厘	771円19銭7厘	75,482円75銭6厘	272帖
後席之間	廣間（千種之間）	58,823円 5銭2厘	7,825円21銭3厘	66,648円26銭5厘	144帖
	婦人室（牡丹之間）	26,552円31銭3厘	2,479円 5銭	29,031円36銭3厘	48帖
	小食堂（竹之間）	8,483円38銭	2,043円 8銭3厘	10,526円46銭3厘	48帖
	東溜之間	33,018円20銭1厘	6,521円48銭	39,539円68銭1厘	175帖 半
	西溜之間	31,226円94銭3厘	11,536円98銭4厘	42,763円92銭7厘	175帖 半
	※男女化粧之間	4,604円21銭2厘	3,068円98銭5厘	7,673円19銭7厘	※東・化30帖 } 60帖
	※女官面謁所	595円37銭9厘	1,703円61銭9厘	2,298円99銭8厘	西・化30帖
	東脱帽所	5,950円77銭4厘	2,674円19銭1厘	8,624円96銭5厘	77帖
	西脱帽所	5,691円 5銭1厘	2,109円35銭5厘	7,800円40銭6厘	66帖 半
御車寄	受附之間	4,200円18銭5厘	—	4,200円18銭5厘	108帖
	左右之間	5,290円11銭4厘	—	5,290円11銭4厘	（合）64帖
東車寄	受附之間	—	2,470円17銭	2,470円17銭	80帖
	北溜之間	3,795円87銭6厘	100円05銭	3,895円92銭6厘	60帖
	南溜之間	5,666円73銭	—	5,666円73銭	70帖
内謁見所	内謁見所（鳳凰之間）	9,114円13銭4厘	—	9,114円13銭4厘	44帖
	次之間	1,350円44銭6厘	—	1,350円44銭6厘	24帖
	北之間（桐之間）	6,487円17銭4厘	—	6,487円17銭4厘	24帖
小計		330,170円 4銭4厘	44,120円81銭3厘	374,290円85銭7厘	

表1－5　表宮殿の主要間内の鏡の枚数と値段

間内	数量	金額	一面当りの金額
後席之間	2 } 3	三、一六二円	一、五八一円
	1	二、三六四円	二、三六四円
婦人之間	2	二、六四七円	一、三二三円五〇銭
御車寄受付之間	1	六五三円三四銭五厘	六五三円三四銭五厘
東西脱帽所	8（各4）	一、四一三円四〇銭	一七六円六七銭五厘
西溜之間	4	一、九七一円六〇銭	四九二円九〇銭
饗宴所	8	一、一三七円二六銭九厘	一四二円十五銭九厘
男女化粧之間	※9	二、二一四円五五銭二厘	二六四円　六銭一厘

表1－6

間	品目	数量	金額
東溜之間	半円形座席	四脚	金一、四四五円
	同天鵞絨製被覆	四脚	金〇〇九七二円四〇銭
	半円形座席	四脚	金二、九一五円六〇銭
	同被覆	四脚	金一、三八七円五〇銭
	肖像	二個	金九、〇七二円
西溜之間	噴水器	一個	金二、五七六円八〇銭
	方柱	四個	金一、三一四円四〇銭
	置戸棚	二個	金一、九八四円
	鏡	四個	金一、九七一円六〇銭

第二章　表宮殿の天井画、緞帳・壁張、寄木張

表宮殿の室内装飾の特徴は、和洋折衷様式であることを述べた。様々な要素・項目をあげることができるが、本書では、明治宮殿内でも表宮殿のみに施された天井画、緞帳と緞子地繻子地の壁張、寄木張について取上げ論じることにする。

（一）天井画

天井画を制作するにあたり、格天井であることを条件とする。しかし、それが全てではない。表宮殿の場合、内謁見所と御学問所の二つの間内は、天井が奥宮殿と同様の形態をとる。つまり、内謁見所が二重折上小組天井（北之間が折上小組天井）、御学問所階下の御座所と廣間が折上小組天井の形態をとる。二つの間内は、第一章**図1—38・44**を好例として、天井画を施す格天井よりさらに格式の高い天井の形態となっている。意外なのは、御車寄と東車寄の受附之間で天井画がみられないことである。共に天井は、格天井板違の形態をとる。玄関口は、質素にということであろうか。

A．天井の形態

表宮殿の間内のうち、来賓・皇族・大臣等々の控室、式典・祭典の会場、饗宴場となる間内では、全てに天井画が施されている。この天井には、二重折上格天井・折上格天井・格天井の三型があり、間内の重要性と広さに関連する。**図2—1**に、間内の天井を示した。

二重折上格天井は、謁見所と饗宴所の二つの間内。折上格天井は、後席廣間・婦人之間・小食堂、東・西溜之間、南溜之間の六つの間内。格天井が東・西化粧之間、東・西脱帽所、御車寄受附之間右・左廂、北溜之間の七つの間内に各入側が加わる。やはり、重要な間内ほど豪華な天井となる。

B．間内の広さと天井の高さ

天井画の模様もさることながら、その空間的な拡がり、それに応じた天井画一枚のサイズも重要となる。さきに示した三型の形態をもつ間内は、全て平屋造りである。それを集成したのが**表2—1**である。天井画を伴わないが、比較する上で御車寄と東車寄の受附之間を加えてある。

間内の広さはまちまちであるが、面積でみると饗宴所が二七二帖と圧倒的に広い。これに続く東・西溜之間とはおよそ百帖の差がある。明治憲法発布式が執行された正殿（謁見所）が一六〇帖であるのは意外である。後述する

表2－1　表宮殿の天井画を有する間内の空間的拡さと天井画一枚のサイズ

		広さ（帖）		天井までの高さ（　）内はcm	天井画・平における1枚のサイズ（cm）				備考
		間内	入側		折上初重平	二重折上平	格天井平	入側平	
御車寄	受附之間	108	—	15尺1寸　(457.5)	—	—	—	—	
	左廂	33	—	不明			65.5		
	右廂	33	—	不明			65.5		
東脱帽所	一之間	42	—	13尺9寸9分　(423.9)			69.2		
	二之間	35	—	13尺1寸6分　(398.7)			69.2		
西脱帽所	一之間	31.5	—	13尺9寸9分　(423.9)			65.5		
	二之間	35	—	13尺1寸6分　(398.7)			65.5		
東化粧之間	一之間	15	—	13尺1寸6分　(398.7)			59.3 (80.3)		廊下13尺1寸6分
	二之間	15	—	13尺1寸6分　(398.7)			59.3 (80.3)		
西化粧之間	一之間	15	—	13尺1寸6分　(398.7)			59.3 (80.3)		廊下13尺1寸6分
	二之間	15	—	13尺1寸6分　(398.7)			59.3 (80.3)		
謁見所		160	折廻110	23尺1寸7分　(702.1) 入側　15尺6寸8分　(475.1)	126.0	128.4		85.2	廊下高14尺8寸8分
東溜之間		175.5	19.5	18尺8寸7分　(571.8) 入側　不明	92.6			59.2	廊下高13尺1寸6分
西溜之間		175.5	19.5	18尺8寸7分　(571.8) 入側　不明	92.6			59.2	
後席之間	廣間	144	折廻100	21尺2寸　(642.4) 入側　16尺4寸5分　(498.4)	140.8			84.0	
	婦人之間	48	31.5	19尺9寸　(603.0)	85.2			84.0	
	小食堂	48		19尺9寸　(603.0) ※入側　15尺1寸5分　(459.0)	87.7				
饗宴所		272	折廻108	23尺7寸9分　(720.8) 入側　16尺5寸3分　(500.9)	106.2	105.0		85.2	※北廊下塗天井で100帖
東車寄	受附之間	80		15尺　(454.5)	—	—	—	—	
	南溜之間	70		不明	86.5				廊下13尺1寸6分
	北溜之間	60		不明				90.2	

※東西化粧之間の格天井平（　）内の数字は周縁純子のサイズ

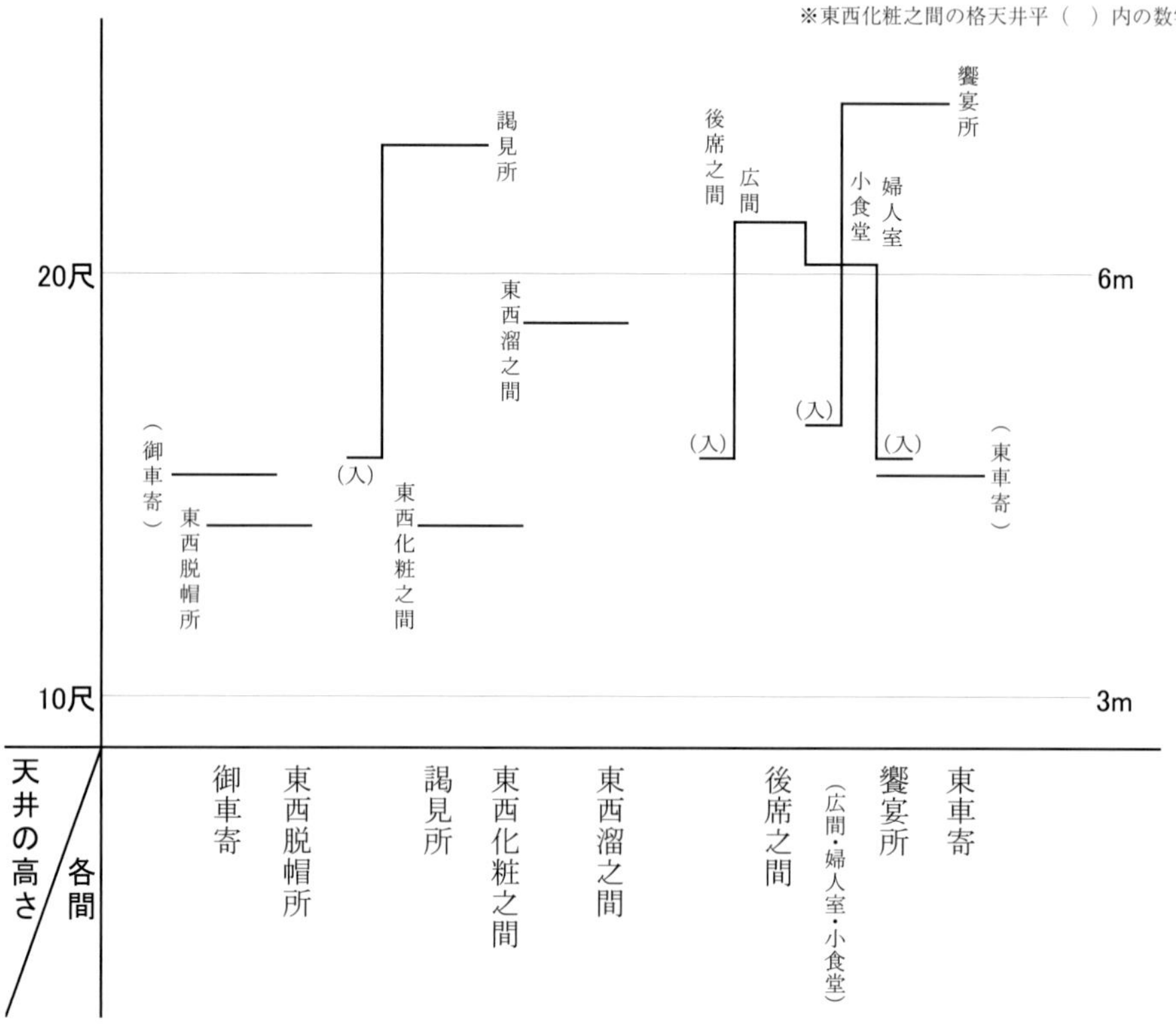

※・御車寄東之間・西之間と東車寄南溜之間・西溜之間を除く。
　・(　　)の御車寄・東車寄受附は参考まで。

図2－1　格天井の高さ模式図

床次正精が描いた「憲法発布式図」には三五〇名以上の人物が描かれており、一六〇帖の間内は狭く感じる。百帖を超えるのは、これらに後席之間廣間を加えた五つの間内である。いずれも表宮殿では重要な役割を担う空間である。天井画はないが、御車寄・東車寄受附之間がこれらに続く。さすが玄関口である。

折上格天井の形態をとる中で、婦人之間・小食堂・南溜之間の三間は注目される。婦人之間と小食堂は、各々四八帖と必ずしも広くはない。第一章で述べたが、饗宴後の特別な賓客の懇談の場や少人数の会食の場としての機能を持つためである。南溜之間は、北溜之間と共に「憲法発布式図」には御陪食之図（識別番号八〇〇八五）が描かれている。賓客の姿をみると、豊明殿（饗宴所）に招かれた人々より格が下がるが、北溜之間の人々より上であることは間違いない。また、東車寄が通常の玄関口であることから、東・西溜之間の機能の一端を担っていたとも考えられる。

天井の形態が折上形式をとらない間内は、いずれも狭い。東・西化粧之間は二間《マ》続きであるが一間が一五帖と表宮殿の間内では、最小である。

天井の高さは、おおむね間内の広さに比例する。中でも饗宴所と謁見所は、二三尺（七メートル）を超え極立って高い。ここで注目されるのは、入側との比高差である。両間は、入側でも五メートル前後ある。この高さは、明治宮殿以外の建造物と比較しても遜色がない。間内に入ると、さらに二メートル程高くなるのである。圧迫感など微塵に感ずることがなく、二重折上格天井の豪華さが釘付けとなる。

この二間《マ》に続く後席之間も注目される。その中で一四四帖の広さをもつ廣間が二一尺（六・四メートル）あることは納得できるが、婦人之間と小食堂は、間内の広さが各四八帖と狭いにもかかわらず六メートルを超える。この天井の高さは、饗宴所に次いで広い東・西溜之間よりもさらに一尺程高いことになる。後席之間は、廣間・婦人之間・小食堂と三間に区切られ、各々の間内は独立しているが、全体としての空間の役割を看過することができない。

狭い間内である東・西脱帽所と東・西化粧之間をみることにする。各々二間続きであるが、化粧之間が同じ構造であるのに対して、脱帽所では一之間と二之間の広さが異なる。脱帽所一之間は、間内の広さに関係なく、二之間よりも八寸三分（約二五センチ）高くなっている。とはいえ、いずれも四メートル前後と前述した饗宴所をはじめとする他の間内よりもかなり低い。ちなみに東西脱帽所二之間と東西化粧之間の間内は、廊下と同じ高さとなる。

図2―1は、表宮殿の天井の高さを強調したものである。御車寄・東車寄受附之間は、共に天井が格天井板違で天井画は描かれていない。それでも天井の高さは一五尺（約四・五メートル）を超える。つまり、面積・天井の高さという空間的拡がりに配慮されている。また、謁見所・饗宴所・後席之間は、間内の天井の高さもさることながら、入側との比高差を保つことで、一層の効果を上げていることがわかる。

C．天井画一枚のサイズ

天井画を有する表宮殿の各間内の空間の相違について指摘したが、天井画一枚のサイズも異なる。天井画については、縮図が「皇居御造営誌」に載るが、残念ながら全てではない。後席之間廣間の折上となる蛇腹・長之間、さらには平の四季花卉丸紋図は同誌には載らない。ここでは、縮図が統一された五帖の「皇居御造営内部諸装飾明細図」（識別番号八一三八二～八一三八六）を用い、かつ天井の形態が異なることから平《ひら》のサイズで検討する。表2―1の右側に集成した。

天井画一枚のサイズをみると、必ずしも間内の空間的拡がりに比例しているわけではない。二重折上格天井の形態をとる謁見所と饗宴所は、初重・二重平とも一辺が一〇〇センチを超え、他のどこよりも大きい。さきに、間内の面積と天井の高さについて述べたが、単純に天井画のサイズに移行すると、両者は逆の数字であってもよいはずである。しかし、謁見所の方が、一辺あたり二〇センチ以上大きい。すなわち、大きさだけでみても謁見所の天井画は他の間内を圧倒していることになる。

後席之間と東西化粧之間も特徴がある。

後席之間は三つの間内に分かれることを述べたが、婦人之間と小食堂は、同じ空間構成をとり、天井画一枚のサイズも同じである。後述する意匠も単一であるという共通点を持つ。それに対して廣間は、空間的に広いことはもとより、一枚あたりのサイズが一四〇センチ程と前述した二間より一・五倍以上の大きさとなる。これは、意匠に起因しているものと考えられる。一一二枚の花丸紋の縮図が残されているが、二つとして同じ模様はない。つまり、一一二の異なる画面で構成されていることになる。間内の装飾は、純帳・釘隠金物など花鳥で統一されている。さしずめ、美術館的演出ということになろうか。

東西化粧之間は、**表2―1**にも記したが、画面が二つの構成からなる。本紙とそれを囲繞する蝶が印金された純子地である。本紙に描かれた意匠は、四季花卉折枝紋であり、各間六〇枚宛の合計二四〇枚からなる。題材は同じでも、二つとして同じ構図はない。すなわち、前述した後席之間廣間と共通した要素があるのである。東西化粧之間は、一間《マ》が一五帖と表宮殿では最小で天井も低い。あえて天井画を引立てるために、二段構えの画面を作出している。

D．格天井割図と天井画

天井画のサイズを知るには、格天井割図もある。天井画の取付けについて、『皇居造営録（東西化粧之間）二　明治一八～二一年』（識別番号四三六〇―二）の第一號「東西化粧之間格天井桐鏡板矧付之費受負申付伺」（明治十九

表2－2　天井画の意匠紋様一覧

	意匠紋様	種類	図版番号	位置 平（初重・二重・塗平）	位置 蛇腹
東大寺	経函繪紋	3（7）		謁見所初重・二重〈※同所初重・二重長之間・4〉、謁見所入側	
	綾地錦紋	1			謁見所初重
	琵琶落帯草紋	1			謁見所二重
	連座紋	1		東溜之間	
	器物紋	2		後席入側	西溜之間
	織紋・古織紋	6		後席小食堂、西溜之間、西溜之間北廊下、御車寄右廂、南溜之間、北溜之間	
	蠟結紋	1		東溜之間北廊下	
	子日鋤紋	（1）			（南溜之間）
	碁盤紋	1			後席小食堂
法隆寺	針筒紋	1			東溜之間
厳島神社	経表紙繪紋	1（4）		〈饗宴所二重長之間・3〉	饗宴所二重
手向山神社	鐙紋	1			饗宴所初重
政子手函	浮線綾紋	1		饗宴所二重	
記載ナシ	織物・古織紋	1（4）		〈饗宴所初重長之間・2〉、饗宴所入側	（西脱帽所）
	蜀葵紋	1		饗宴所初重	
	古彫刻紋	1		御車寄左廂	
	革紋	1		西脱帽所	

※・蛇腹の（　）内は暖炉上のもの
・種類の（　）内は長之間を含めたもの

表２－３　格天井の模様一覧

※ゴチックは、日本画家による新たな創作

	二重折上・折上格天井						塗格天井	塗格天井	備考
	初重・平	初重・長之間	二重・平	二重・長之間	初重・蛇腹	二重・蛇腹	（間内）	（入側・廊下）	
御車寄左廂							八重梅鉢		
右廂							葵花		
東脱帽所							雲襷ニ葵花		暖炉上に「小雙蔆」
西脱帽所							花襷		暖炉上に「連波千鳥」
東化粧之間							**四季花卉折枝**		
西化粧之間							**四季花卉折枝**		
謁見所	菱形宝相花	菱形宝相花・2	宝相花	宝相花・2	凌雲宝花	古紋蜀葵		七曜葵花	
東溜之間		八重花菱			古紋魚兒牡丹			古紋八重唐花菱	
西溜之間		瑞雲宝花			古紋山櫻			古紋菱實	
饗宴所	蜀葵	花ヱチゴ・2	古紋牡丹	舞鳳 一窠實菱 古紋花菱　3	春日鉄仙	厳島鉄仙		軟錦	
後席廣間	四季花卉丸紋				**藤花模様** **蔦織模様**			古紋八重蜀葵	
婦人之間	牡丹				垣ニ鉄仙				
小食堂	花雀				古紋二重葵				
南溜之間	古紋蔓花	古紋藤菱・2			古紋紫豆花				
北溜之間							古紋如意頭		

年十二月二十日提出）の案件に、図と仕様書で詳細に記されている。本紙を支えるのは格板違の桐征目板で、その大きさは、一枚当りの厚さが二分、長さが二尺一寸六分（約六五・五センチ）を測る。**表２―１**の画面の大きさが五九・三センチであるように思われるが、木鼻五分、長さ一寸の輪格の両端に付くことから適当な大きさとなる。この輪格には、蝶印金の裂地が付くのである。そして、これを一単位として格間に嵌込み、三ツ手・四ツ手辻金具が取付けられる。

一つの間内全体を見ることができる格天井割図（皇居造営録には「天井伏図」の用語もある）を二例、紹介する。

図２―２は、『皇居御造営誌四一　謁見所事業』（識別番号八三三四一）に所収されている謁見所格天井割図である。中央が間内で、折上となる初重・二重の幅が狭く、蛇腹から平を繋ぐ長之間は細長い。間内を取り囲む四方のうち、上位を除く三方が入側で、**表２―１**では折廻し一一〇帖となる。残りの北側が五六帖の廊下である。入側の格天井は、間内の初重・二重平と比較すると格間一サイズが明らかに小さい。同図の右端に、格間一サイズの大きさが記されているので抜粋する。

格間　四尺六寸六分六厘余

謁見所御間内天井

格縁　下ハ四寸五分　セイ五寸

格間　三尺五寸　三尺二寸三分

同東西椽座敷天井

格縁　下ハ三寸八分　セイ四寸二分

格間　三尺　二尺九寸五厘

謁見所北椽座天井

格縁　下ハ三寸八分　セイ四寸二分

格間　三尺二寸三分　三尺五寸

同南椽座敷天井

格間　下ハ三寸八分　セイ四寸二分

但シ格天井塗天井

とある。この数字をみても間内と入側では格間の大きさに一尺以上の開きがあり、格縁も大きさが異なる。なお、入側の格間のサイズが三尺五寸から三尺二寸三分と二寸七分の差がある。図内にも所々、数字が示してあるが、謁見所に限られたものではない。『皇居造営録（東西脱帽所）一　明治一八～二一年』（識別番号四三六一―一）の第三號「東西脱帽所ノ間格天井漆塗方一式受負申付之件伺」（明治十九年十二月十九日提出）の案件に所収されている「東脱帽之間伏図」をみると、一之間の格間が二尺五寸四分五厘八毛か

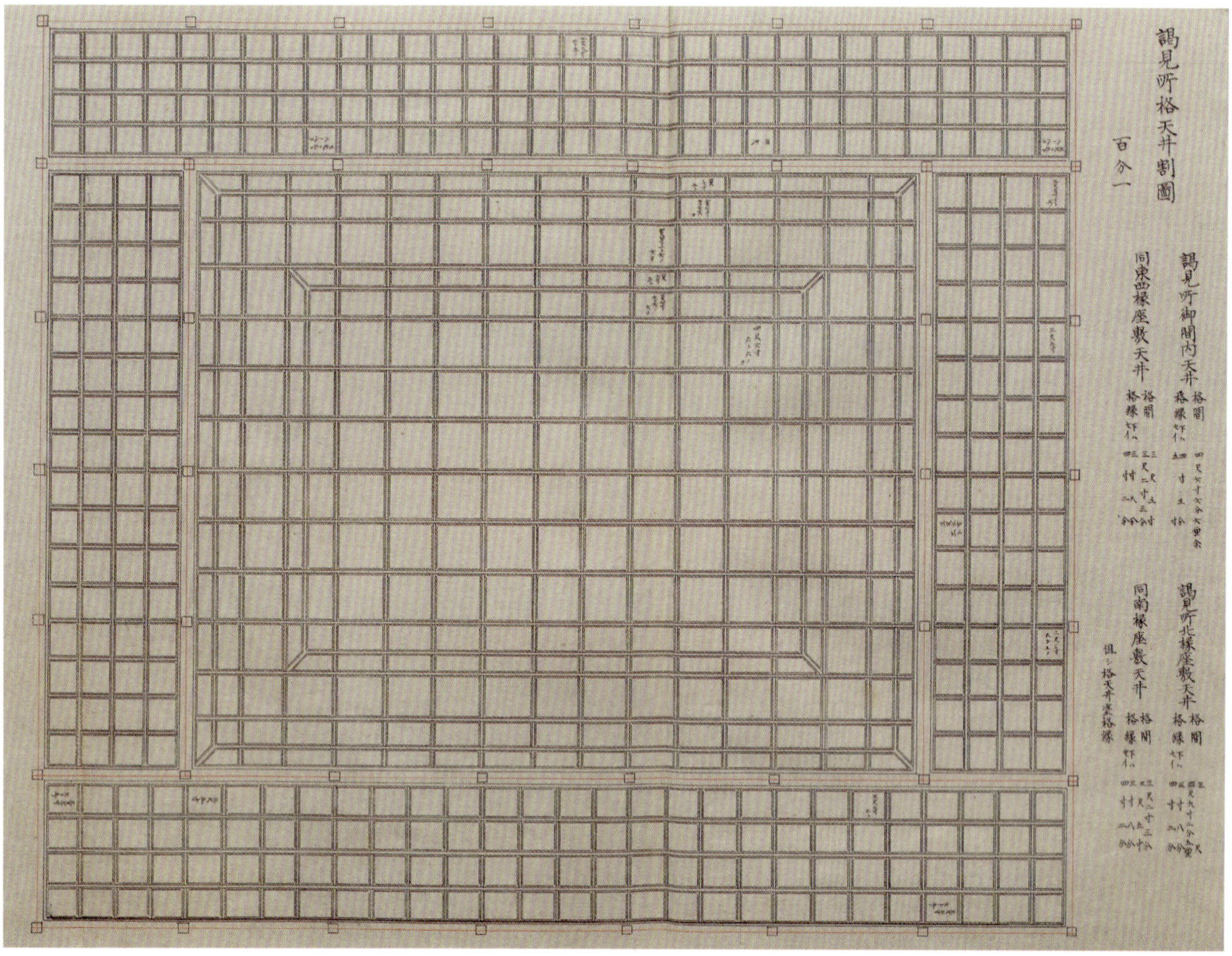

図２－２　謁見所格天井割図

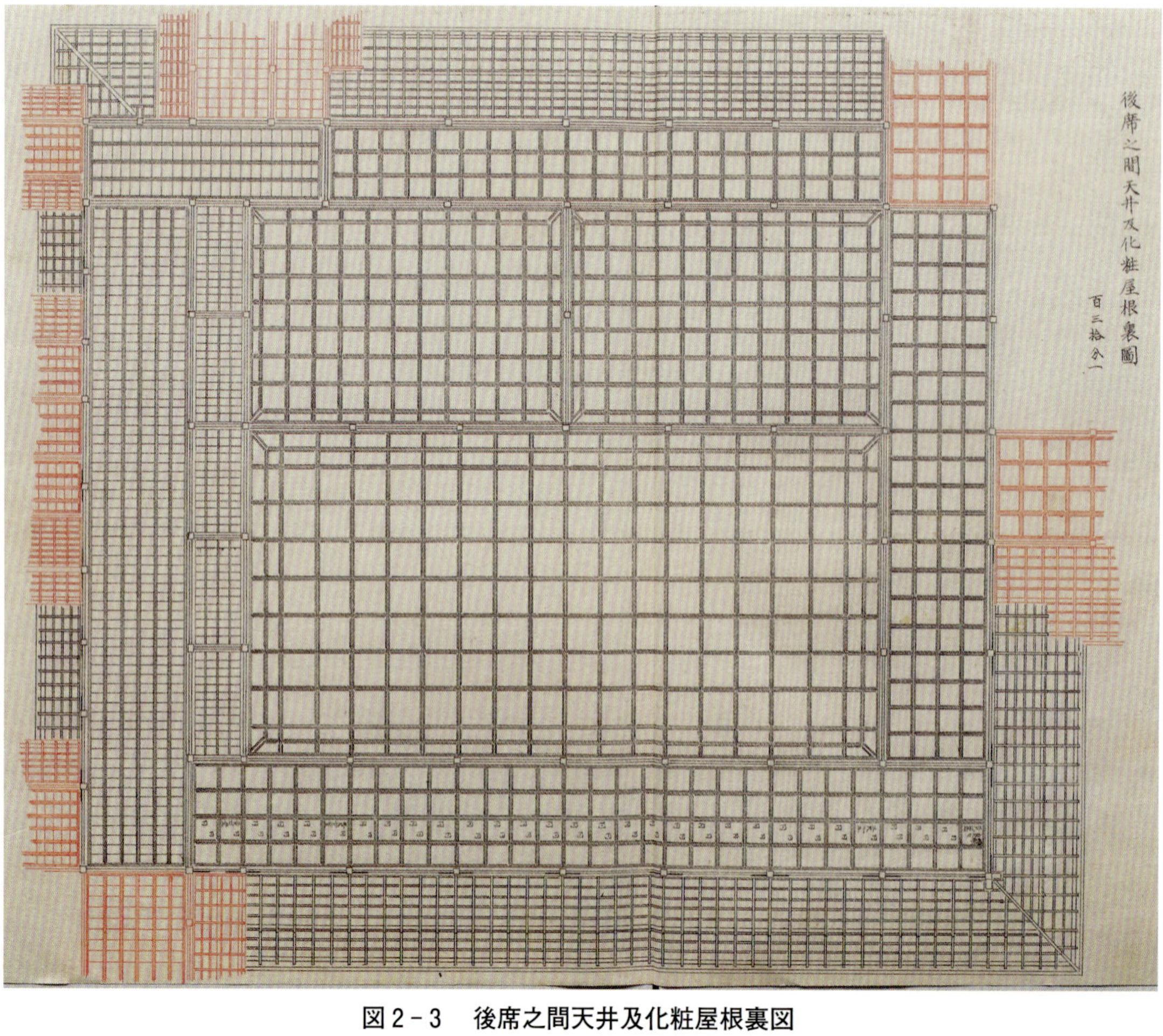

図２－３　後席之間天井及化粧屋根裏図

ら二尺三寸八分二厘五毛までの数字が記されている。格間の数字がわずかばかり異なるのは、同図内の御車寄左廂においても同様である。

図2―3は、『皇居御造営誌三八 後席之間事業』（識別番号八三三三八）に所収されている「後席之間天井及化粧屋根裏図」である。画面中央が廣間、上位が左から婦人之間、小食堂となる。三間が折上格天井であること、格間をみると廣間がかなり大きいことがわかる。この三間を「コ」字状に囲むのが入側である。入側の格間は狭いように感じるが、表2―1で示したように婦人之間・小食堂とほぼ同じである。格間の大きさが幾分、異なる場合があることを指摘したが、本図の南入側の格間内にもその記述がある。婦人之間・廣間の西側は、押入を挟んで猿頬天井の廊下となる。

図2―2・3によって、間内・入側では格間一桝の大きさが異なり、それに応じて天井画一枚のサイズも大小あることを理解することができる。

E．天井画の意匠（古紋）と模様

最も関心の高いところである。皇居御造営において、表宮殿の天井画意匠を決定するまでの資料は残されていない。集成するにあたり、難題であった。「皇居御造営誌」の各事業、『皇居造営録（絵画）一～三 明治一五～二一年』を参照すると、意匠には二型あることがわかる。

イ：伝統的な古紋とするもの。

ロ：日本画家に新たに花卉の模様を発注し、描かせたもの。

二型のうち、圧倒的に多いのがイ型である。ロ型は少数であり、特異な間内で、後席廣間・婦人之間、東・西化粧之間に限られている。それらを集成したのが、表2―2・3である。意匠紋・模様の名称は、「皇居御造営誌」の各事業に記されているものを用いた。同資料には、意匠紋と模様とが区別して記されている。表2―2には意匠紋、表2―3には模様のみを示した。また、この表と天井画を照会するために、三型の天井平を図2―4・5に、蛇腹を図2―6にまとめた。

はじめに、表2―2の意匠紋をみることにする。圧倒的に多いのは、東大寺の意匠紋である。九つの意匠紋に二一種類が用いられている。中でも謁見所は、間内の初重・二重蛇腹、同・長之間四種類、初重・二重平、入側と天井画の種類が多いにもかかわらず、全て東大寺の意匠紋で構成されている。

対照的なのが饗宴所である。寺社の記入がない初重平・長之間と入側を除く初重・二重蛇腹と二重平・長之間の六種類は、厳島神社・手向山神社・政子手函（三島大社）と神社の意匠紋で構成されている。

すなわち、表宮殿を代表する謁見所と饗宴所があたかも神仏を意図とし、寺社の古紋を取上げていることは注目される。両者の比較・検討については後述する。

二つの間内を除くと、東溜之間の意匠紋も興味深い。間内平と北廊下が東大寺、蛇腹が法隆寺と我国を代表する二寺で構成されているのである。

図2－4－1 謁見所初重蛇腹：慶雲宝花模様

つぎに、表2—3および図2—4～6を用いて模様からみることにする。

模様は、慶事を表わす花紋が主体をなす。伝統的な古紋はもとより、後席廣間・婦人之間、東・西化粧之間において、新たに日本画家による天井画の制作が行われるが、そこでのテーマが花草であることから、不変であることを看取することができる。

その中で、謁見所間内は、宝相花・凌雲宝花・蜀葵紋の最高位の模様で占有されており、格別である。さきに、意匠紋で謁見所と饗宴所とは対峙していそうであることを指摘したが、模様でも同様である。両間内で共通するのは、「蜀葵」模様である。しかし、両者を比較すると、全く異なる。謁見所が鮮やかな具象紋（蛇腹）であるのに対して、饗宴所は重厚な描象紋である。蜀葵模様を除くと、謁見所が宝相模様の描象紋であるのに対して、饗宴所では、花エチゴ、小牡丹、春日・厳島鉄仙と具象紋で描かれている。他の間内の模様も、詳細に検討すると各々の目的が見えてくるものと思われる。

表2—3および図版から、表宮殿の天井画に共通する二点をあげる。一点は、二重折上・折上天井、塗天井の平の模様は総対的に描象紋であるのに対して、折上部となる蛇腹は具象紋が多いこと。一点は、鳥のモチーフが少ないこと。ちなみに東

図2－4－2　謁見所初重平・宝相花模様

図2－4－3　謁見所二重平・宝相花模様

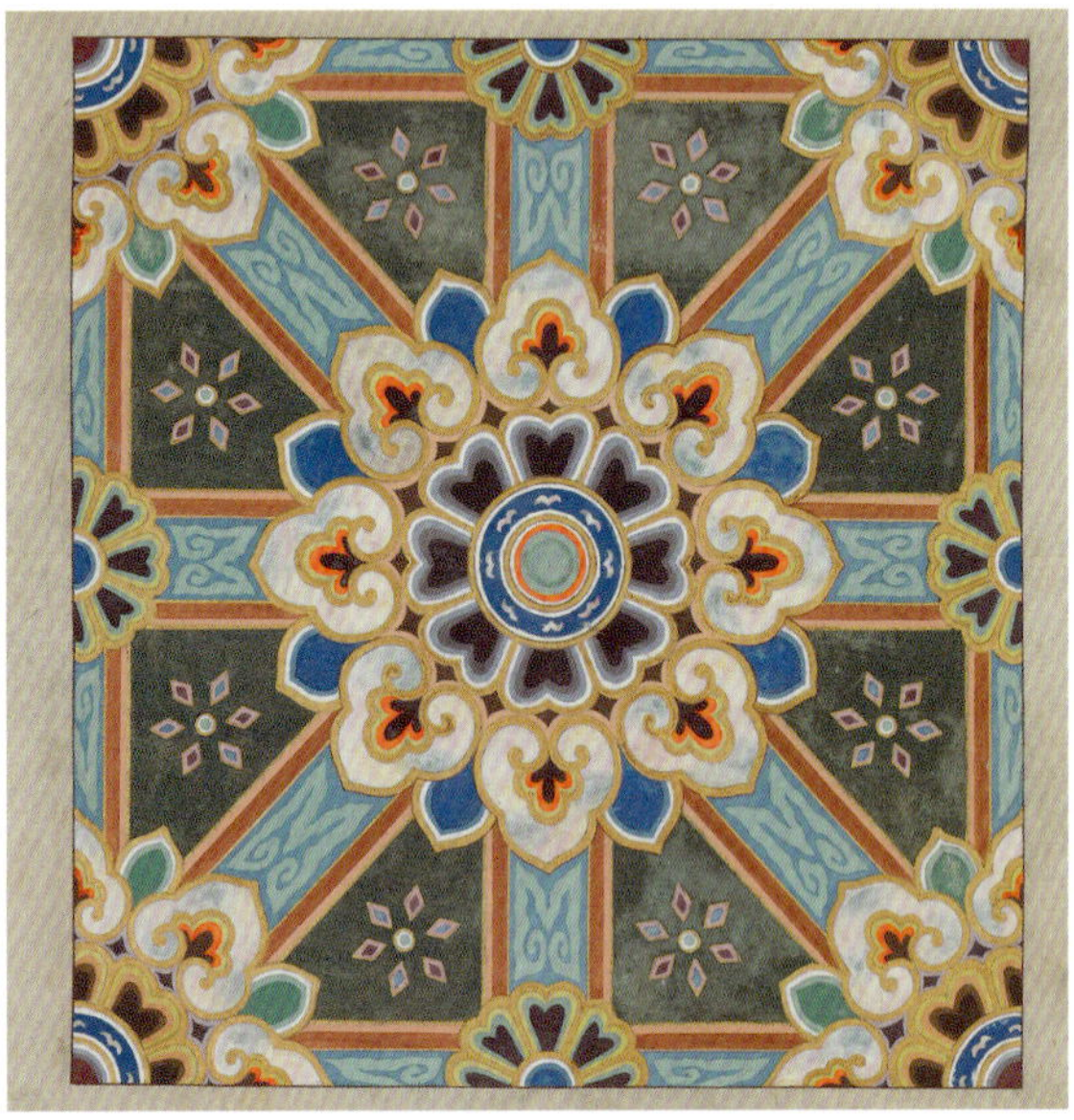

図2－4－4　饗宴所初重平・蜀葵模様

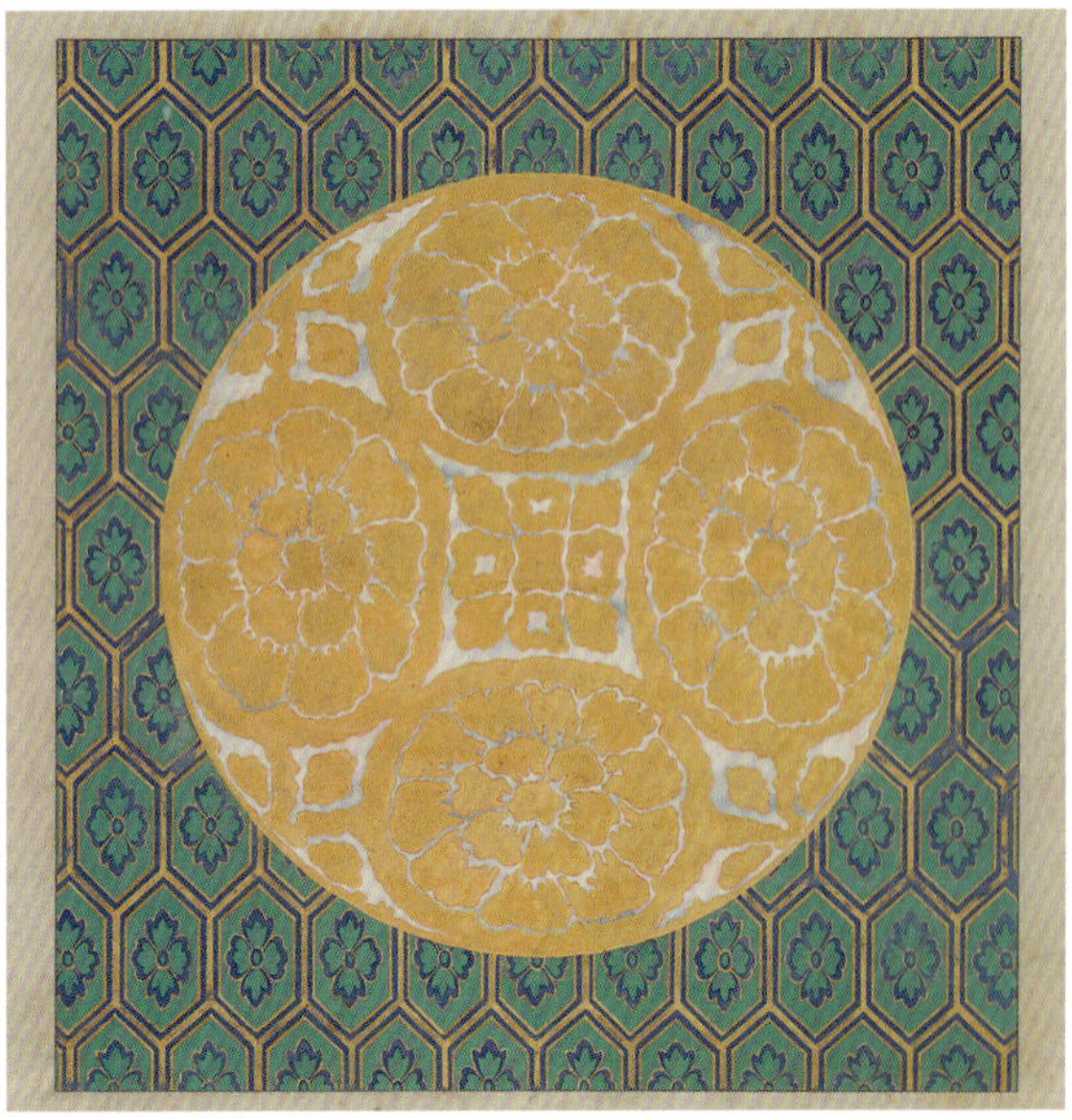

図2－4－5　饗宴所二重平・古紋小牡丹模様

図２－４－６　東溜之間格天井・八重唐花菱模様

図２－４－８　東脱帽所平・雲欅ニ葵花模様

図２－４－７　西溜之間格天井平・瑞雲宝花模様

図２－４－９　西脱帽所平・花欅模様

脱帽所暖炉上の千鳥、饗宴所二重長之間の鳳凰、後席小食堂の雀の三例しか認められない。このうち前者は、二重・折上格天井の平と蛇腹の模様のタッチを換えることで単調になることを押え、変化に富んだ躍動感や立体感を演出しているともみることができる。

さて、新たな意匠、模様についても少し触れねばならない。

さきに、後席廣間・婦人之間、東・西化粧之間は、新たに日本画家に命じて花卉模様を描かせたことを述べた。東・西化粧之間は二間続きであることから、六つの間内が対象となる。

このうち、婦人之間の天井画は、一見すると古紋の意匠、模様と見間違う。それは、折上天井平が「牡丹」、蛇腹が「垣ニ鉄仙」と各々、一種類の画面で構成されていることに他ならない。『皇居御造営誌三八　後席之間事業』（識別番号八三三三八）に二つの意匠が「稲田豊章下繪」とある。さらに「牡丹」模様には、「有栖川宮御苑生花見合セ着色ス」とも記されている。牡丹模様は、青地に赤・ピンク・紫の三食の大輪が葉を添えて鮮やかであり、（図2―6）、垣ニ鉄仙模様は、金地に青・藤色の鉄仙が竹の垣に優雅に咲く（図2―7）。華やかな婦人之間を見事に彩る。

後席廣間は、全く異なる。間内が一四四帖の広さに対して、一一二枚の花丸紋綴綿が嵌め込まれている。一枚のサイズが一四〇・八センチと格別に大きいこともうなずける。図2—8は、その中から四点を抜粋した。図2—8—1が梨花、2が連翹《レンギョウ》、3が杜若《カキツバタ》、4が川柳である。檻褸織金地にいずれもみずみずしく、見事に描かれている。画面の四点は、必ずしも四季を意識して選んだものではないが、四季の花草を花丸紋に仕上げることで、間内の雰囲気を和らげている。図2—9は、蛇腹の藤花と長之間の蔦である。画面には、枝からうす紫色のふじ花が垂れ下がる。春を代表する草花である。一方長之間の蔦は、紅葉を描く。すなわち、折上天井の平には四季の花草、蛇腹の長之間には春と秋の花草を描いていることになる。ちなみに、蛇腹・長之間も綴綿である。

なお、後席の間の天井下絵の画工は、『皇居造営録（絵画）一　一五〜二一年』（識別番号四四四八—一）の第三七號「後席廣間御天井綴綿下絵画料伺」（明治二十年四月十三日提出）に記されている。そこには、天井平を池田慎次郎（柴田是真の次男、柴田真哉の画号）、蛇腹を村瀬玉田、長之間を渡辺省亭が各々、担当している。

東西化粧之間の天井画をみることにする。ここは、東化粧之間が一之間と二之間の二間、西化粧之間も同様である。すなわち、各間《マ》に六〇の格間があり、合計二四〇格の天井画が描かれている。四季花卉折枝紋は、四名の画家が担当する。東化

図２－４－10Ａ　御車寄右廂・八重梅鉢模様

図２－４－10Ｂ　御車寄左廂・古紋葵花模様

図２－４－11　南溜之間格天井・古紋蔓花菱模様

図２－４－12　北溜之間平・古紋如意頭模様

図２－５－３　饗宴所二重蛇腹・厳島鉄仙模様

図２－５－１　謁見所二重蛇腹・古紋蜀葵模様

図２－５－４　小食堂蛇腹・古紋二色葵模様

図２－５－２　饗宴所初重蛇腹・春日鉄仙模様

図２－５－７　西溜之間蛇腹・古紋山櫻模様

図２－５－５　西脱帽所暖炉上蛇腹・連波千鳥模様

図２－５－８　南溜之間蛇腹・古紋紫豆花模様

図２－５－６　東溜之間蛇腹・古紋魚児牡丹模様

図２－７　後席之間蛇腹・垣二鉄仙模様

図２－６　後席之間格天井平・牡丹模様

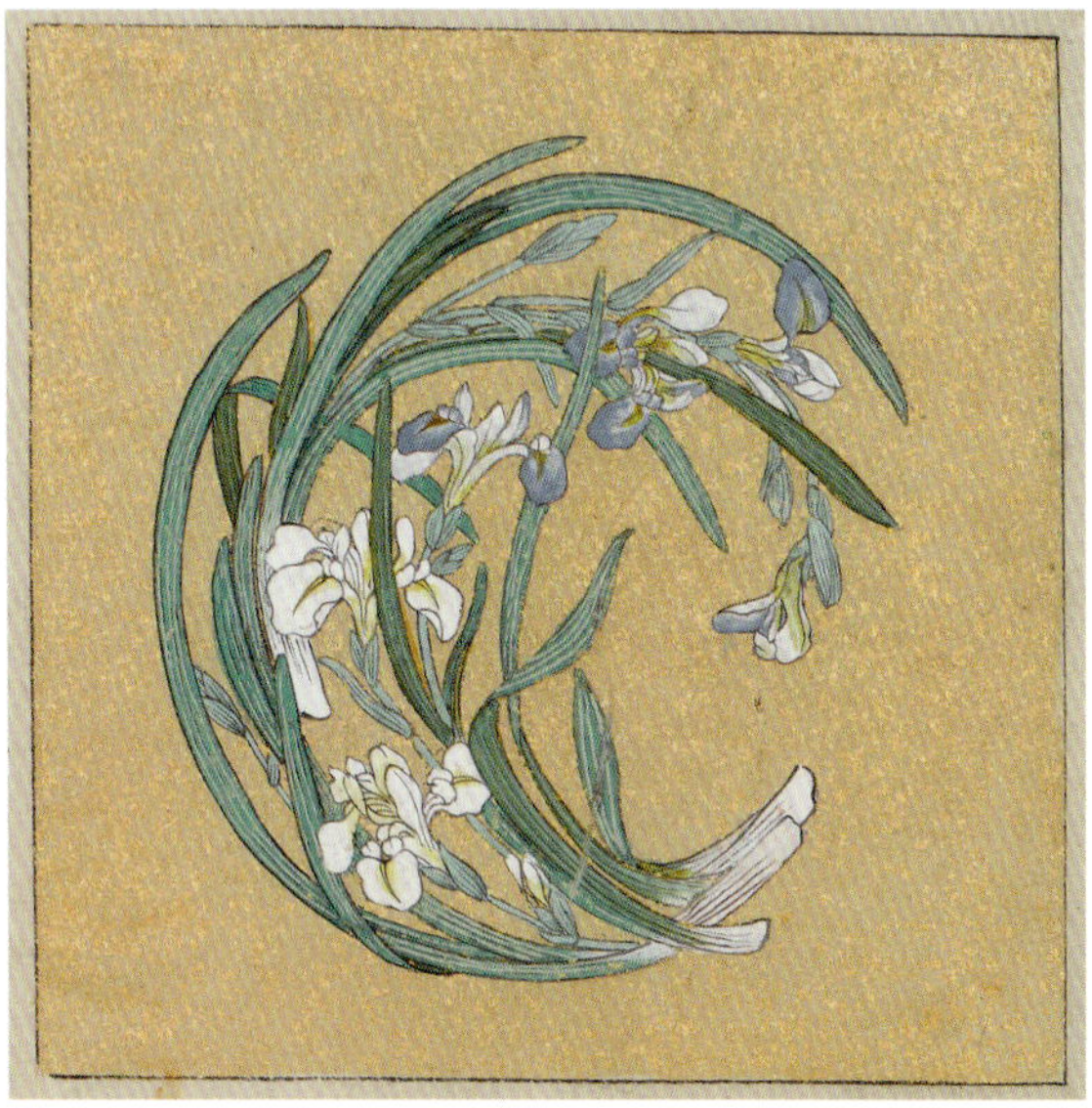

図２－８－３　後席之間格天井平・杜若織模様

図２－８－１　後席之間格天井平・梨花織模様

図２－８－４　後席之間格天井平・川柳織模様

図２－８－２　後席之間格天井平・連翹織模様

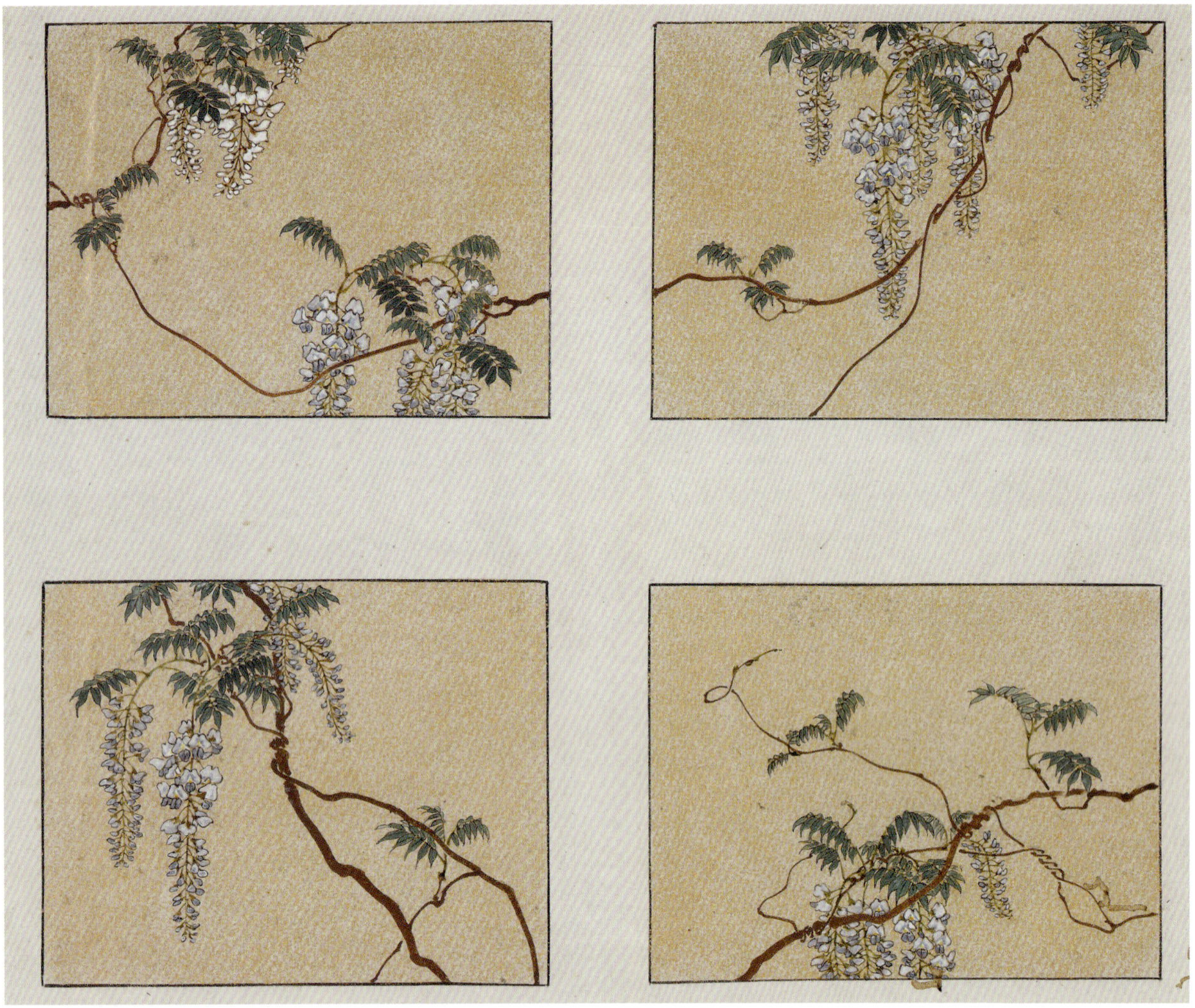

図２－９－Ａ　後席之間蛇腹・藤模様

図２－９－Ｂ　後席之間長之間・蔦模様

粧之間を野口巳之助と瀧和亭、西化粧之間が幸野梅嶺と久保田米僊とある。おそらく一間毎に請負ったものと考えられる。図2—10—1・2は東化粧之間の一之間の霧島と木連、図2—10—3・4は同二之間の吾桐楓と女郎花／瞿麥《ナデシコ》、図2—10—5・6は西化粧之間一之間の檜扇と躑躅、図2—10—7・8は同二之間の白連と黄蜀葵である。絵画は門外漢であるが、各間の筆運びは違うようにも見える。明細図の作成は、下絵の画家とは異なるので、絵の評価については少し差引く必要があろう。ところで、図2—10—1・3・5・7の四点には、菊唐草模様の純子地に、蝶を印金した板島桐縁が囲繞する。明細図では、各間一点に描かれているが、間内全ての天井画に付くことになる。

東西化粧之間の天井画割図は、「皇居御造営誌」に所収されている。図2—11は、『皇居御造営誌四二　東化粧之間事業』（識別番号八三三四二）に所収されている「東化粧一之間繪天井百花名稱」図である。図2—10—1・2は、同図の右上端に配置されている。東西化粧之間の天井画は、一五帖の間内に六〇枚を配置することから、一枚当りの画面のサイズは、後席廣間と比較するとかなり小さい。しかし、蝶印金の菊唐草地純子を囲繞させることで一枚毎の画面が引立ち、間内の和らいだ演出に一役担っている。

周縁の蝶印金菊唐草純子について補足する。こ

図2-10-1　東化粧一之間平・霧島

図2-10-3　東化粧二之間平・梧桐楓

図2-10-2　東化粧一之間平・木蓮

図2-10-4　東化粧二之間平・女郎花/瞿麦

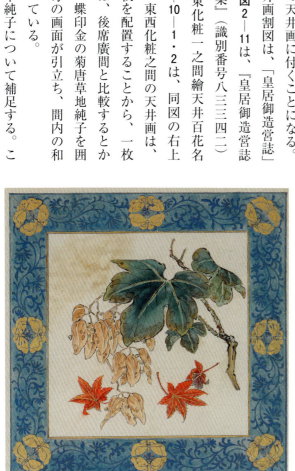

の製作に関する詳細な資料が、『皇居造営録（雑品）二七　明治一四～二二年』（識別番号四四四五―二七）の第一三號「東西化粧之間天井格間張繻子地製造受負申付伺」（明治二十年五月一日提出）に載る。後述する小林綾造が請負うことになり、請書には、

記

一九百六拾枚　巾　曲三寸　長　壱尺九寸五分　東西化粧之間天井格間張起而御画形之廻リ繻子地ニ御織立

此代金四百五拾八円八拾八銭

但レ壱枚ニ付

金四拾七銭八厘

〆

とある。明細図には純子地とあるが、請書では繻子地と記されている。この案件には、三点の図面と裂地見本二点、請書一枚が付く。図面は、青地に菊唐草模様と同・黄（金）色の蝶の原寸大下図各一枚と、両者が入った格間一枚当りの寸法が入ったもの。格間を示した図には、巾三寸、長さが壱尺九寸五分と壱尺九寸壱分の記入がある。厳密には、正方形ではない。袋に入った請書には、

記

一九百六拾枚　東西化粧之天井格間輪角

内

東化粧之間　四百八拾枚

西化粧之間　四百八拾枚

図２-10-５　西化粧一之間平・檜扇

図２-10-６　西化粧一之間平・躑躅

図２-10-７　西化粧二之間平・白菊

図２-10-８　西化粧二之間平・黄蜀葵

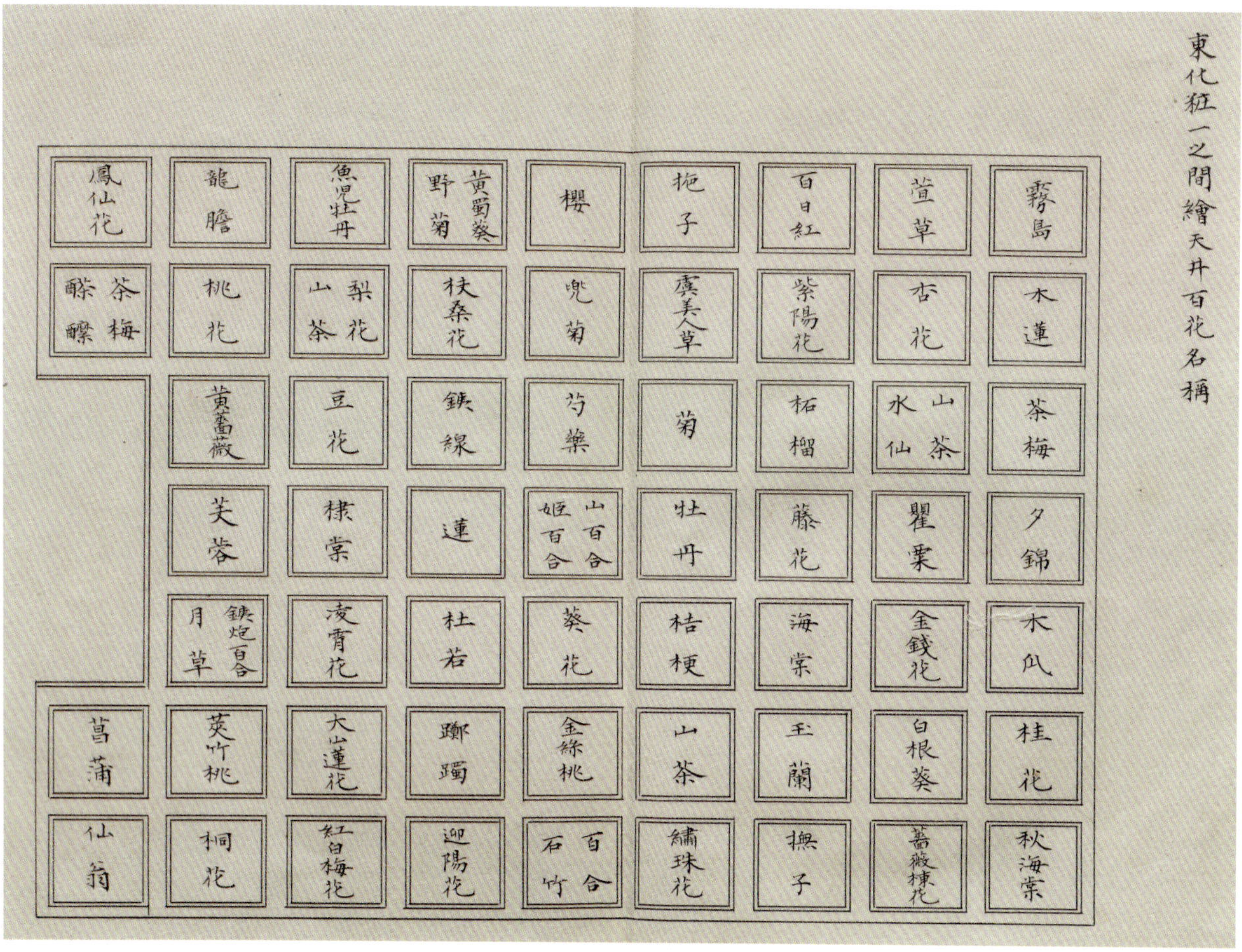

図2-11　東化粧一之間絵天井百花名称

一千九〇貳《ママ》　同蝶之模様

　　内

　　東化粧之間　九百六拾個

　　西化粧之間　九百六拾個

とある。東西化粧之間は、各々一之間と二之間の二間あり《マ》、一間ニ付六〇個の格間がある。したがって格間一区画に付四枚の繻子地、それに八個の蝶の印金が付くことになるのである。

F．打出紙と製作者

天井画の意匠模様は、圧倒的に古紋から選択していることを述べた。この場合、新たにデザインすることはない。しかも、格間内で同じ部位であれば単一の模様となる。例外的に二重折上・折上格天井の四隅や、東西脱帽所暖炉上の廻りなどもあるが僅少である。さらに、後席婦人之間の折上天井平と蛇腹の意匠模様は、日本画家の稲田豊章が担当するが、各々単一で同様のものが間内を覆う。すなわち、後席廣間と東西化粧之間の天井画が格間一点ごとに異なるのに対して、他の間内では同一意匠紋様の形態をとる。

ちなみに、天井画を要する各間内の格間数は気になるところである。「皇居御造営誌」に載る各事業の仕様と『皇居御造営誌九一　天井張出紙基他製紙事業』（識別番号八三三九一）を基に作成したのが**表2―4**である。単純に天井画の格間数は、間内・入側で四、二〇九間となる。この中で、後席廣間の折上格天井平と蛇腹・長之間の二一六間は綴綿、東西化粧之間の二四〇間は和紙に各々、構図が異なる天井画を配することになる。すなわち、全体からこれらを差引いた三、七五三間において、同一模様の複数の天井画が製作されたことになる。

皇居御造営事務局では、天井画紙について明治二十年二月十日に大蔵省印刷局に照会して大鷹質打出紙大小およそ四、一一〇枚の入手を求めている。

表2－4　表宮殿天井画を有する間内の格間数と大鷹紙打出紙の間数

	二重折上・折上格天井						塗格天井	入側・廊下	合計
	初重・平	初重・長之間	二重・平	二重・長之間	初重・蛇腹	二重・蛇腹			
御車寄左廂							96		96
右廂							96		96
東脱帽所							256		256
西脱帽所							229		229
東化粧之間							**120**		**120**
西化粧之間							**120**		**120**
謁見所	42	46+4	54	30+4	54	38		240	512
東溜之間	264				70			84	414
西溜之間	264				70			84	414
饗宴所	147	56+4	68	72+4	80	64		432	927
後席廣間	**112**	**50**			**54**			263（後席廣間・婦人之間・小食堂）	**216** ※（+263）
婦人之間	77				36				113
小食堂	77				36				113
南溜之間	88	44+8			60				200
北溜之間							120		120

※**ゴチック**は、綴錦もしくは1画1点の和紙によるもの。
後席之間の（　）内の数字は、入側三方のもの。

『皇居造営録（絵画）三　明治一五～二一年』（識別番号四四四八―三）の第一號「謁見所其他御天井絵画概算伺」（明治二十年三月十八日提出）の案件の別紙には、

一金三千貳百七拾九圓七拾八銭　謁見所其他天井打出紙　二十年二月九日御決判着手中

と記されている。およそ一枚当り七九銭八厘で大蔵省印刷局から購入したことになる。大蔵省印刷局から天井画用紙を購入することは、単に材料を調達するだけではない。丈夫な大鷹質打出紙に模様の型押しをすることで、後の工程では彩色で済むことになる。

次節で壁張について述べるが、間内では、緞子地や繻子地で模様を織り壁張とするが、廊下は大鷹質打出紙にあらかじめ彩色が施されたものが用意される。前述した「皇居御造営誌九一」には、この壁紙について以下の記述がある。

明治二十年十月十三日印刷局色料より照会
（※十八日回答）
壁紙貳千五百九拾六枚
此延長壹萬千三百四拾尺六寸三分
製造巾三尺壹寸
此坪数九百七拾六坪五合五勺四才
代價金千九百五拾三圓拾銭八厘
但壹坪ニ付金貳圓

このように、皇居御造営事務局では、品質を保ちながら経費を押さえていることになる。

つぎに、打出紙の模様に彩色が施される工程となる。「皇居御造営　絵画事業」の中に、それに関する記述があり、表2―5にまとめた。最後の後席之間欄間芭蕉彫物の表裏彩色は、天井画ではないが、加えてある。打出紙の模様彩色の請負者は、小池有終・齋藤政吉・狩野守貴の三名に限られている。このうち、狩野守貴は、狩野派の日本画家で、次章で述べるが奥宮殿の皇太后宮御休息所の杉戸絵を担当している。小池有終と齋藤政吉は、どのような人物か不明であるが、美術関係者と推察される。

この打出紙彩色について、『皇居造営録（絵画）三』の史料で一つ紹介する。第二號「饗宴所御椽座敷天井絵画彩色積合申付約定書御収之儀上申」（明治二十年四月二日）の案件に、以下の記述がある。

概算高三千三百貳拾壱圓七拾三銭
四厘
一金二千五百貳拾七圓貳拾銭
小池有終
此譯
金千四百四拾七円貳拾銭
是ハ饗宴所御椽座敷其絵画彩色用絵具群青外拾壱種之代
金千八拾円
是ハ同上工料貳千六拾人分　但壱人ニ付金五拾銭宛
〈以下、略〉

この数字を表2—4の格間数と照会すると、一枚当りの製作費は、絵具代三円三五銭、工料二円五〇銭の五円八五銭となる。ちなみに、天井画の製作費は、各間内の格間の広さと意匠模様によっても異なる。参考までに、謁見所と西脱帽所、後席廣間の事例をあげた。謁見所は、表宮殿の中心的建物であることから格間が大きい。西脱帽所は、画家の狩野守貴が請負ったもの。後席廣間は、綴綿が完成品であるが、その下絵を比較としてあげた。謁見所でみると、二重折上天井の二重と初重の大きさがほぼ同じであるのに対して、一枚当りの工料は三円以上の開きがある。模様を比較すると、二重平の方が複雑であることは確かであるが、そこまでの差は不明である。また、蛇腹に至っては工料が二倍以上の開きとなる。すなわち、天井画一枚のサイズや模様などによって工料が一様ではないのである。意外なのは、後席廣間の下絵が低く押さえられていることである。

数字をもう一つ追加する。綴綿を除く天井画の値段である。さきに、天井画打出紙の値段に関する史料を紹介したが、その中にある。

表2－5　打出紙模様彩色の請負一覧

箇所	彩色の着手日と製作期間		請負者
	着手日	制作日数	
饗宴所椽座敷	明治20年 4月 4日	100日間	小池有終
東脱帽所	同年 4月14日	30日間	齋藤政吉
東脱帽所	同上	同上	狩野守貴
謁見所其他10ヶ所	明治20年 5月 2日	※9月30日	小池有終
東溜之間廊下	同年 6月22日	50日間	同人
東車寄北溜之間カーヘル廻り	同年 7月21日	※9月30日	狩野守貴
西脱帽所	同年10月10日	30日間	同人
西溜之間格天井平	同年10月27日	20日間	小池有終
後席之間欄間芭蕉彫刻物	同年11月25日	4日間	久保田桃水

※は落成日

表2－6　天井画１枚当りの制作費（打出紙・絵具代を除く）

位置		枚数	値段	１枚当り
謁見所	二重平	54	604円98銭5厘	11円20銭3厘425
	二重蛇腹	38	156円20銭8厘	4円11銭　0737
	二重長ノ間角	4	15円12銭6厘	3円78銭1厘5
	二重長ノ間	30	224円45銭5厘	7円48銭1厘833
	初重平	42	339円43銭8厘	8円 8銭1厘857
	初重蛇腹	54	509円93銭5厘	9円44銭3厘24
	初重長ノ間角	4	15円95銭8厘	3円98銭9厘5
	初重長ノ間	46	290円85銭7厘	6円32銭2厘978
	椽座敷	240	1,137円56銭4厘	4円73銭9厘85
西脱帽所格天井		219	663円57銭	3円 3銭
後席廣間	折上平下絵	120	200円	1円78銭5厘75
	蛇腹下絵	54	30円	55銭5厘5
	長ノ間下絵	50	20円	40銭

表２－４の「天井張出紙其他製紙事業」では格間229とあり

概算金三萬五千百貮拾壱圓六拾銭九厘
一金三萬壱千五百七拾四圓九六銭五厘
内譯
金壱萬貮千五百九拾六圓　職工料
金壱萬八千九百七拾八圓九拾六銭三厘
材料ノ内絵具類
（朱書にて）
金三千五百四拾六圓六拾四銭六厘
材料ノ内金箔

この史料には、別紙が添付されている。

一金千九百貮拾圓　東西化粧ノ間天井繪画　二十年一月十一日御決判
画料絵具　着手中
一金三千貮百七拾九圓七拾八銭
謁見所其他御天井打出紙　二十年二月九日同上
着手中
一金六拾四圓　謁見所御天井中央繪様変換ニ付中止実費
印刷局エ償却金　追テ伺出ノ分
一金三萬五千百貮拾壱圓六〇銭九厘　謁見所其他御天井工料及繪具類金
箔　今回伺出ノ分金四萬三百八拾
五圓三拾八銭九厘

〈以下、略〉

とある。これは、**表2—4**の後席廣間の綴綿二一六枚を除く三、九九三枚分の代金となるのである。平均すると、一枚当り材料費込みで、一〇円一一銭四厘となる。別紙の東西化粧の間の天井画は、一枚八円である。四季花卉の模様の後席廣間と東・西化粧之間の天井画は、古紋と比較すると値段が低く設定してあることになる。

G．「明治憲法発布式図」の正殿と豊明殿

明治宮殿間内の天井画を見渡した時に、謁見所と饗宴所は、大きさはもとより、意匠模様の上で格別であることを述べた。ここで、改めて二つの間内の天井画について比較する。

明治二十二年（一八八九）二月十一日、正殿（旧謁見所）で明治憲法発布式が執行されたことは周知のことである。今日ならば、テレビや新聞などをはじめとして多くの報道陣が押し寄せ、あらゆる角度の画像を提供することになる。幕末には写真技術が伝来し、この重要な式典の様子をカメラに収めたと思っている人は、少なくないはずである。しかし、実際には間内にカメラは入っていない。

式部職は、明治憲法発布式に関わる一連の式典を記録に残そうとして床次《とこなみ》正精《まさよし》を指名する。床次は、慶応二年（一八六六）鹿児島で生まれ、司法官を務めるかたわら独学で洋画を学び、明治十三年に司法省を辞した後、翌年宮内省御用掛、十七年には農商務省御用掛に任ぜられる。床次が委嘱を受けたのは、明治二十二年七月で、翌二三年五月には八画全図を完成させている。制作にあたり、宮殿間内の見学はもとより、参加者の顔写真や婦人の着用服地や配列などの情報を求め、正確さを追求したという。

憲法発布式図は、絹本の水彩図である。法量は、縦六八センチ、横一一五・八センチを測る。八画とは、憲法発布式之図・賢所御親祭之図、観兵式臨幸之図、豊明殿御陪食之図・舞楽殿御覧之図・南溜間御陪食図・北溜間御陪食之図・宮内省楼上御陪食之図（識別番号八〇〇八〇～八〇〇八七）からなる。画題は、画面右上の付箋からつけられている。この八画は、桐製桟蓋造の箱に収納され、蓋書に「憲法発布式図」と記されている。八画のうち、「憲法発布式図」は、日本史の教科書に掲載されたり、国立公文書館で複製画が常設展示されるなど周知されている。

本書で「憲法発布式図」と「豊明殿御陪食之図」の二画を取上げるのは、

図２-12　憲法発布式之図

明治宮殿を代表する二つの間内において、空間全体として天井画の景観、シャンデリアや緞帳などの装飾品を加えた雰囲気を比較検討するためである。

図2—12は、「憲法発布式図」である。龍蓋・緞帳・絨毯が紫赤で統一されることで重厚感を増し、大きなシャンデリアと色彩豊かな二重折上格天井の天井画が豪華さを増している。天井画全体に焦点をあてると、金地に二種類の意匠で構成される色鮮やかな宝相模様は目映い。二重蛇腹の古紋蜀葵模様の深紅の花弁が引立せる。さらに、初重蛇腹の慶雲宝花模様は、吉兆となる慶雲に宝花を加えた格式ある古紋であり、天井画全体を引締めている。すなわち、豪華造りの上に荘厳を演出しているともいえる。

図2—13は、「豊明殿御陪食之図」である。藍鼠色の緞帳は、重厚な中に静寂感が漂う。二重折上格天井の模様は花エチゴ・古紋小牡丹・春日鉄仙・厳島鉄仙と花紋を揃えるが全体として藍色・薄桃色・深黄緑色と金地の中で色調を押さえている。また、初重平の蜀葵模様と二重長之間の三種の模様は、古社に伝わる厳かさが伝わり、格調高い空間の演出に一役担っている。

つぎに、二間の間内における色調、模様の配列からみた相違について、一点、指摘する。一点は色調であるが、天井の最大の空間を埋めるのは二重折上格天井平である。この箇所のモチーフ、色彩の比較がわかり易い。謁見所の図2—4—3の宝相花模様は、金地に真紅・群青・薄青・深緑・薄緑・薄茶・白等々の多彩な色調を基に描象的かつ複雑な構図で鮮やかに描いている。この画面が複数並ぶことで実に豪華となる。おそらく、前述した図2—12以上に華やかであることが推察される。一方、饗宴所の図2—4—5の古紋小牡丹模様は、中央の大きな円紋の中に四輪の小牡丹をデフォルメして配置し、間を簡略化した葉で埋め、これらを金泥で描くことで豪華となる。円紋の周囲は亀甲紋を連続し、その中に四葉の唐草模様を充填する、亀甲紋の輪郭群青と金、その中も群青・薄緑・金色と少ない色彩で描いている。そのため、豪華ではあるものの清楚な感じがする。この二間平の違いを演出しているの

図2-13　豊明殿御陪食之図

が、初重・二重の蛇腹である。謁見所初重蛇腹の慶雲宝花模様（図2―4―1）は、一枚を五区画し、中心に幅広い横位の薄緑地と群青地に青と赤を基調とする宝花模様帯、それらを挟む、各模様帯の区画にはやや太い一条の横走する条線。赤地で連続する金泥の円文が充填する。慶雲模様は、金・薄青・深緑に輪郭に朱と白を用いる。実に豪華である。二重蛇腹の古紋蜀葵模様（図2―5―1）は、一見すると見事な具象紋に見えるが、よく観察するとデフォルメされている。真紅の花弁、花芯は薄緑と金色で立体感を表し、先端を深緑地に金色の円文を充填する。花芯から花弁に延びる青色の花被も引立つ。花弁は、七弁を最大とし、四弁・五弁のものも描かれている。金地であることから古紋蜀葵模様が一層、鮮やかである。つまり、蛇腹の模様帯があることで、豪華さを増していることになる。他方、饗宴所では、初重に春日鉄仙模様（図2―5―2）、二重に厳島鉄仙模様（図2―5―3）は、具象的に表現する。共に金地に花を薄桃色、葉と茎を薄緑色で描く。二重蛇腹では花芯と萼に群青を入れるが、謁見所のような華やかさはない。むしろ二重折上平と呼応して重厚で清楚感が漂う。すなわち、二重折上平と蛇腹に用いている色彩の相違から、二つの間内の雰囲気が全く異なっているとみることができる。

一点は、長之間の模様である。謁見所では、初重長之間（角も）は、初重平と同様の花菱宝相花模様（図2―14―1）、二重平も同様に宝相花模様（図2―14―2）をとる。すなわち、平と長之間とが同一の模様構成となっている。他方、饗宴所では、初重長之間（角も）に花ヱチゴ模様（図2―14―3）、二重長之間の角に舞鳳模様（図2―14―4）、二重長之間に古紋一窠実模様と古紋花菱模様を連ねたもの（図2―14―5）をとる。すなわち、平と長之間とでは、異なる模様構成となる。勿論、色彩も異なる。

ここでは、憲法発布式図から二つの間内の雰囲気の相違、二重格天井平と蛇腹からみた色彩と長之間の模様構成の相違について指摘した。さらなる検

図２-14-１　謁見所初重長之間・菱形宝相花模様

図２-14-２　謁見所二重長之間・宝相花模様

図２-14-４　饗宴所二重長之間角・舞鳳模様

図２-14-５　饗宴所二重長之間・一窠実／古紋菱花模様

図２-14-３　饗宴所初重長之間・花エチゴ模様

討が必要と考える。

(二) 緞帳・レース、壁張

間内を被う装飾品の一つとして、「明治憲法発布式図」の正殿と豊明殿には緞帳が描かれている。模様は判然としないが、画面から間内の雰囲気がよく伝わる。一例として**図2―12**の正殿の間内をみると、緞帳と絨毯が紫赤で統一されることで重厚感を増し、菊の御紋の柱隠が引締めている。レースは清楚で、豪華なシャンデリアともよく合う。

緞帳は、広辞苑を引くと、厚手織物で製したとばり、刺繍や宝石類で絢爛たる図案をほどこした布と記されている。ここで辞書を引用したのは、宮内公文書館所蔵の資料には、題箋をはじめとして「緞帳」・「純帳」・「曇帳」の三種類の漢字が用いられていることにある。いずれも同一意味で、あえて漢字を変える必要性は見当らない。混乱を避けるために、本書では文章に限り、「緞帳」の文字を用いることにする。

A．緞帳・柱隠・レース

緞帳・柱隠・脇飾・レース等々を知る格好の資料がある。『皇居御造営内部諸装飾明細図／表宮殿純帳及剣璽御引帷子之部』（識別番号八一四一〇）である。

本資料は、表宮殿の謁見所・饗宴所をはじめとする十一間内の緞帳・柱隠・レースを一五分ノ一の彩色を施した縮図で描き、余白に解説を記したものである。一間内一枚とし、緞帳の模様も正確に描いていることから、比較が容易にできる。さらに、『皇居御造営内部諸装飾明細図／曇帳其他裂現品の部』（識別番号八一四一三）には、全てではないが、緞帳表地、柱隠、横飾、レースの裂現品が存在する。『皇居御造営誌八六・八三　各種織物事業一・二』（識別番号八三三八六・八三三八七）を加えて概観する。**表2―7**に緞帳の表地一覧、**表2―8**に柱隠・横飾などの一覧、**表2―9**にレース一覧を載せてある。それらを照会しながら、主要なものを述べる。

図2―15は、謁見所緞帳の縮図である。図の上位に解説がある。そこを抜粋すると、

謁見所純帳　拾五分一
　表裂紫赤色繻子地
　模様鳳凰唐草
　裡裂紫色繻子
柱隠
　表裂白茶色タペストリー織
　模様菊唐草
レース象牙色紗織
　模様桐

とある。緞帳とレースには、模様が忠実に再現してあるが、本図は縮図をさらに縮小してあるので、ほとんど判別することができない。前掲の資料の「曇帳其他裂現品の部」（以下、裂現品と呼称、図内の整理番号をそのまま引用する）の中に、**図2―15**と照会できる資料がある。裂現品12・38・50である。**図2―16**は、裂現品50の緞帳表地である。紫赤色の繻子地に雙鳳凰の足が唐花から延びる枝をしっかり握り締めている。**図2―17**は、裂現品の柱隠である。幅一尺四寸五分に金糸で御紋の刺繍は、見事の一言に尽きる。御紋を連結する唐草模様に目が奪われがちであるが、周縁にも長楕円形の紋様帯をとり、その中に宝相唐草模様を充填している。裂現品12は、第一章で述べた桐唐草模様のレースである。『皇居御造営誌』には、薄象牙色と記されて

図 2 -15　謁見所緞帳縮図

表２－７　表宮殿の緞帳一覧（表地）

位置	模様	織方	色	「御造営誌明細図」裂現品の有無		
					長	巾
謁見所	鳳凰唐草	繻子地	紫赤色	有、整理番号50	90丈4尺	3尺
饗宴所	花鳥	タベストリー織	藍鼠色	有、整理番号53	154丈9尺5寸	4尺
後席廣間	薔薇	畔地	鴬茶色	無	137丈5尺7寸	4尺
婦人之間	秋草	フロッケ織	薄錆白茶色	有、整理番号16	37丈2尺	
小食堂	正倉院模様	ラツハ織	紫檀色	？		
東溜之間	鳳凰唐草	繻子地	紺色	有、整理番号20		
西溜之間	貝盡	フロッケ織	錆浅黄色	有、整理番号54		
東化粧之間一之間（男子化粧之間）	桐山崔	繻子地	栗皮茶色	有、整理番号7・17		
二之間（婦人化粧之間）	花草	繻子地	薄浅黄色	有、整理番号19		
西化粧之間（女官面謁所）	櫻	繻子地	浅黄色	無		
東・西脱帽所	正倉院模様	タベストリー織	藍鼠色	無		

表２－８　表宮殿の柱隠・横飾等一覧

柱隠・帯飾・横飾	模様	織方	色			値段	備考
				長	巾		
謁見所柱隠	菊唐草	繻子地（タベストリー）	白茶	60丈6尺6寸	1尺4寸5分	849円24銭（2円）	裂現品38
帯飾	桐唐草	綴子地	赤	29丈1尺2寸	5寸	203円84銭（70銭）	
後席婦人之間柱隠	薔薇		薄白茶	4丈7尺8寸			
脇飾				1丈8尺6寸			
横飾				9尺			
小食堂柱隠	花唐草（正倉院）	繻子地刺繍	藍鼠	10丈4尺3寸	1尺5寸	365円5銭（3円50銭）	
脇飾	向ヒ鴛鴦	繻子地刺繍	淡藍	6丈1尺9寸	1尺9寸	234円46銭（3円80銭）	
横飾							
東溜之間柱隠	唐花（正倉院）	繻子地（タベストリー）	白茶	20丈	1尺2寸	342円80銭（1円71銭4厘）	
脇飾	唐花	繻子地	白茶	20丈	8寸	228円40銭（1円14銭2厘）	
横飾	唐花	繻子地	白茶	10丈5尺5寸	1尺4寸	211円　（2円）	裂現品37

※値段の（　）は１尺当りの価格

いる。

図２―16・17の緞帳と柱隠について、「皇居御造営誌」に詳細な仕様書があるので紹介する。

謁見所曇帳及ひ柱隠シ織物仕様書

一曇帳

長九拾丈四尺

耳内巾三尺

但曲尺ノ事

赤繻子地織鳳凰唐草壹釜模様紋丈五尺

図２－16　謁見所緞帳・鳳凰唐草模様　裂現品（50）

図２－17　謁見所柱隠・菊唐草模様　裂現品（38）

緯糸三色通シ
一縦糸原料　飛驒國益田器械製絹糸
一緯糸原料　同国益田手引絹糸
一縦色　　赤アリジャリン染
一緯色　　深赤色　黒赤色　薄赤色同染
一筬歯数　壹寸ニ付八拾枚　但縦糸四糸入
一織器械　ジャカール六百ノ口ヲ用ユ
一緯糸　　壹寸ニ付貮百拾越　但七拾越ニシテ三丁
一縦緯糸　無糊
一量目　　壹尺ニ付拾八目
〆
一柱隠
　長六拾丈六尺六寸
　耳内巾壹尺四寸五分
　　但曲尺ノ事
　白茶繻子地織菊唐草屏風壹釜模様紋丈四尺五寸緯糸五色通シ
一縦糸原料　飛驒国益田器械製絹糸
一緯糸原料　美濃國郡上手引絹糸日本製本金中金撚金糸英國マンチウス
　タ製毛糸
一地緯糸原料総糸三拾貮手撚三ツ合
一縦色　白茶色アリジャリン染
一緯糸　栗皮色毛糸　錆朱路色　灰色　アリジャリン染　本金　中
　金
一筬歯数　壹寸ニ付六拾枚　但縦糸四ツ入
一緯糸　壹寸ニ付貮百四拾越　但四拾越ニシテ地緯共六丁
一織器械　日本器械
一縦緯糸　無糊
一量目　　壹寸ニ付貮拾目（匁）
〆

とある。この緞帳と柱隠の値段もある。後述する饗宴所の緞帳と比較するために記す。

一金四千拾三圓貮拾四銭
　内譯
　金三千百六拾四圓也　　曇帳
　金八百四拾九圓貮拾四銭也　柱隠

右の数字を一尺当りの単価にすると、曇帳が三円五〇銭、柱隠が一円四〇銭となる。ところで、緞帳は、表地に裏地を縫合せることで厚みを増す。**図2―15**の余白に裡（裏地）裂紫色繻子とあるが、「皇居御造営誌」にもう少し詳しい情報が記されている。その部分を抜粋すると、

謁見所裏地　二百六拾四圓四拾三銭五厘
一赤色繻子織
　長　百四拾四丈五尺
　耳内巾三尺　但曲尺ノ事

とある。明細図の紫から赤に変わるが、裂現品の表地が深赤であることから、両者の記述に問題はなかろう。表地に対して裏地はおよそ一・六倍の長さとなる。裏地も一尺当りの単価をだすと、一八銭三厘となる。**表2―8**をみると、謁見所に唯一、「帯飾」の記述があるので、同様に仕様書の記述を示す。

謁見所
一帯飾
　長貮拾九丈壹尺貮寸

耳内巾五寸

但曲尺ノ事

赤色緞子地桐唐草平壹釜模様紋丈貳尺六寸緯糸四色通シ

一縦糸原料　飛驒國益田器械製絹糸緒撚

一緯糸原料　同国手引絹糸平

一箴歯数　壹寸ニ付八拾枚　但縦糸壹枚ニ付四筋入

一織器械　ジャカール

一染色　アリジャリン染

一縦色糸　赤色

一緯色　本金糸　同錆金糸　皮色　赤色

一緯糸越数　壹寸ニ付貳百六拾越　但六拾五越四丁

一縦緯糸　無糊

一量目　壹尺ニ付八匁

〆

とある。ふり返って、図２―12「憲法発布式図」の間内壁面が深紅に被われているのは、この緞帳と帯飾ということになる。

天井画にも言えることであるが、謁見所と饗宴所とは、何かにつけて比較されることが多い。図２―18は、饗宴所緞帳の縮図である。有難いことに裂現品が存在し、図２―19が裂現品53である。緞帳の模様と色調が異なるのは当然であるが、大きな相違がある。柱隠が無いのである。表宮殿の間内は、天井画と緞帳・レースとが言わばセットになっており、緞帳には柱隠が付くものと思われているかも知れない。しかし、それは、誤りである。表２―８に示したが、柱隠をもつのは、謁見所以外では後席婦人之間・小食堂と東溜之間の三間内に限られている。饗宴所をはじめとして、後席廣間、西溜之間などには、柱隠がないのである。

図２―18に戻る。図内の上位に注記がある。

饗宴所緞帳　拾五分一

表裂藍鼠色タベストリー織

模様花鳥

裏地白茶色繻子

レース白茶色紗織

模様玉蘭紋

とある。図２―19の裂現品53をみると、経年劣化によるものかも知れないが、深みのある藍鼠色を呈している。唐花に止まる小鳥が立体的に表現されており、格調が高い。謁見所と比較するため、仕様書を抜粋する。

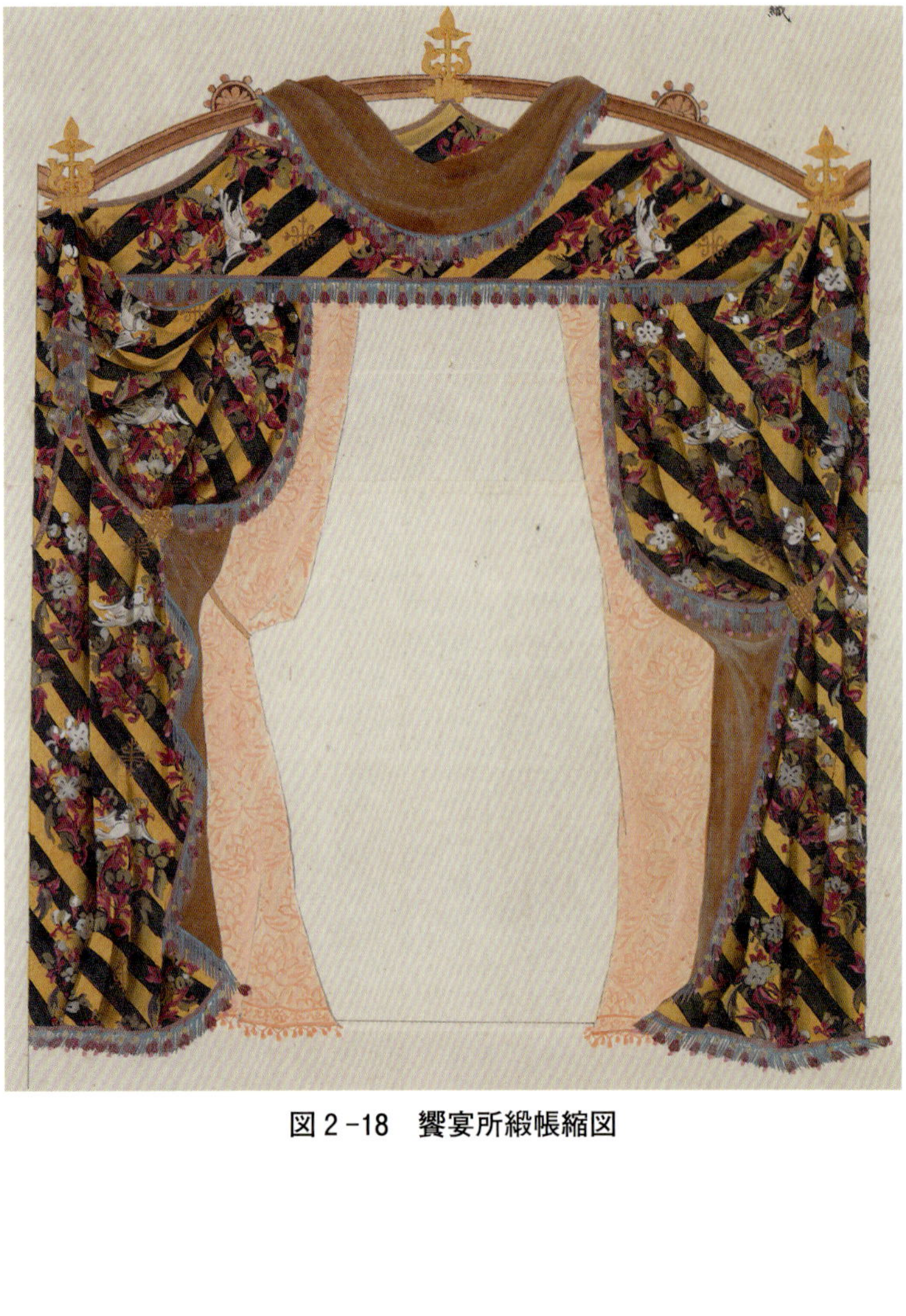

図２-18　饗宴所緞帳縮図

図２-19　饗宴所緞帳・花鳥模様　裂現品（53）

饗宴所緞帳織物仕様書

一曇帳

長百五拾四丈九尺五寸

模様替ニ付長百七拾三丈壹尺五寸トナル

耳内巾四尺

但曲尺ノ事

藍鼠色地タヘストリー織縄目花鳥貳釜模様紋丈貳尺三寸緯糸拾貳色

通シ

一縦糸原料　英國産貳拾貳手ノ綿糸四本撚合

一緯糸原料　日本製本金糸中金糸取交拾本合セ英國マンチウスク製絹スコッチ毛糸貳本撚合セ

一縦上絨　陸中國南部産絹糸貳本合セ緒撚

一縦下絨　英国産百手撚綿糸

一縦色　黒色ロングド染

一緯色　藍鼠色　海老茶色　薄栗皮色　焦茶色　薄焦茶色　錆鶯茶色　薄鶯茶色　濃白茶色　薄白茶色　紅欝金色　アリジャリン染　黒白ロングド染　本金　中金　〆拾貳色

一筬歯数　壹寸ニ付貳拾八枚　但縦糸貳ツ入

一緯糸　壹寸ニ付拾四越

一織器械　佛國製ジャカール製メカニク三百本ノ口ヲ用ユ

一縦緯糸　無糊

一量目　壹尺ニ付百四拾四目

〆

とある。その価格は、八、九八七円一〇銭であり、一尺当りの単価は五一円九〇銭となる。この緞帳も白茶色繻子織の裏地を縫合せることで完成となる。

さて、謁見所と饗宴所の緞帳の違いは、仕様書と裂現品が示すように、饗宴所の方が立体的かつ重厚感にあふれ豪華な造りとなっている。それは、饗宴所のタペストリー織が、英国産の梳毛糸と国産絹糸を撚合せ複雑な輪奈を織上げていることに他ならない。緯糸の色を取上げても、謁見所が深赤色を基調とする三色に対して、饗宴所では藍鼠色を基調とする十二色と多彩である。つまり、饗宴所の表地の方が原料の入手、織の技術とも複雑であり、それが単価に大きな差が生じているのである。

図２-20　東溜之間緞帳縮図

緞帳の仕様書を羅列することは意義がある。しかし、頁が重むので、裂現品との関係や柱隠の有無、間内の特徴などを考慮して、三つの緞帳を紹介する。

図２—20は、東溜之間の緞帳である。紺色の表地と柱隠・横飾をもつ。東溜之間は、第一章で述べたように、当初、青銅製馬上像二基が安置されたり、枢密院会議場としても利用された間内である。図中の解説には、

東溜之間緞帳　拾五分一

表裂紺色繻子地

模様鳳凰唐草

裡地金茶色繻子

柱隠

表裂白茶色タペストリー織

正倉院模様

レース色牙色紗織

模様蔦唐草

図２-21　東溜之間緞帳・鳳凰唐草模様裂現品（20）

とある。表2―7の緞帳模様の中で、「鳳凰唐草」模様は、謁見所と東溜之間の二つの間内に限られている。図2―21は、裂現品20の鳳凰唐草模様である。解説の紺色というよりは、濃紺の方が相応しい。美央柳であろうか唐花の間を鳳凰が優雅に羽ばたいている。図2―16の謁見所の鳳凰が羽を閉じ対峙しているのとは対照的である。図2―22は、裂現品37の横飾である。『皇居御造営誌八七　各種織物事業二』に東溜之間の横飾・柱隠・脇飾に関する記述があるので抜粋する。

金七百八拾弐円弐拾銭　東溜之間

此譯

品名	長巾	壱尺ノ價	小計
横飾白茶繻子地	長一〇丈五尺五寸	金二円	金二一一円
唐花壹窯模様	巾一尺四寸		
柱隠白茶繻子地	長二〇丈	金一円七一銭四厘	金三四二円八〇銭
唐花壹窯模様	巾一尺二寸		
同脇白茶繻子地	長二〇丈	金一円一四銭二厘	金二二八円四〇銭
唐草花壹窯模様	巾八寸		

この史料では、東溜之間の柱隠・脇飾、横飾は「唐花壹窯模様」で、横飾の単価が幾分、高いので複雑な模様が加わると考えられる。図2―20では、一見すると、柱隠と横飾が白茶地に所々、桃色の花弁、紺色の花芯が一定の間隔で織られているように思われる。しかし、横飾を部分的に拡大した図2―22をみると、龍の頭に藤色と濃茶色の二色で角が延びている。少々、違和感があるのは、龍が羽ばたいているようにも見えることである。史料では、唐花模様とあるが、「龍ニ唐花」なのである。横飾に龍を織ることで、図2―20には、鳳凰と龍の両者が揃うことになり、慶事に相応しい。

図2―23は、後席婦人之間の緞帳である。表宮殿の緞帳の中で、最も雅であると言っても過言ではない。図内の解説には、

婦人室緞帳　拾五分一
表裂錆白茶色フロッケ織
模様秋草
裡地浅黄色緞子
柱隠

図2-22　東溜之間横飾・唐草壹釜模様　裂現品（37）

表裂薄白茶色織仝上
模様薔薇
レース象牙色紗織
同上凌霄花
とある。図2―24は、裂現品16の緞帳表地である。薄浅黄色の地に、菊をはじめとする色彩豊かな大輪に、秋の草花が添えられ実に華やかである。緞帳に花をモチーフとしているのは、後席婦人之間のほかに、婦人化粧之間（東化粧之間貳之間）と女官面謁所北之間（西化粧之間一之間）の二間がある。ともに薄青地に前者は「花草」（裂現品19）、後者は「櫻」を織込んでいる。それらと比較しても豪華さでは優っている。

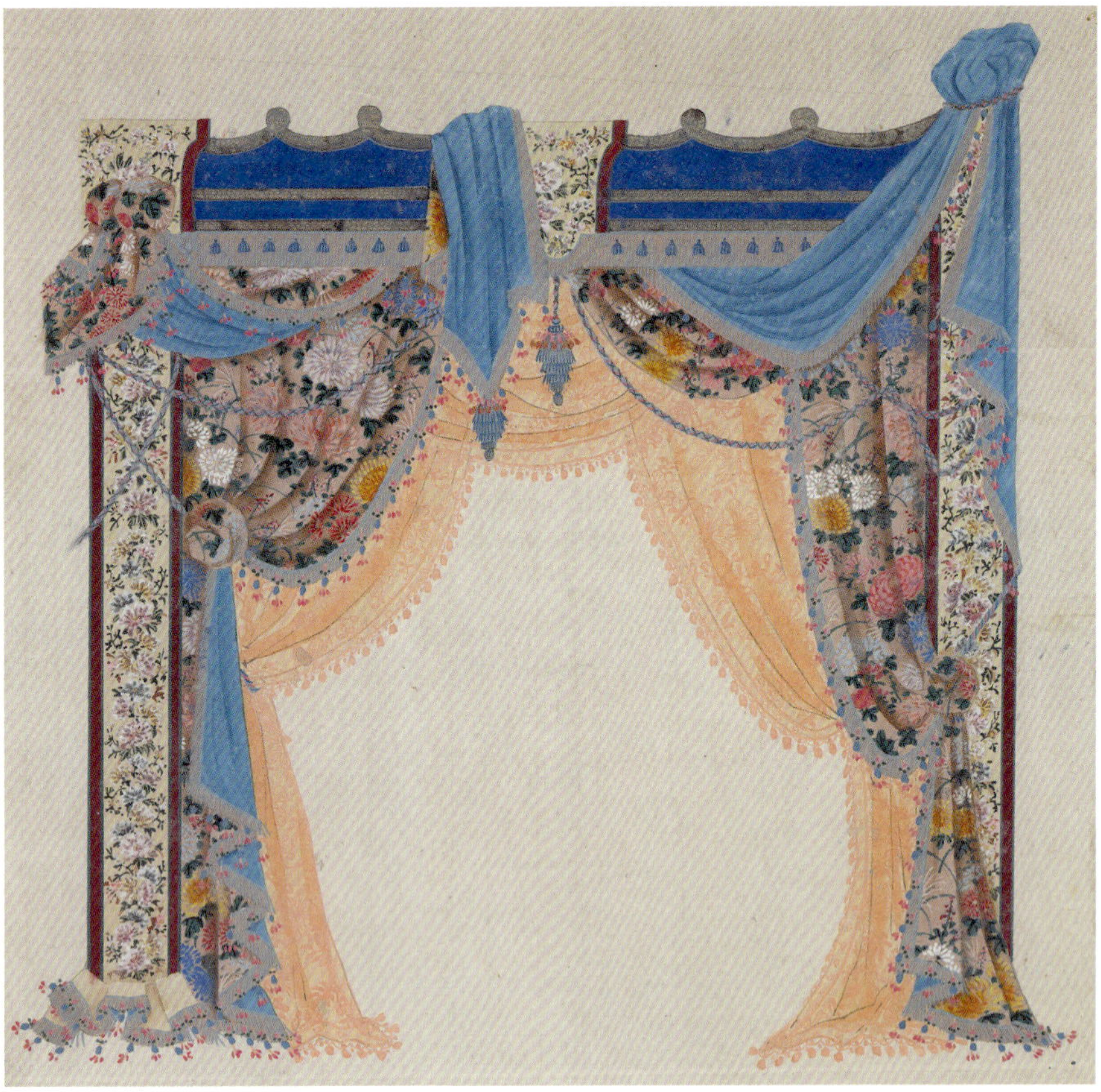

図2-23　後席婦人之間緞帳縮図

図2-24　後席婦人之間緞帳・秋草模様　裂現品（16）

図2―25は、男子化粧之間（東化粧之間一之間）の緞帳である。前節において東西化粧之間の天井画が、四季花卉折枝に菊唐草模様緞子が囲繞することを述べたが、その問内となる。図内の解説には、
男子化粧之間純帳　拾五分一
表裂栗皮茶色繻子地
模様桐山雀

裡地焦茶色
レース象牙色紗織
模様花蔓

とある。緞帳が栗毛茶色とすることで、落着いた深みのある演出をしている。裂現品7・17の二例存在する。図2—26は、裂現品17の桐山雀である。桐は、周知のように春、藤色の花が咲く。画面には桐の花・葉が一面に拡がり、山雀は飛翔と枝に止まる二種類の姿が織込まれている。写実的で表現力が見事である。

図2-25　男子化粧之間〔東化粧之間〕緞帳縮図

本節では、緞帳の具体的な事例を示したのは、謁見所・饗宴所をはじめとする五例である。不足は、表2—7で補うしかないが、その点はご容赦願いたい。

つぎに、図内の解説にあるレースについて補足する。すでに第一章で『皇居御造営誌八二　家具装置事業三』の装飾費明細書を取上げ、その中の「紗

図2-26　東化粧之間緞帳・桐山雀模様　裂現品（17）

織」の項目を説明した際に、裂現品と照会し、その値段についても述べた。それを集成したのが表2—9である。補足としたのは、表2—9の下位に太線を入れたが、「明細図緞帳」を検討する中で、東西化粧之間と東西脱帽所の間内でレースに関する新たな情報を入手したことによる。新たな東西化粧之間・脱帽所のレース模様は、全て「花蔓」で統一されている。図内に模様が描かれているが判然とせず、残念なことに裂現品が存在しない。表2—9の中で、謁見所から西溜之間に至るまで幅の広・狭を入れたが、仕様書によるものである。緞帳図内の解説には、幅の広い模様が記されている。それを集成すると、文様から五類に分けることができる。

Ⅰ類：桐唐草模様。謁見所の一例。
Ⅱ類：唐花模様。饗宴所の一例。
Ⅲ類：蔦模様。後席廣間と東溜之間の二例。

表2-9　表宮殿のレース（紋紗織）一覧

位置		模様	色	「明細図裂現品」整理番号
謁見所	広	桐唐草	薄象牙色	整理番号12
	狭	花唐草	同上	整理番号10
饗宴所	広	唐花	濃白茶色	整理番号13
	狭	花唐草	同上	整理番号9
後席之間	広	蔦	象牙色	整理番号15
	狭	菊	同上	整理番号8
後席婦人之間	広	凌霄花	同上	整理番号14
	狭	菊	同上	整理番号8
後席小食堂	広	凌霄花	同上	整理番号14
	狭	菊	同上	整理番号8
東溜之間	広	蔦	同上	整理番号15
	狭	菊	同上	整理番号8
西溜之間	広	凌霄花	同上	整理番号14
	狭	菊	同上	整理番号8
※男子化粧之間	広	花蔓	象牙色	—
※婦人化粧之間	狭	花蔓	同上	—
※　女官面謁所	広	花蔓	同上	—
※東・西脱帽所	狭	花蔓	同上	—

Ⅳ類：凌霄花模様。後席婦人之間・小食堂・西溜之間の三例。
Ⅴ類：花蔓模様。東・西化粧之間、東・西脱帽所の四例。

レース模様の相違は、各間内の重要度、役割を示していると言っても過言ではない。さきに、レースの単価は、Ⅰ～Ⅳ類が同じであることを述べた。おそらく、Ⅴ類も同様と考えられる。

課題もある。さきに「憲法発布式図」には八点あることを述べた。そのうちの二点、「南溜之間御陪食之図」と「北溜之間御陪食之図」に描かれた二つの間内の壁からレースが垂下しているように見える。前述した「家具装置事業三」には記されていないのであるが。

B．壁張

表宮殿では、御学問所と内謁見所を除き、主要な間内および入側の壁（小壁を含む）には、繻子地緞子地の壁張がみられる。一方、廊下は、大蔵省印刷局の大鷹質打出紙に印刷されたものが貼られることになる。

繻子地緞子地の壁張は、天井画や緞帳などと比較すると装飾性に乏しく、一冊に集成されていることはない。それを知るには、「皇居御造営誌」の各事業の「張付ノ部」の史料を丹念に収集するか、第一章で紹介した『明治宮殿（四つ切り）その壱（写真帳）／大正十一年』が中心となる。これに、『皇居御造営内部諸装飾明細図／奥宮殿御襖縁及御床敷物模様之部』（識別番号八一三九五）と『同／曇帳其他裂現品の部』にわずかばかりの資料が加わることになる。

そこで、中心となる「皇居御造営誌」をみることにする。一例として『皇居御造営誌四七　御車寄事業』（識別番号八三三四七）を紹介する。

　　張付之部
一合百三拾三坪七合三夕
張付坪

一間内張付仕様骨〆リ打付張共貳辺西ノ内紙張簀張五返上半紙張簀〆リ細川紙張リ袋張上美濃紙貳辺張受張上西ノ内張上張下紋羽継合セ張込ミ廻リ柱際鋲留メ致シ上張白茶綿入繻子双鷹紋模様小壁白茶綿入リ緞子古紋ヱチゴ模様継合セ張込ミ廻リ柱際鋲留メ廻リ丸形金白檀塗四分一打

一扣所及廊下共張付下張ヨリ清張マテ仕法前断上張紙貳重牡丹唐草模様紙張上ケ廻リ花櫚丸形四分一打

一御車寄及其他軒廻リ共木口張下タ張西ノ内紙上へ奉書紙張リ仕上ケ

〈以下略、傍点は筆者〉

図２-27-１　御車寄受附壁張・双鷹模様　裂現品（21）

とある。張付之部の前半は、骨〆に始まり受張までのこと。その後、上張となる繻子地の双鷹紋模様と小壁の緞子地古紋ヱチゴ模様のことが記されている。御車寄の壁張は、有難いことに前述した全ての資料が揃っている。**図２—27—１**は、双鷹模様で、裂現品21、**図２—27—２**は、「明細図／奥宮殿襖縁及御床敷物模様之部」（以後、明細図縮図と呼称）に描かれた縮図である。裂現品と縮図という資料の違いから違和感もあるが、模様を詳細に検討すると当然、同じである。史料には双鷹紋模様とあるが、模様の中心に鳳凰が対峙しているようにも見える。前述した謁見所緞帳の鳳凰（**図２—16**）と比較すると、鳳凰の構図が同じであるが、鳳凰の鶏冠と尾の表現が謁見所

図２-27-２　御車寄受附壁張明細図雙鷹紋

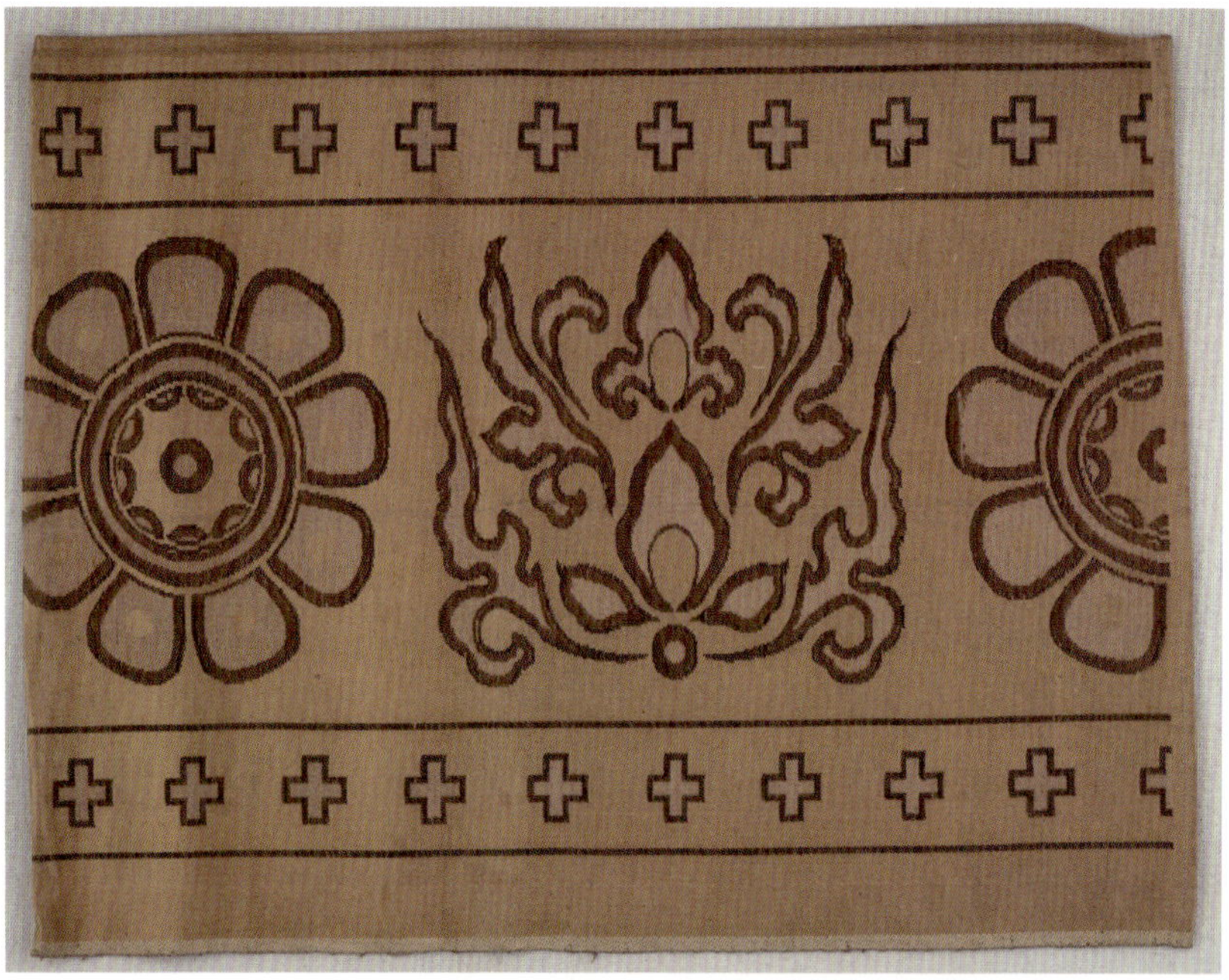

図2-28-1　御車寄受附小壁古紋ヱチゴ模様　裂現品（41）

図2-28-2　御車寄受附出張明細図・古紋香草紋

の方が優れているようにも見える。御車寄が玄関口であるということを考慮すると、鳳凰ではなく鷹ということであろうか。同様の壁張は、東車寄でもみることができる。そこでは、「雙鸞《ラン》模様」と記されている。鸞は、ほうおうの一種という意味をもつが、ふり返って、**図2—27—1・2**の模様をみると、二条の線で大きな楕円文、その中の四方に四角文を配し、間を連続する円文が充填する。楕円文の中は、鷹（鸞）が対峙し、上下を唐草文が被う。楕円文の周囲も、同様の唐草文が被覆する。極めて格調高い構図である。**図2—28—1**は古紋ヱチゴ模様で裂現品41、**図2—28—2**が明細図縮図である。縮図と裂現品とは色彩が異なることから別資料にも見えるが同一である。縮図の方の解説には「香草文」と記されている。御車寄と東車寄の壁張が同じであることを指摘したが、東車寄小壁の資料もあるので紹介する。**図2—29—1**が裂現品49（同一資料として裂現品47が有）、**図2—29—2**が明細図縮図である。後者の解説には、「古紋ヱチゴ」と記されている。東車寄の仕様書には小壁の記述がないことから、明細図縮図の解説を記しておく。どちらかを変更する必要がある。

明細図縮図には、多くの壁張が描かれているように思いがちであるが、五点である。残りの二点は、御車寄左・右廂や饗宴所後入側廊下などの緞子地宝花模様と廊下打出紙の二重蔓牡丹模様である。後述するが収録されている資料は少ないのである。

表2—10に「皇居御造営誌」の仕様書をもとに壁張の集成一覧を載せた。資料の扱いが難しいので、「明治宮殿写真帖」と裂現品との照会が可能なものについて紹介する。

図2—30—1は、宝花模様の裂現品である。同様の資料として裂現品35があるが、褪色し、遺存状態は良好ではない。**図2—30—2**は、明細縮図であ

図２–29–１　東車寄受附小壁・古紋エチゴ模様　裂現品（49）

図２–29–２　東車寄受附出壁明細図・古紋エチゴ模様

表２-10　表宮殿の壁張・小壁（出張）一覧

位置	模様	色	明治宮殿写真帖　No.	「皇居御造営明細図（81413）現品
御車寄受附之間間内	雙鷹模様（繻子）	白茶絲入	第壹〇～第壹貳號	整理番号21
〃　小壁（出壁）	古紋イチゴ模様（繻子）	白茶絲入		
〃　右廂・左廂	宝花模様（繻子）	浅黄絲入	第壹参・第壹四號	整理番号34
東脱帽所一之間間内	宝花模様（繻子）	浅黄絲入	第壹七・第壹八號	整理番号34もしくは35
〃　小壁	古紋イチゴ模様（繻子）	白茶絲入		
二之間間内	宝花模様（繻子）	浅黄絲入	第壹九號	整理番号34もしくは35
〃　小壁	古紋イチゴ模様	白茶絲入		
西脱帽所一之間内	宝花模様（繻子）	浅黄絲入	第貳壹・第貳貳號	
〃　小壁	古紋イチゴ模様（繻子）	白茶絲入		
二之間内			第貳参～第貳五號	
〃　小壁				
東化粧之間一之間間内	牡丹模様（繻子）	浅黄色	第三四・第三五號	整理番号25
二之間間内	唐花模様（繻子）	栗皮茶色		
西化粧之間一之間間内	牡丹模様（繻子）	浅黄色	第参七・第参八號	整理番号25
〃　二之間間内	唐花模様（繻子）	栗皮茶色	第参九號	整理番号27？
謁見所　間内	正倉院龍紋模様（繻子）	紫赤	写真では判然とせず	整理番号31か？
小壁	獅子唐草模様（繻子）	紫赤		整理番号40か？
入側	正倉院鳳紋模様（繻子）	紫赤		
入側小壁	相唐草模様（繻子）	紫赤		整理番号46か
東溜之間　間内	櫻蜀紅模様（繻子地）	金茶色	第四参・第四四號	
廊下	牡丹模様（※紙）			
西溜之間　間内	七宝蜀紅模様（繻子地）	紅色	第四六～第四八號	整理番号32か？
廊下	牡丹唐草模様			
東車寄受附之間間内	雙鸞模様	白茶絲入	第五六～第五八號	整理番号21に同
小壁	古紋イチゴ模様		同上	整理番号41
南溜之間　間内	花模様（繻子地）	海老茶		
小壁	菊模様（繻子地）	海老茶		
北溜之間　間内	宝花模様（繻子地）	浅黄絲入？		整理番号34もしくは35
饗宴所　間内	相蜀紅模様（繻子地）	暗茶色	第六壹～第六三號	整理番号52
小壁	鳥鉄仙唐草模様（繻子地）	暗茶色	同上	整理番号39
入側	正倉院模様（繻子地）	暗茶色	―	
入側小壁	亀甲模様（繻子地）	暗茶色	―	整理番号44
後廊下	宝花模様（繻子地）	浅黄絲入？		
後席之間廣間間内	牡丹唐草模様（繻子地）	鶯茶色	第六九～第七壹號	整理番号18
小壁	蝶鳥模様（繻子地）	鶯茶色	第七壹號	整理番号42
入側	正倉院模様（繻子地）	鶯茶色		
入側小壁	同上	同上		
婦人之間　間内	薔薇模様（繻子地）	月光色	第七七～第七九號	整理番号23
小壁	同上	同上	同上	整理番号43
後席之間小食堂間内	正倉院模様（繻子地）	紫檀色	第七四～第七六號	
小壁	葡萄模様（繻子地）	紫檀色		
北入側		同上		
廊下	二重牡丹模様（※紙）			

る。図2—30—1とは同一模様である。図内の解説には、

御車寄左右之間及
饗宴所後入側廊下
　壁張付裂
　　緞子地宝花模様　拾分四

と記されている。表2—10の色調には浅黄綿入としてあるが、紺地に同色の模様となる。この宝花模様は、「皇居御造営誌」の各事業仕様書および「明治宮殿写真帖」を参照すると、多くの間内の壁張として利用されている。明細図縮図に載る三箇所を除くと、東西脱帽所一之間二之間、北溜之間の五間が加わる。これらに共通するのは、御車寄・東車寄受附之間を通過すると最初の控室となることである。

図2—31は、裂現品25の牡丹模様である。右上に注記の布が縫合せてあり、「男子化粧之間／壁張／女官面謁所同裂」と記されている。仕様書・古写真から東西化粧之間一之間（北之間）の壁張であることがわかる。仕様書には、浅黄色繻子とあるが、濃紺地に牡丹と唐草模様が織られている。

壁張を特定することが困難と述べたのは、図2—31を好例として仕様書と裂現品との色調が一致しないことも一因である。さらに、間内が広い場合、古写真で壁張の模様がわからないこと、裂現品に注記がなく見本品が混入し

図2-30-1　御車寄受附左廂他・宝花模様　裂現品（34）

図2-30-2　御車寄左右之間壁張明細図・緞子地宝花模様

ていることなどが主な要因である。その中で、確実な二点を紹介する。

図2—32は、裂現品23の牡丹模様である。月光色繻子地で後席婦人之間の壁張である。同間内は、天井画に赤・ピンク・濃紫焦茶の三色の大輪の牡丹、蛇腹には濃淡青色の鉄仙、緞帳には色鮮やかな秋草と花の模様で統一されている。壁張も控えめながら牡丹模様を連続することで間内の華やかさを後押ししている。

図2—33は、唯一、明細図縮図に載る壁張紙の二重蔓牡丹である。先述したように、廊下は繻子地や緞子地の壁張ではなく、大鷹質打出紙に色料が施されたものである。「皇居御造営誌」各事業の壁張紙の仕様には、「二重牡丹唐草模様」、「牡丹唐草文様」の記述がある。「明治宮殿写真帳」の「第壹五

図2-31　男子化粧之間・牡丹模様　裂現品（25）

図2-32　後席婦人之間壁張・牡丹模様　裂現品（23）

図２-33　廊下壁張明細図・二重牡丹模様

図２-34　御車寄内廊下

號　御車寄内廊下」（図2—34）や「第壹六號　西溜之間外廊下」などの写真を見る限り同一模様である。したがって、廊下の壁張紙は、明細図縮図、仕様書とも同一のものを指していると考えられる。

C．裂現品の存在

本節で緞帳・柱隠・横飾、レース、壁張等々を述べてきたが、その中で、裂現品の存在は極めて大きい。資料の中のいくつかは紹介したが、改めて考えることにする。

資料は、『皇居御造営内部諸装飾明細図／曇帳其他裂現品之部』（識別番号八一四一三）の名称で登録されている。同種一連の資料が冊子の形態をとり、彩色された縮図が貼付されているのとは異なり、裂が個々に収納されている。残念ながら筆者は撮影後のデータでの閲覧であり、詳細な資料の保管については知るところではない。

データをみると、撮影にあたり裂に整理番号が付けられ、54番までである。筆者の手元には、26・30番の二つが欠けており、五二点のデータがある。それらを集成したものが表2—11である。染色・織物について、門外漢であるために、空欄があることをご容赦願いたい。

資料が極めて重要なものであることは言うまでもないが、筆者が気付いた四点について列挙する。

一点は、白布に注記を記し、縫合せたものが存在すること。写真の反対側を含めると、二二点ある。このうち、注記から位置を特定できるのは、5・6・8・10・13・14・15・19・21・25・27・36・44・51・53・54番の一六点がある。このほか、11番は各間内に共通する「レースヲサヘサナダ」（図2—35）であったり、22番は壁張の「見本」の注記がみられる。

一点は、注記から位置を特定することができるが、明細書縮図や「皇居御造営誌」各事業の仕様書、明治宮殿写真等々の資史料から検討を要するものが存在する。一例として51番をあげる。史料には、「竹ノ間純帳」の注記がある（図2—36）。「竹ノ間」は、後席之間小食堂のことを指し、明治宮殿竣工後、改称されたものである。さきに緞帳の縮図を紹介したが、図2—37は小食堂緞帳の縮図である。解説には、

小食堂純帳　拾五分一
表裂紫檀色ラツハ織
正倉院模様
裏地錆納戸色繻子
柱隠
表裂藍鼠色繻子地
正倉院模様
レース象牙色紗織
模様凌霄花

とある。明細図縮図の正倉院模様とは、広義の唐草模様を意味する。この模様を図2—36の裂現品51と対比すると、全く異なる。おそらく、注記の縫合せを間違えたものと考えられる。ちなみに、五四点の裂現品の中には、小食堂の緞帳裂は存在しない。同様の検討を要する資料として、27番がある。

一点は、裂現品の多くが緞帳、柱隠・横飾、レースであるが、これ以外のものも存在する。図2—38は、裂現品6の椅子張裂である。表が赤、裏が焦茶色の蜀紅模様を織る。白布の注記には、「六号／東車寄南溜倚《ママ》子張裂／タペストリー織／蜀紅模様」と記されている。図2—39は、注記がなく、緞帳縮図や仕様書に載るものではない。凝視すると、模様の複雑さと格調の高さに驚く。模様は、大別すると三つからなる。一つは、地文としての亀甲紋。焦茶色の二条の線で輪郭をとり、その中に連続する菱形文、あるいは格子目文、組込み文など四種類以上。一つは、六角形を意識しながら角は無く、太い朱線と金糸で二重の輪郭をとり、途絶える六箇所には朱で花文を配す。さ

表２-11　「御造営誌明細図／曇帳其他裂現品の部」（81413）の資料照会一覧

整理番号	御造営誌仕様書の名称	種別	位置情報の有無と間内情報	色	明治宮殿写真帖との照会	備考
1	龍に亀甲模様					
2						
3						
4						
5			有、「御車寄左右之間□子」			
6	蜀紅模様	タペストリー織	有、「六号／東車寄南溜之間椅子張裂」	深赤		
7	桐山崔	純帳、繻子地	無、男子化粧之間	栗皮茶色		整理番号17に同じ、「御造営誌明細図」（81410に縮図）
8	菊壹釜模様	レース・紋沙織	裏に有、「レース脇／千艸之間ほか７ヵ所」	象牙色		
9	花唐草壹釜模様	レース・紋沙織	無、饗宴所	薄白茶色		
10	花唐草壹釜模様	レース・紋沙織	有「正殿レース脇」謁見所	薄象牙色		
11	—	レースオサエサナダ	有「拾壱號／各所」	—		
12	桐唐草四釜模様	レース・紋沙織	無、謁見所	薄象牙色		
13	唐花三釜模様	レース・紋沙織	有「豊明殿レース」、饗宴所	薄白茶色		
14	凌霄模様(ノウゼンカズラ)	レース・紋沙織	無、婦人室・小食堂・西溜之間	象牙色		
15	蔦三釜模様(ブドウの葉)	レース・紋沙織	有「千艸ノ間、梅ノ間」、後席之間・東溜之間	象牙色		
16	秋草	純帳・フロッケ織	無、後席之間婦人室	薄錆白茶色		「御造営誌明細図」（81410に縮図）
17	桐山雀	純帳・繻子地	無、男子化粧之間	栗皮茶色		整理番号7に同じ、「御造営誌明細図」（81410に縮図）
18	牡丹唐草模様	壁張・繻子地	無、後席之間	鶯茶色	第六九～七壹號	
19	花草	壁張・繻子地	有「婦人化粧之間純帳」、婦人化粧之間	薄浅黄		「御造営誌明細図」（81410に縮図アリ）
20	鳳凰唐草	壁張・繻子地	無、東溜之間	紺色		「御造営誌明細図」（81410に縮図アリ）
21	雙鷹紋	壁張	有「御車寄受附／壁張」、御車寄		第壹〇～壹貮號	「御造営誌明細図」（81395に縮図アリ）
22			有「見本」とアリ			
23	牡丹模様	壁張、繻子地	無、後席之間婦人室	月光色	第七七～七九號	
24	七宝蜀江模様	壁張	東溜之間			
25	牡丹模様	壁張	有「男子化粧之間／壁張」、東化粧之間		第参四・参五號	
26	欠	欠	欠	欠	欠	欠
27	桜蜀江模様	壁張、繻子地	有「梅ノ間／壁張」、東溜之間	金赤色	第参九號	
28	牡丹唐草	壁張	千種之間壁張	鶯茶色		
29	桐蜀江模様	壁張	豊明殿	茶色		
30	欠	欠	欠	欠	欠	欠
31	正倉院龍紋模様	壁張、繻子地	無、謁見所	紫赤		
32	葡萄唐草模様	ランパ織	竹之間	紫檀色		
33						
34	宝花模様	壁張、繻子地	※縮図には御車寄左右之間及饗宴所後入側とアリ			「御造営誌明細図」（81395に縮図アリ）
35	〃	〃				※34と同一紋様、色調が青紫
36			有「正面東西…」、謁見所入側？	紫赤		
37	唐草壹釜模様	横飾、繻子地	無、東溜之間	白茶		「御造営誌明細図」
38	菊唐草	柱隠、タペストリー織	無、謁見所	白茶色		「御造営誌明細図」（81410に縮図アリ）
39	馬鉄仙模様	小壁張、緞子地	無、饗宴所小壁張	暗茶色	第六壹～第六三號	
40	獅子唐草模様	小壁張、繻子地	無、謁見所小壁張	紫赤		
41	香草紋		無、御車寄出壁張付		第五六～第五八號	「御造営誌明細図」（81395に縮図アリ）
42	蝶鳥模様	小壁張、繻子地	無、後席之間廣間小壁張	鶯茶色	第七壹號	
43	薔薇模様	小壁張、繻子地	無、後席之間小食堂小壁張	月光色	第七七～第七九號	
44	亀甲模様	小壁張、繻子地	有、「豊明殿入側小壁張」饗宴所入側	暗茶色	—	「豊明殿天井長押純子見本製地」とも記入
45						
46	相唐草模様	小壁張、繻子地	無、謁見所入側小壁張			
47	古紋イチゴ		無、東車寄出壁張付			「御造営誌明細図」（81395に縮図アリ）
48						
49						※47と同一
50	鳳凰唐草	純帳、繻子地	無、謁見所	紫赤色		「御造営誌明細図」（81410に縮図アリ）
51	正倉院模様	純帳、ラツハ織	有「竹ノ間純帳」、小食堂	紫檀色		？
52	薔薇模様	壁張、緞子地	有、「紋色如此」「紋色相違」、後席之間	暗茶色	第六壹～第六三號	
53	花鳥	純帳、タペストリー織	有「豊明殿純帳」、饗宴所	藍鼠色		「御造営誌明細図」（81410に縮図アリ）
54	貝盡	純帳、フロッケ織	有「山崔ノ間純帳」、西溜之間	錆浅黄		「御造営誌明細図」（81410に縮図アリ）

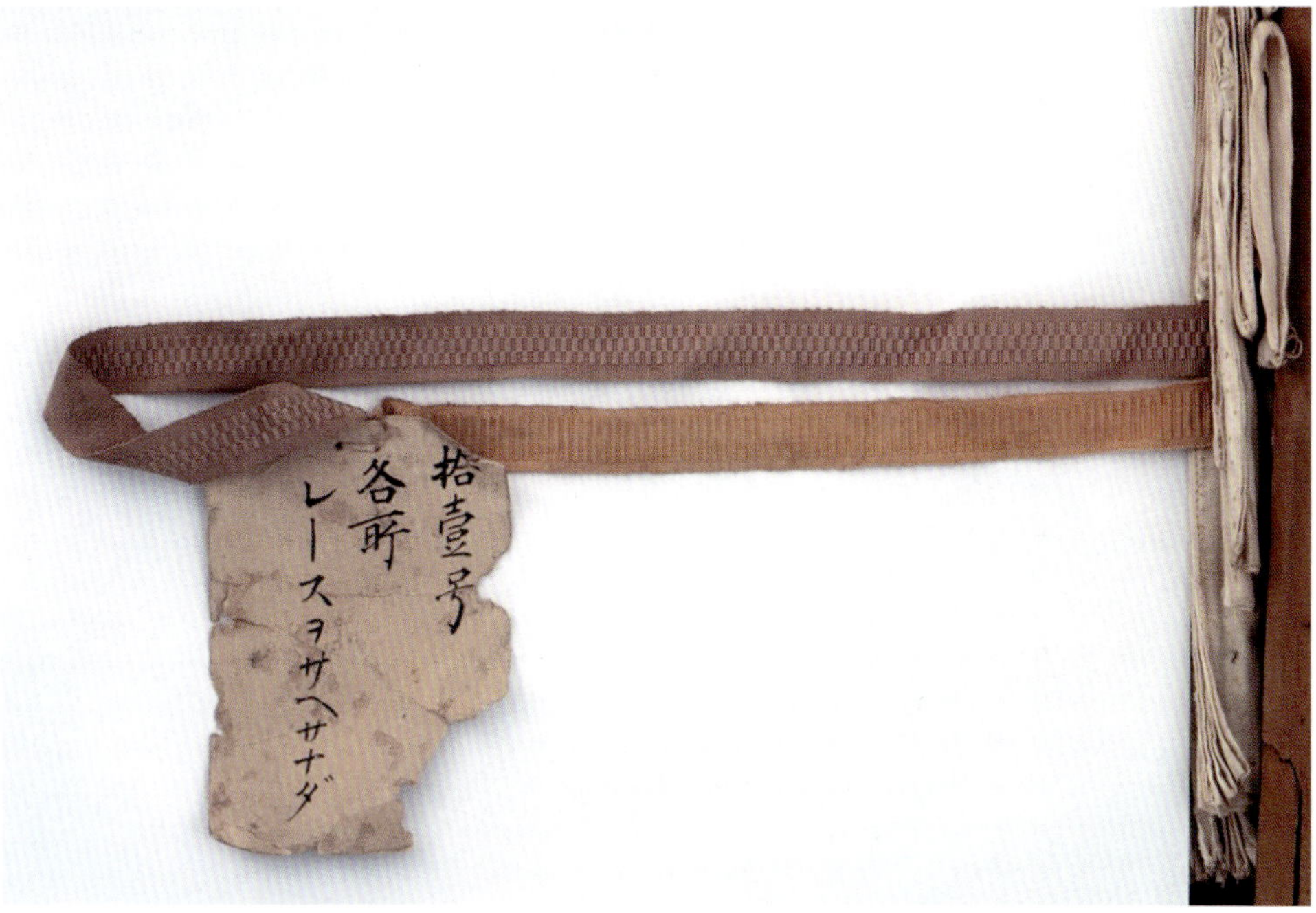

図２-35　各所レースオサヘサナダ　裂現品（31）

図２-36　竹ノ間純帳・裂現品（51）

図２-37　小食堂緞帳明細図・正倉院模様

らにその内側には金糸による円文が巡り、中心にはとぐろを巻いた龍。もう一単位あるが不明。中心が龍で無いことは確かで、獅子であろうか。一つは、大きな葉に可憐な小さな花。思わず想像が膨らむ。裂現品1である。

一点は、さきに述べたが五四点の裂現品の中に、三組の同一模様があることである。7・17番の男子化粧之間（東化粧之間一之間）緞帳の桐山崔模様。34・35番の御車寄左右廂、東西脱帽所、北溜之間など複数の壁張に用いられる宝花模様。47・49番の東車寄受附之間小壁の古紋ヱチゴ模様。

図２-38　東車寄南溜之間椅子張裂・蜀紅模様

図２-39　龍ニ亀甲模様　裂現品（1）

D．緞子・柱隠、レース、壁張の制作者

本節の織物事業を推進した功労者として、荒川新一郎をあげねばならない。彼は、農商務省の四等技師で、高い技術と見識から、明治十九年七月二十三日、皇居造営の装飾用織物の担当者として皇居御造営事務局から指名された。山口県に生まれ、明治十二年イギリス留学を命じられ、紡織学を会得し帰国し、日本各地の繊維産業の発展に貢献した人物である。

『皇居御造営誌　本紀七』（識別番号八三三〇九）の明治二十一年三月十八日の条に、

豫ヲ装飾織物ノ取調ヲ嘱托シタル農商務四等技師荒川新一郎ニ京都出張ヲ命シ織物調達ヲ申付タル者へ其織方伝習或ハ指揮監督ヲ為サシム十月二日ニ至リ帰京使命セリ

とある。緞帳、柱隠、横飾の大半は、史料にみえるように京都西陣である。それ以外では、東京製織会社、群馬県成愛社（青木熊太郎）、伊藤次郎左衛門（屋張藩御用商人出身、「松坂屋」の創業者）などが名を連れる。

『皇居御造営誌八六・八七　各種織物事業一・二』に載る請負者一覧を表2―12にまとめた。奥宮殿の織物に関するものも含めてある。史料を精査すると、いくつか欠落している。筆者の見落としかもしれないが、東西化粧之間・東西脱帽所の紋紗織、同所の緞帳と裏地である。これについては、再度、史料を検証する。

表2―12をみると、宮殿の造営と各種織物の発注とが連動していることがわかる。付章1で述べるように、明治二十年十二月、皇居御造営事務局は廃止する。間内の大半が竣工したことによるためである。この時点に合わせて繻子地や緞子地の壁張、後席廣間格天井の綴錦、東西化粧之間天井画周囲の緞子などを発注する。京都西陣の川島甚兵衛・飯田新八、さらには小林綾造、曽和嘉兵衛らに交り東京製織会社の受注が多いことも注目される。後席廣間格天井・蛇腹・長之間の綴錦を受注したのも同社である。また、複数の間内

で同一模様の壁張が用いられる場合は、一社の受注となる。御車寄・東車寄受附之間の壁張は、雙鷹（雙鸞）模様の繻子地であるが東京製織会社。同様に、繻子地の宝花模様の壁張を用いる御車寄左右廂・東西脱帽所・北溜之間は高田茂。効率を考えれば当然のことである。

本格的な室内装飾が行われる明治二十一年は、専門性を考慮する傾向がある。紋織織（レース）とレース厭用真田織は伊藤次郎左衛門、緞帳の裏地は成愛社の青木熊次郎。緞帳の表地・柱隠・脇飾・横飾が京都の繊維業者。**表2―12**の最後、饗宴所緞帳を請負った内貴甚三郎は、京都繊維会社委員長を務め、後に政界に進出する。

さきに、荒川新一郎が三月から十月初旬にかけて京都に出張することを述べたが、その目的を**表2―12**が示唆している。なお、小林綾造と川島甚三郎・飯田新八は、中心となって織物を受注しており軽視することができない。川島織物は、周知の通り先代甚兵衛が「上田屋」の屋号で創業し、明治二十四年には宮内省御用達となっている。

（三）寄木張

宮殿装飾に、足下の寄木張の床をあげると不思議がるかもしれない。第一章で明治宮殿間内の古写真を引用したが、表宮殿のうち、御学問所を除く主要な間内の床は、寄木張となっている。さきに、格天井の天井画が各間内で意匠模様が異なることを指摘したが、あたかもそれに呼応するかのように寄木張の模様を換えている。そこで、寄木張を装飾として相応しいかは別として、「皇居造営録」の表宮殿の寄木張に関する史料を集成し、その中から若干の検討を加えることにする。

表2-12　明治宮殿の織物請負業者一覧（「皇居御造営誌　各種織物事業一・二」より）

間内、織物の種類等々	代金	発注日	購入日	請負
後席廣間天井綴錦大小二一六枚	六、一一〇円五八銭	二〇・四・一四		東京製織
•聖上常御殿襖縁・他、剣璽之間御引帷	一、一二一円九一銭二厘	二〇・四・二五		小林綾造
東西化粧之間天井繻子地九六〇枚	四五八円八六銭	二〇・五・二		小林綾造
後席之間・婦人之間・小食堂張付	三、五九六円七七銭三厘	二〇・六・四		川島甚兵衛・飯田新八
東西化粧之間・南溜之間、謁見所・後席入側張付	一、六二二円一〇銭四厘	〃		曽和嘉兵衛
謁見所張付	一、〇九五円六七銭二厘	〃		川島甚兵衛
饗宴所間内・入側、東西溜ノ間張付	四、一二七円一四銭六厘	〃		小林綾造
•宮御殿御床敷物	七〇円	二〇・六・九		東京製織
東西化粧之間天井額小縁用	三〇円	二〇・六・一五		小林綾造
•皇后宮常御殿御床敷物	六七円二〇銭	二〇・六・一六		小林綾造
皇太后宮御休所御床敷物	七一円八〇銭	二〇・六・一八		小林綾造
後席之間腰羽目上張用六七枚	八四円五〇銭	二〇・九・一〇		東京製織
東西化粧ノ間・南溜ノ間カーヘル壁張	一八五円　九銭七厘	二〇・一〇・一		東京製織
御車寄・東車寄受附之間、饗宴所北廊下壁張	八五一円九七銭三厘	二〇・一〇・二〇		東京製織
東西脱帽所、御車寄東西ノ間、北溜之間壁張	九七五円二六銭七厘	〃		高田茂
御学問所御床敷物二枚	一四六円五〇銭	二〇・一一・二五		高田茂
謁見所壁張用	五八〇円三二銭		二一・七・二九	曽和嘉兵衛
饗宴所東廊下壁張	一七一円二四銭九厘		〃	小林綾造
謁見所・他レース厭用真田七種	五九五円一五銭四厘		二一・八・一四	伊藤次郎左衛門
小食堂柱隠・横飾	五九九円五一銭	二一・七・二六	二一・八・一四	西村総左衛門
小食堂緞帳ランパ織	二、六九五円	二一・七・二一	〃	小林綾造
饗宴所用天鵞絨織	二八〇円八四銭	二一・七・二五	〃	小林綾造
謁見所・饗宴所・後席之間・東溜之間緞帳裏地	一、六三八円二一銭五厘	二一・七・二四		成愛社青木熊太郎
饗宴所用緞帳裏地	八二円二二銭一厘	二一・八・一〇		成愛社青木熊太郎
謁見所天鵞絨織	五七七円九二銭	二一・八・一〇		小林綾造
謁見所・他六ヶ所紋紗織（レース）	四、四一六円六五銭三厘	〃		伊藤次郎左衛門
謁見所柱隠	二〇三円八四銭	二一・七・（不明）		川島甚兵衛・飯田新八
後席之間緞帳	六、七四〇円九三銭	〃		川島甚兵衛・飯田新八
東溜之間柱隠・横飾・脇飾	七八二円二〇銭	〃		川島甚兵衛・飯田新八
西溜之間緞帳	八、二二三円八〇銭	〃		川島甚兵衛・飯田新八
婦人室緞帳・柱隠・脇飾・他	一、六七四円三三銭三厘	〃		川島甚兵衛・飯田新八
饗宴所緞帳用天鵞絨織	二、三八七円一四銭	二一・八・二八		小林綾造
謁見所緞帳・他	四、〇一三円二四銭	〃		川島甚兵衛・飯田新八
謁見所緞帳タベストリ織	八、九八七円一〇銭	〃		内貴甚三郎
謁見所其他下向用絨毯	銀貨五、四一五円一銭		二一・四・一〇	カールローテ商会
皇后宮常御殿其他絨毯	銀貨一、二三五円一銭		〃	〃

※•印は奥宮殿用

なお、寄木張の模様については、『皇居御造営諸御建物其他明細図／寄木張之部』（識別番号八一三八〇）に載る。少し加筆しておく。同資料の寄木張縮図一覧が**表2―13**である。貳間廊下の縮図（整理番号17）を除き、十分ノ一の縮尺で統一されている。すなわち、寄木張の模様はもとより、一単位あたりの大きさの相違についても一目瞭然ということになる。

表の備考に記した「暖炉周辺」も注目される。第四章で述べるが、表宮殿の主要な間内全てに暖炉が布設されているわけではない。暖炉が布設されるのは、御車寄左右廂、東西脱帽所、東西化粧之間、南溜之間、北溜之間、内謁見所、同・北之間に限られている。謁見所、饗宴所、後席廣間、東西溜之間などの広い間内には、暖炉はない。機関室の暖温機械から廊下の下を経由して温風が送られているためである。ここで暖炉をあげたのは、それが蒔絵や彫刻などの前飾りによる装飾が顕著で全てが異なり、その前方部にある寄木張も連動していることによるものである。つまり、同一間内では、暖炉周辺の寄木張が細工の上で一工夫されているのである。

表2-13　「明細図／寄木張之部」に載る寄木張縮図一覧

整理番号	内題の資料名	縮尺、備考	
1	御車寄受附之間寄木圖	10分ノ1	
	仝左右控所寄木圖	10分ノ1	
2	御車寄東西之間寄木圖	10分ノ1	暖炉周辺
3	東西脱帽所間内寄木圖	10分ノ1	同上
4	東化粧之間及女官面謁所寄木圖	10分ノ1	同上
5	東西溜之間寄木圖	10分ノ1	
	仝北之間寄木圖	10分ノ1	
6	謁見所間内寄木圖	10分ノ1	
	仝入側寄木圖	10分ノ1	
7	饗宴所間内寄木圖	10分ノ1	
8	饗宴所北入側寄木圖	10分ノ1	
	仝所南入側寄木圖	10分ノ1	
9	後席廣間寄木圖	10分ノ1	
10	小食堂婦人室寄木圖	10分ノ1	
	仝東南入側寄木圖	10分ノ1	
	仝北入側寄木圖	10分ノ1	
11	東車寄受附之間寄木圖	10分ノ1	
12	東車寄南溜之間寄木圖	10分ノ1	暖炉周辺
13	東車寄北溜之間寄木圖	10分ノ1	同上
14	内謁見所間内寄木圖	10分ノ1	暖炉周辺
15	内謁見所北之間寄木圖	10分ノ1	同上
16	内謁見所後廊下寄木圖	10分ノ1	
	仝廊下寄木圖	10分ノ1	
17	内謁見所取合廊下寄木圖	10分ノ1	
	各所貳間廊下寄木圖	**20分ノ1**	
18	表便所及洋便所共寄木圖	10分ノ1	
	表便所及東車寄便所共脱衣所寄木圖	10分ノ1	
19	東車寄便所手洗所寄木圖	10分ノ1	

※整理番号は、資料も順次見開きの状態でつけてある。
ゴチックは縮尺が異なる。

明細図の長所をあげたが、製作する、布設するという視点では、この資料から解くことはできない。

A．「皇居造営録」の寄木張案件

「皇居造営録」は、付章2で述べるように各事業の工程ごとの詳細な工事記録を時系列に集成したものである。寄木張に関する資料を網羅したのが**表2―14**である。二五件の案件を拾うことができる。整理番号は、各事業ごとに資料を収集したもので大意はない。各案件の提出日をみると、整理番号19の「御車寄東西之間と東西脱帽所」が最も早く明治二十年三月五日、最も遅いのが整理番号25の「東車寄から宮内省への取合廊下」で明治二十一年三月十四日である。皇居造営工事の進捗にもよるが、大半が明治二十年中に工事を終了している。

また、**表2―13**と**表2―14**を照会すると、**表2―14**の「皇居造営録」の中に資料が欠けていることがわかる。同資料の奥付には大正十年に図書寮で編纂されたことが記されているので、その時点ですでに散逸していたものと考えられる。資料では、同一間内でも中央と輪格（壁・戸扉・柱の周辺）、さらには入側と廊下等々の場所によって工事費が異なり、当然のように模様も相違する。

工事案件の中で、概算額（入札予定額）が千円を超える規模の大きなものは、整理番号1・2・3・4・5・6・7・11・12・19・20・21の一二件ある。整理番号9は、千円に満たないが、類すると見ることができる。これら規模の大きな案件から、寄木張の特徴を見出すことができるので、はじめに指摘する。

第一は、史料には予定価格と落札価格の二つが記されている。競争入札であることから当然である。予定価格の記入がない整理番号5・6・7の三件（このうち、請負者変更の整理番号6は特別な事情）を除くと、落札価格の大半が予定価格の八〇パーセントを占めている。それらにあって、整理番号1・4・21の三件は、特異である。前二者は、百パーセントもしくはそれに近似する数値。後者は半額近くの数値である。案件を検討すると、寄木張が特段、複雑で困難というわけではない。強いて言えば、整理番号21の御車寄受附之間・南溜之間・北溜之間などは比較的単純ではあるが。

第二は、規模の大きな落札者は、森下兵三・竹中熊次郎・小上政雄・今井平七・高木善兵衛・伊藤満作など数名に限られている。おそらく、寄木の専門職人を束ねる人物と考えられるが、前節の織物のように特定することはできない。

の寄木張資料一覧

落札額	落札率	造営局が用意した寄木材							図の有無、枚数
		金額	1坪当りの単価	材料1坪当りの比率					
				青黒檀	花欄	ビンカ	槻	檜	
1,613円 3銭8厘	99.8%	記載ナシ	記載ナシ （＊12/9確認済）						有、4
3,039円60銭	80.0%	2,138円81銭7厘	10円 3銭4厘	1才2分	2才2分	1才	60才	75才	無
3,736円32銭1厘	80.0%	1861円96銭4厘	9円83銭2厘	1才5分	9分	1才	60才	75才	無
2,477円86銭2厘	100.0%	1,879円52銭2厘	記載ナシ （※12/9確認済）						
1,542円 6銭		記載ナシ	記載ナシ （※同上）						有
※ 2,885円96銭8厘 （萩原吉兵衛受取分）		記載ナシ	記載ナシ （※同上）						
1,438円47銭9厘		記載ナシ	記載ナシ （※同上）						有（但、化粧之間ノ図）
41円83銭7厘 41円83銭7厘 （合 83円67銭4厘）		記載ナシ	記載ナシ （※同上）						有、1
355円22銭4厘 355円22銭4厘	80.0% 80.0%	合 332円50銭8厘	9円53銭4厘 同上	8分5厘	1才	—	60才	75才	無
10円 10円 10円38銭									有、1
4,106円43銭	83.0%	2,270円37銭5厘	12円88銭2厘 12円48銭	8才 8才5分	4才 —	2才5分 7才5分	59才 58才	75才 75才	無
1,548円20銭1厘	80.1%	875円68銭4厘	12円13銭7厘 10円90銭	8才5分 1才	1分 6才	2才5分 1才5分	59才 60才	75才 75才	無
（前）111円47銭2厘 （坪9円） （新）145円76銭7厘 （坪10円80銭） 差額 24円29銭4厘	—	記載ナシ	左同						有、2枚 前図を付箋
71円81銭7厘	92.3%								有、1枚 有、1枚
24円24銭7厘	—								無
31円84銭3厘	96.0%								有、1枚 （平面図）
190円									有、3枚
（65円34銭）									有、1枚 整番13の付箋図と同一
1,608円6銭5厘 （小山 845円30銭6厘） （森下 762円75銭9厘）	80.0%	1,158円81銭9厘	9円62銭5厘 ※東脱帽所、御車寄東西ノ間とも同	1才1分4厘	1才		60才	75才	無

表2-14　明治表宮殿

整理番号	識別番号、號数	案件名	場所	請負者	面積	入札予定価
1	4357-4　第6號	饗宴所後席之間入側共寄木張受負申付伺 （明治20年8月24日）	饗宴所後入側中央 同上　輪格 後席之間後入側中央 同上　輪各 同上　折廻り廊下	森下兵三	33坪8合7夕8才 （坪16円32銭8厘） 19坪7合3夕8才 （坪22円43銭3厘） 8坪5合8夕2才 （坪16円23銭6厘） 8坪　3夕4才 （坪22円43銭3厘） 33坪　5夕9才 （坪9円） （合　103坪2合9夕1才）	1,616円14銭7厘
2	4357-5　第8號	饗宴所寄木張受負申付伺 （明治20年4月10日）	饗宴所　中央 同上　輪格 同上　入側 同上　輪格	森下兵三	124坪5合7夕5才 30坪6合3夕9才 40坪9合7夕1才 16坪9合7夕2才 （合　213坪1合5夕7才）	3,799円52銭1厘
3	4358-2　第11號	後席之間寄木張受負申付伺 （明治20年5月2日）	後席之間　間内 喫煙所 婦人之間 入側折廻	森下兵三	81坪7合5夕8才 26坪6合5夕2才 26坪6合5夕2才 54坪3合1夕6才 （合　189坪3合6夕8才）	4,670円75銭9厘
4	4359-3　第4號	東西溜ノ間寄木張受負申付伺 （明治20年3月18日）	東溜之間、縁・中央 西溜之間、縁・中央	青地茂次郎 萩原吉兵衛	99坪4夕6才 99坪4夕6才 （合　190坪9夕2才）	2,477円86銭2厘
5	4359-3　第5號	西溜之間内謁見所化粧之間共廊下寄木張 受負申付伺 （明治20年5月19日）	廊下	萩原吉兵衛	合　170坪3合4夕	
6	4359-3　第6號	西溜之間外三ヶ所寄木張受負人萩原吉兵衛病気に付受負替儀伺 （明治20年6月2日）		竹中熊次郎		
7	4359-3　第7號	東溜ノ間化粧之間謁見所後口廊下寄木張受負申付伺 （明治20年5月15日）	廊下	渡辺政恒	合　159坪8合3夕3才	
8	4359-3　第8號	東西溜ノ間北廊下寄木張仕様替ニ付仕増 受負申付伺 （明治20年7月4日）	東溜北廊下 西溜北廊下	渡辺政恒 竹中熊次郎		
9	4360-2　第14號	東西化粧ノ間寄木張之費受負申付伺 （明治20年4月10日）	東化粧之間、中央・輪格 西化粧之間　同上	渡辺政恒 萩原吉兵衛	17坪4合3夕8才 17坪4合3夕8才 （合　34坪8合7夕6才）	444円　3銭2厘 444円　3銭2厘 合　888円　6銭4厘
10	4360-2　第15號	東西化粧ノ間及東西脱帽所暖炉前寄木張仕様替 仕増受負申付伺 （明治21年2月7日）	東化粧之間、暖炉前 西化粧之間、同上 東西脱帽所、同上	渡辺政恒 竹中熊次郎 小上政雄	8ヶ所 8ヶ所 8ヶ所	
11	4354-4　第8號	謁見所寄木張受負申付伺 （明治20年4月10日）	謁見所、間内 同上、入側三方折廻	小上政雄	105坪4合1夕7才 74坪7合5夕 （合　180坪1合6夕7才）	4,946円　4銭4厘
12	4355-2　第14號	内謁見所寄木張受負申付伺 （明治20年4月9日）	内謁見所、北之間 同・入側、西之間	今井平七	38坪1合3夕5才 37坪8合4夕4才 （合　75坪9合7夕9才）	1,932円78銭8厘
13	4355-3　第6號	内謁見所廊下寄木張中央之分仕様替ニ付仕増 受負申付伺 （明治20年10月3日）	内謁見所、廊下	竹中熊次郎	13坪4合9夕7才	—
14	4355-3　第7號	内謁見所カーヘル左右寄木張受負申付伺 （明治20年10月3日）	内謁見所暖炉前 北之間暖炉前	今井平七	合　2坪6合1夕	77円80銭2里
15	4355-3　第8號	内謁見所暖炉前寄木張仕増受負申付伺 （明治21年1月25日）	内謁見所・北之間暖炉前 同　煖炉縁中央	今井平七	4合1夕 6合6夕7才 （合　1坪　6夕8才）	—
16	4355-3　第19號	内謁見所カーヘル左右之間木象眼木地寄木張 之義受負申付伺 （明治20年11月22日）	内謁見所暖炉左右	今井平七	1坪3合5夕8才	33円17銭8厘
○ 17	4355-3　第20號	内謁見所カーヘル左右之間木象眼受負申付伺 （明治20年12月3日）	内謁見所、暖炉脇	竹井又八		
☆ 18	4354-6　第17號	謁見所其他各廊下電気燈カットアート取付方ノ費 概算伺 （明治20年11月29日）	各所廊下 （カットアート仕様）	定雇使役	—	65円34銭
19	4366-3　第10號	御車寄東西ノ間及東西脱帽所寄木張受負申付伺 （明治20年3月5日）	東脱帽所 西脱帽所 御車寄東西ノ間	小山政雄 森下平三 小山・森下	42坪7合7夕8才 36坪8合2夕 36坪4合5夕8才 （合　116坪　5夕6才）	2,010円　9銭

第三は、各案件の寄木に用いる原材料は、発注者である皇居御造営事務局側が用意していることである。落札者は、金額の大半を職工料で占め、わずかな材料費を負担する。表の解釈で誤解を招くかも知れないので整理番号11の「謁見所寄木張受負申付伺」の案件で説明する。史料には、案件名に続き

概算金七千二百拾六圓四拾貮銭

目途高金四千九百四拾六圓四銭四厘

落札額	落札率	造営局が用意した寄木材							図の有無、枚数
		金額	1坪当りの単価	材料1坪当りの比率					
				青黒檀	花欄	ビンカ	槻	檜	
845円50銭1厘	80.0%	664円75銭3厘	9円57銭7厘	3分	2才		60才	75才	無
1,139円 8銭	68.2%	1,177円4銭5厘	9円30銭				60才	75才	無
2,450円62銭8厘	52.69%	363円19銭6厘 131円28銭5厘 258円29銭1厘 237円30銭 215円23銭8厘 215円50銭2厘 1,219円81銭6厘	9円17銭 23円47銭7厘 9円17銭 21円 9円17銭 21円 9円						有、2枚
8円40銭	—								有、1枚
260円 150円	99.9% 50.0%								有（全て含11枚）
105円73銭2厘	90.0%	（材 16円33銭1厘）	記載ナシ						有、2枚
185円84銭	—	（材 34円86銭3厘）	記載ナシ						

一金四千六百六圓四拾三銭　小上政雄

内

金三千八百八拾壱圓九厘　職工料

金二百二拾五圓四拾貮銭一厘　材料

差引金八百四拾五圓六一銭四厘　減

外

金二千二百七拾圓三拾七銭六厘　貯蓄尓金高

〆

とある。表2—14に載せた入札予定価とは目途高のことを指す。表右側の「造営局が用意し寄木材」の項目の中の金額が史料の「貯蓄尓金高」にあたる。ちなみに、仕様書の中に、内訳となる五種類の寄木材の量と値段が記されている。すなわち、表の落札額を加えた数字が史料の概算金となる。金額の少ない案件—例えば整理番号10・13・14・15など—では「貯蓄尓金高」の項目がないが、寄木材の材料費用は、御造営事務局側が負担しているとみて間違いない。

第四は、間内に応じて一坪当りの単価、それに伴う使用材の種類や混入量が異なることである。前述した整理番号11でみることにする。史料は、仕様書に詳述されている。その部分を抜粋すると、

六尺方坪
一合坪　百八拾壱合六夕七才

内

一長六拾九尺
巾五拾三尺　間内
此坪百〇五坪四合壱夕七才

一長貮百〇七尺
巾拾三尺　入側三方折廻
此坪七拾四坪七合五夕

表2-14 （つづき）

整理番号	識別番号、號数	案件名	場所	請負者	面積	入札予定価
20	4366-4　第5號	御車寄受附ノ間及廊下東西脱帽所廊下共寄木張 受負申付伺 （明治20年5月1日）	受附ノ間（左右小間を含） 受附・東脱帽所廊下 受附・西脱帽所廊下	伊藤満作 同上 同上	68坪9合8才 66坪4合7夕2才 60坪　9夕2才	1,057円 1銭6厘 1,669円37銭2厘
21	4367-4　第7號	東車寄受附之間及溜之間廊下共寄木張受負申付伺 （明治20年5月15日）	東車寄受附之間　中央 同上　輪格 南溜之間　中央 同上　輪格 北溜之間　中央 同上　輪廓 東車寄受附之間　廊下	高木善兵衛	39坪6合　7才 5坪5合9夕2才 28坪1合6夕7才 11坪3合 23坪4合7夕2才 10坪2合6夕2才 114坪4合2夕4才 （合　212坪8合2夕4才）	4,651円41銭1厘
22	4367-4　第8號	東車寄南溜ノ間暖炉前寄木張仕様替ニ付仕増 受負申付伺（明治21年2月21日）	南溜ノ間暖炉前4ヶ所	高木善兵衛	長1尺5寸 巾1尺4寸、6寸	—
23	4367-5　第3號	東車寄南溜之間貳ヶ所暖炉前象嵌入并枠受負 申付伺（明治20年8月17日）	南溜之間暖炉前象嵌 東西化粧之間暖炉前飾	八田知明 森下兵三		260円　1厘 300円
24	4367-6　第6號	東車寄便所脱衣所及東化粧之間脇便所廊下并 脱衣所共寄木張受負申付伺 （明治20年10月3日）	東車寄便所 東化粧之間便所廊下 同上　脱衣所南之間 同上　脱衣所北之間	竹中熊次郎	3坪6合2夕3才 3坪　8才 2坪3合5夕1才 2坪7合6夕6才 （合　11坪7合4夕8才）	117円48銭
25	4367-6　第14號	東車寄ヨリ宮内省へ取合廊下寄木張受負申付伺 （明治21年3月14日）	東車寄ヨリ宮内省取合廊下	竹中熊次郎	9坪8合5夕8才	—

とある。さらに、二箇所の坪単価と原料の種類について、

坪価金拾弐圓八拾八銭弐厘（間内）

品名	数量		単価	小計
青黒檀	八才	(5.4%)	三五銭	二円八〇銭
ビンカ	二才五分	(1.7%)	九銭五厘	二三銭八厘
花櫚	四才	(2.7%)	二三銭六厘	九四銭四厘
槻	五九才	(39.7%)	一〇銭	五円九〇銭
檜	七五才	(50.5%)	四銭	三円

坪価金拾弐圓四拾八銭八厘（入側）

品名	数量		単価	小計
青黒檀	八才五歩	(5.7%)	三五銭	二円九七銭五厘
ビンカ	七才五歩	(5.0%)	九銭五厘	七一銭三厘
槻	五八才	(38.9%)	一〇銭	五円八〇銭
檜	七五才	(50.4%)	四銭	三円

とある。数量の項目中の比率は、筆者が加えたものである。謁見所の場合、間内と入側とでは、間内の方が花櫚《かりん》を用いる分、種類が多い。寄木の材料となる槻と檜の量はほぼ同じであることから、残りの材料で模様や彩色のアク

セントをつけていることになる。寄木材の種類と坪単価の検討については、後述する。

第五は、間内の寄木を見ると、中央と輪郭（壁・柱周辺など）とでは、一坪当りの単価が異なる。輪郭の方が寄木張の模様が複雑で前述した多種類の木材を使用するところからくるものである。整理番号21に唯一、その史料が載る。具体的にみることにする。

「東車寄受附之間及溜之間廊下共寄木張受負申付伺」の案件で、

概算金四千六百五拾壱圓四拾壱銭一厘

一金二千四百五拾圓六拾貳銭八厘　高木善兵衛

内

金千四百貳拾八圓八拾壱銭貳厘　東車寄受附之間
南溜之間分

内
金千百八拾九圓九拾三銭貳厘　職工料
金貳百三拾圓八拾八銭　材料

〆

金千貳拾九圓八拾壱銭六厘　同所廊下通之分

内
金八百貳拾三圓八拾五銭貳厘　職工料
金貳百五圓九拾六銭四厘　材料

〆

これに続く内訳書に間内中央と輪格の相違が記されている。

一金千四百貳拾圓八拾壱銭貳厘

此坪数百拾八坪四合

内　訳

金三百六拾三圓拾九銭六厘　受附之間中央

此坪三拾九坪六合七才　但シ壱坪ニ付金九圓拾七銭

金百三拾壱圓貳拾八銭五厘　同中央輪格

此坪五坪五合九夕貳才　但シ同貳拾三圓四拾七銭七厘

金貳百五拾八圓貳拾九銭壱厘　南溜ノ間中央

此坪貳拾八坪壱合六夕七才　但シ同金九円拾七銭

金貳百三拾七圓三拾銭　同輪格

此坪拾壱坪三合　但シ同金貳拾壱圓

金貳百拾五圓貳拾三銭八厘　北溜ノ間中央

此坪貳拾三坪四合七夕貳才　但シ同金九円拾七銭

金貳百拾五圓五拾銭貳厘　同輪格

此坪拾坪貳合六夕貳才　但シ同金貳拾壱圓

〆

東車寄受附ノ間

廊下寄木張

一金千貳拾九圓八拾壱銭六厘

此坪百拾四坪四合貳夕四才

但シ壱坪ニ付金九円

〆

とある。東車寄受附之間・南溜之間・北溜之間の間内中央がいずれも一坪当り九円一七銭であるのに対して、それらの輪格は、およそ二・三倍以上となる。この案件が特別というわけではない。整理番号1・2でも仕様書に中央・輪格の文字と坪数が記されている。異なるであろう坪単価が明記されていないだけなのである。

ところで、この案件には謎がある。内訳に記された間内の位置による面積、坪単価、値段は、表2―14では御造営局が用意した寄木材の金額にあたる。他の案件では、これに競合による落札額が加わっているのである。さきに本案件の落札率が低いことを指摘したが、このあたりに糸口がありそうである。

B．寄木材料の比率にみる間内の相違

謁見所間内と入側とでは、寄木材の種類・分量が異なり、それが一坪当りの価格に反映することを述べた。表2―14に集成した史料の中で、寄木材の比率・分量が明記されているのが七件ある。その材料は、青黒壇・花櫚・ビンカ・槻・檜の五種類あり、それらを組合せて寄木張の模様となる。材料の単価は異なり、先に述べたように一才当り青黒壇が三五銭、花櫚が二三銭六厘、ビンカが九銭五厘、槻が一〇銭、檜が四銭となる。材量は、御造営事務局側が用意することから、基準単価は同じとなる。すなわち、単価が高額である青黒壇と花櫚を多く用いる程、豪華となる。それを基に、集成・比較したものが表2―15である。史料が揃っているわけではないが、謁見所と内謁見所の二つの間内は、青黒壇をふんだんに用いることで極立って豪華である。全体を見渡すと、表宮殿の間内では、五種類と四種類の材料とで構成される二者があり、五種類の間内の方がより重要な役割を担った空間であることを示唆している。

また、全ての間内において、槻と檜の二種類の材量は、定量でかつ大半を占めており、寄木張の主体をなすものであることがわかる。ちなみに、廊下は、この二種類のみの材料で構成されている。

つぎに、間内と入側の位置の違いによる相違について述べることにする。整理番号11の謁見所間内と入側とでは、材量の種類と比率の差があることを述べたが、ここでは模様・一単位あたりの大きさなど具体的事例で述べることにする。

表2-15　各間寄木材の比

寄木材・他／間内	寄木材の一坪当りの数量					一坪当り単価	整理番号
	青黒檀	花櫚	ビンカ	槻	檜		
謁見所	8才	4才	2才5分	59才	75才	12円88銭2厘	11
内謁見所	8才5分	1分	2才5分	59才	75才	12円13銭7厘	12
饗宴所	1才2分	2才2分	1才	60才	75才	10円3銭4厘	2
後席之間	1才5分	9分	1才	60才	75才	9円83銭2厘	3
御車寄左右廂・東西脱帽所	1才1分4厘	1才	―	60才	75才	9円62銭5厘	19
東西化粧之間	8分5厘	1才	―	60才	75才	9円53銭4厘	9
御車寄受附之間	3分	2才	―	60才	75才	9円57銭7厘	20
※廊下	―	―	―	63才	75才	9円30銭	20

〈饗宴所の間内と入側〉

整理番号1から二つの図を用意した。図2―40は間内、図2―41は入側の寄木張図である。図2―40は、本来、整理番号2の案件に伴うものと思われる。両図を比較すると、相違点として二点あげることができる。一点は、各々の中央と輪格の模様が異なり、輪格の方が複雑であること。勿論、これに間内と入側との相違が加わる。一点は、一単位当りの大きさが異なることである。図内の数字でみると、間内中央が「貳尺七寸三分六厘八四二×貳尺六寸九分五厘一二」であるのに対して、入側中央は、「壱尺九寸五分×壱尺九寸六分〇九」と一辺にして七～八寸間内の方が大きい。同様に、輪格の幅でみると、間内が「三尺六寸壱分五厘二六三」に対して入側が「貳尺壱寸壱分」とある。実に一尺五寸の開きがある。すなわち、間内と入側とでは、占有面積の相違が、寄木張一単位あたりの差となっているのである。

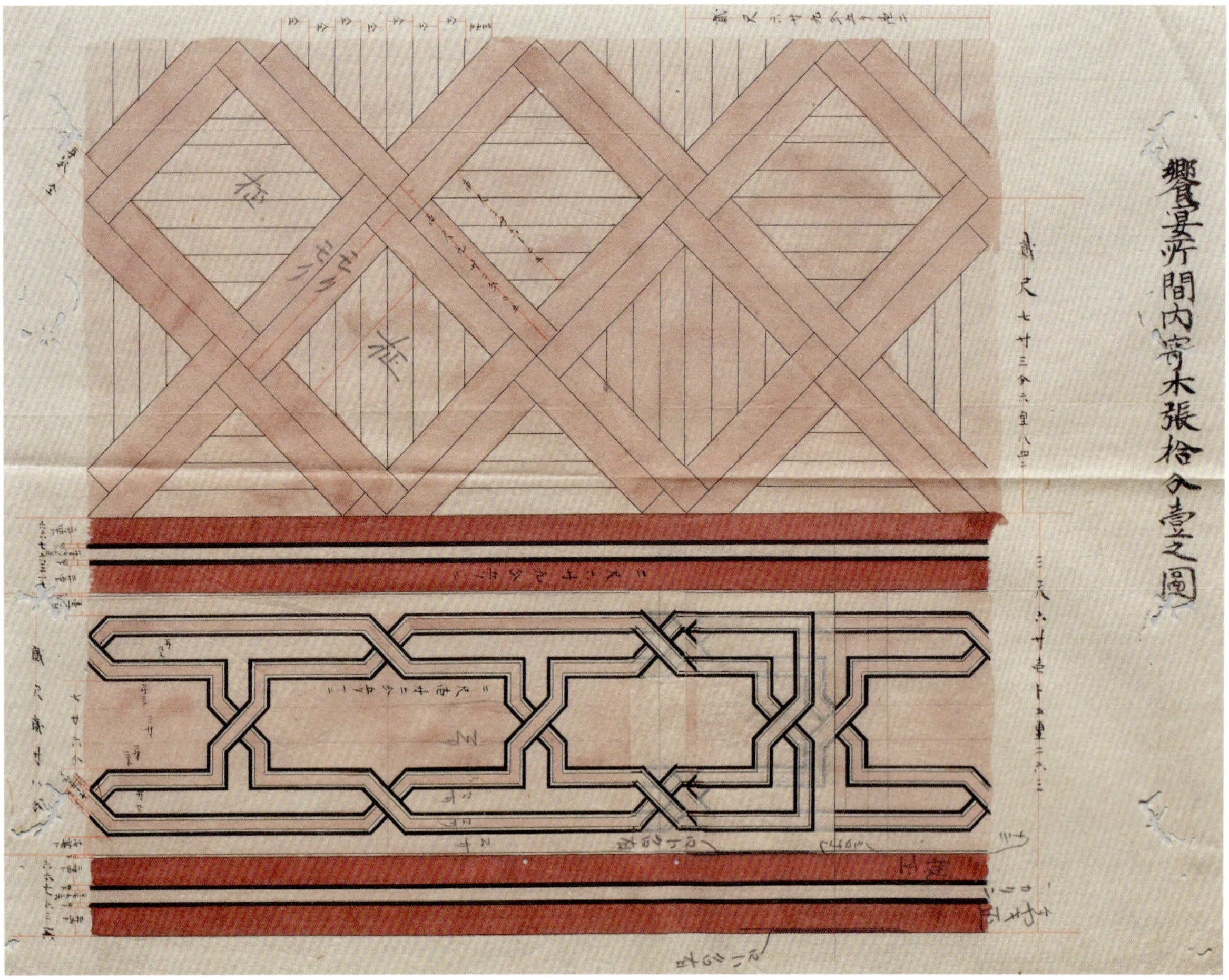

図２-40　饗宴所間内寄木張図

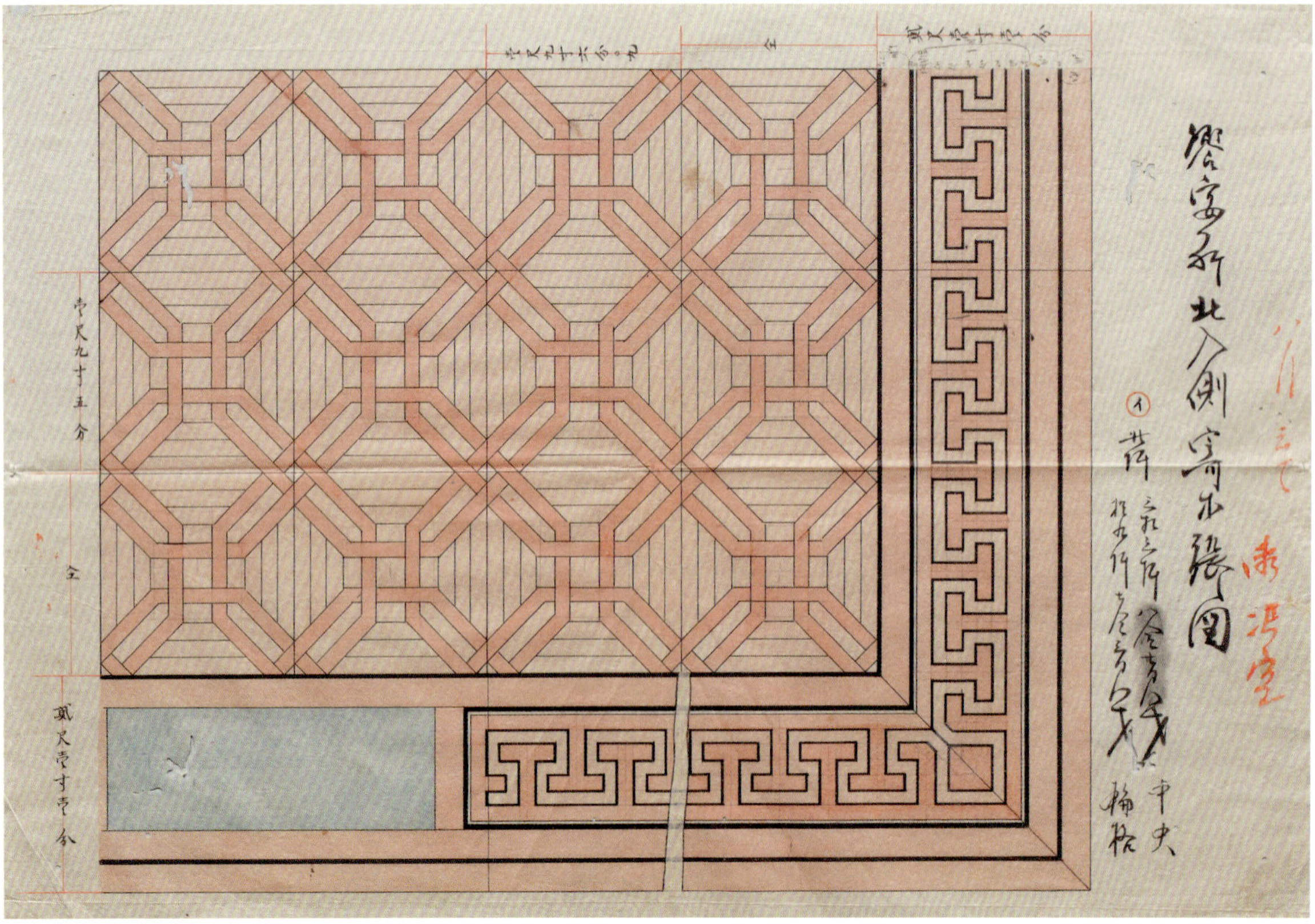

図２-41　饗宴所間内北入側寄木張図

両図とも、中央と輪格を比較すると、輪格の模様の方が複雑であることは大過なかろう。二図が関連する整理番号１・２の案件を精査すると、つぎのことが理解できる。整理番号１には、中央・輪格の一坪当りの職工費（布設にかかる材料費を含む）および全体の職工費が記してあるが、寄木の材料費に関する記述がない。一方、整理番号２には、職工費の総額は記入されているものの部位ごとの職工費はなく、材量の総額と五種類の均した比率が一坪当りの単位として記されている。また、入側は、整理番号１・２に中央・輪格と双方に登場するが、**図２―41**の内題に「饗宴所北入側寄木張図」とある。饗宴所は、第一章**図１―25**で示したように入側は折廻し一〇八帖とある。すなわち、整理番号２の入側は、同・１に続く南側を指すことになる。これらを断った上で**図２―41**の入側中央と輪格の単価を記すことにする。さらに、饗宴所に隣接する後席之間入即側（**図２―42**）が整理番号１の案件に含まれているので、あわせて紹介する。

寄木張職官雑品費中付金高調

一金千六百六拾三円三銭八厘

内譯

金五百五拾三円拾六銭　　饗宴所後入側　　中央

此坪三拾三坪八合七夕八才　　壱坪　金拾六円三拾弐銭八厘

但西入側ト同柱脇ニ付四所前申付代價ニ回〇

金四百四拾弐円七拾八銭三厘　　饗宴所同上　　輪格

此坪拾九坪七合三夕八才　　壱坪　金弐拾弐円四拾三銭三厘

但南入側ト同柱脇ニ付最前申付代價ニ同断

金百三拾九円三拾三銭七厘　　後席之間後入側　　中央

同八坪五合八夕弐才　　壱坪　金拾六円弐拾三銭六厘

但南入側ト同柱脇ニ付最前申付代価ニ同断

金百八拾円弐拾弐銭七厘　　同上　　輪格

同八坪三夕四才　　同　　金弐拾弐円四拾三銭三厘

但仝上輪格同柱脇ニ付最前申付代價ニ同断

金弐百九拾七円五拾三銭壱厘　　同上　　廊下

仝三拾三坪五夕九才　　壱坪　金九円

但各廊下ト同柱脇ニ付最前申付代價ニ同断

図２―40では、寄木材として五種類の木材の区別が判然とはしない。しかし、文様帯の境界を明瞭としていることは理解できる。このことが、坪単価としておよそ一・四倍の差となっているのである。

補足して、隣接する後席之間入側と比較すると、入側中央の模様は全く異なり、他方、輪格は同じである。これが単価に反映されている。

〈内謁見所廊下の寄木張変更〉

宮殿間内の寄木張の差は、模様とともに使用する木材の種類の相違にあることを指摘した。表宮殿で天皇の御座所は御学問所であるが、内謁見所も要人・貴賓との謁見の場として要所となる空間である。その廊下を通る人物もまた要人である。御造営事務局側では、当初、内謁見所に面する寄木張を整理番号18・21・25の廊下と同様のものを立案した。しかし、内謁見所の重要性を考慮し変更した史料が整理番号13である。まずは、史料をあげ、その上で図面と照会する。史料は案件金額、請負者に続き、変更の内容が載る。

内謁見所廊下寄木張中央之分模様替ニ付御入費積書

差引

金弐拾四円弐拾九銭四厘　　今般御模様替ニ付御増費

此譯

図 2 -42　後席之間入側寄木張図

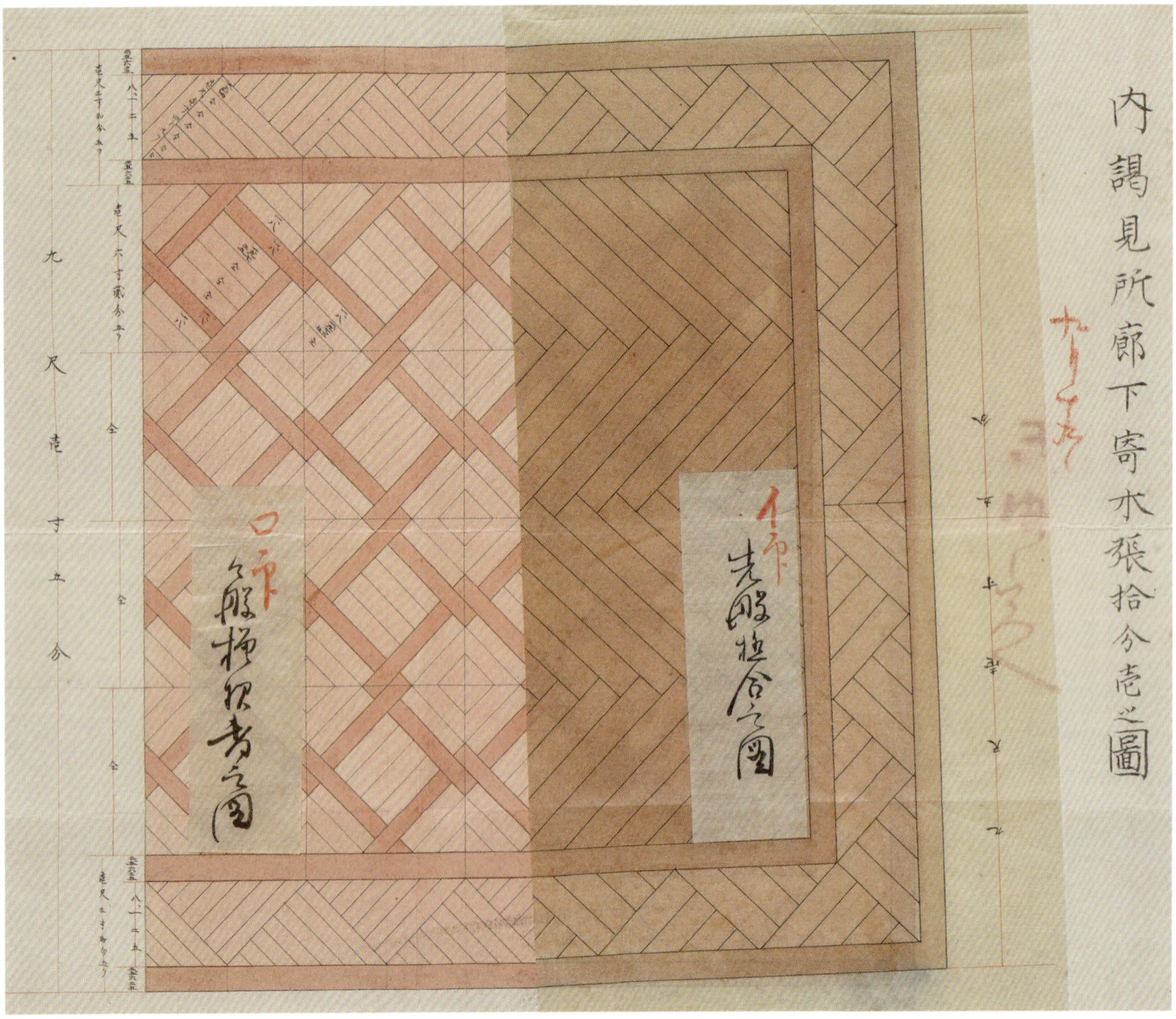

図 2 -43　内謁見所廊下新旧寄木張図

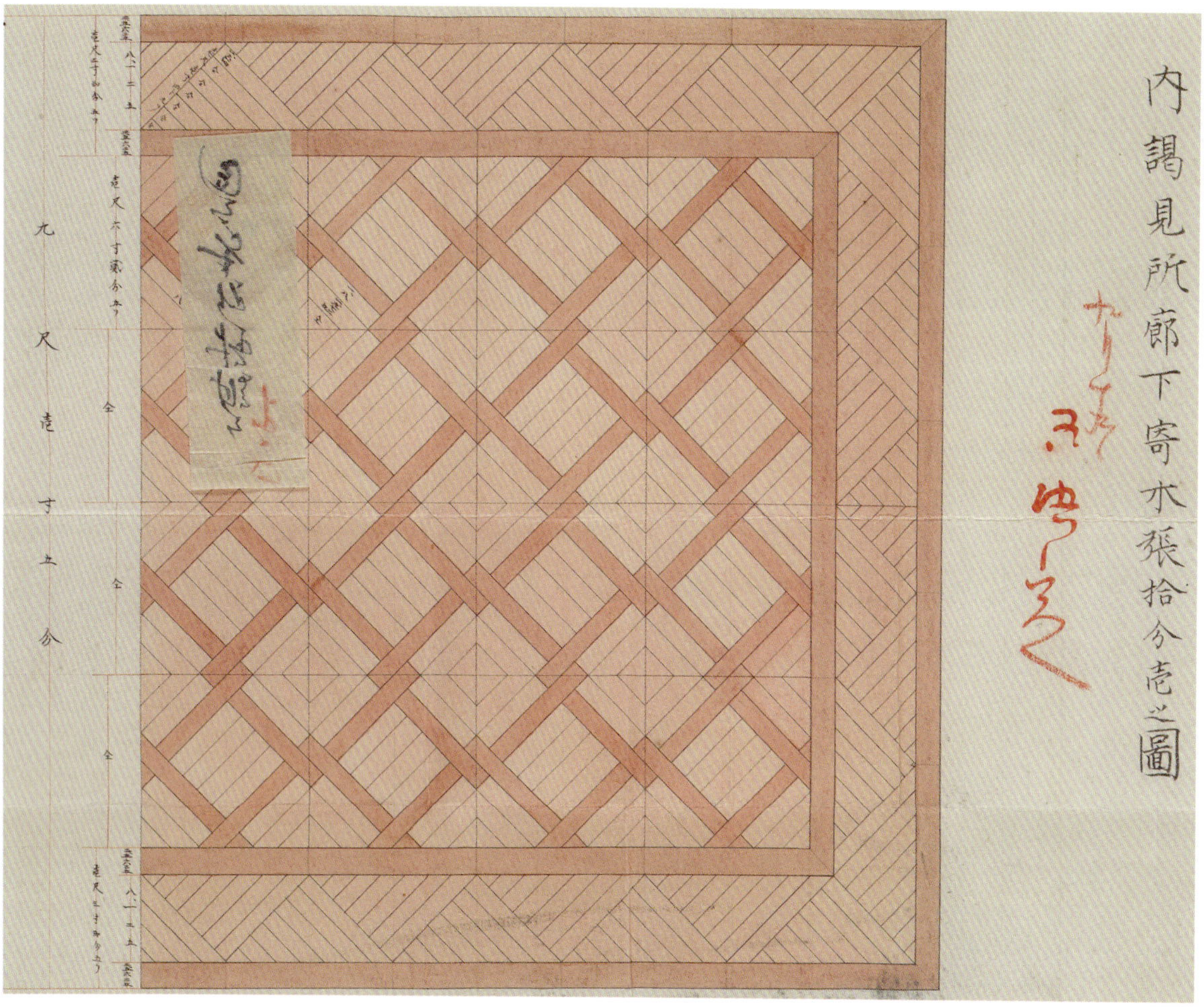

図２-44　内謁見所廊下寄木張図

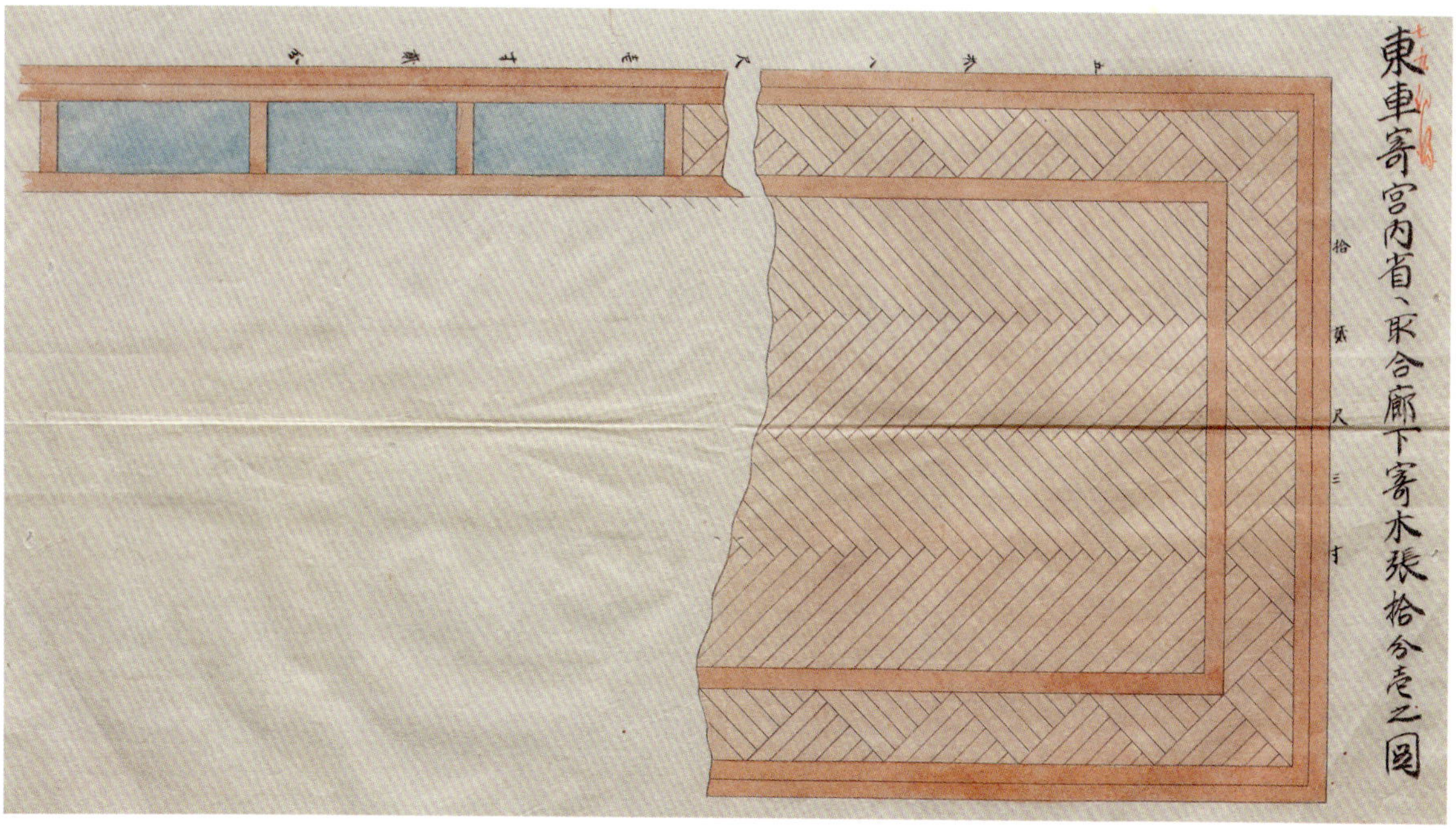

図２-45　東車寄宮内省ヘ取合廊下寄木張図

今般御模様替高
金百四拾五円七拾六銭七厘
此譯　拾三坪四合九夕七才　　但壱坪ニ付 金拾円八拾銭

とある。これに内訳が続く。また、積書には付箋があり、そこには、

今般模様替ニ付
差引増費
金貳拾四円貳拾九銭四厘
此譯
図面イ印
先般廊下ニ而約定証高
金百貳拾壱円四拾七銭三厘
此譯　拾三坪四項九夕七才　　壱坪ニ付 金九円
図面ロ印
今般模様替ニ付積高
此譯　仝上　　壱坪ニ付 金拾円八十銭
但シ模様替ニ付貳割増ニ當ル

とある。図面イ印に該当する案件は、残念ながら見当らない。ちなみに坪単価は、ここでは職工費にあたり、材料費ではない。イ印の坪単価である九円は、前述した整理番号1の廊下にも該当し、整理番号5・7・21・25の廊下も同様である。図と照会する。**図2―43**は、新旧二つの仕様を重ねた図である。右手の貼紙は旧仕様、左手が新仕様となる。史料にあるイ印とロ印の付箋があることで間違はない。旧仕様では、中央が矢羽状に二段の文様帯をとる。**図2―44**は、貼紙をはずした新仕様のものである。中央の模様が複雑になり、以前よりどことなく落着きを感じる。**図2―45**は、整理番号25の東車寄宮内省取合廊下の寄木張図である。**図2―43**の旧仕様と比較すると、構図が同じでもスマートに感じるのは、廊下の幅の違いからくる。**図2―45**は二間廊下（拾貳尺三寸）であるのに対して、**図2―43**は、一間半（九尺一寸五分）によるためである。ちなみに、表宮殿の主要な間内を繋ぐ廊下は、二間廊下である。

C．暖炉前の寄木張

表宮殿では、総じて小さな間内には暖炉が付設されている。当然のように間内の床面の一部に入り込む。それに伴い寄木張も外されることになる。宮殿内の暖炉は、冬場の暖をとることはもとより、インテリアとしても重要な役割を果たす。そのため、各間内の暖炉は、前飾りとなる装飾模様が全て異なる。さらに、暖炉上には大鏡を設置し、鏡縁もまた豪華な装飾が施されている。つまり、単純に寄木張を切断するというのではなく、暖炉とはバランスのとれた境界が求められることになる。ここでは、整理番号7・10・14・22の四箇所についてみることにする。

〈東西脱帽所〉

図2―46は、整理番号10の案件に伴う東西脱帽所の暖炉前寄木張図である。間内中央の寄木張は、宮殿間内では最もシンプルな模様で、一単位六枚の板材を同じ方向に並べ、隣接する一単位は九〇度反転したものである。輪郭は、帯状の区画紋中央を一条の太い線が巡り、その中は、四角模様を鎖状に繋いでいる。暖炉前は、二重の模様帯を形成する。暖炉に最も近い左右隅には、鉤の手状の空間に渦巻状の模様、その外側を中央を境として矢羽模様を意識した細い帯状の模様帯を作出する。単純な模様であるが、一つのまとまりが感じられる。

〈東西化粧之間〉

図2―47は、整理番号7の案件に伴う東西化粧之間の暖炉前寄木張図である。本図は整理番号7の案件の付図として袋に挿入されているが、本来は前述した整理番号10の資料となるものである。仕様書には、

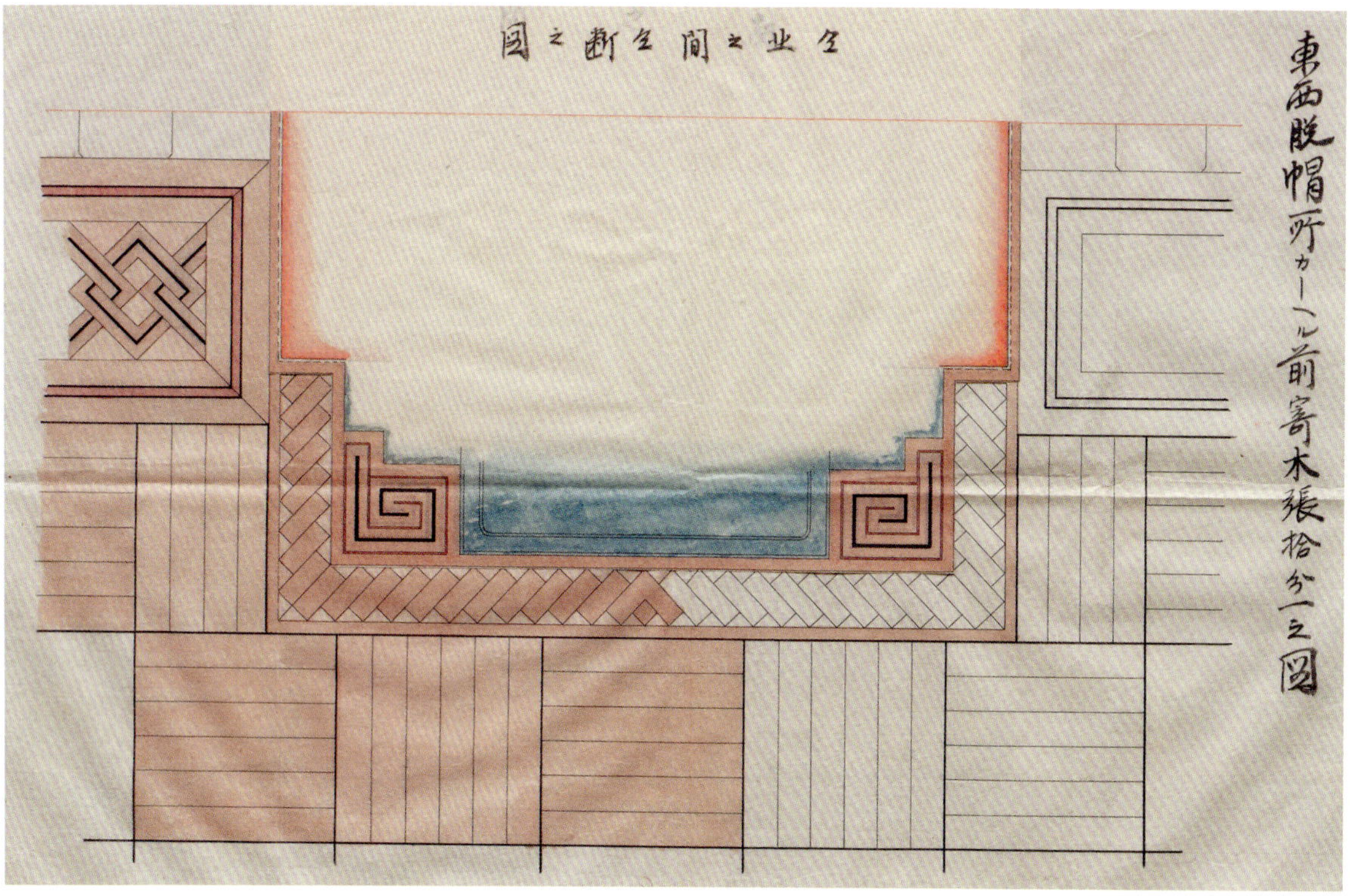

図２-46　東西脱帽所暖炉前寄木張図

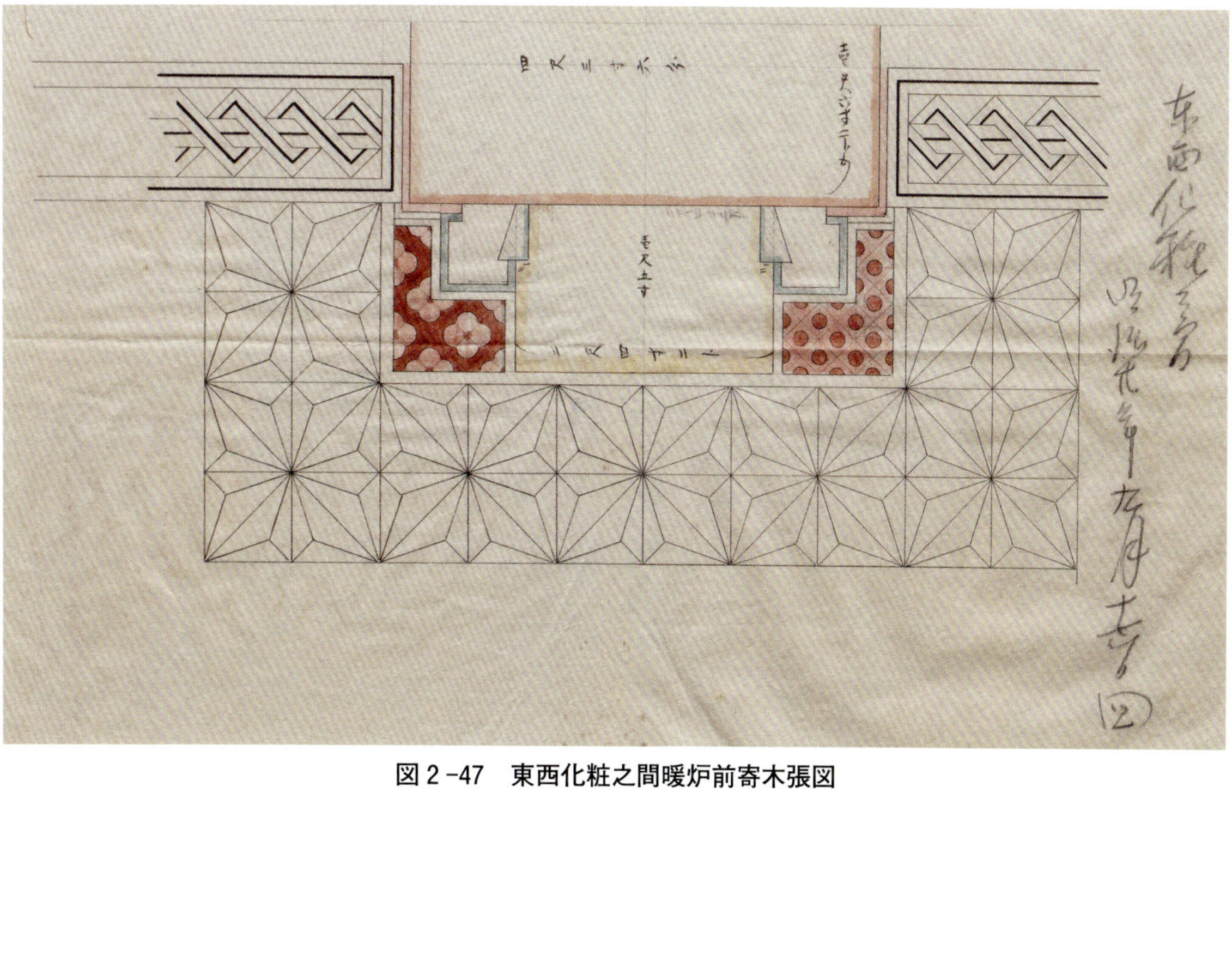

図２-47　東西化粧之間暖炉前寄木張図

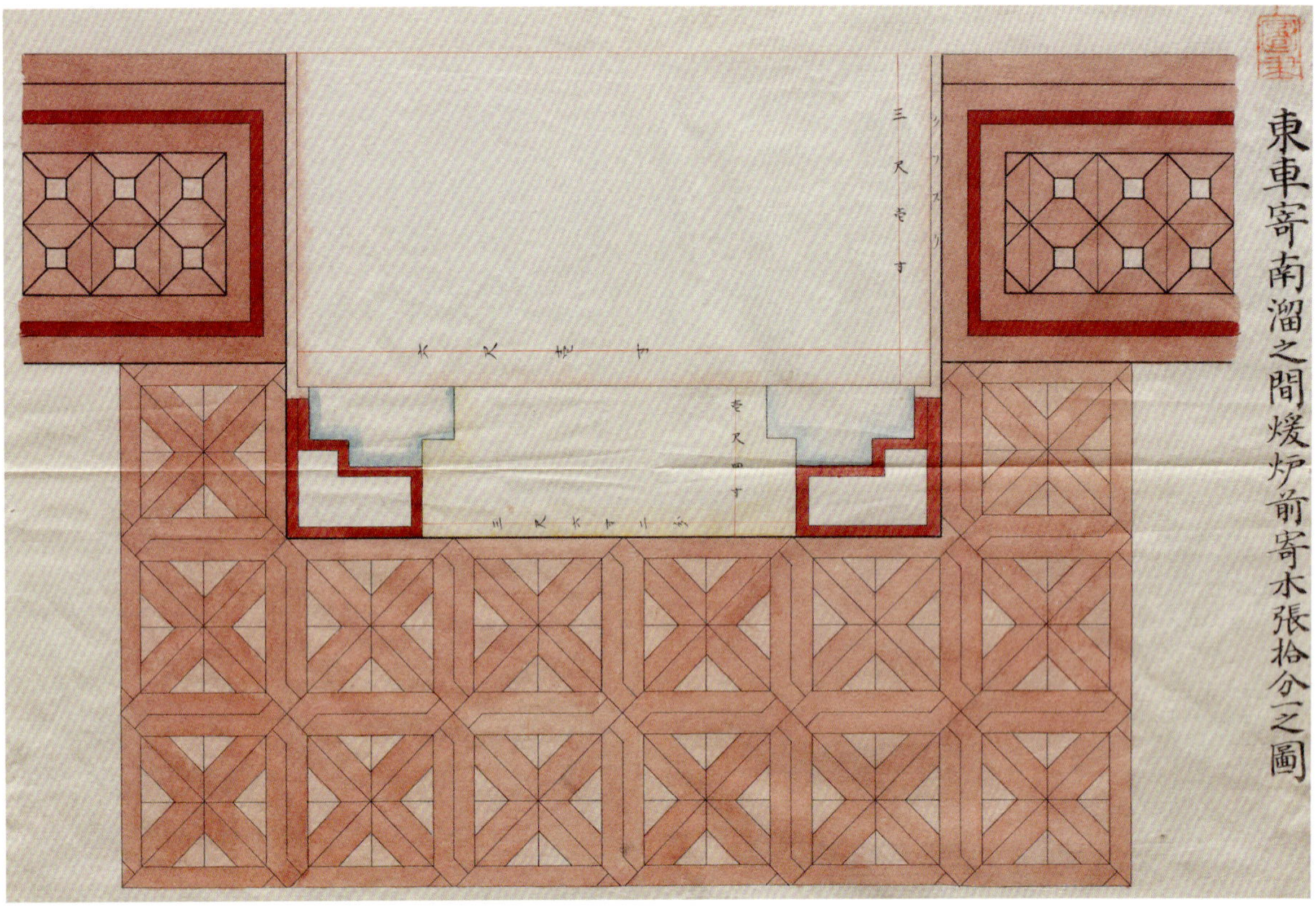

図2-48　東車寄南溜之間暖炉前寄木張図

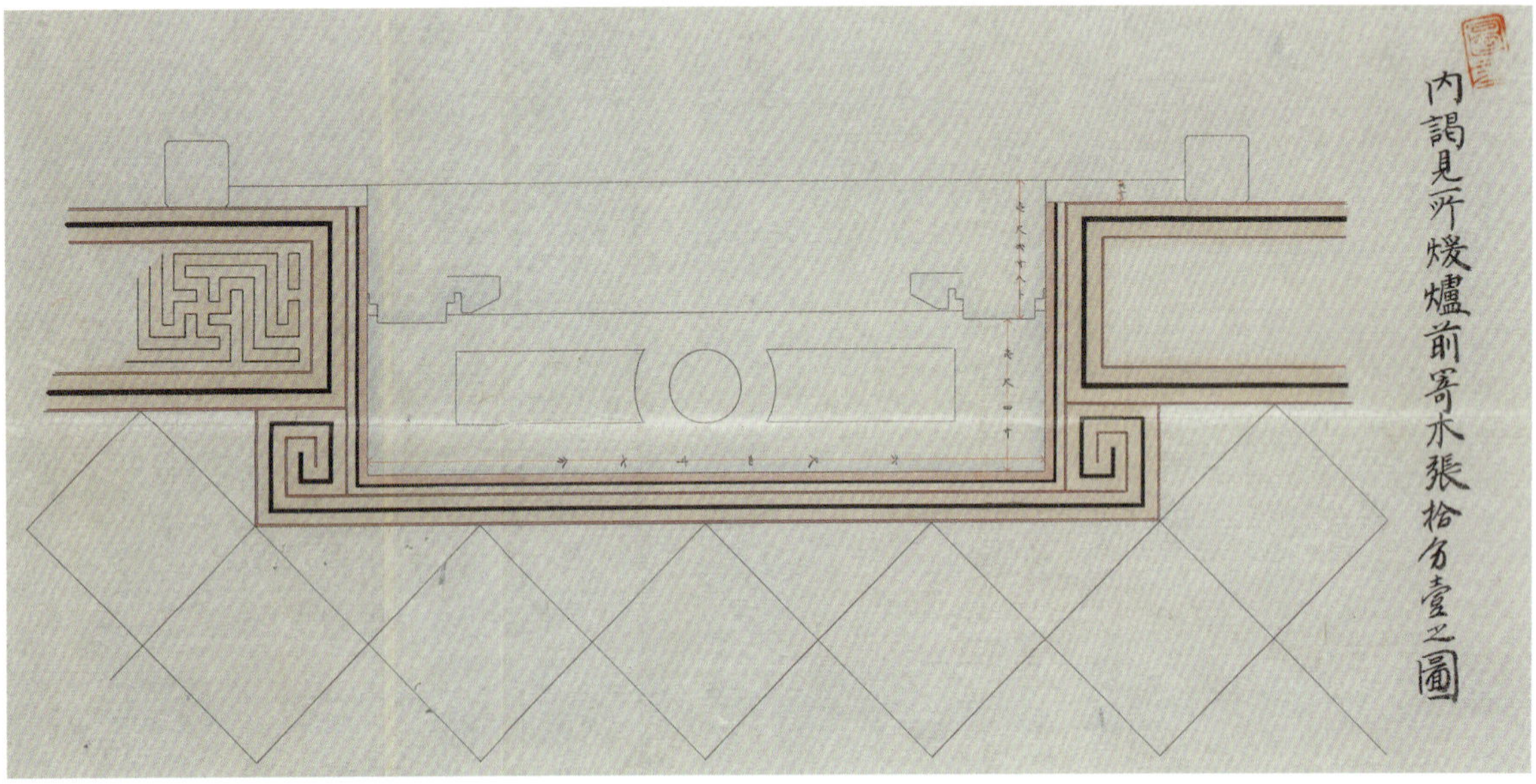

図2-49　内謁見所暖炉前寄木張図

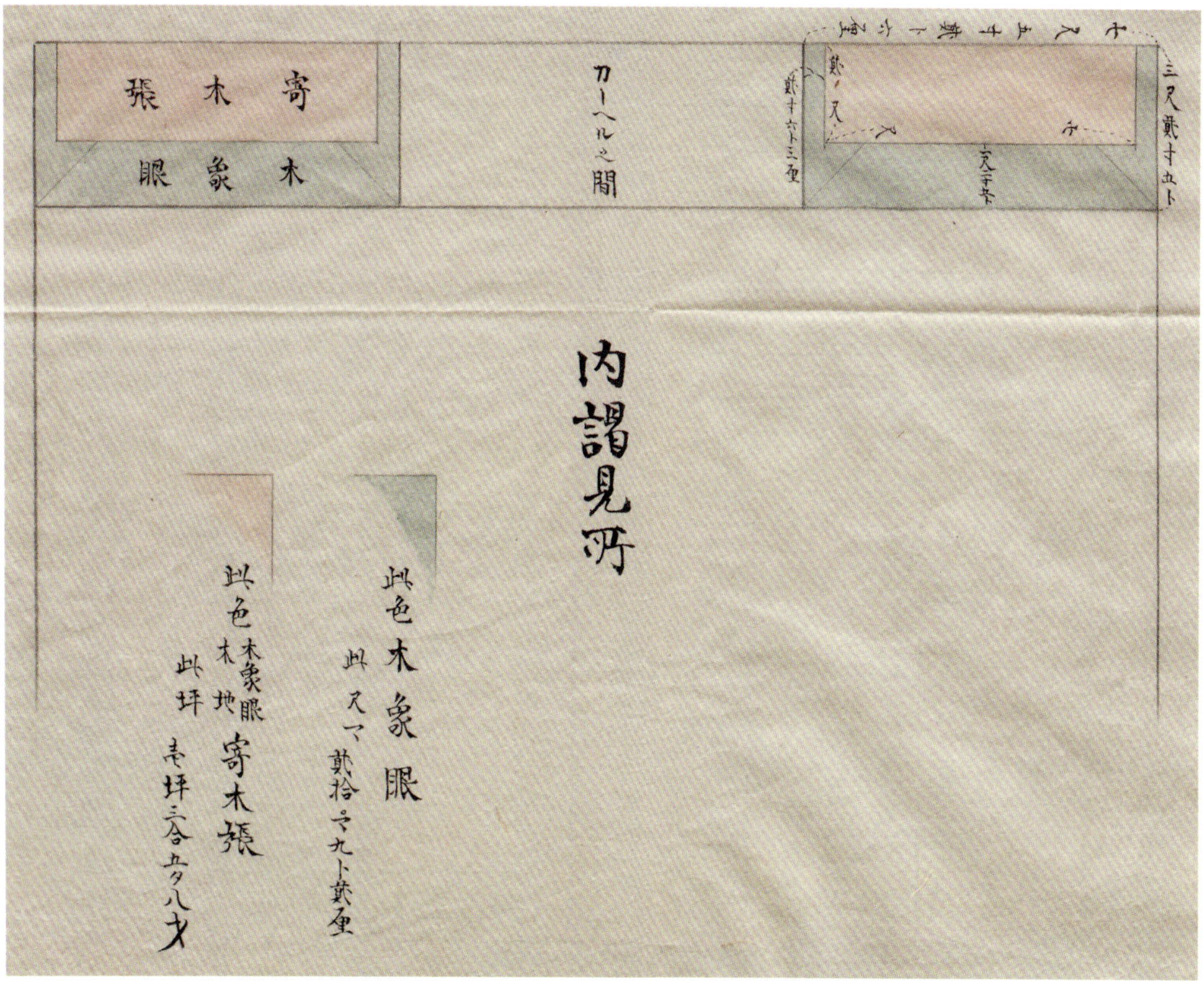

図 2-50　内謁見所暖炉前寄木張木象眼配置図

図 2-51　内謁見所暖炉前木象眼図

一桁廻長貳尺壱寸五分　八ヶ所　暖炉前寄木張
　巾八寸五分
一長廻貳尺八寸五分　八ヶ所　同縁
　巾壱寸

と記されている。案件に伴う寄木張の部のみに彩色が施されているので、理解が容易である。鉤の手状の区画内の模様は異なる。右手は、四角の枠を四五度の角度に並べその中に円紋を配する。左手は、同様の枠内に大小の弧紋を配し、並べ換えることで連続する花紋様を作出する。左右の模様が異なることで躍動感があり、小さな一つのピースが四角と円や弧紋の変形であることからどことなくまとまりがある。**図2―46**と比較すると、間内の中央・輪格とも寄木張の模様が異なる。

〈南溜之間〉

図2―48は、整理番号22の案件に伴う南溜之間の暖炉前寄木張図である。前の二例と比較すると、いたってシンプルである。鉤の手状に太く囲った内部には、特段、模様を施してはいない。間内の中央と輪格には、重厚感のあふれる寄木の模様を作出する。暖炉本体は、御学問所を除くと唯一、木製であり、しかも豪華な象嵌入前飾が施されている。シンプルにすることで極立つ。

〈内謁見所〉

図2―49は、整理番号14の案件に伴う内謁見所の暖炉前寄木張図である。間内の中央の寄木張図が省略されていることもあるが、前の事例と比較すると、内側に左右二箇所の鉤の手状をもたない分、スマートである。案件では、北之間（皇后宮謁見所）も含まれる。輪格、暖炉前寄木張の模様がわずかに異なるが類似している。

北之間を含む内謁見所の案件は、費用が整理番号15の仕増によって二箇所合計で九六円六銭四厘となる。一箇所当りに換算すると、四八円三銭二厘である。前述した整理番号10の東西化粧之間・東西脱帽所の費用と比較すると、東西化粧之間が各々一〇円（一之間と二之間があるので、一間当《マ》り五円）、東西脱帽所が、一〇円三八銭（同様に一間当《マ》り二円五九銭五厘）であることから、それらより格段に高額となる。シンプルな寄木張の中にあって、格調高い趣となっているのである。

D．暖炉左右の木象嵌寄木張

寄木張の装飾でもう一つ加えることがある。暖炉脇左右の木象眼木地寄木張である。ここでは、整理番号16・17で紹介する。**図2―50**は、内謁見所の暖炉両脇の寄木張周辺の木象眼の位置、**図2―51**は木象眼そのものである。前図は、『皇居造営録（内謁見所）三　明治一七～二〇年』（識別番号四三五五―三）の第一九號「内謁見所カーヘル左右之間木象眼木地寄木張之義受負申付伺」（明治二十年十一月二十二日）提出の案件に伴うものである。仕様書に寄木張下地と木象眼との関係を知ることができるので抜粋する。

一壱坪三合五夕八才　木象眼木木地寄木張

（中略）

右仕様木象眼下地別紙図面之通木地寄木槻黒檀並花櫚ビンカ枽《ヌケ》等取交仕上ケ厚三分下地板檜仕上ケ厚七分二厘ニ割目ヲ入膠ヲ以矧合両面材無之様削リ合セ右雑木ヲ以賛付ニ矧合隅面ニ仕口入目千ニ仕合削リ立夫ニ仕口養生致シ象眼すエ相渡シ出来多上受取現場床カ板ヲ削リ合膠ヲ以張合

…（以下略）

とある。つまり、寄木張の木象眼下地となる部分を削ることになる。

その上で、**図2―49**の木象眼がのることになる。同案件をみると、色彩を添えるために、寄木張とは木材の種類が多少、異なる。カリン・コクタン・ヌケ・クハ・シイラギの五種が記されており、クワとシイラギが加わることになる。この木象眼の事例にみるように、床面にも装飾の目が向けられているのである。

第三章　奥宮殿の御床・御棚の構えと襖・張付、杉戸絵

本書の中で、最も先行研究が進んでいるところである。それは、戦禍を逃れた三五組の杉戸絵が宮内庁と東京国立博物館に保存されていることにほかならない。空襲による延焼とはいえ、灰燼に帰した明治宮殿にあって、当時の最高峰の画家達を結集した作品が残っていること自体が奇蹟であり、関係した諸氏の努力で今日に至っている。

昭和五十七年（一九八二）、関千代『皇居の杉戸絵』が刊行され、初めてその存在が注目された。それ以降、横溝廣子の「明治政府による工芸図案の指導について―『温知図録』関係資料に見る製品画図掛の活動とその周辺―」（『東京国立博物館研究』第三四号）や「明治政府と伝統美術」（『日本の伝統工藝再考：外からみた工藝の将来とその可能性―国際シンポジウム　第二七集』）、小寺瑛広「山高信離とその仕事―博物館長になった旗本―」（『國學院大學博物館學紀要』第三五輯）をはじめとする論考などが相次いで発表されている。杉戸絵や前章で述べた表宮殿の天井画の一部については、資料の公表によって関心の高まりとなったことは間違いがない。しかし、それをもって宮殿の室内装飾を語るには不十分と言わざるをえない。

本章では、主として御殿向の御床御棚の所謂、座敷構の相違について―形状と規模、御張付と御襖―考え、あわせて杉戸絵を紹介するものである。筆者は、美術に関しては門外漢であるため、「皇居御造営誌」、「皇居造営録」、「皇居御造営内部諸装飾明細図」の各資料を集成し公表することを目的としている。

（一）間内装飾の指針と撰抜された画家

室内装飾の方向性を導いた人物として、久保田米僊と藤雅三の二人を欠かすことはできない。久保田米僊は、嘉永五年（一八五二）京都に生まれ、四條派の鈴木百年に師事する。その後幸野楳嶺・望月玉泉・巨勢小石らと京都府画学校設立（後の京都市立美術大学）を建議し、明治十三年六月の開校と共に出仕する。久保田からは、皇居御造営事務総裁の三條實実に宛てた絵画事業に関する献言がある。藤は、付章1で述べる明治宮殿の位置・構造が確定した明治十六年七月十七日の時点で事務局御用掛を務めていた人物で、草画の必要性とそれを古書に求め、宮内省・修史館（後の東京大学史料編纂所）・文部省・農商務省所管の博物館などで保存している資料を広く活用する必要性を解いている。残念ながら、二日後の七月十九日、事故のため辞職している。

二人の功績が大きいことから、『皇居御造営誌八八　絵画事業』（識別番号八三三八八）に二人の献言と上稟文が記されている。ここでは、久保田米僊の献言を長文になるが紹介する。

　皇居御造営ニ付上申

今般　皇居御造営被遊候ニ付テハ御建築法ヲ遙ニ拝承仕候ニ和洋折衷ノ法ニ被遊候ヤニ付当地　皇居ノ御建図等モ御参考ノ為御写取ラセニ相成候趣依テ上申仕候簾ハ紫宸殿御廂御障子ノ如賢聖図等自然御用ヒニ相成候儀モ御座候ハヽ本朝功臣ノ図ヲ以テ御換用相成候ハヽ　皇国ノ本意ト乍恐奉存候彼ノ賢聖御障子ハ漢ノ麒麟閣功臣図ヲ巨勢金罡ヲシテ模セシメ賜所ト承居候本朝元ヨリ聖賢ノ功臣ニ乏シカラス現ニ従五位岩垣松苗ノ著述ニ係ル国史略中青雲図賛ト題シ本朝名賢二十八人ヲ賛出セリ是レ彼ノ東漢雲台ニ列所ノ数トス偶然也而復往昔右京太夫藤原信実ノ女弁内侍ハ　後堀河天皇　御嵯峨天皇ノ両朝ニ仕ヘ奉リシカ毎ニ殿上ニ図スル賢聖ノ御障子ヲ見テ嗟嘆シテ曰我朝ノ忠臣孝子ヲ択ヒ何ソ此ノ如クセラレンヤ嗚呼我カ功臣ヲ図セラル丶世無キヤト米仙同憾ヲ懐ク茲ニ久シ則今日ハ千載ノ一遇ノ時ト奉存候故ニ今般御造営ニ相成候宮殿ノ御装飾ニハ抑　神武天皇ノ朝ヨリ以テ明治朝ニ至ル元勲功臣ヲ御障子及御壁等ニ図セント賜ハヾ忠孝両道勧勵ノ一端ニモ相成且外人ニモ　皇威ヲ示ニ足ルヤト乍恐奉存候米仙右等功臣ニ係ル図画ヲ撰抜仕置候依テ恐懼下省徴忠ヲ表シ此段奉上申候誠恐頓首

　　　　京都府画学校出仕
　明治十五年壬午八月　　久保田米僊
　　皇居御造営事務総裁　三條實美

とある。二人の献言・進言をもとに、皇居御造営事務局では、史料の蒐集に取掛る。まずは、安政度京都御所造営と江戸城御殿の絵画資料である。これについては、『皇居造営録（絵画）一　明治一五～二一年』（識別番号四四四八一一）に詳しい。二件、紹介する。

一件は、安政度京都御所造営に関わった住吉廣一に山名貫義を通じて下図を借用しようとするもので、第五號の「絵図雛形借覧之儀府下住居住吉廣一へ御照会按左ニ相伺候也」（明治十七年六月十日提出）の案件にある。

京都御所安政度御造営間内御襖張付等之絵様雛形並ニ本丸西丸等間内絵様雛形等其許所有之趣右ハ今回皇居御造営之備考ニモ可相成ニ付至急一覧致度候条当局へ提出相成度此段申入候也

　明治十七年六月十日　（皇居御造営事務）局

　　住吉廣一
　　代 山名貫義宛

　　　　飯田町四丁目十六番地
　　　　　住吉廣一
　　　　代理 山名貫義

　　　　　　　建築課
　　　　　　　　設計掛㊞

記

一大極殿朝賀之下図　壱巻
一賢聖御障子之下図　五葉
一両本丸間内絵様之下図　貳拾五巻
　右正ニ借用候也

明治十七年六月十四日
　庶務課御中

とある。右資料では、京都御所の資料が不十分である。そこで主に清涼殿の障壁画を担当した土佐光文・光清・光武の下絵を借覧することになる。その案件が第七號の「京都府土佐光武所有安政度御造営内裏障子等絵様控借覧ノ件宮内省支庁往復」（明治十七年七月二十一日提出）にある。そこに記された下絵のリストは、以下の通りである。

・清涼殿御障子御画和歌之下絵　壱巻
・准后常御殿御上段 雲取砂子泥引極彩色 列女伝有虞二妃図　壱巻
・剣璽御間四季花鳥 御床内張付 上四枚春夏花鳥 錦花鳥御小襖下四枚秋冬花鳥　壱巻
・参内殿御上段 薄砂子中彩色 下絵漢養蚕図　壱巻
・御寝之間 雲取泥引中彩色 御絵竹ニ虎之図　壱巻
・御学問所菊之御間御小襖 指張付砂子 彩色錦花鳥　壱巻
・春宮御殿御上段下絵唐太宗弘文館 砂子泥引 中彩色　壱巻
・御小襖下絵砂子泥引 四季景色 同草花図　壱巻

資料には、三人の分担が具体的に詳述されている。いずれにしても、土佐光武から安政二年京都御所造営の八巻の下絵を借用することになる。

　この二件の下絵の借用と共に、藤が指摘する博物館が所蔵する資料にもあたることになる。第八號「古器具蒔絵模様図貸借ノ件営繕課往復」（明治十七年三月五日提出）の案件にみることができる。農商務省が所管する上野の博物館（現、東京国立博物館）から、古代模様が載る奈良の落葉求古図譜・絵文図會・八丘椿、東大寺所伝年中繪巻物などを貸借することになる。目録も記されている。

　このほか、社寺からも資料を蒐集する。

　皇居御造営事務局では、資料の蒐集と併行して、明治十八年四月七日、宮殿間内絵画揮毫の画家を博物館に照会する。二週間後の四月二十日、博物館側から七〇名の画家が選出されてくる。それをまとめたものが**表3―1**である。この中で、実際に筆をとることになるのは二八名となる。資料では、博

表3－1　博物館側が推薦した70名の画家

合計七〇人（ゴチックは奥宮殿彩画の担当者）

流派	府県名	氏名	奥宮殿の彩画・下絵の有無
住吉	大阪府	**守住貫魚**	有
狩野	東京府	**狩野永悳**	有
同	同	橋本雅邦	
同	同	**狩野守貴**（探美）	※有
同	同	狩野照信	
漢	同	**瀧　和亭**	有
同	同	**野口已之助**（幽谷）	有
同	京都府	**鈴木百年**	有
同	栃木県	**田崎　芸**	有
同	東京府	**山崎董洤**	有
光琳	同	田中金兵衛	
狩野	同	**狩野晏川**	有
同	同	**鶴澤守保**	有
同	同	樋口守保	
同	同	**狩野壽信**	有・明細図
同	同	林　雅照	
同	同	長命安春	明細図
同	同	狩野芳崖	
同	同	狩野良信	
狩野	東京府	狩野應信	
同	同	**木村雅経**	有
同	鹿児島県	佐多龍圓	
同	愛知県	**渡邊小華**	有
同	京都府	鈴木白僊	
浮世絵	東京府	歌川金太郎	
同	京都府	中川常次郎	
同	同	岡本保三郎	
圓山派	東京都	**川端玉章**	有
四條派	同	熊谷直彦	
同	三重県	**柴田順蔵**（是真）	有
同	京都府	**村瀬玉田**	有
塩川派	同	菊地常次郎	
四條派	同	望月玉泉	
同	東京府	真瀬木真次郎	
塩川派	京都府	**幸野楳嶺**	有
塩川派	同	森　寛齋	
住吉	東京府	**山名貫義**	有
同	同	**遠藤貫周**	有
春月	同	**川邊御楯**	有
光琳	東京府	中野其明	
原派	京都府	**原　在泉**	有
土佐	東京寄留	田中茂一	
光琳	東京府	酒井道一	
住吉	徳島県	森　魚淵	
漢	東京府	**大庭學仙**	有
同	京都府	**田能村小虎**	有
同	同	**久保田米僊**	有
同	東京府	**吉澤雪庵**	有
同	同	荒木梅隠齋	
同	同	**荒木寛畝**	有
同	同	佐竹永湖	
同	京都府	今尾景年	
同	静岡県	鈴木香峰	
同	京都府	谷口靄山	
同	大分県	十市王洋	
漢	東京府	藤堂凌雲	
四條派	京都府	野村文華	
同	同	國井應文	
同	同	森川曽文	
同	愛知県	奥村石蘭	
同	三重県	**端館佐太郎**（紫川）	有・明細図
同	札幌県	望月　學	
同	京都府	田村宗立	
塩川派	同	鹽川文鵬	
四條派	東京府	高橋波春	
客齋派	同	**渡邊省亭**	有
同	同	松本楓湖	
漢	東京府	跡見花蹊	
同	京都府	跡見玉枝	
同	東京府	野口シン	

物館側から七〇名の推薦後、新たに三一名の画家が選出される。そのリストが表3―2である。

宮殿の造営が進行する中で、絵画に関する指揮を博物館長山高信離《のぶつら》に委ねることになる。「皇居御造営誌」に経過が載る。

明治十八年六月八日農商務省権大書記官山高信離へ御造営諸建具襖及格天井等、絵画ノ事業ヲ嘱託シタルニ依リ該計画ヲ担当セリ而シテ各宮殿間内襖杉戸等ノ彩画ニ着手ス就業所ハ宝田町二番地内華族会館跡元臨幸ノ間及ヒ金砂子蒔画工並表装等職工所ハ同番地内斯文学建物ヲ借領シテ之レニ宛テ京都大阪ニ居住ノ画工ニ揮毫ヲ命シタルモノハ該府ニ杉戸等ノ地板ヲ送致セリ

とある。史料の宝田町二番地内の華族会館跡とは、今日の皇居前広場内の南側にあたる。皇居造営においては、同地内東側の祝田町と共に初期には石材置場、建築が進むと次章の銅板延立や箔金粉の製作、さらには絵画の制作、表装の工房として利用されている。

表3－2　推薦後に撰抜された31名の日本画家

画工	奥宮殿の彩画・下絵の有無
沼田荷舟	有
小堀桂三郎	有・明細図
伊藤雅良	有
村上義和	明細図
久保田桃水	明細図
石川虎之助	
岸　竹堂	有
小栗令裕	
田中有美	有
遠藤廣宗	有
鶴澤探岳	有・明細図
渡邊　諧（小華）	推薦枠ニ有
濱中忠三郎	明細図
平塚弥太郎	
関根秀水	
芝　永章	有
小山狭山	
前田貫業	有・明細図
三島蕉窓	
山名繁太郎	
瀧村守弘	
稲田豊章	有
山田清慶	
木村経則	
長谷川雪汀	
福田豊作	有
高取熊吉	有・明細図
佐々木素寅	
鹿木畑董玉	
藤島助順	
岸　九岳	有

※ゴチックは奥宮殿彩画の担当者

ところで、指名された画家は、杉戸絵や奥宮殿間内の砂子蒔の種類によって、規則や心得等々が発令される。参考までに、杉戸絵を担当する画家には、以下の通りである。

明治十九年七月十八日御杉戸認方左之手続ヲ定ム

一当撰在京ノ画工ハ呼出シ画題並杉戸五分一縮図用紙相渡可申事
一右縮図ハ三十日以内ニ可指出事
一極彩色之分ハ縮図ヲ以略御治定ノ上猶又正寸下絵為指出弥御決定浄写申付候事
一中彩色以下ノ分ハ縮図ニテ御決定浄写可申付事
一御雅量被下方ハ竣工ノ上被下候事
但多数ニ相認候モノハ見計ヒ追々ニ被下候事
一縮図用紙ノ外下図彩料下寸下図用紙等一切不下渡事
一浄写用彩料ハ
金銀箔粉泥
紺青緑青類
右ハ入用高為申立現品相渡シ其余ノ品ハ一切自辨之事
一都テ宅下ケ相認候積リ手挟等ニテ場所拝借願出ルモノハ相当ノ御場所御貸与ノ事

とある。撰出された画家には、山高信離の方から予め画題と彩色が指定され、縮図を提出し諾否が決定されるというものである。史料には、不採用の記録がない。画家の必死の思いが伝わる。縮図の三〇日以内の提出という条文には閉口した人物もいたであろうことが推察される。「皇居御造営誌」、「皇居造営録」、「皇居御造営内部諸装飾明細図」をもとに、明治宮殿間内の絵画制作に関わった人物一覧が表3―3である。杉戸絵のみでみると、拝命された二七名のうち、大半が二～三組（一組は二枚）である。其の中にあって、狩

野永悳が九組、狩野守貴《（探美）》が八組、瀧和亭が七組、川邊御楯が六組とこの四名が極立って多い。狩野永悳の場合、九組一八枚の縮図が必要となったのである。

表3—3を示したので、これについて説明を加える。この表には、「皇居御造営内部諸装飾図」の縮図を担当した画家は除いてある。付章2で述べているので、そちらを参照していただきたい。三点、指摘する。

一点は、**表3—1・2**で二回にわたり一〇一名の画家が撰出されていることをのべた。**表3—3**と照会すると、四四名の画家が指名され、大半が一致する。**表3—1・2**に漏れ、新たに指名され画家が三名いる。狩野久信・狩野昭信・池田慎次郎（柴田是真の次男）である。狩野久信は、御学問所階上の張付をはじめとして、聖上常御殿申口之間の張付などを担当している。撰出にもれたのは意外である。

一点は、役割分担が確立していることである。三～四のグループに分けることができる。それは、A：間内の張付・襖絵を担当する画家（整理番号1

表3－3　明治宮殿間内制作に関わった日本画家一覧（順不同、明細図の作成を除く）

整理番号	画工	御張付御襖	御袋戸・御地袋戸	襖縁・床敷物	御杉戸絵	その他
1	狩野晏川	6				
2	遠藤貫周	6+2				
3	遠藤廣宗	3+2				
4	木村雅径	2				
5	伊藤雅良	4				
6	狩野久信	4				
7	狩野壽信	3				
8	福田豊作	3				
9	鈴木百年		御袋戸1		2	
10	狩野永悳		御地袋1		9	
11	守住貫魚		御袋　1		2	
12	山名貫義		御地袋1		5	
13	鶴澤守保		御袋　1		4	
14	原　在泉		御地袋1		2	
15	岸　竹堂		御袋　1		2	
16	田崎　芸		御地袋1		3	
17	鶴澤探岳			襖縁全		
18	高取熊吉			御床　1		暖炉前飾、鏡縁
19	小堀桂三郎			御床　1		鏡縁
20	端館紫川			御床　1		暖炉前飾、鏡縁
21	瀧　和亭				7	東化粧之間天井画、饗宴所掛額下絵
22	野口已之助《（幽谷）》				2	東化粧之間天井画、饗宴所掛額下絵
23	山崎童淦				3	
24	渡邊　諧《（小華）》				4	
25	柴田順蔵《（是真）》				2	（後席之間天井画）
26	幸野諜嶺				2	西化粧之間天井画
27	大庭學仙				4	
28	川端玉章				4	
29	狩野守貴《（探美）》				8	
30	荒木寛畝				2	
31	岸　九岳				2	
32	川邊御楯				6	
33	久保田米仙				2	西化粧之間天井画
34	村瀬玉田				4	後席之間長之間天井画
35	沼田荷舟				2	
36	吉澤雪庵				1	
37	狩野昭信				1	
38	田野村小虎				2	
39	田中有美				2	
40	福田豊章					暖炉前飾、後席婦人之間天井画下絵
41	芝　永章					暖炉前飾、鏡縁
42	前田貫業					暖炉前飾
43	池田慎次郎					後席之間天井画
44	渡邊省亭					後席之間蛇腹画

～8）、B：杉戸絵を担当する画家（同・9～16、21～39）、C：御床敷・襖縁・暖炉前飾り・鏡縁の下絵を担当する画家（同・17～20、40～42）、D：天井画を担当する画家である。このうちDグループとした中には、瀧和亭・野口巳之助・柴田是真・幸野楳嶺・久保田米僊・村田玉田の六名が杉戸絵も描いている。独立したグループとはいえるものではない。しかし、A・Cグループの画家が杉戸絵を指名されることは無く、AとCのグループが交ざることもない。それは、Bグループについても言えることである。

一点は、Bグループとした杉戸絵は、室内に描くものではない。中仕切や各間内や廊下との境の戸に描くものである。グループの中で、鈴木百年をはじめとする八名の画家は、聖上常御殿を含む四殿の御棚の御袋戸と御地袋戸の彩画を担当している。すなわち、例外的に室内でも描いているのである。重鎮や気鋭の画家も注目される。

撰抜の基準はあったと思われるが、判然としないので控えることにする。

（二）御床御棚の構え、室内の装飾

奥宮殿の中心をなすのは、聖上常御殿をはじめとする四殿である。伝統的な和風様式で書院造りが重んじられている。そこでは、御床と御棚を構え、格式の高さを示している。四殿には各々、複数の部屋を配置するが、聖上常御殿であれば御小座敷、他の三殿では御一之間が相当する。聖上常御殿では、剣璽之間と御上段之間があるので特異となる。ちなみに、御小座敷・一之間に続く次間には、次章で述べる暖炉前飾りと大鏡を布設することになる。

格式の高い書院造りの間《マ》は、各四殿とも御床御棚の飾り（張付、御袋・御地袋戸）、襖の絵画などのほか、天井の形態一つをみても各殿最高位のものとなっている。四殿の相違があるので、そこから述べることにする。

A．御床御棚を構える御小座敷と御一之間

ここでの御一之間とは、皇后宮常御殿をはじめとする三殿であり、聖上常御殿の御一之間を含むものではない。四殿の書院造りの間を比較したものが表3—4である。表宮殿御学問所は、階上階下とも御床を構えるが御棚はない。参考までに記した。

表3－4　奥四殿の書院造りの間の広さと天井形態

項目／位置	部屋の広さ	天井の形態
聖上殿常御殿	13帖半	二重折上小組格天井
皇后宮常御殿	12帖半	折上小組格天井
皇太后宮御休所	8帖	小組格天井
宮御殿	10帖	格天井板違
御学問所階下	21帖	折上小組格天井
同　　階上	21帖	葺寄格天井

御床御棚を構える間は、四殿が一様ではなく、聖上常御殿の御小座敷が一三帖半と最も広い。部屋の広さが相違することは、御床と御棚の規模にも関係する。ここでは、建築を目的としていないので省略する。

天井の形態が異なるのはわかるが、順位が不明と思われるので、聖上常御殿を例としてみることにする。聖上常御殿は、五帖の御廊下之間を含めると一〇部屋からなる。このうち、天井の形態でみると四種類ある。二重折上小組格天井が御上段之間と御小座敷、折上小組格天井が剣璽之間・御一之間・御二之間、格天井板違が御寝之間・御三之間・御服之間、猿頬《サルホ》天井が申口之間と御廊下之間となる。これらの部屋を巡る椽座敷も猿頬天井である。ちなみに、皇后宮常御殿では、御二之間が小組格天井となる。すなわち、四殿は、部屋の広さだけではなく、天井の形態の相違からも格式を示唆していることになる。参考とした御学問所は、間内が和洋折衷様式となり、階上階下共、御一之間（御座所）に暖炉が布設されることになる。そのため、御棚が外され、御床だけの構えとなる。天井の形態でみる限り奥宮殿よりも格式が下が

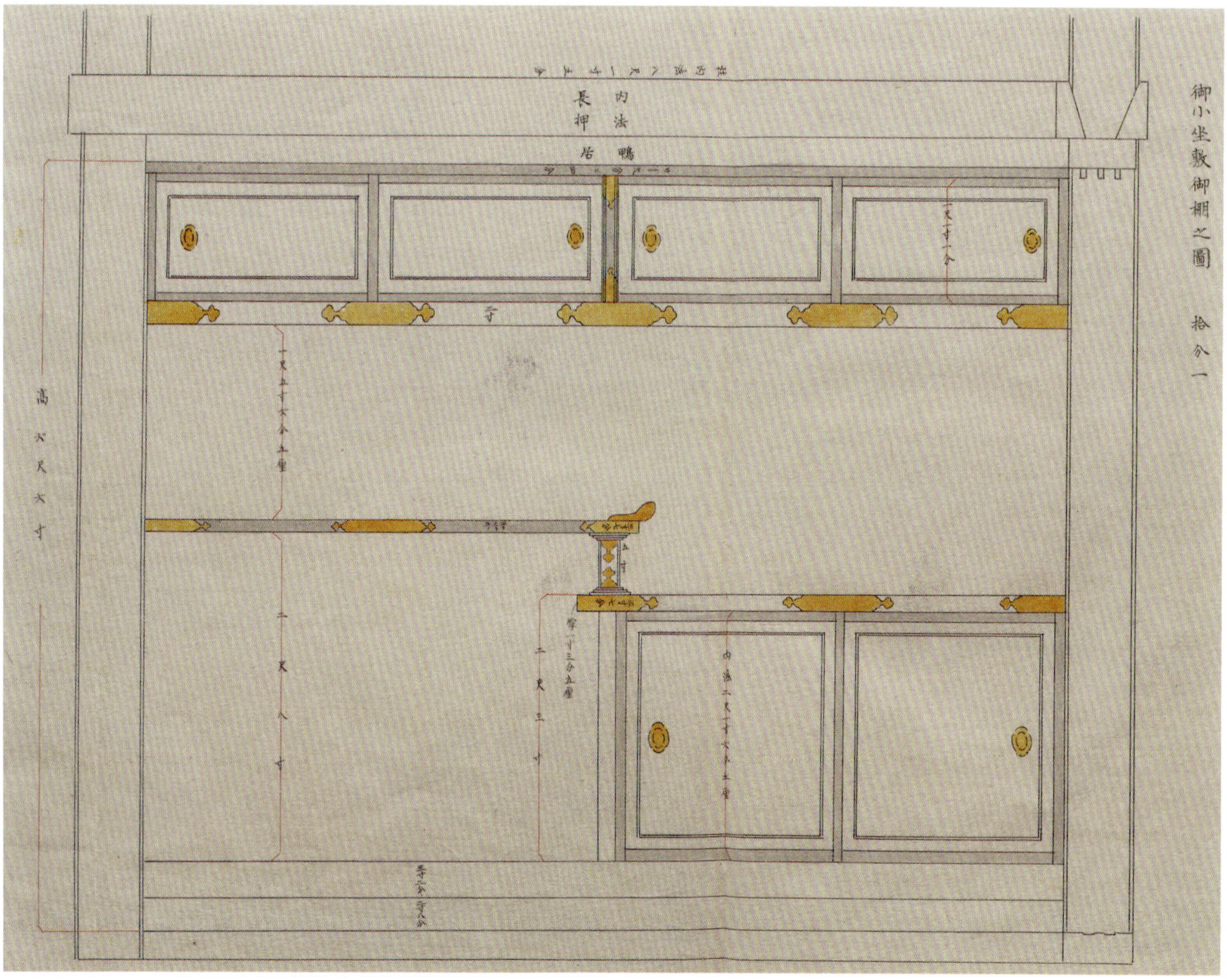

図３－１　聖上常御殿御小座敷御棚正面及び側面図

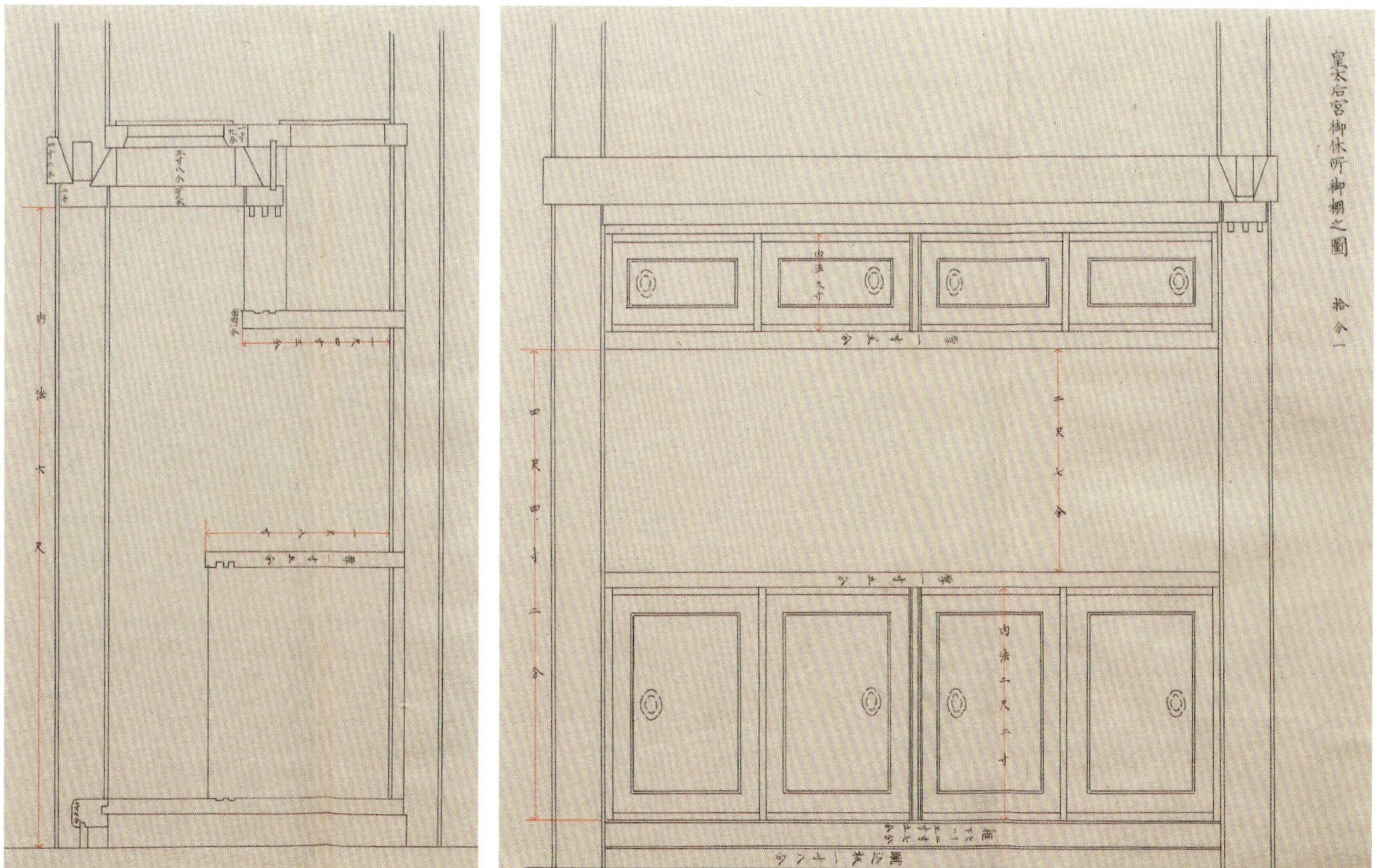

図３－２　皇太后宮御休所御棚正面及び側面図

袋戸「本朝列女傳」部分

ることになるのである。

部屋の広さは、御床と御棚の規模にも関係する。それ以上に相違するのは、御棚の形状の違いである。第一章の**図1―56・51・47**において、聖上常御殿・皇后宮常御殿・宮御殿の写真を紹介したので、それらを参照しながら、ここでは、「皇居御造営誌」の聖上常御殿事業と皇太后宮御休所事業に所収されている御棚図でみることにする。御棚には、中位に筆返しの付く棚、上端に御袋戸、下端に御地袋戸を設けることを基本とする。このうち、四殿の相違としては、規模を除くと、①御棚の有無、②御棚の形状、③御地袋戸の枚数と位置の三点をあげることができる。

図3―1は、御小座敷の正面図と側面図である。御袋戸は四枚あるが、これは四殿に共通する。御棚は一枚のため違棚形式をとらず、御棚を支える海老束が御地袋戸の天板に装着する。御棚端部の筆返しは、最も大きい。御地袋戸は二枚で御床とは反対の片側に寄る。

皇后宮常御殿の御棚は（第一章**図1―51**）、四板の御袋戸と同様、御地袋戸も四枚で内法全体を被う。御棚の中位には、違棚を構え、二板の棚板を海老束で連結している。

宮御殿の御棚は（第一章**図1―47**）、四枚の御袋戸、御地袋戸は二枚で片側に寄る。それは**図3―1**の聖上常御殿の御地袋戸とは反対側の位置となる。棚板は、皇后宮常御殿と同様、違棚の形式をとる。

図3―2は、皇太后宮御休所御棚の正面図と側面図である。第一章の「明治宮殿写真帖」に同所同間内の写真が収録されていないため、本図を用いた。**図3―1**とは縮尺が同じであることから、御棚の規模の違いが一目瞭然である。この御棚は、御袋戸と御地袋戸が各々、四枚で構成されていることは、皇后宮常御殿と一致する。しかし、三殿と比較すると棚板・違棚がないのである。一点の図を見る限りではりでは違和感がないが、**図3―1**と比較すると重厚感に欠けると言わざるをえない。

図3－3　皇后宮常御殿御地

以上のように、形状を取上げても四殿で二つとして同じものは存在しない。意図的に変化をつけているのである。

B．御袋戸・御地袋戸の絵画と画家

御棚の形状の相違を指摘したので、御袋戸と御地袋戸の絵画について述べる。先に述べたように、画題は予め皇居事務局側から告げられる。それは、「皇居御造営誌　絵画事業」にも記されている。一例として、皇后宮常御殿の御地袋戸の絵画を担当した山名貫義の部分を抜粋すると、以下の通りである。

画工　山名貫義

御地袋戸　本朝列女傳　極彩色

画題　應神天皇居高臺望兄媛之舩圖

吉備兄媛者應神帝之妃御友別之妹也二十二年三月　帝幸難波居於大隅宮登高臺而遠望時妃兄媛侍之西以大歎於是　帝問兄媛日何爾歎之甚也対日近日妾有戀父母情便因西望而自歎矣冀暫還之　得省親歟爰　帝愛兄媛篤温清之情則謂之日爾不視ニ親既経多年還欲定省於理灼然則聴之仍喚淡路御原之海八十人　為水手送テ吉備夏四月兄媛自大津發松而往之　帝居高臺望兄媛之舩云々

山名貫義に与えられた画題は、『本朝列女伝』から「応神天皇居高台望兄媛之船図」である。この意が伝えられたかは定かではないが、山名は、**図3—3**を描くことになる。

図3—3は、四枚組のうちの右側二枚である。帝が居所で兄媛が乗る遠くの船団を見送っている様子を描く。残りの二枚は、海岸で見送る人々と兄媛が乗った三艘が沖合に遠ざかるものである。画題が見事に表現されていることになる。

御袋戸と御地袋戸の画題と担当した画家の一覧が**表3—5**である。画題と

敷袋戸「田蘆秋風図」部分

御殿御袋戸「撰虫図」

同様、袋戸の襖縁の模様も全て異なるので含めてある。さらに、書院造りの御棚とは、目的・機能と全く異なるが、剣璽之間二重御棚も入れてある。

表の中で御袋戸が整理番号3・7・11・15、御地袋戸が同5・9・13・17の各四組となる。担当した画家が全て異なり、明細図に縮図が載るが、御地袋戸の5と13は、一組全てではなく、片側のみの縮図である。また、3と17の二組が水墨画であるのを除くと、他の六組は極彩色で描かれている。また、御小座敷の御袋戸が唯一、金地であることも看過することができない。格式の違いを示すとともに、金地であるが故に水墨画となっている。さきに、水墨画が二点あると述べたが、宮御殿の御地袋戸とは意味あいが異なるものである。

具体的に述べることにする。御袋戸は、いずれも四枚組で縮図が全て残る。本書では、四御殿の中から、聖上常御殿と皇后宮常御殿の二組に絞り、なおかつ縮図の注記が入る右

図３－４　聖上常御殿御小座

図３－５　皇后宮常

側二枚を紹介する。

図３―４は、御小座敷の唯一、金地である御袋戸の絵画である。大納言源経信《つねのぶ》が詠んだ百人一首

夕されば門田の稲葉おとずれて
　葦のまろやかに秋風ぞ吹く

より、書題を「田蘆《たぶせ》秋風図」として鈴木百年が描いたものである。秋の落日の情景が静寂を呼ぶ。

図３―５は、皇后宮常御殿の御袋戸の絵画である。『古今著聞集《ここんちょもんじゅう》』から画題を「撰虫図」とし、守住貫魚が描いている。宮中の椽側と外には虫籠と音色を楽しむ雅な女性達、萩と女郎花が美しく咲く。残りの画面には、馬上から降りた蔵人が虫をとる景観。極彩色によって優美である。

御地袋戸は、二枚組と四枚組の二者があることを述べた。さらに、図３―３の画題を『本朝列女傳』の「応仁天皇居高台望兄媛之舩図」に求めた皇后宮御常御殿の御地袋戸の絵画を紹介したので、宮御殿の事例を取上げる。

図３―６は、二枚一組で画題を「雪中竹」とし、田崎芸が描いた水

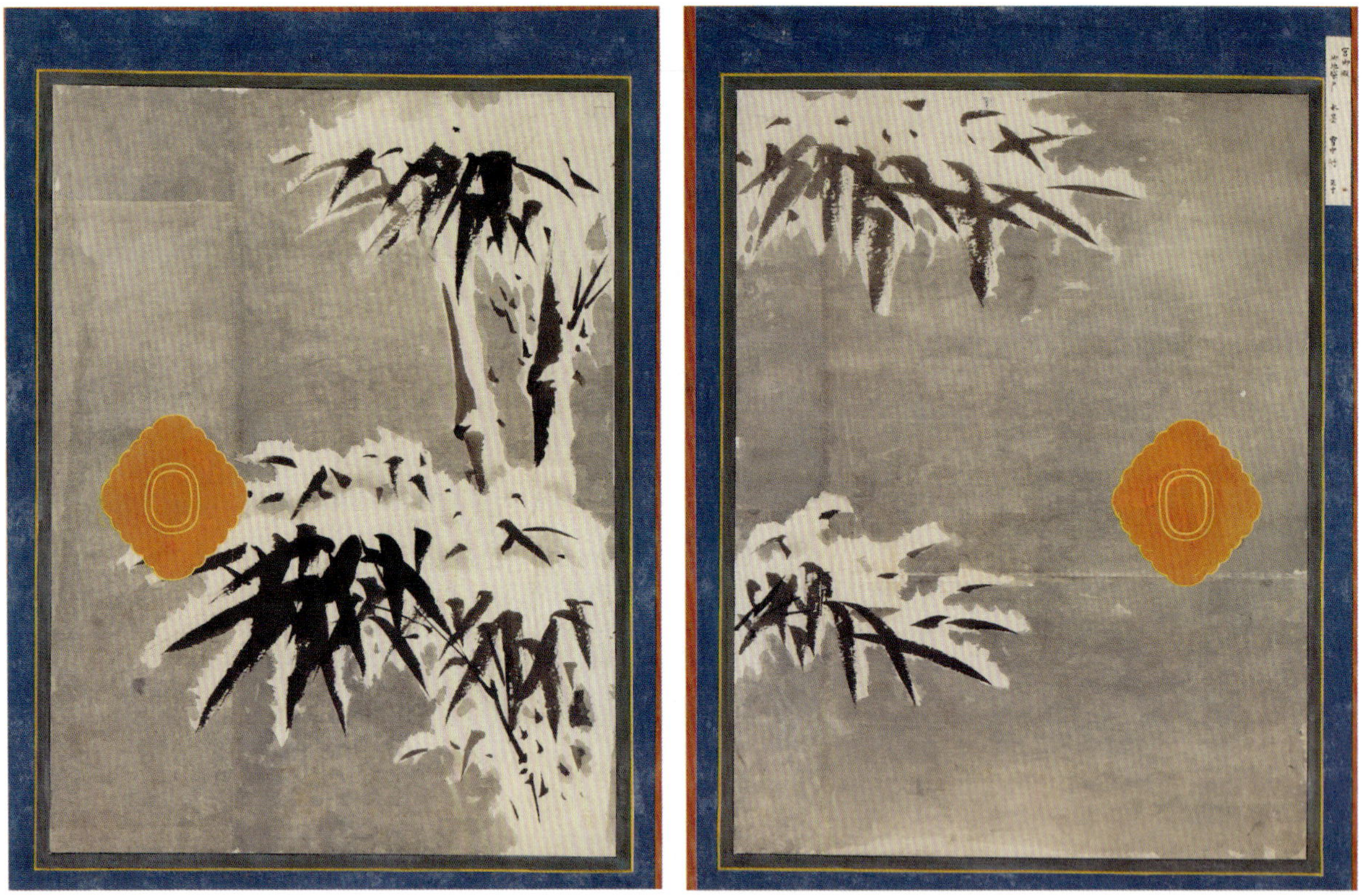

図３－６　宮御殿御袋戸「雪中竹」

表３－５　御殿向の御袋戸・御地袋戸・小襖縁一覧

整理番号	御殿向	位置	仕様	図、模様	画工	備考	識別番号
1	聖上常御殿	剣璽之間　二重御棚	白金泥引	宝草祥鸞模様	狩野晏川	二重御棚	８１３９３
2		同　　御襖縁	萠黄地金襴八重蜀葵	八重蜀葵	㊦　鶴澤探岳	正倉院古裂模様	８１３９５
3		御小座敷　御袋戸	金葉集秋　金地水墨	田蘆秋風圖	鈴木百年		８１３９１
4		同上　御袋棚御襖縁	紺青地金襴紅葉模様	紅葉	㊦　鶴澤探岳		８１３９５
5		御地袋戸	極彩色	菅原文時作序於冷泉家院圖	狩野永悳	２枚組、明細図には片面のみ	８１３９２
6		同上　御地袋戸御椽縁	金地之錦芳春紋	芳春紋	㊦　鶴澤探岳		８１３９５
7	皇后宮常御殿	御一之間　御袋戸	古今著聞集　極彩色	撰虫圖	守住貫魚		８１３９１
8		同上　御袋棚御襖縁	紺青地金襴薄厳島葱花模様	厳島葱花模様	㊦　鶴澤探岳	厳島経巻葱花模様を参考	８１３９５
9		御地袋戸	本朝列女傳極彩色	應神天皇居高臺望兄媛舩圖	山名貫義	４枚組	８１３９１
10		同上　御地袋御襖縁	紫固地之錦靹繪模様	靹繪（巴）紋	㊦　鶴澤探岳	厳島経巻を参考	８１３９５
11	皇太后宮御休所	御一之間　御袋戸（御休所）	極彩色	鴻雁群飛之図	鶴澤守保		８１３９１
12		同上　御袋棚御襖縁	白茶地金襴瑞雲模様	瑞雲紋模様	（㊦　鶴澤探岳）	正倉院鴨毛屏風縁を参考	８１３９５
13		御地袋戸	極彩色	三條女花圖之図	原　在泉	４枚組、明細図には２枚のみ	８１３９２
14		同上　御地袋戸御襖縁	萠黄地金襴雙鸞模様	雙鸞模様	（㊦　鶴澤探岳）	正倉院鴨毛屏風縁を参考	８１３９５
15	宮御殿	御一之間　御袋戸（宮御殿之間）	極彩色	池邊螢	岸　竹堂		８１３９１
16		同上　御袋棚御襖縁	茶地錦カスミ立涌模様	カスミ立涌模様	㊦　鶴澤探岳		８１３９５
17		御地袋戸	水墨	雪中竹	田崎　芸	２枚組	８１３９２
18		同上　御地袋戸御襖縁	濃浅黄地錦雪重模様	雪重模様	㊦　鶴澤探岳		８１３９５

※㊦は、下絵制作者を示す

図３－７　聖上常御殿剣璽之間二重御棚「宝草祥鸞模様」

墨画である。「皇居御造営誌」では、画題について

雪中竹　水墨

右ニ圖康孫康雪讀書車胤嚢蛍照書故事ニ依テ蛍雪ノ一対ヲ為ス

と記されている。ここで紹介するのは、水墨画で珍しいとか絵が素晴らしいということを目的としているわけではない。

さきに、杉戸絵に撰抜された画家は、縮図の提出を要求されていることを述べた。御袋戸や御地袋戸、あるいは後述する張付や襖絵の下図が存在したことは間違いない。

付章2で述べるが、三二帖からなる「皇居御造営内部諸装飾図」は、明治二十一年一月、皇居造営残業掛が後世のためにと予算を計上し、一八名の画家に命じて制作されたものである。収録された縮図は、完成したものと思いがちであるが、実は習作（事務局に提出していれば下図？）が含まれていることをこの資料が語る。第一章**図1—47**の「明治宮殿写真帖」第壹〇壹號の同所御地袋戸の写真と照会すると、よく似た構図ではあるが同一ではない。勿論、写真が反転しているという理由でもない。それは、本図のみというわけではなく、後述する皇后宮常御殿御一之間の御床張付の縮図にも言えることである。

これは、明細図の資料的価値が下がるものではない。むしろ、完成形である写真と明細図とが比較できることによって、担当した画家の想像力の経過、作品を追求する姿勢をうかがうことができるものである。

ここで取上げた**図3—3**～**図3—6**の御袋戸・御地袋戸の縮図は、絵画はもとより、小襖縁も描いているように見えるかもしれない。それは、誤りである。四殿の八組の襖縁は、全て模様が異なる。これについては後述する。

表3—5に、参考として、剣璽之間の二重御棚を入れたので、比較の意味で紹介する。**図3—7**は、剣璽之間の二重御棚之図である。内法長押の桟下が該当する。剣璽之間と御上段之間の二間《マ》は、内法長押を挟んで上位の御張

表3－6　奥宮殿の御襖御張付砂子蒔一覧（含、表宮殿）

御殿向	位置，襖・張付の区別			模様	画工	備考	識別番号	整理番号
聖上常御殿	剣璽之間	御帳壹構御長押上	白金泥引	慶雲模様	狩野晏川		81393	1
		御襖御張付	同上	宝草祥鸞模様	同上	正倉院鴨毛屏風を参考		2
	御上段之間	御長押上御張付	白金泥引	慶雲模様	狩野晏川		（以下、同）	3
		御襖御張付	同上	宝草祥鸞模様	同上	正倉院鴨毛屏風を参考		4
	御小座敷	御長押上御張付	砂子泥引群青緑青隈入	秋晴模様	遠藤貫周			5
		御襖御張付	砂子泥引群青緑青隈入菊入	吹上模様	同上	御床御棚、厳島経巻を参考		6
	御一之間	御長押上御張付	金砂子泥引群青隈入	浮雲模様	遠藤貫周 遠藤廣宗			7
		御襖御張付	同上	※水邊青盧模様	同上			8
	御寝之間	御長押上御張付	金砂子泥引	朝霞模様	木林雅経			9
		御襖御張付	同上	村雲模様	同上			10
	御二之間	御長押上御張付	金砂子泥引白群青白緑青入	雲間天色模様	遠藤貫周			11
		御襖御張付	金砂子泥引白群青白緑青絵具入松喰鶴入	和歌の浦模様	同上			12
	御三之間	御長押上御張付	金砂子泥引白群青白緑青絵ノ具隈取白群青		遠藤貫周			13
		御襖御張付	同上	遠山模様	同上			14
	御呉服之間	御長押上御張付	砂子白群青隈入	□雲模様	伊藤雅良			15
		御襖御張付	金砂子泥入	夕日模様	同上			16
	申口之間	御長押上御張付	金砂子泥入	横雲模様	狩野久信			17
		御襖御張付	金砂子色入菱ニ水草	水草模様	同上			18
	御廊下	御長押上御張付	砂子其外緑青藍玳赭隈入	雲の峯模様	狩野壽信			19
		御襖御張付	同上	入江模様	同上			20
皇后宮常御殿	御一之間	御長押上御張付	砂子泥引	秋の名残模様	狩野晏川			21
		御襖御張付	砂子泥引色入柳櫻折枝模様入	春錦模様	同上	御床御棚		22
	御二之間	御長押上御張付	金砂子泥引	雪晴模様	狩野晏川			23

(表3-6のつづき)

		御襖御張付	金砂子泥引白群青緑青其他色入梅花入	寒梅模様	同上	厳島経巻を参考		24
	御寝之間	御長押上御張付	砂子泥引紫地	夕暮模様	福田豊作			25
		御襖御張付	砂子泥引紫地二番緑青薄群青朝顔蝶入	秋坪模様	同上			26
	御三之間	御長押上御張付	砂子泥引群青緑青隈入模様武蔵野穂薄	武蔵野模様	伊藤雅良			27
		御襖御張付	同上	同上	同上			28
	御化粧之間	御長押上御張付	砂子泥引絵具入	時雨模様	木村雅経			29
		御襖御張付	砂子泥引絵具入龍田川之心紅葉川ニ流ル	龍田模様	同上			30
	呉服之間	御長押上御張付	砂子泥引浅黄ノ隈入	秋雲模様	狩野壽信			31
		御襖御張付	砂子泥引浅黄ノ隈入雁入	初雁模様	同上			32
	御次之間	御長押上御張付	砂子色入	雨後模様	狩野久信			33
		御襖御張付	砂子色入模様	にわさをみ模様	同上			34
	御廊下	御張付	砂子色入隈取	彩雲模様	伊藤雅良			35
	申口之間	御張付	砂子色入隈取	夕陽模様	遠藤廣宗			36
	御入側	御長押上御張付・御襖共	砂子入隈取	朝霧模様	伊藤雅良			37
皇太后宮御休所	御一之間	御長押上御張付	砂子泥引群青白緑青隈入藤花模様押抜揉砂子蒔潰			御床御棚	81393	38
		御襖御張付	同上			藤ノ花は春日体験記函を参考	81394	39
皇太后宮御休所	御次之間	御長押上御張付	砂子泥引玳瑁隈入	春雨模様	遠藤貫周	厳島経巻を参考	81394	40
		御襖御張付	砂子泥引玳瑁隈入小蝶模様入	胡蝶模様	同上	同上	(以下、同)	41
	北拾畳之間	御長押上御張付・御襖共	砂子緑青藍隈入	朝霧模様	遠藤廣宗			42
	六畳之間	御長押上御張付	砂子緑青藍玳瑁隈入	夕空模様	狩野久信			43
		御襖御張付	同上	露芝模様	同上			44
	御入側	御張付	砂子緑青ノ類藍隈入	夕霞模様	遠藤廣宗			45
宮御殿	御一之間	御長押上御張付	砂子泥引薄群青白群青	海天模様	福田豊作		81394	46
		御襖御張付	砂子泥引薄群青白群青スヤリ松喰鶴松折枝散	同上	同上	御床御棚		47
	御次之間	御長押上御張付	砂子泥引群青緑青薄群青入	流雲模様	福田豊作		(以下、同)	48
		御襖御張付	砂子泥引群青緑青薄群青入檜垣藍金箔押若竹着色	呉竹模様	同上			49
	南十二畳半之間	御長押上御張付(共)	砂子泥引	雨後の霞模様	遠藤貫周			50
		御襖御張付	砂子泥引紫隈入模様洲濱ニ貝尽シ	磯波模様	同上			51
		御襖御張付	砂子泥引臙脂群青緑青紫入隈取花唐草模様	天香模様	遠藤廣宗			52
	北十七畳半之間	御長押上御張付	砂子泥引	雨後の霞模様	遠藤貫周			53
		御襖御張付	砂子泥引絵具隈入七宝ノ模様	七宝模様	同上			54
		御襖御張付	砂子泥引藍緑青隈入	百代模様	同上			55
	御入側	御襖御張付	金砂子蒔	晩晴模様	狩野壽信			56
御学問所	階上上之間	御張付	押箔模様	大簾秋菊	狩野久信		81394	57
	廣間	御張付	押箔模様	鐵仙丸紋	同上			58
	北之間	御張付	金砂子蒔	八重霞模様	同上		(以下、同)	59
	階上入側	御張付	金砂子蒔	八重霞模様	狩野久信			60
	階下御一之間	御張付	彩砂子蒔	須磨之寝覚模様	伊藤雅良			61
	廣間	御張付	彩霞	燕語春風模様	同上			62
	北之間	御張付	金砂子蒔	八重霞模様	同上			63
	御入側	御張付	金砂子蒔	残霞模様	同上			64
内謁見所	御入側	御張付	押箔砂子蒔	瑞雲模様	狩野晏川		81394	65
	上之間	御長押上御張付	押箔砂子蒔	同上	同上	長押を挟んで上	(以下、同)	66
		御長押地付	押箔砂子蒔	千鳥模様	同上	下		67
	西之間	御張付（上下共）	金砂子蒔	五雲模様	同上			68
	後廊下	御長押上御張付	金砂子蒔	春嵐模様	同上			69
		御長押地付御張付	金砂子蒔	汐干潟模様	同上			70
	北之間	御張付（上下共）	押箔砂子蒔	小萩模様	遠藤貫周		81394	71
	北之間東入側	御張付（上下共）	押箔砂子蒔	秋風模様	同上			72

付と下位の御襖・御棚・御張付の模様が二分し、統一されている。共に地が白金泥引で、前者が慶雲模様、後者が宝草祥鸞模様が描かれている。狩野晏川が担当している。図3—7の二重御棚の模様を凝視すると、上・下位の御棚とも宝草に加えて鳳凰の小鳥が各一羽飛翔している。豪華さと格調の高さを感じる。やはり、特例なのである。

C. 壁張・襖絵

奥宮殿の四殿の各部屋の御襖絵と御張付は、前述した剣璽之間と御上段之間を除き、二つとして同じ模様がない。御杉戸絵と同様、御造営事務局側の山高から画題が提示されたものと推察される。基本的に一部屋を一人の画家が担当し、画家は各々、複数の部屋の制作を指名されている。そのため、表3—3に示したように八名の画家で構成されている。各画家の負担が大きいことから、杉戸絵をはじめとする他の絵画の制作を担うことはない。御壁張・御襖の一覧を示したのが表3—6である。御学問所と内謁見所の壁張は、表宮殿の間内の繻子地のものとは異なることから加えてある。かなりの量があるので、御床御棚を構える御小座敷・御一之間を中心としてみることにする。

図3—8は、剣璽之間の御帳臺御構御長押上御壁張と同・地付御襖御張付である。模様・画家は、図3—7と同様なので省略する。御帳臺に付く二個の総角《あげまき》、帳臺金物の「厚胴腰折御紋地彫華葉取七宝透彫玉縁縄目菊地彫斜子打」(図3—9)の構えは厳かである。襖縁は、図3—27の萠青地金襴古紋八重蜀葵が付く。

図3—10は、御小座敷の御長押上と御床御棚の御壁張である。第一章図1—56に対応するものである。御壁張は、砂子泥引群青緑青隈入で、御長押上は「秋晴模様」、同下は「吹上模様」を描く。御長押下には、金で菊の模様が加わる。群青と緑青の顔料が加わることで、剣璽之間・御上段之間とは全

図3-8　聖上常御殿剣璽之間御帳臺構御張付「慶雲模様」

く雰囲気が変わる。図3—11は、聖上常御殿御二之間の御長押上と御襖絵である。御小座敷からみると、御一之間を挟んで東側に位置する。金砂子泥引で、御長押上の御壁張に雲間天色模様、御襖に和歌の浦模様を描く。御襖には、金泥で松喰鶴が描かれている。御小座敷・御二之間とも遠藤貫周が担当している。

図3—12は、皇后宮常御殿御一之間の御壁張である。第一章図1—51が対応する。さきに、宮殿御の御地袋戸の水墨画明細図が習作であることを指摘したが、本図についても同様のことがいえる。砂子泥引色入で、御長押上には、金・銀色で鳥が群をなして飛翔する「秋の名残模様」を、御床御棚の御張付には赤色の顔料を混入し、柳桜折枝を入れた「春錦模様」を描く。御長押を挟んで春秋二つの季節を表現し、赤色を用いることで皇后宮の空間の華さがうかがえる。襖絵も同様である。図3—13は、化粧之間の御壁張と御襖である。砂子泥引絵具入で、画題を「龍田川之心紅葉川に流る」としている。

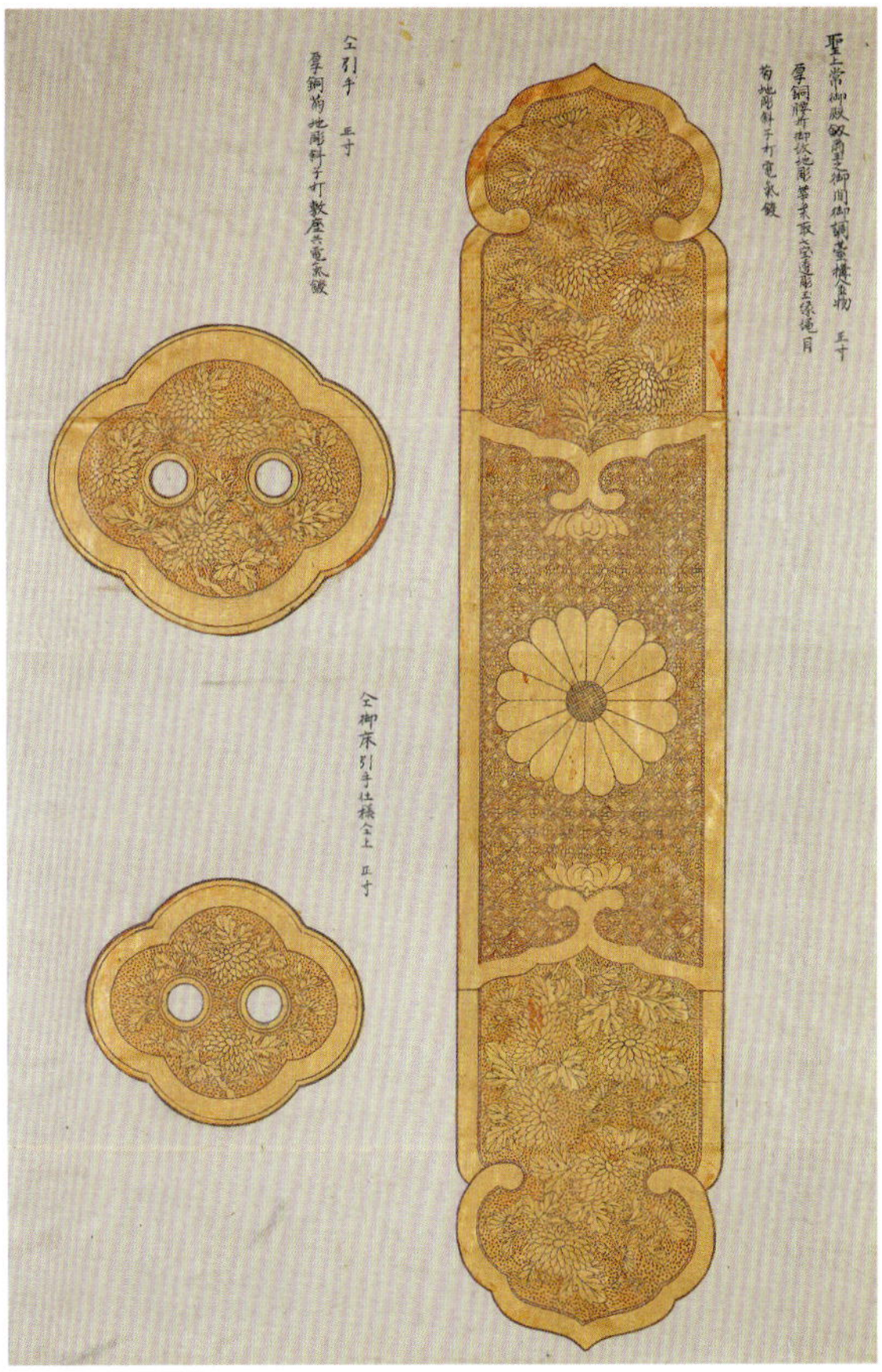

図3-9　聖上常御殿御帳臺構金物

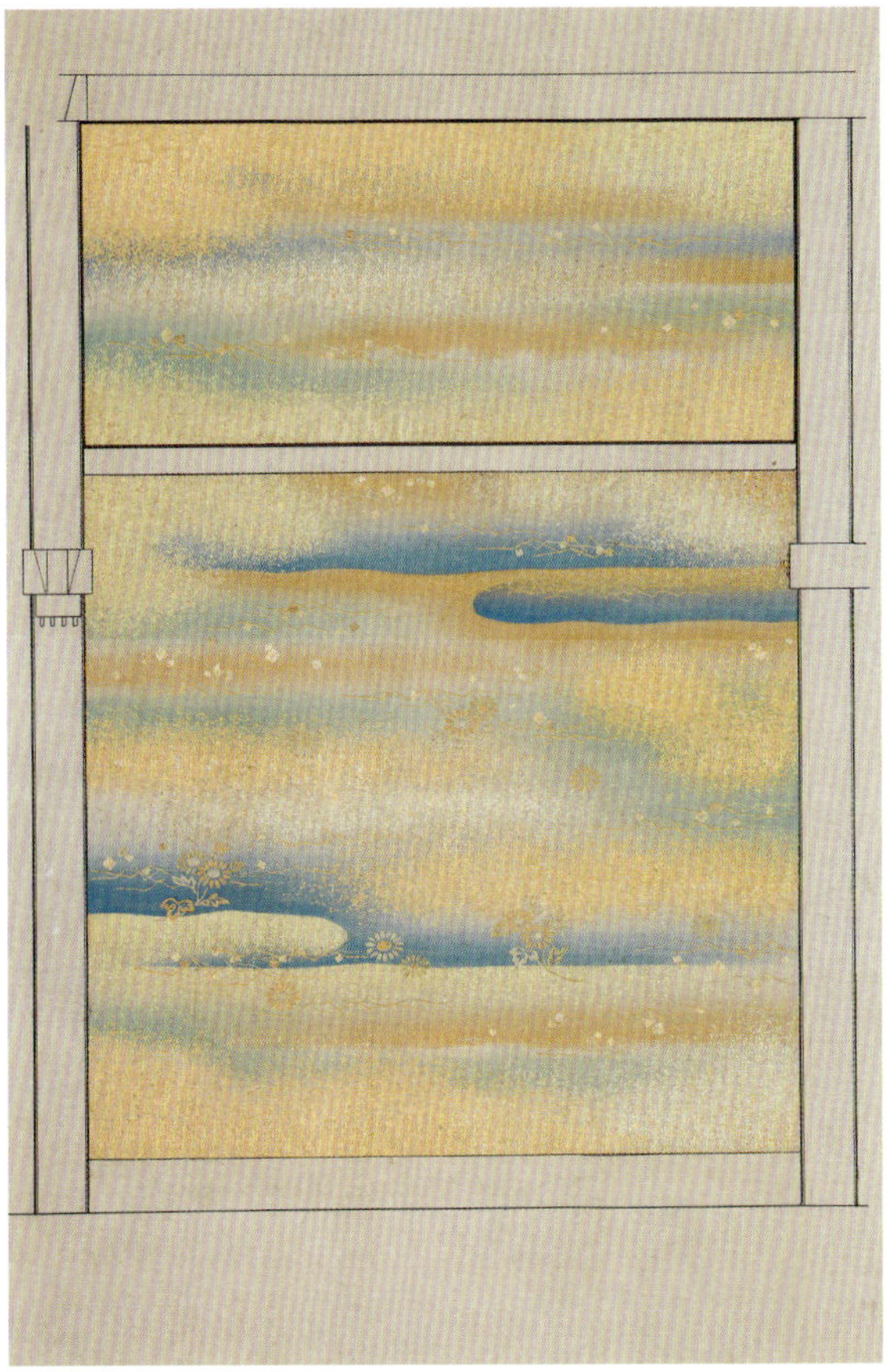

図3-10-B　聖上常御殿御小座敷御長押上「秋晴模様」

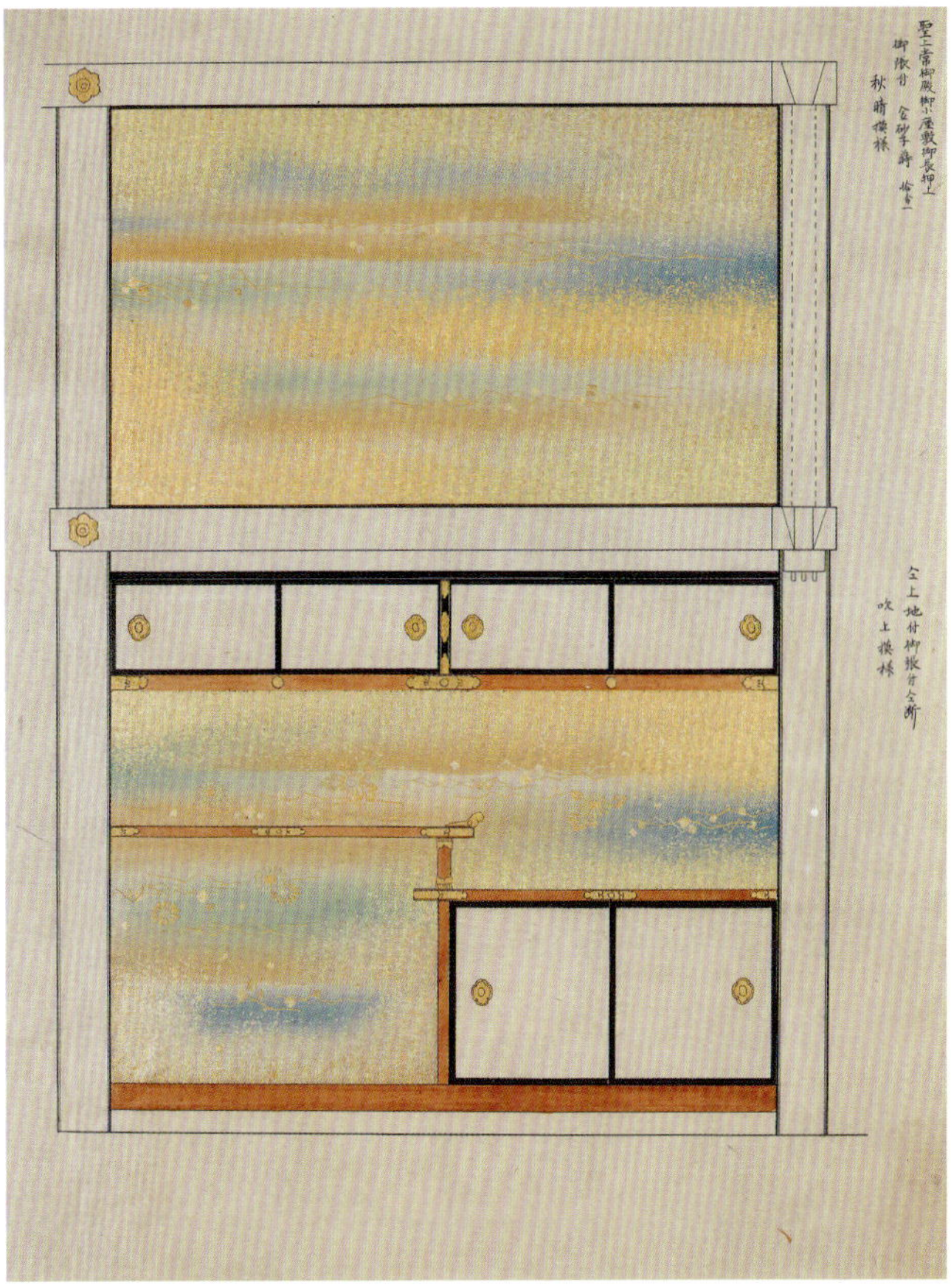

図3-10-A　聖聖上常御殿御小座敷御長押下「吹上模様」

図３-11　聖上常御殿御二之間壁張、上「雲間天色模様」・下「和歌の浦模様」

図 3 -12-A　皇后宮常御殿御一之間壁張、御長押上「秋の名残模様」

図 3 -12-B　皇后宮常御殿御一之間壁張、御長押下「春錦模様」

御長押上の御壁張には「時雨模様」、御襖には「龍田模様」を描く。御寝之間は、第四章で述べるので省略する。皇后宮常御殿の御張付・御襖は、金砂子蒔に絵具を加えることで、全体的に華やいだ印象を受ける。御一之間を狩野晏川、御化粧之間を木村雅経が担当している。

図3—14は、皇太后宮御休所御次之間の御壁張と御襖である。砂子泥引瑇緒隈入で御長押上を「春雨模様」、御襖を小蝶が舞う「胡蝶模様」を描く。厳島経巻を参考とする。**図3—15**は、六畳之間の御壁張と御襖である。砂子緑青藍瑇緒隈入で御長押上の御壁張を「夕空模様」、御襖を「露芝模様」を描く。皇后宮常御殿よりも落着いた雰囲気が増し、金砂子蒔に混入する絵具が少し変わる。御次之間を遠藤貫周、六畳之間を狩野久信が担当する。

図3—16は、宮御殿御一之間の御壁張である。第一章**図1—47**が対応する。古写真には、御床に掛軸が下がり置物があることから、御床の壁張の理解は困難である。砂子泥引薄群青白群青入で「海天模様」を描く。御床と御棚の壁張には、松折枝を散らし松喰鶴がみられる。**図3—10**の御小座敷とは類似する配色であるが、白色が多い分、硬い感じがする。ここでは取上げなかったが、皇太后宮御休所御一之間の御壁張も同様である。**図3—17**は、御次之間の御張付と御襖である。砂子泥引群青緑青薄群青其外入で御長押上の御張付には「流雲模様」、御襖には檜垣と共に「呉竹模様」を描く、御一之間・御次之間とも福田豊作が担当する。

四殿をみると、御床御棚を構える御小座敷・御一之間の御張付は、いずれも金砂子蒔の格調高い模様と配色で描かれている。それに続く間の襖絵に特徴を見出すことができる。

また、画家にも格があるようである。すでに述べたように、聖上常御殿剣璽之間と御上段之間および皇后宮常御殿御一之間と御二之間を担当したのが狩野晏川。晏川は、後述する表宮殿で格の最も高い内謁見所上之間と西之間も担当している。すなわち、宮殿の要所ともいえる箇所の御壁張・御襖を全

図３-13　皇后宮常御殿化粧之間壁張、上「時雨模様」・下「龍田模様」

図 3 -15-A　皇太后宮御休所六帖之間壁張、上「夕空模様」・下「露芝模様」

図 3 -14　皇太后宮御休所御次之間壁張、上「春雨模様」・下「胡蝶模様」

図 3 -15-B　宮御殿一之間壁張「海天模様」

図 3 -16-A　宮御殿一之間壁張「海天模様」

図３-18　御学問所階下廣間壁張、上・下「燕語春風模様」

図３-17　宮御殿御次之間壁張、上「流雲模様」・下「呉竹模様」

図３-19　表御座所（御学問所）階下廣間の景観

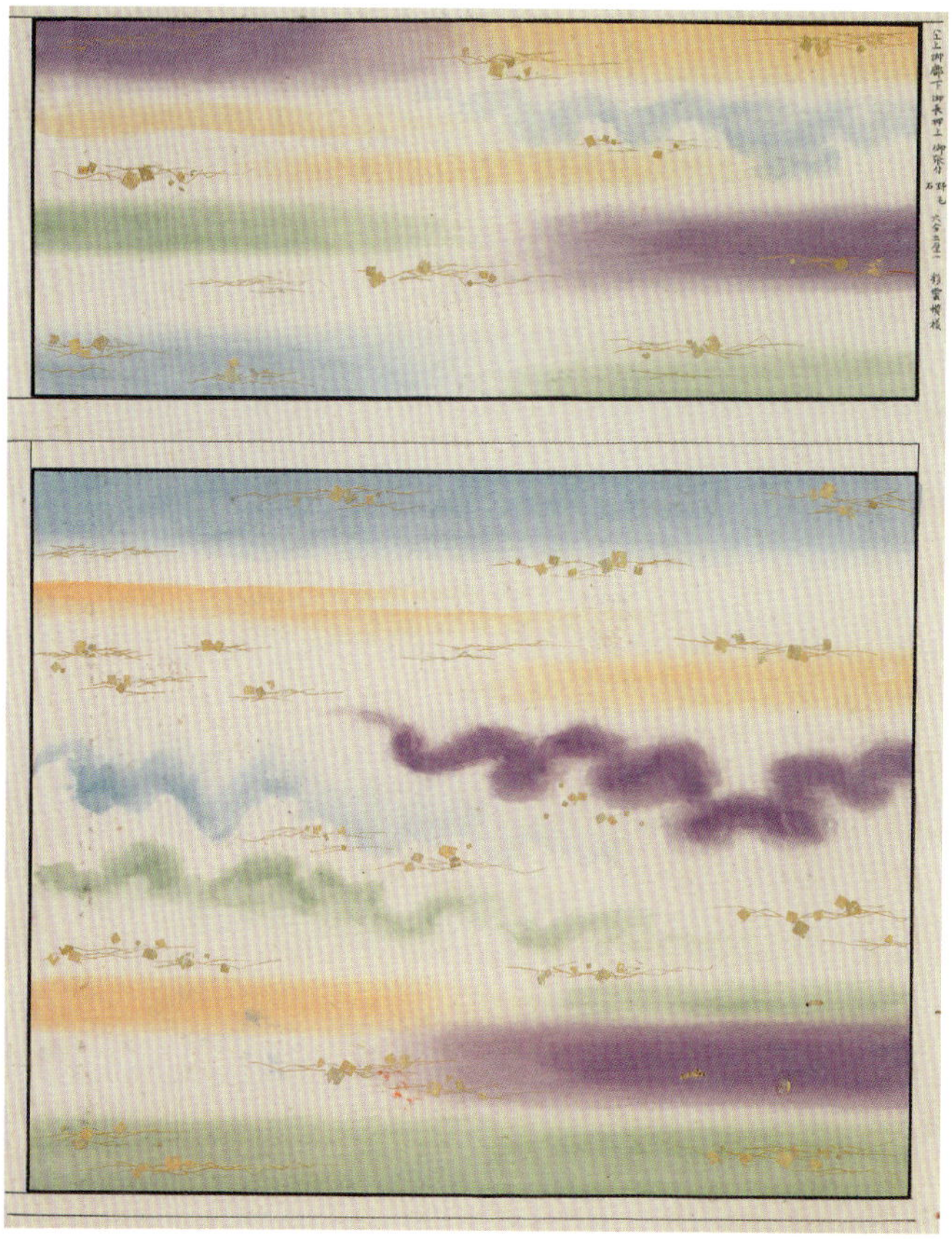

図３-20　皇后宮常御殿御廊下之間壁張、上・下「彩雲模様」

て描くことを指名されているのである。

狩野晏川は、狩野良信の子で文政六年（一八二三）に江戸で生まれる。狩野家伊川院栄信に師事し、幕府の奥絵師を努める。父の跡をうけ根岸御行松狩野派を継承する。明治に入り、文部省、博物局に努め、明治二十五年十一月、七〇歳で没している。生前、最後の大仕事となっている。

表宮殿の御壁張について、少し紹介する。第一章で述べたように、表宮殿の建築は、和洋折衷様式である。そのため、御学問所は、階上階下とも御床は構えるが、御棚は外される。内謁見所に至っては、天井形式こそ和風であるものの御床御棚はなく、床も寄木張となっている。したがって、両間内とも襖はない。第四章で御学問所階下御一之間を紹介するので、それを除き二例紹介する。

図３—18は、御学問所階下廣間の御壁張である。どことなく洋風の感が漂う。「明治宮殿写真帖」の第九六號、同所間内の景観をみても三一帖半の同所は広く、洋風である（**図３—19**）。古写真の正面左手が**図３—18**の御張付となる。本間中程には暖炉を布設し、その上には第四章で述べる三橋永輔が制作した鎌倉彫の鏡縁をもつ大鏡がのる。御張付に戻ると、彩霞の燕語春風模様を描く。金・銀で表現した燕が華やかである。本図と比較する上で、**図３—20**をあげる。皇后宮常御殿御廊下之間の御張付の「彩雲模様」である。**図３—18・20**を担当したのは、共に伊藤雅良である。彩霞と彩雲をテーマとし、制作者が同一であることから、どことなく類似した構図であるが、雰囲気は全く異なる。**図３—20**は優雅であるのに対し、**図３—18**は華やかの中に堅さを感じる。部屋の機能・目的に応じていることがわかる。

図３—21は、内謁見所の御張付である。第一章の**図１—38**に対応する。この御張付は豪華である。御長押上の御張付は、押箔砂子蒔で「瑞鳳模様」を、御長押下は同様に「千鳥模様」を描く。古写真の御長押上は、飛翔する鳳凰が大きく、しかも金の押箔砂子蒔で描かれているのである。内謁見所は、竣工後「鳳凰之間」に改称する。この御張付と一致するのである。この御壁張は、狩野晏川が担当している。

表宮殿の御学問所と内謁見所は、奥宮殿の聖上常御殿と比較すると、間内の目的・機能が異なる。そこで御張付に描かれた絵も変わっているのである。

D．顔料・絵具等にみる差

奥宮四殿の御座之間と御一之間を中心として、各御殿とも二間《マ》以上の御壁張・御襖の模様についてみてきた。御床御棚を構える間内は、画題の違いこそあれ、どこも厳粛で格調高い拵えとなっている。その御部屋を除くと、画題はもとより、模様や配色もかなり異なっている。それは、当然ともいえることでもある。

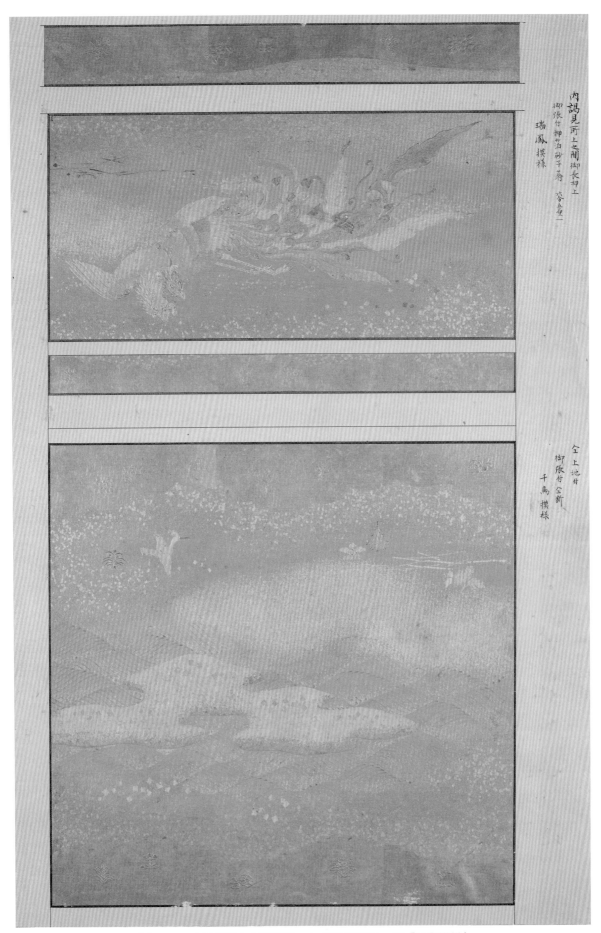

図３-21　内謁見所上之間壁張、上「瑞鳳模様」・下「千鳥模様」

配色の中で気になることがある。各御部屋はもとより、御殿間の相違もありそうである。それは、仕切戸である御杉戸絵についてもいえる。さきに、御杉戸を描くことを撰抜された画家が、画題と縮図用紙を事務局側から与えられることを述べた。同時に、極彩色と中彩色以下（薄彩色）では、手続きが異なるものであった。

「皇居造営録（雑品）」の中に、絵具に関する資料を見出すことができる。史料には、顔料という用語ではなく、絵具とあるのでそれを踏襲する。具体的に一つ、案件を紹介する。『皇居造営録（雑品）一七　明治一四～二二年』（識別番号四四四五―一七）第一四號に「絵具購求方之義伺」（明治二十年一月二十七日提出）の案件がある。

はじめに朱書きで、

概算高金四千二百七拾六円八拾四銭
金三千二百三拾三円　職工料
金九九円八四銭　運搬料
金九百四拾四円　材料

とある。史料を読むと、絵具代の総額が九四四円であることがわかる。金箔・金粉などはこの中に含まれていない。第四章で触れるので、そちらを参照していただきたい。この材料に関する請負者と内訳が続く。

一金百三拾壱円五七銭六厘
内
金八拾四円三拾二銭六厘　熊谷直次
但紺青拾六匁群青三拾八匁白群青百匁緑青八匁二番緑青百三拾八匁三番緑青貳百拾九匁小二番緑青拾八匁小三番緑青七拾五匁白二番緑青四拾九匁白三番緑青三拾八匁茶緑青四匁黄口二番緑青八匁同貳拾四匁同三番緑青拾匁群青貳匁之代
〆

代價高

品目	量数	壱目ニ付代價	小計
紺青	拾六目	金参拾七銭五厘	金六円
群青	参拾八目	金四拾参銭	金拾六円三拾四銭
白群青	百目	金四拾参銭	金四拾三円
緑青	八目	金貳銭八厘	金貳拾貳銭四厘
二番緑青	百三拾八目	金三銭	金四円拾四銭
三番緑青	貳百拾九目	金三銭	金六円五拾七銭
小二番緑青	拾八目	金三銭	金五拾四銭
小三番緑青	七拾五目	金三銭	金貳円貳拾五銭
白二番緑青	四拾九目	金三銭六厘	金壱円七拾六銭四厘
白三番緑青	参拾八目	金三銭六厘	金壱円三拾六銭八厘
茶緑青	四目	金三銭	金拾貳銭
黄口二番緑青	八目	金三銭	金貳拾四銭
黄口二番緑青	貳拾四目	金三銭	金七拾貳銭
黄口三番緑青	拾目	金三銭	金三拾銭
群緑	貳目	金三拾七銭五厘	金七拾五銭

金四拾七円貳拾五銭　杉山仙助
但薄群青八拾五匁白緑青三百六拾匁之代
〆

差引
金八百拾貳円四拾貳銭四厘　追テ購入方取調
御支拂分

とある。この案件では、材料費のおよそ七分ノ一を二人の請負者が受注していることになる。しかも、項目をみると、この案件だけで一七種類の品目が

表３－７　奥宮殿表宮殿の御床敷物一覧

位置	織方	模様	下絵製作者	製造者	法量	値段	「皇居造営録（雑品）」の號数・他	明細図識別番号	整理番号
聖上常御殿	緞子地	亀甲紋宝花模様（正倉院碁磐縁模様参考）	高取熊吉	小林綾造	巾・２尺９寸 長・８尺１寸５分	76円80銭	4445-30、第３號 原寸大図所収、一部彩色	81395	1
皇后宮常御殿	緞子地	不明	不明	小林綾造	巾・２尺７寸１分 長・７尺５寸８分５厘	67円20銭	4445-30、第５號 図ナシ	—	2
皇太后宮御休所	※繻子地	福禄紋模様（正倉院古裂紋様参考）	小堀桂三郎	小林綾造	巾・２尺７寸４分 長・５尺９寸５分	71円80銭	4445-30、第８號 原寸大図所収、一部彩色	81395	3
宮御殿	緞子地	芳春（柳櫻）紋模様	端館紫川	東京製織会社	巾・曲３尺 長・曲６尺	70円	4445-29、第19號 図ナシ	81395	4
御学問所階上	緞子地	高麗草丸模様	不明	高田茂	巾・２尺６寸９分 長・22尺１寸９分	107円50銭	4445-35、第34號 原寸大図所収、一部彩色	81395	5
同上・階下	緞子地	鸞鏡花折枝模様	不明	高田茂	巾・２尺６寸５分 長・10尺７寸余	39円	4445-35、第35號 原寸大図所収、一部彩色	81395	6

※明細図には緞子地とあり

登場する。熊谷が請負う一五種の単価をみることにする。以下の記述がある。

記

一金八拾四円三拾貳銭六厘也　繪具拾五種

とある。本書では、絵具の種類と値段を正確に調べることを目的としたものではない。色と一口に言っても多くの種類がある。一例として群青をあげると、少なくとも薄群青・群青・白群青・紺群青の四種類はある。日本画を描く上で高価な絵具であるが、右表でも一律ではない。緑青は、種類が多いが群青と比較するとかなり安価である。勿論、絵具の値段をみながら絵を制作するわけではない。それでも、用いられている色は、気になるところである。

図３－23　皇太后宮御休所御床敷、「福禳紋模様」

図３－22　聖上常御殿御小座敷御床敷、「亀紋宝花模様」

図 3 -25　御学問所階上御床敷「高草丸模様」

図 3 -24　宮御殿御床敷「芳春紋模様」

図 3 -27-A　聖上常御殿御小座敷御小褥縁「紅葉模様」

図 3 -27-B　聖上常御殿御小座敷御褥縁「古紋蘋花模様」

図 3 -27-C　聖上常御殿剣璽之間御小褥縁「八重蜀葵模様」

図 3 -27-D　聖上常御殿剣璽之間御小褥縁「八重蜀葵模様」

図 3 -26　御学問所階下御床敷「鸞繞花折枝模様」

表３－８　襖縁・小襖縁一覧

整理番号		位置	素地	模様	備考	本紙縮図関係	識別番号
1	聖上常御殿	剣璽之間・御上段之間　襖縁	萌黄地金襴	八重蜀葵模様	正倉院古裂模様を参照、下絵を鶴澤探岳		81395
2		剣璽之間　小襖縁	萌黄地固地金襴	八重蜀葵模様	同上	図７・８	81395
3		御小座敷　襖縁	萌黄地金襴	古紋蘋花模様	蠟纈模様、下絵を鶴澤探岳		
4		御小座敷御袋戸小襖縁	絣青地金襴	紅葉模様		図４	
5		同上・御地袋戸小襖縁	金地之錦	芳春模様		図33	
6		御寝之間　襖縁	萌黄地金襴	宝花模様	正倉院古裂模様を参照、下絵を鶴澤探岳		
7		御一之間　襖縁	白茶地金襴	厳島葱花模様	厳島経巻中の野菊模様を参照、下絵を鶴澤探岳		
8		御二之間　襖縁	茶色糸錦	古代草菱模様	正倉院古裂模様を参照、下絵を鶴澤探岳	図11	
9	皇后宮常御殿	御一之間　襖縁	花田色金襴	厳島葱花模様	厳島経巻中の野菊模様を参照、下絵を鶴澤探岳		
10		御一之間御袋戸小襖縁	絣青地金襴	薄模様		図５	
11		同上・御地袋戸小襖縁	紫固地之錦	鞆繪模様		図３	
12		御寝之間　襖縁	紫地金襴	古紋菱花模様			
13		御二之間　襖縁	浅黄地糸錦	葱立湧入模様	厳島経巻野菊竪湧を参照、下絵を鶴澤探岳		
14		御三之間　襖縁	花田色糸錦	カツミ立湧模様			
15	皇太后宮御休所	御一之間　襖縁	紫地金襴	宝相花模様	正倉院鴨毛屏風縁模様を参照		
16		御次之間　襖縁	白茶地金襴	瑞雲紋模様		図14	
17		御次之間御袋戸小襖縁	萌黄地金襴	雙鸞模様			
18		同上・御地袋戸小襖縁	水浅黄地糸錦	蔓牡丹模様	下絵を鶴澤探岳		81395
19	宮御殿	御一之間　襖縁	白茶地金襴	連環紋模様	下絵を鶴澤探岳		81395
20		御一之間御袋戸小襖縁	茶地錦	カツミ立湧模様			
21		同上・御地袋戸小襖縁	濃浅黄地錦	雪重模様		図６	
22		御次之間　襖縁	浅黄地糸錦	厳島野菊模様	厳島経巻野菊唐草を参照、下絵を鶴澤探岳	図17	
23		南十二畳半之間襖縁	浅黄地糸錦	海松丸模様	下絵を鶴澤探岳		81395

※備考は「皇居御造営誌　絵画事業」より

E．御床敷物と襖縁の下絵

宮殿装飾を扱う中で見逃しがちな項目である。御棚の御袋戸・御地袋戸を述べた際に、各御殿はもとより、同一御棚の天地袋戸の小襖縁の模様が相違することを述べた。ここで小襖・襖縁に加えて、御床敷物について述べる。

御床は、構造上、板張と畳敷の両者がある。そこに、用いる床敷は、床の一部を覆うものという理解が通常である。明治宮殿の場合、古写真の皇后宮常御殿（第一章**図1―51**）を好例として、御床の大半（全面？）を被覆することを特徴としている。**表3―7**に集成したが、一般的な床敷と比較するとはるかに大きい。表には、表宮殿で唯一、御学問所の階上階下の二箇所に御床を構えるために含めてある。同所階上の御床敷物が極立って大きいのは、階上一之間が、階下と異なり二一帖の間内の北面全てを御床の構えとしていることによるものである。具体的にみることにする。六例のうち、古写真に載る皇后宮常御殿の御床敷物（整理番号2）は、残念ながら詳細な情報を知ることができない。資料としては、「皇居造営録（雑品）」の案件に原寸大下図が付き、部分的に彩色が施されている欄外に凡例を設け、細かな色の指定があるので、これを基本とする。この模様の下絵は、**表3―3**のうち、高取熊吉、小堀桂三郎・端館紫川の三名の画家が担当している。おそらく、皇后宮常御殿も、下絵は画家が担当したものと推察される。**図3―22～26**は、明細図に描かれた縮図である。長さがあることから部分図である。**図3―22**の聖上常御殿、**図3―23**の皇太后宮御休所の御床敷物は、正倉院の古紋様を参照としたもので、格調高く、重厚感がある。御壁張が金泥引蒔絵であることから、青と焦茶色を基調とした配色がよく映える。**図3―24**は、宮御殿の御床敷物である。中程の紺地に二種類の桜の花弁は伝統的な意匠の中に新鮮さが加わり、周縁の柳の枝が美しい。**図3―22・23**と比較すると、どことなく若々しい。**図3―25・26**は、御学問所階上階下の御床敷物である。奥宮殿の織方と比べると落着いた中にも絵画的絵柄を用いることで、和洋折衷様式を

図 3 -29-A　皇后宮常御殿御寝之間襖縁「古紋菱花模様」

図 3 -29-B　皇后宮常御殿御三之間襖縁「カツミ立涌模様」

図 3 -29-C　皇后宮常御殿御二之間襖縁「葱立涌模様」

図 3 -28-A　聖上常御殿御寝之間襖縁「宝花模様」

図 3 -28-B　聖上常御殿御二之間襖縁「古代草菱模様」

図 3 -28-C　聖上常御殿御一之間襖縁「厳島葱花模様」

図 3 -28-D　聖上常御殿御小座敷御地袋戸襖縁「芳春紋模様」

図 3 -31-A　皇太后宮御休所御襖縁「宝相花模様」

図 3 -31-B　皇太后宮御休所御袋棚襖縁「瑞雲紋模様」

図 3 -31-C　皇太后宮御休所御袋棚襖縁「雙鸞模様」

図 3 -31-D　皇太后宮御休所御次之間襖縁「蔓牡丹模様」

図 3 -30-A　皇后宮常御殿御一之間襖縁「厳島葱花模様」

図 3 -30-B　皇后宮常御殿御一之間御袋棚襖縁「欄薄模様」

図 3 -30-C　皇后宮常御殿御一之間御袋棚襖縁「鞆繪模様」

図 3-32-B　宮御殿御袋棚襖縁「カツミ立涌模様」

図 3-32-C　宮御殿御袋棚襖縁「雪重模様」

図 3-32-A　宮御殿御一之間襖縁「連環紋模様」

図 3-32-D　宮御殿御二之間襖縁「厳島野菊模様」

図 3-32-E　宮御殿御三之間襖縁「海松丸模様」

意図しているようである。

御床敷物の製作は、小林綾造・高田茂・東高製織会社（羽野喜助）の三者であるが、いずれも同じ人物が応札する。小林綾造は西陣、高田茂は京都を代表する織物師である。織物事業では、農商務省技師の荒川新一郎が甚大な功績をあげたことを述べたが、二人ともいわば彼に撰抜された人物といえる。三者は、前章でもしばしば登場する。

御襖・小襖縁の模様は、画家の鶴澤探岳が担当する。表3—5の中に「皇居御造営誌　絵画事業」に登場する御襖・御小襖縁の担当者九項目のうち七項目に彼の名が記されている。残りの二項目は無記入であるが、同様とみて大過なかろう。四殿の御襖縁を担当するが、驚くことに四殿の襖の文様もみ

図 3-33　聖上常御殿御小座敷御袋戸「菅原文時作序冷泉院図」

な異なる。表3—5では、「皇居御造営誌　絵画事業」から四殿の御袋戸と御地袋戸と関連するそれらを囲繞する小襖縁を記した。重複する部分があるが、明細図から襖縁を集成したものが表3—8であり、図3—27~32である。四殿とも襖縁は、御二之間まで記されている。聖上常御殿の御三之間以外の明細図縮図には、本誌周縁は竪と横の框がそのまま描かれている。それは、図3—13の皇后宮常御殿化粧之間の襖と同じ形態となる。ここにも各部屋の格をうかがうことができる。

　御棚の御袋戸・御地袋戸の画題と襖縁の模様とは、見事に呼応している。聖上常御殿でみると、御袋戸が「田蘆秋風図」であるのに対して、その小襖縁は図3—27の「紅葉模様」。御地袋戸が図3—33の「菅原文時作序冷泉院図」に対して小襖縁が図3—28「芳春紋」。

　宮御殿の御地袋戸が図3—6の「雪中竹」であるのに対して、小襖縁は（図3—32）「雪重模様」。ちなみに、御袋戸は「池邊螢」に対して、小襖縁は「カツミ立涌模様」。本紙と小襖縁とが一体となっていることはもとより、御棚全体としても前者が秋と春、後者が夏と冬の反対の季節を表現していることになる。

　襖縁は、部屋の格もあり、伝統的な古紋を基本としている。正倉院古裂模様や厳島経巻などを参考としていることからうかがえる。いずれにしても、四殿の主要な部屋の襖縁の模様・色彩が二つとしてないのは看過することができない。また、下絵を担った鶴澤探岳の重責は、はかり知れない。

（三）杉戸絵

　本章の最初に述べたが、杉戸絵のうち、三五組が現存することから、美術史の分野を中心として、最も関心が高いところである。

　さきに、画家の撰抜、その後の手続き等々について述べたが、開始時期について気になるところである。『皇居造営録（運搬掃除）三四　明治一五～二二年』（識別番号四四二三一—三四）の第一三號「御杉戸板入仮箱京都府庁逓送方之義ニ付伺」（明治二十年三月十日提出）の案件が参考となる。明治二十年三月という時期は、付章1で述べるように宮殿の建設工事が順調に進み、表宮殿天井画用の大鷹質打出紙の発注や襖・壁張用の鳥の子紙を調達しようとする時である。この案件では、京都府庁宛に三枚の杉戸板を送るというものである。内容を続ける。

一金二拾五円八銭四厘
　内
金拾三円三拾貳銭　郵船會社東京支店 水野運五郎
但御杉戸入東京ヨリ大坂沾《ママ》三個此戈
六拾六銭六分海漕賃料　壱戈ニ付 金貳拾銭
金拾壱円五拾四銭四厘　内國通運會社 山口幸作
但同所大坂ヨリ京都府庁沾三個此量目九拾六貫貳百匁陸運送賃料
　壱〆匁ニ付 金拾貳銭
金貳拾貳銭　同人
但同所配達賃料

とある。杉戸板を京都府庁に送った後、配達賃料があるので、京都の有力画壇、鈴木百年・久保田米僊・幸野楳嶺あたりであろうか。あるいは、杉戸板には四種類の等級があり、そのうち三種類を見本として久保田米僊が出仕する京都府画學校に送ったものか、この史料からは判断することができない。そもそも見本を送る必要性がない。史料の三個という数字が杉戸板三枚ではなく、一個が少なくとも画題一つ分の二枚と解釈するのが穏当のようではあるが。

A．杉戸板の四種類の等級

格天井画、襖・壁張、杉戸絵等々をプロデュースする立場にあった山高が、総合的な観点から画題、配置を決め、画家達に指示したことは、容易に推察することができる。山高が御造営事務局から嘱託を命じられて間もなく、四等級に分けられた杉戸板八五組一七〇枚が発注されたことは、意外と知られていない。撰抜された二十七名の画家達は、画題は与えられたものの、宮殿内の位置はもとより、杉戸板の等級に至っては知るよしもない。そこで、杉戸板下拵の案件をみることにする。

『皇居造営録（聖上常御殿）四　明治一五～二一年』（識別番号四三七〇―四）の第一號「聖上常御殿向杉戸板木乾下拵之儀伺」（明治十八年十月七日提出）の案件がある。

　概算金五拾九円五銭八厘
　　一金五拾六円四拾九銭六厘　北嶋弥助
　　　差引金貳円五拾六銭二厘　減
　　外
　金五円八拾貳銭　餅糊并苧縄把購買金
　金四円五拾貳銭　貯蓄丸太背板ノ代金
　　〆金拾円三拾四銭

とある。この案件には、杉戸板の材料費は含まれていない。杉戸板の拵賃のみのものである。本案件には、積書と「第壹区杉戸調地之間四百分一之圖」の内題をもつ図が付く。下拵積書の冒頭部分を抜粋すると、

　一数百四拾枚
　　内

表3－9　杉戸板の4等級の区別一覧（案件付図より抜粋）

杉戸等級及び員数之調　合計百四拾枚

等級・員数	寸法内法：内法高サ	框外法巾	員数
上々等　員数　拾貳枚	六尺六寸	五尺　六分五厘	四枚
	右仝	三尺　五分五厘	貳枚
	右仝	三尺三寸壱分五厘	貳枚
	右仝	三尺　五分	四枚
上等　員数　五拾四枚	六尺六寸	三尺　五分	貳枚
	六尺四寸	四尺七寸貳分	貳枚
	六尺三寸	三尺　八分五厘	八枚
	右仝	三尺　七分	六枚
	六尺貳寸	三尺壱寸壱分半	拾枚
	右仝	三尺壱寸　五厘	六枚
	右仝	三尺　九分五厘	四枚
	六尺壱寸	右仝	四枚
	六尺	三尺壱寸壱分	八枚
	右仝	三尺　九分五厘	四枚
中等　員数　四拾八枚	六尺貳寸	四尺七寸貳分	六枚
	右仝	三尺貳寸三分五厘	四枚
	右仝	三尺壱寸壱分五厘	貳枚
	右仝	三尺壱寸　五厘	貳枚
	右仝	三尺　九分五厘	貳枚
	六尺	四尺七寸四分	六枚
	右仝	三尺壱寸壱分半	貳拾四枚
	右仝	三尺　九分五厘	貳枚
下等　員数　貳拾六枚	六尺貳寸	四尺七寸四分	八枚
	右仝	四尺七寸貳分	貳枚
	右仝	三尺壱寸壱分五厘	拾貳枚
	右仝	三尺　九分五厘	貳枚
	六尺	三尺壱寸壱分半	貳枚

一四枚　板巾四尺六寸六分五厘　聖上常御殿御椽座
　長六尺〇六分　敷中仕切貳口
　・建具職三人貳分　壱枚ニ付　八分
　・手伝人足壱人貳分　仝　三分

一貳枚　板巾貳尺九寸壱分五厘　　前同断
　長六尺〇六分
　・建具職壱人　　壱枚ニ付　五分
　・手伝人足四分　　仝　　貳分
一貳枚　板巾四尺六寸五分五厘　御学問所通御廊下
　長六尺〇六分　　取合
　・建具職壱人六分　　壱枚ニ付　八分
　・手伝人足六分　　仝　　三分
一四枚　板巾貳尺六寸五分五厘　聖上御湯殿へ　取合
　長六尺〇六分　　並皇后宮御殿へ取合共
　・建具職貳人　　壱枚ニ付　五分
　・手伝人足八分　　仝　　貳分
一貳枚　板巾貳尺六寸五分五厘　聖上御湯殿へ取合
　長六尺〇六分　　廊下隅
　・建具職壱人　　壱枚ニ付　五分
　・手伝人足四分　　仝　　貳分
〈以下略〉

とある。一四〇枚の杉戸板における資用箇所、杉戸板の法量に応じた枚数、製作に携わる職人と手伝人足の数量が詳細に記されている。どの位置に、どのサイズの杉戸板という興味もある。それ以上に、本案件には付図がつき、図内に上々・上・中・下の四等級の区別とその位置が示されていることが最大の特徴といえる。誰しも画題と誰が描いたものであるかに関心が向かいがちで、杉戸板そのものに区別があることなど知るすべがない。**表3—9**に、付図の中に記されている杉戸板の等級表を抜粋した。これには、上々等に一二枚（絵画としては二枚一組で一つの作品となり、両面に描かれるので、二枚で二つの画題が完成する）、上等が五四枚、中等が四八枚、下等が二六枚

図3-34-A　聖上常御殿西入側中仕切南面「紅梅鶴」・右

図3-34-B　聖上常御殿西入側中仕切南面「紅梅鶴」・左

とある。表3―9をみると、大きいから等級が上というわけではない。製作には、大半が一枚当り職人が五分（一人当り一日二枚）、手伝人足が二分（一人当り一日五枚）であたる。つまり、素材の良悪になる差であり、高い方がより緻密ということのようだ。最上となる上々等は、全て聖上常御殿の中仕切・取合廊下のものである。さきに下拵積書の冒頭部分をあげたが、はじめの四項目が上々等にあたる。中仕切の杉戸で規模がやや小さいのは、間内の北側、剣璽之間と御廊下之間境の延長線上、御椽座敷中程となる。聖上常御殿で、唯一、上等となるのは、第一章図1―54の同所平面図の左上隅の「廊下」とあるのが、聖上御湯殿の取合廊下の杉戸板で、下拵書の五項目にあたる。

上等は、皇后宮常御殿をはじめとする三殿の中仕切や取合廊下、御霊代の取合廊下となる。下等は、奥御車寄と間接的に四殿とを結ぶ廊下の取合に記されている。

付図の作成日をみると、案件提出日よりやや早い明治十八年九月二十二日の記入がある。表宮殿各間内の木組に着手した頃と重なり、工事工程からみるとかなり早い発注となる。史料では、同年十二月二十五日の完成を伝えている。

ところで、案件の四等級全ての杉戸板に絵が描かれていたかというと、疑問と言わざるをえない。杉戸絵は、後述するが二枚一組で一つの画題を構成する。両面に描かれることから、二枚の杉戸絵には二つの画題が表現されていることになる。つまり、一四〇枚全てに描かれていれば、一四〇組の画題と縮図が残されていても不思議ではない。しかし、「皇居御造営誌」と四帖の明細図には、八九組しか記録されてはいない。それが史実であれば、五一組の杉戸板には描かれなかったことになる。四等級に分けた中で、下等の杉戸板に、杉戸板の下図は見当らないのである。

図3-35-A　聖上常御殿西入側中仕切北面「承和樂」・右

図3-35-B　聖上常御殿西入側中仕切北面「承和樂」・左

B．杉戸絵の事例紹介

明治宮殿の御杉戸絵の美術的評価・紹介については、その方面の専門家諸氏に委ねることとし、ここでは資料としての視点でみることにする。

「皇居御造営誌　絵画事業」と明細図四帖をもとに御杉戸絵の集成したものが章末に掲載した**表3―10**である。資料を紹介する前に、明細図の体裁を説明する。**図3―34**は、整理番号5の聖上常御殿西側入側南面の「紅梅鶴」である。杉戸板の下拵積書の冒頭部分、上々等の大きめのもののうちの二枚に描かれたものである。整理番号は、四帖の明細図のうち、はやいもの（八一三八七）から、なおかつ縮図の収録順につけてある。三帖目の識別番号八一三八九に表宮殿内謁見所の御杉戸絵が八点入るので、それらは区別してアルファベットにしてある。

図3―34をみることにする。明治宮殿の御杉戸絵は、二枚立を基本とする。引手金具の位置が参考となる。正面右手上に、位置・彩色・画題・縮尺が記されている。**図3―34**では、

聖上常御殿西御入側中仕切
南面
御杉戸
極彩色
紅梅鶴　五分一

とある。縮尺は、明細図全てを五分ノ一に統一してあるので、大きさの比較は容易である。彩色は、明細図と「御造営誌」では、異なる箇所がある。**表3―10**には、作者名を「御造営誌」、それ以外の情報を明細図のものを引用してある。**図3―34**の右下には、鉛筆で作者名が入る。本図の場合、「瀧和亭」とあり、「御造営誌」の担当者と一致する。明細図には、鉛筆による作者名の無いものもある。

図3―34は、御小座敷を出て、御上段之間方向に向かう御椽座敷の中仕切

図3-36-A　聖上常御殿東入側御学問所取合廊下境東面「躑躅」・右

図3-36-B　聖上常御殿東入側御学問所取合廊下境東面「躑躅」・左

図3-37-B　聖上常御殿東入側御学問所取合廊下境西面「孔雀牡丹」・左

図3-37-A　聖上常御殿東入側御学問所取合廊下境西面「孔雀牡丹」・右

図3-38　聖上常御殿東入側ヨリ御湯殿取合廊下境西面「蘆雁」

となるもので、図3―34からすると裏側にあたるのが図3―35（整理番号6）の鶴澤守保が描いた「承和楽」である。表3―10を参照すると、画家が御杉戸絵を担当する場合、大半が両面の二つの画題を描いている。双方が異なる画家による数少ない事例である。図3―35の注記には、

聖上常御殿西御入側中仕切
北面
御杉戸
極彩色
承和楽　五分一

と記されている。画題、作者が異なると絵の雰囲気が全く異なる。背景の紅

梅、桜が季節の一連を感じる。

杉戸そのものの機能は同じでも、最重要位置の一つとなるのが、聖上常御殿から御学問所への取合廊下（第一章図1—54の右下）である。下拵積書の第三項の杉戸板に描かれている。杉戸絵の作者名が、「皇居御造営誌」と明細図で一致しないものが四例（整理番号1・3・65・67）ある。そのうちの一つに該当する。

図3—36は、御学問所取合廊下から聖上常御殿間内に入る杉戸に描かれた「躑躅」である。右下には、野口幽谷と記されている。「皇居御造営誌」には、瀧和亭とあるが、整理番号2の岩を描く筆遣いが同じであることから、筆者は、野口幽谷の作と考えたい。他の一致しない三つの事例も同様である。表3—10の画家名を明細図から引用しなかったのは、明細図に無記入が相当数いたことによるもので他意はない。図の注記をみると、

聖上常御殿東御入側学問所
御取合廊下境東面
　御杉戸
　　極彩色
　　　躑躅　五分一

とある。ちなみに、この反対面にあるのが図3—37の「孔雀牡丹」である。野口幽谷が描いたもので、孔雀に気品があり、背景の牡丹が色鮮かである。図3—34・35と同様、杉戸の両面に牡丹と躑躅の二つの季節感を見事に表現

図3-39　皇后宮常御殿ヨリ聖上常御殿取合廊下北面「山吹」

図3-40　聖上常御殿ヨリ皇后宮常御殿取合廊下南面「芍薬」

している。

聖上常御殿でもう一例、取上げる。図3—38は、図3—37の北側に隣接する御杉戸絵である。図3—37が御学問所への取合廊下境であるのに対して、図3—38は聖上御湯殿への取合廊下境となるものである。御椽座敷側からは両者をみることができるが、反対面は廊下の壁が隔てることから、二面同時は不可能となる。この杉戸板は、下拵積書の五項にあたり、上々等が用いられる。前述の二組四枚のサイズと比較すると、およそ半分の大きさとなる。

図3—38は、瀧和亭が描いた「盧雁」である。右上注記には、

聖上常御殿東御入側ヨリ
御湯殿エ取合御廊下境西面
御杉戸
極彩色
蘆雁　五分一

とある。蘆の細い葉と可憐な花。雁が水辺に集まる秋の景観である。図3—37が春であるのに対して秋と二つの季節を同時に見ることができる。配色を押え、図3—37は好対照であるが違和感はない。

聖上常御殿の間内の御椽座敷中仕切および取合廊下境の御杉戸絵の画題をふりかえると、紅梅鶴、孔雀牡丹、盧雁、東入側中仕切が「松ニ鹿」（整理番号13）と縁起の良い動物と四季の植物が入る。構成の良さに驚かされる。

皇后常御殿をみることにする。三例紹介する。

図3-41　皇后宮常御殿西入側中仕切南面「伊勢大輔詠櫻図」

図3-42　皇后宮常御殿東入側女官候所取合廊下西面「萩鹿」

図3―39は、皇后宮常御殿から聖上常御殿への取合廊下の御杉戸に幸野楳嶺が描いた「山吹」（整理番号20）である。注記には、

　聖上常御殿ヨリ
　皇后宮常御殿エ御取合口北面
　　御杉戸
　　　極彩色
　　　　山吹　五分一

とある。「皇居御造営誌」を参照すると、画題は、『古今集』の紀貫之が詠んだ歌の

　よしの《吉野》川きし《岸》の山吹ふく風尓そ古《底》の
　　かけ《影》さへうつろひに介《け》り

に求めているとある。澄んだ吉野川の流れに散った山吹の花が川底に映る様子を詠じたものであるが、画面は華やかで見事にその光景を描いている。この反対の面は、同様に幸野楳嶺が描いた「芍薬」となる。図3―40があたる。図3―39・40とも色彩が鮮やかで豪華な造りとなっている。皇后宮常御殿の御杉戸では最重要の位置にあり、相応しい御杉戸絵である。

図3―41は、山名貫義が描いた「伊勢大輔詠櫻圖」（整理番号23）である。注記をみると、

　皇后宮常御殿西御入側中仕切南面
　　御杉戸
　　　極彩色
　　　　伊勢大輔詠櫻圖　五分一

とある。この御杉戸の位置は、第一章図1―49の御化粧之間の西側、御縁座敷の中仕切にあたる。「皇居御造営誌」には、歌の意を『詞歌集』の詞書として

　一条院の御時奈良の八重櫻を人のたてまつりて侍りけるをそのをり御前尓侍りけれ八其花を繪ひりて歌よめとおほせられハよめる
　古《いにしえ》の奈良のミやこの八重櫻けふこゝの部《九重》に
　　尓ほひぬる哉

の歌が添えてある。宮中に献上された八重櫻を受け取る役の伊勢大輔が詠むことを命じられ、一句詠んだ歌であるが、その様子を描いたものである。殿中の筆と墨と脇には、折枝の八重櫻がみえる。

図3―42は、川端玉章が描いた「萩ニ鹿」である（整理番号40）。さきに、聖上常御殿の中仕切で「松ニ鹿」の御杉戸絵があることを述べたが、本図の

図3-43　皇太后宮御休所南入側東境西面「三井晩鐘」

鹿の背景は萩になる。注記には、

皇后宮常御殿東御入側女官候所
裏御廊下取合西面
御杉戸
中彩色
萩ニ鹿　五分一

とある。「皇居御造営誌」には、歌の意を『歌仙家集』に清原元輔が詠んだ「萩ニ鹿」の歌として、

秋の野のはき《萩》の尓し起をわがやどに
志可《鹿》のね那可らうつしてい哉

図 3 -44　宮御殿西廊下南境北面「鳩譲枝図」

が載る。雌雄の鹿の表情が穏やかで、背景の萩・薄芒・蔓がやさしく包む。

皇太后宮御休所の明細図一二点には、鉛筆による作者名が記されていない。一点紹介する。

図 3 —43は、狩野守貴《(探美)》が描いた「三井晩鐘」（整理番号40）である。注記には、

皇太后宮御休所南御入側
東境西面
御杉戸
極彩色
三井晩鐘　五分一

図 3 -45　宮御殿西廊下南境北面「震辰八荒之図」

とある。三井寺とは通称で滋賀県に所在する長等山園城寺。同寺は、大友与多喜が朱鳥元年（六六六）開創と伝わる。近年の発掘調査によって大友村主の氏寺であることが明らかとなった。同年の梵鐘は、神護寺・平等院の梵鐘と共に日本三名鐘の一つとして有名である。古刹、園城寺の景観を描いたものである。作者の狩野守貴（画号を幽美）は、御杉戸絵を描くことはもとより、前章表宮殿の格天井画の打出紙模様彩色を中心となって請負った人物でもある。

宮御殿から一例、明治十五年に皇居御造営事務局に献言した久保田米僊の作品一例をあげる。

図3—44は、鈴木百年が描いた「鳩譲枝圖」（整理番号82）である。後述する久保田米僊は門下生にあたる。注記には、

宮御殿西廊下南境北面
御杉戸
極彩色
鳩譲枝圖　五分一

とある。杉の大木の小枝に各々番の鳩が止まる。右上の白鳩をややもすると見逃す。隣の鳩が下の様子をうかがっている。この裏面が図3—45の「震感八荒之圖」（整理番号83）である。作者は図3—44と同様、鈴木百年であることから筆使いは同じである。しかし、画面は一変する。松の木に止まる鷹が鋭い視線で小鳥を捜す。狩の体勢の鷹と逃げる小鳥もいる。図3—44が静

図3-46　聖上常御殿ヨリ宮御殿、取合境物置脇北面「柘榴／金衣百子図」

図3-47　聖上常御殿ヨリ宮御殿取合境物置南面「薔薇花」

寂であるのに対して、図3―45では張詰めた空気が伝わる。
図3―46・47は、聖上常御殿ヨリ宮御殿への取合廊下の御杉戸に久保田米僊が描いたものである。図3―46の北面には「柘榴《ざくろ》／金衣百子圖」（整理番号54）、図3―47の南面には「薔薇花」を画題とする。図3―46の注記には

聖上常御殿ヨリ宮御殿エ取合境
御物置脇北面
御杉戸
中彩色

図3-48-A　内謁見所北之間東入側北境南面「蔓青鸞模様」

図3-48-B　内謁見所北之間東入側北境南面「蔓青鸞模様」

図3-49-A　内謁見所南入側東境西面「鹿桐模様」

図3-49-B　内謁見所南入側東境西面「鹿桐模様」

柘榴
金衣百子圖　五分一

とある。

奥宮殿八九組のうち、一四組の御杉戸絵を紹介してきた。その選択については、天皇・皇后の移動の際に直面する御杉戸絵を意識したが、表3―10にあるようにほんの部分であるに過ぎない。また、画題を与えられた画家は、杉戸板の両面に描く場合、図3―36・37、図3―39・40、図3―44・45のように対応して表現していることが少なくない。美術的な関心も高まる。本書では、片面しか紹介していないものがあり、反対面も気になるところである。

明治宮殿の御杉戸絵の事例紹介ということで、何分にもご容赦いただきたい。

C.　表宮殿の杉戸絵

本章でもう一つ述べることがある。僅かではあるが、表宮殿にも御杉戸があることである。この御杉戸は、内謁見所に限られている。内謁見所とその東側に位置する謁見所をはじめとする表宮殿の各間内とをこの御杉戸で区画するようにも見える。

内謁見所は、御一之間（鳳凰之間）・西之間・北之間（桐之間、皇后宮謁見所）の三間からなる。このうち御杉戸は、御一之間と北之間の御入側境に限られている。二例、紹介する。

図3―48は、北側入側北境の二枚立の御杉戸絵である（整理番号A）。表宮殿の御杉戸絵は、奥宮殿の同絵とは異なり、体裁が前述した御一之間・御二之間の襖絵に類似する。御杉戸の縁に沿って幅の広い文様帯―襖絵の襖縁―をもつ。本図では、紺地に金色の唐花艸模様が巡る。その内側が本紙にあたる。注記には、

内謁見所北之間東御入側北境南面
御杉戸
表　蔓青鸞模様　五分一

とある。画面の中央には鳳凰が舞い、色鮮やかな花々を求めて小蝶も飛びかう。慶事そのものである。

図3―49は、内謁見所南入側境の御杉戸縁である（整理番号G）。注記には、

内謁見所南御入側東境西面
御杉戸
鹿桐模様　五分一

とある。周縁は萠黄地に金色で葡萄唐艸模様。群青地の中央には、雌雄の鹿が桐木の下に立ち、空には鳥が舞う。

図3―48・49は、横幅もさることながら、杉戸板の高さが奥宮殿よりかなりある。表宮殿の十二組の御杉戸絵の作者は、残念ながら不明である。

表 3 -10　奥宮殿の杉戸絵一覧（含、表宮殿）

整理番号	位置	作品名	彩色	画家	図版番号	備考	識別番号
1	聖上常御殿ヨリ御学問所ニ取合御廊下中仕切南面	菊花鶏	極彩色	瀧　和亭		明細図には「野口幽谷」とあり	81387
2	〃　南面	猿ニ激潭	同上	野口已之助（幽谷）		※北面か	
3	聖上常御殿東御入側御学問所御取合御廊下境東面	躑躅	同上	瀧　和亭	図36	明細図には「野口幽谷」とあり	
4	〃　西面	孔雀牡丹	同上	野口已之助（幽谷）	図37		
5	聖上常御殿西側入側中仕切南面	紅梅鶴	同上	瀧　和亭	図34		
6	〃　北面	承和楽	同上	鶴澤守保	図35		
7	聖上常御殿ヨリ皇后宮常御殿エ取合境南面	仁和楽	同上	鶴澤守保			
8	〃　北面	白梅鴛鴦	同上	鶴澤守保			
9	聖上常御殿北御入側中仕切西面	※神楽之圖	同上	鶴澤守保			
10	〃　東面	茶梅花	中彩色	山崎董洤		御造営誌には「山茶花／相思鳥」の記入	
11	聖上常御殿東御入側ヨリ湯殿エ取合御廊下境西面	蘆雁	極彩色	瀧　和亭	図38		
12	〃　東面	連鷺	薄彩色	瀧　和亭			
13	聖上常御殿東御入側中仕切南面	松ニ鹿	極彩色	瀧　和亭			
14	〃　北面	水仙	中彩色	瀧　和亭			
15	常御殿東御入側北宮御殿取合御廊下境西面	雪中南天	同上	渡邊　諧（小華）			
16	〃　東面	寒菊	同上	渡邊　諧（小華）			
17	聖上常御殿申口境南面	杜若	薄彩色	柴田順蔵（是新）			
18	〃　北面か？	五位鷺ニ水葵	（中彩色）	柴田順蔵（是新）		明細図に位置の記入ナシ	81387
19	聖上常御殿ヨリ皇后宮御殿エ御取合口南面	芍薬	極彩色	幸野楳嶺	図40		81388
20	〃　北面	山吹	同上	幸野楳嶺	図39		
21	皇后常御殿御入側東面	帰鴈	同上	山名貫義			

整理番号	位置	作品名	彩色	画家	図版番号	備考	識別番号
22	〃　西面	櫻花	同上	山名貫義			81388
23	皇后宮常御殿西御入側中仕切南面	伊勢大輔詠櫻圖	同上	山名貫義	図41		↓
24	〃　北面	老松	同上	狩野永悳			
25	皇后宮常御殿東御入側中仕切南面	藤	同上	大庭學仙			
26	〃　北面	螢	同上	大庭學仙		御造営誌には「螢照水草」と記入	
27	皇后宮常御殿東御入側女官候所裏御廊下取合西面	萩ニ鹿	中彩色	川端玉章	図42		
28	〃　東面	山茶	薄彩色	川端玉章		御造営誌には「山茶花」と記入	
29	皇后宮常御殿北御廊下中仕切東面	千鳥	中彩色	狩野永悳			
30	〃　西面	緑竹	極彩色	狩野永悳			
31	皇后宮常御殿北御入側ヨリ御休所エ御取合御廊下口南面	紅白梅花	同上	狩野永悳			
32	〃　北面	四季花篭	中彩色	狩野永悳			
33	皇后宮常御殿御湯殿エ御取合御廊下中仕切西面	鴨	極彩色	田崎　芸			
34	〃　東面	槙	薄彩色	狩野永悳		明細図に鉛筆による作者名ナシ	
35	皇后宮常御殿ヨリ御休所へ御取合中仕切り南面	秋草ニ虫	極彩色	田崎　芸			
36	〃　北面	蕨	同上	田崎　芸			
37	皇后宮常御殿ヨリ皇太后宮御休所エ御取合境南面	雉子ニ春草	同上	狩野守貴			
38	〃　北面	瀬田夕照	同上	狩野守貴		ここ以降明細図に作者名ナシ	
39	皇太后宮御休所南御入側東境東面	粟津晴嵐	極彩色	狩野守貴			
40	〃　西面	三井晩鐘	同上	狩野守貴	図43	近江八景	
41	皇太后宮御休所西御入側中仕切南面	唐崎夜雨	同上	狩野守貴		近江八景	
42	〃　北面	堅田落雁	同上	狩野守貴		近江八景	
43	〃　東面	矢橋帰帆	同上	狩野守貴			
44	皇太后宮御休所御入側北東隅境西面	比良暮雪	中彩色	狩野守貴			
45	〃　東面	玉蘭小禽	薄彩色	荒木寛畝			↓

整理番号	位置	作品名	彩色	画家	図版番号	備考	識別番号
46	聖上御湯殿北御廊下表宮殿境西面	杉白狐	中彩色	岸　竹堂		明細図に鉛筆で作者名アリ	81389
47	〃　東面	群雀	同上	岸　竹堂			↓
48	聖上御湯殿北御廊下東境東面	稲荷山	薄彩色	川端玉章		御造営誌には「稲荷山真景」と記入	
49	〃	女郎花	同上	川端玉章			
50	聖上常御殿御湯殿東廊下境北面	木芙蓉	同上	岸　九岳			
51	〃　南面	枯木ニ木兔	同上	岸　九岳			
52	聖上御湯殿東御廊下南境北面	蘇鉄	同上	川邊御楯			
53	〃　南面	檜	同上	川邊御楯			
54	聖上常御殿ヨリ宮御殿エ取合境御物置脇北面	柘榴／金衣百子圖	中彩色	久保田米仙	図46	御造営誌には「石榴黄鳥」ともあり	
55	〃　南面	薔薇花	同上	久保田米仙	図47		
56	聖上御湯殿北御廊下西境西面	兎	同上	原　在泉			
57	〃　東面	薄花	薄彩色	原　在泉			
58	聖上御湯殿西御廊下北境北面	葛花	薄彩色	村瀬玉田			
59	同上　南面	萩花	同上	村瀬玉田			
60	聖上御湯殿西御廊下南境北面	桔梗花	同上	沼田荷舟			
61	同上　南面	鶉ニ野菊	同上	沼田荷舟			
A	内謁見所北之間東御入側北境南面	表　蔓青鸞模様			図48		
B	同上　北面	裏　山茶模様				※図には１枚、左右対称か	
C	同上　南境北面	表　未央花ニ鸞模様				同上	
D	同上　南境南面	裏　蔓草ニ鶴模様					
E	内謁見所東御入側南面	古模様花葵模様				※図には１枚、左右対称か	
F	同上　北面	蔓草鴛鴦模様				同上	
G	内謁見所南御入側東境西面	鹿桐模様			図49		
H	同上　東面	藤模様					

整理番号	位置	作品名	彩色	画家	図版番号	備考	識別番号
62	皇太后宮御休所ヨリ御霊代御取合境南面	薊花	極彩色	山名貫義			81390
63	同上　北面	浮草	薄彩色	山名貫義			↓
64	皇后宮御湯殿西廊下北境南面	若竹	同上	吉澤雪庵			
65	同上　北面	芭蕉	同上	※狩野永悳		明細図には「吉澤雪庵」と記入	
66	皇后宮御湯殿北廊下北境東面	黄蜀葵	同上	荒木寛畝			
67	同上　西面	葡萄	同上	※狩野永悳		明細図に「荒木寛畝」、御造営誌に「葡萄ニ雀」	
68	皇后宮御湯殿北廊下東境西面	梧桐	同上	狩野昭信		御造営誌に「青桐」とあり	
69	同上　東面	枇杷	同上	狩野永悳		明細図には作者名ナシ	
70	聖上申口之間御道具掛境北面	花菖蒲	薄彩色	大庭學仙			
71	同上　南面	桂花	中彩色	大庭學仙		申口取合之間前の4枚立	
72	聖上申口之間御道具掛境西面	朝顔	同上	渡邊　諸（小華）		申口取合之間前の4枚立	
73	同上　東面	紫薇花	同上	渡邊　諸（小華）		申口取合之間前の4枚立	
74	聖上常御殿ヨリ皇后宮常御殿エ御取合口東面	百合花	同上	村瀬玉田		申口取合之間前の4枚立	
75	同上　西面	臘梅	蒲彩色	村瀬玉田			
76	聖上申口之間宮御殿境西面	万年報喜	中彩色	山崎董詮		御造営誌には「松ニ喜雀」ともあり	
77	同上　東面	萱花	同上	山崎董詮			
78	宮御殿後廊下北境西面	鴉友哺之圖	同上	川邊御楯			
79	同上　東面	養老樵父圖	同上	川邊御楯			
80	宮御殿西御廊下北境北面	一鷺功名圖	極彩色	田能村小虎		御造営誌に「水邊柳ニ鷺」ともあり	
81	同上　南面	鶏群鶴立圖	中彩色	田能村小虎			
82	宮御殿西御廊下南境北面	鳩譲枝圖	極彩色	鈴木百年	図44		
83	同上　南面	震威ハ荒圖	中彩色	鈴木百年	図45	御造営誌に「松樹ニ鷹小鳥ヲ逐フ」ともあり	
84	宮御殿南御入側西境西面	時宗騎射圖	極彩色	川邊御楯			↓

整理番号	位置	作品名	彩色	画家	図版番号	備考	識別番号
85	同上　東面	正成笠置山圖	同上	川邊御楯		御造営誌には「正成詣笠置山圖」とあり	81390
86	宮御殿東御廊下境南面	機織圖	同上	守住貫魚			↓
87	同上　北面	棕	薄彩色	守住貫魚		御造営誌には「棕櫚」とあり	↓
88	宮御殿東御廊下南境北面	耕作之圖	極彩色	田中有美			↓
89	同上　南面	小鍛治錬刀	薄彩色	田中有美			81390

第四章　表宮殿と奥宮殿に共通する室内装飾—釘隠金物、暖炉前飾りと大鏡縁—

これまで表宮殿、或いは奥宮殿に限定される室内装飾について述べてきたが、ここでは、両宮殿に共通する室内装飾として釘隠金物、暖炉前飾りと大鏡縁について紹介し、検討する。

（一）釘隠金物

釘隠金物は、神社・仏閣・城郭などの日本建築において必ず目にする金具である。しかし、明治以降、洋風化に伴いその存在は薄れ、今では新たな建築物に付設されることは滅多にない。皆無に等しいと言っても過言ではない。

語源を『古事類苑』に求めると、「居處部十六　長押」に以下のように記されている。

〔類聚名物考客室二〕列銭　くぎかくし　釘隠
今長押の釘隠といふは、唐の壁帯の列銭にあたるべし、
〔本朝世事談綺五人事〕瓦工
釘かくしの六角なるも、水をかたどる、天井、鴨居、蛙股など、みな水の縁をとる、堂塔に黐龍雲水を書もおなじ理也、すべて火難を避る祝辞也、
〔延喜式四伊勢大神宮〕修二飾神宮一調度
壁柱長押釘覆鋪拾肆　経三寸立足一鋳立、
〔徳川禁令考四十八粧飾品　習元〕明暦三酉年三月
　釘かくし引手等之こと
大キ成釘かくし、大キなる引手、びいどろ金めつきなど、結構ニ仕間敷候、たとひ何方より御誂候とも、結構仕間敷候、其上上方他国商売物ニ誂候共、左様ニ相心得不レ申候事、
　二月
〔嬉遊笑覧一上居處〕釘かくし　京都佛光寺通烏丸西に、釘隠町あり、角倉、十四矢倉、醍醐倉と云は、長押の釘かくしの金物美麗なるに習ひ、釘の頭をかくすかな物をさの如くせしかば、民居末これなかりしかば、世人来り見る者多く、遂に町の異名となりけるなり、思うに、この金物、大家にてはや、古くより用ひしなるべし、刀剣の目貫と云うものも、いはゞ釘かくしなり、されば其製古くも有レなるべし、〈以下略〉

とある。すなわち、釘隠金物は、中国の唐代に発生し、我国には律令時代に伝わる。その後、六葉の形状で広まり、時を経ることで装飾性に富んだものが加わることになる。

A．資料の概要と集成

明治宮殿の釘隠金物に関する資料は、主に三種類からなる。「皇居造営録（金物）一〜八五　明治一四〜二二年」、「皇居御造営誌二二　聖上常御殿事業〜東車寄事業」、「皇居御造営内部諸装飾明細図／表宮殿長押引手金物之図・後席之間婦人室小食堂釘隠及置物図」である。また、それを実証する資料として「明治宮殿（四つ切り）その壱〜その参（写真帖）大正十一年」などがある。以下、資料の概要と特徴について述べることにする。

●「皇居造営録（金物）一〜八五」（識別番号四四四〇―一〜八五）

釘隠金物の基本となる資料である。八五件からなる。「金物」を対象としていることから、資料は、釘類、鋲、銅板、鉄板、擬宝殊、破風金物、釘隠金物、天井の三ツ手四ツ手金物、引手金物、蟠番、ランプ釣金具、高欄金具、竹之節金物、網、扉金物、鋳鉄柵、青銅製電気柱（大手石橋電飾灯）など多岐に及んでいる。明治宮殿造営では、先に天井画の制作で述べたように、土木、建築、室内装飾に至るまで、原材料を御造営事務局側が用意（調達）することを基本とする。その上で、各工程ごとに入札し、業者を決定している。そのため、莫大な事業の案件と仕様書が残されている。

釘隠金物も例外ではない。原材料の大半を秋田県阿仁鉱山で産出する丁銅に求め、銅板・同磨工程、間内にあわせた形状の製作工程、鍍金工程を経て完成し、納品となる。各工程では入札を基本とし、例外的に指名もある。後席廣間・婦人之間・小食堂の内法長押を七宝焼の第一人者である濤川惣助（唯一、釘隠金物が七宝焼）、同所天井・廻縁長押と東西化粧之間の内法・廻縁長押を彫金の塚田秀鏡に依頼したものがある。

釘隠金物では、表宮殿に加えて吹上の賢所、神嘉殿神饌所に関する釘隠金物の案件がある。章末に掲載した「皇居造営録（金物）」に載る資料を集成した**表4―1**からは除いたが、識別番号四四四〇―三九、第二號「和鉄製釘隠其他製造購求方之義伺」の案件名で神嘉殿神饌所用の六葉釘隠六〇個、地覆唄釘隠二〇個の注文が記されている。また、先に「憲法発布式図」を紹介したが、その中の一点「賢所御親祭之図」（識別番号八〇〇八一）を参照すると、賢所と皇霊殿の内法・地覆長押には釘隠金物が描かれている。宮中三殿をはじめとする吹上でもかなりの数量を要していると考えることができる。ちなみに、**表4―1**には七〇件の案件があり、数量をみると表宮殿で四、五一七個、奥宮殿で三、六〇六個、合計八、一二三個となる。

●「皇居御造営誌二二〜四八」（識別番号八三三二一〜八三三四八）

「皇居御造営誌」は、各事業ごとの仕様書、明細書を伴うもので、いわば最終報告書と言えるものである。奥宮殿では、「皇居御造営誌二二　聖上常御殿」（識別番号八三三二二）から「同誌三三　女官昇降口、面謁所、検番所、買物所、夫卒部屋物置、女官通用門、中仕切塀、御湯沸所、山里土蔵引建直シ等事業」（識別番号八三三三三）までの一二件、表宮殿では、「皇居御造営誌三四　御学問所事業」（識別番号八三三三四）から「同誌四八　東車寄事業（識別番号八三三四八）までの一四件の合計御二六件が対象となる。この資料には、仕様書があるものの、釘隠金物の図は無いことを断っておく。具体的に、「皇居御造営誌三七　饗宴所事業」（識別番号八三三三七）でみることにする。同誌には、仕様書と明細書の二箇所に記述があるので、その部分を抜粋する。仕様書には、

金物ノ部

一破風金物　四拾個
一銅製御紋腰折唐草打出シ打取彫漆箔石目入黒漆指掛魚外巻金物青海波打出彫漆箔置
一獅子口御紋金物　八個
一銅製腰折打出シ打取彫漆箔置仕立
一格天井金物　五千六百七拾七個
一銅製三ツ手四ツ手隅金物共鼻先覆輪内模様厳嶋鉄仙地彫石目打電気鍍

寸間貳毛付
一釘隠金物　貳百貳拾六個
一間内々法長押模様天野鉄仙天井長押柄花蝶廻縁長押高野鉄仙入側内法
長押蔓花菱天井長押舞鶴紋外側内法長押法陵寺鉄仙切目長押瑞雲蜀葵
何レモ銅製腰折立地彫毛彫地石目打電気鍍寸間内法長押押之分壱厘付
天井廻縁長押ノ分五毛付仕立廊下内法長押六葉廻リ縁長押如意頭外側内法
腰長押長押共六葉作リ腰折地彫電気鍍寸間付前仝断
一唄金物　三拾三個
一地覆長押唱黒目製丸形ニ打出シ鋲頭三辺滅金仕立
一竹之節金物　四拾八個
一銅製模様春日鉄仙地彫石目打チ電気鍍寸間貳毛付　（傍点は筆者）

とある。右史料には、釘隠金物以外のものも含まれている。釘隠金物に限定すると、二二六個に唄《ばい》金物三三個の合計二五九個となる。数量に続く一項が位置と模様の特徴となる。

仕様書に続くのが明細書である。冒頭と関連箇所を抜粋すると、

饗宴所新築費明細書
総計金拾六萬貳千四百九拾圓貳拾五銭七厘
一金拾壱萬八千五百拾八圓四拾九銭三厘

とあり、このあとに無代價物品が朱書で続く。

外
金三萬八千七百五拾三圓三銭二厘　十五年度末現在品へ越高
金五千貳百壱圓七拾四銭八厘　他官庁ヨリ無代價譲受品評價
金拾壱圓九拾三銭九厘　堀《ママ》出シ品評價
金五圓四銭五厘　献納品評價
但建坪　貳百六拾五坪三合四勺六才
軒坪　六拾四坪九合
内　譯

〈前略〉
金貳千百貳圓　　諸金物費
内
破風金物　四拾個　金四百貳拾壱圓拾貳銭九厘
棟御紋金物　八個
釘隠金物　三百貳拾五個　金千五百四拾壱圓五拾貳銭七厘
〈傍点は筆者、以下略〉

とある。ここで不思議なことに、釘隠金物の数量が仕様書では二五九個であるのに対して、明細書では三二五個と六六個の差が生じている。ここでは、史料の体裁のみを示し、数量の検討については後述する。

●「皇居御造営内部諸装飾明細図／賢所宮殿御盆之部、後席之間婦人室小食堂釘隠及置物之部、表宮殿長押釘隠及引手金物之部」（識別番号八一四〇〇・八一四〇二・八一四〇三）

「皇居御造営内部諸装飾図」は、三三一帖からなる。そのうち、釘隠金物が載る資料は、右に挙げた三件である。いずれも正寸で、彩色が施されている。「賢所宮殿御盆之部」には、賢所の六葉鉄製錆色漆塗の長押金物と唄金物、聖上常御殿の内法・天井長押に用いられる銅紋黒毛地彫斜子打敷座唐草打取彫中座共墨指五返滅金をはじめとする五種類の釘隠、洋銀イフシ単唐草毛彫中座金滅金の六葉釘隠と地覆唄釘隠の二種類が所収されている。

「後席之間」には、内法長押の鳩、天井長押の蝶、回縁長押の燕の三種類をはじめとし、入側を含む同所で使用される釘隠金物が所収されている。このうち、蝶と燕は、「皇居造営録」に原画が残されており（整理番号12・57、両者を比較するのも興味深い。参考までに、蝶で比較する。**図4—1**は原図、**図4—2**は明細図である。二匹の蝶が羽ばたいているが、**図4—1**では奥の蝶が彩色されておらず、「地銀」の文字で彩色を指定している。手前の蝶をみると、**図4—2**と酷似していることは当然であるが、三箇所に相違が認め

図４－１　釘隠金物「蝶」の原図

図４－２　釘隠金物「蝶」の明細図

られる。一つは、触角（内彎と外反）、一つは複眼をはじめとする頭部、一つは羽の端部の模様。全体として、原図の方が蝶の躍動感を看取することができる。鳩・蝶・燕の釘隠金物は、各々、二六個宛製作される。原図は、七宝焼の鳩は残されていないが、蝶が一四点、燕が一一点残されている。原図の点数と数量が合わないのは、一つの原図から複数、製作されていることによるものである。

「表宮殿長押釘隠」は、表宮殿のうち後席之間を除く全ての間内・入側の釘隠金物を集成したものである。切目長押釘隠三点を含む五〇点が所収されている。図が正寸に統一されていることから大・小型の区別が容易で、かつ金鍍金の仕上が主流にあって彩色された華やかさも極立つ。

三件の明細図では、数量や仕様上の留意点（例えば金鍍金の量）を知ることは出来ないが、位置と模様を容易に知ることができる。

B．釘隠金物の数量

釘隠金物は、表宮殿と奥宮殿では様相が異なる。表宮殿では、建物自体が和洋折衷様式であることから、間内・入側とも形状に富み華かである。

一方、奥宮殿は、和風様式であることから、六葉の形状となる。まずは、「皇居御造営誌」に載る表宮殿と奥宮殿の釘隠金物の数量をみることにする。奥宮殿では模様替（増築）があることから区別し、表宮殿を**表4―2**、奥宮殿を**表4―3**に示した。**表4―2**の仕様書と明細書で釘隠金物の数値が一致しないのは、難解と言わざるを得ない。両者を対比すると、数字が一致する三事業を除くと、いずれも明細書の方が多い。各事業では、間内・入側に加えて廊下も含まれる。明細色の数字は、その廊下を含むものと理解したい。ただし、東化粧之間事業にも東車寄事業にも廊下があるので謎である。しいて共通点をあげると、両事業には「便所」が加わる。そのあたりで仕様書の方を修正したということであろうか。いずれにしても、表宮殿だけで釘隠金物の数最がおよそ四、三〇〇～四、九〇〇個ということになる。

他方、奥宮殿を**表4―3**でみると、仕様書と明細書で数字が異なるのは、「皇太后宮御休所」で一一個の差があるのみである。仕様替（増築）によって五四四個が増量となる。増築の仕様書も明記されているので間違いがない。したがって、奥宮殿の釘隠金物の数量は、およそ四、七〇〇個となる。

すなわち、表宮殿と奥宮殿では、釘隠金物の数量がほぼ同じであり、両者を合わせると九、五〇〇個前後となる。膨大な量を要しているのである。ちなみに、「皇居造営録」の数字で比較すると、表宮殿ではほぼ同じであるのに対して、奥宮殿の開きが大きい。章末の**表4―1**の場合、奥宮殿では、三、六〇六個となる。それに、識別番号八三三三一・八三三二二の二つの事業と

表4－2　「皇居御造営誌」にみる表宮殿の釘隠金物

識別番号	資料名	仕様書の数量	明細書の数量	増減
83334	御学問所事業	450	500	▲50
83335	侍従詰所、侍従武官詰所、侍医局、皇族大臣候所事業	819	819	0
83336	附立所事業	107	142	▲35
83337	饗宴所事業	259	325	▲66
83338	後席之間事業	312	372	▲60
83339	東溜之間事業	76	158	▲82
83340	西溜之間事業	152	182	▲30
83341	謁見所事業	179	224	▲45
83342	東化粧之間事業	256	256	0
83343	女官面謁所事業	215	245	▲30
83344	内謁見所事業	363	413	▲50
83345	東脱帽所事業	302	352	▲50
83346	西脱帽所事業	281	331	▲50
83347	御車寄事業	136	156	▲20
83348	東車寄事業	399	399	0
	合計	4,306	4,874	▲568

※増減は仕様書の数量から明細書の数量を引いた数字

表4－3　「皇居御造営誌」にみる奥宮殿の釘隠金物

識別番号	資料名		仕様書の数量	明細書の数量	模様替えによる増量
83322	聖上常御殿事業		210	210	98
83323	皇后宮常御殿事業		291（長押236、地覆56）	291（長押236、地覆56）	153
83324	皇太后宮御休所事業		188（長押148、切目9、地覆31）	199（六葉168、地覆31）	55
83325	宮御殿事業		332（長押269、地覆63）	332（長押269、地覆63）	23
83326	串口取合之間及女官候所、女官客間及呉服所、女官部屋へ渡廊下、同化粧之間等事業	串口取合之間・女官候所	243（長押191、地覆52）	243（長押191、地覆52）	60
		女官客間及呉服所・他	750（長押597、地覆153）	750（長押597、地覆153）	10
83327	聖上御湯殿、御厠及御学問所へ渡廊下事業		415（長押345、地覆70）	415（長押345、地覆70）	57
83328	皇后宮御湯殿、御厠及供進所、雑仕詰所事業		626（長押511、地覆115）	626（長押511、地覆115）	34
83329	御霊代及二位局詰所、御物置事業		280（長押225、地覆55）	280（長押225、地覆55）	0
83330	奥御車寄受附之間、皇后宮職属詰所、御文庫事業		321（長押291、地覆30）	321（長押291、地覆30）	0
83331	女官通廊下、典侍並掌侍部屋事業	女官通廊下	〔233〕　※	〔233〕　※	50
		典侍掌侍部屋	340	340	
83332	命婦部屋、東西女婦部屋、雑仕下り部屋事業		172	172	0
	合計		4,168	4,179	544

模様替による増量を加えると一、〇五六個となる。合計では、四、六六二個となりかなり近値する。このあたりが要因と考えられる。

C．型式分類と特徴

釘隠金物には、設置される場所によって名称が異なり、形状も異なる場合がある。間内であれば、鴨居や天井の長押と柱の接する位置によって、内法長押・天井長押・廻縁長押などと区別し、釘を覆う金物を嵌め込む。また、地面近くの柱の釘を覆う地覆唄釘隠などもある。ここでは、釘隠金物の設置位置によって、三類に大別することができる。

Ⅰ類：間内、廊下などの柱と長押との釘を覆う内法・天井・廻縁の釘隠金物。

Ⅱ類：縁側が途切れる床板と柱との釘を覆う切目唄釘隠。

Ⅲ類：地面近くの柱の釘を覆う地覆唄《ばい》釘隠。

明治宮殿の釘隠金物のうち、数量が最も多く、特徴的なものがⅠ類である。これには、さらに二つに大別することができる。

A型：伝統的な六葉の形状をとるもの。

B型：近世以降多現する華燭に富んだ釘隠金物で、六葉以外の形状をとるもの。

一般的に、城郭・寺院・仏閣を中心として見ることのできる釘隠金物は、一つの建物内で多くても複数の種類で構成されている。しかし、明治宮殿では、A・B型とも実に多くの種類・形状があり、各々細分することができる。

A型の場合には、大座の模様、周縁の模様の有無と形状、中座の模様の有無、玉縁の模様などによる。これらを細分すると**図4—3**の如くである。

〈大座の模様〉

a：唐艸《（草）》模様

b：葉取（唐艸の代わりに菊の模様）

c：放射状に六条の沈線模様と石目打
d：牡丹模様
e：洋銀単唐艸模様
f：鉄製鋳色六葉模様
g：古代模様
〈大座周縁の模様〉
イ：唐草模様のあるもの
ロ：「×」字状の模様のあるもの
ハ：後光座の形状をとるもの
ニ：周縁が無紋のもの
〈中座の菊模様の有・無〉
い：有
ろ：無
〈玉縁の模様〉
1：菊座
2：六葉の模様をとるもの
3：単唐艸の模様をとるもの
4：無目

となる。このほか、彩色での墨指しや石目打の有無の項目の設定が可能である。A型は、奥宮殿のほか、表宮殿の東西脱帽所・北溜之間の間内や各所廊下外側などでみられる。具体的には後述する。

B型の釘隠金物は、デザインが動物や花草の具象模様に求めることが多い。そのため、形状が変化に富み、主要な模様も異なる。また、地金の銅と金・銀色以外の彩色を施しているものや、謁見所や饗宴所などの広い空間に合う大型のものが存在することも特徴である。B型の分類にあたり、以上のことを考慮した。

〈形状〉
①円形（含、略円形）
②楕円形（含、長楕円形）
③菱型
④菱形以外の矩形・多角形
⑤不整形
〈主要模様〉
h：花の模様
　h1（花と茎・葉が分離・独立したもの）
　h2（一体化したもの）
i：花以外の植物模様
j：鳥の模様
k：鳥以外の動物模様（昆虫を含）
l：植物・動物以外の模様
〈彩色〉
地金の銅、鍍金の金色・銀色の
S：単色であるもの
W：地金、鍍金に一色を加えたもの
T：地金、鍍金に二色以上加えたもの
〈最大長〉
x：一尺（三〇センチ）未満のもの
y：一尺以上のもの

を分類基準とした。以下、A型とB型、どのような形状の釘隠金物が該当するのか、具体的に述べることにする。

〔A型の六葉の場合〕

最も典型的な六葉古代模様は、**図4—3—1**のAgニろ—4型に分類され

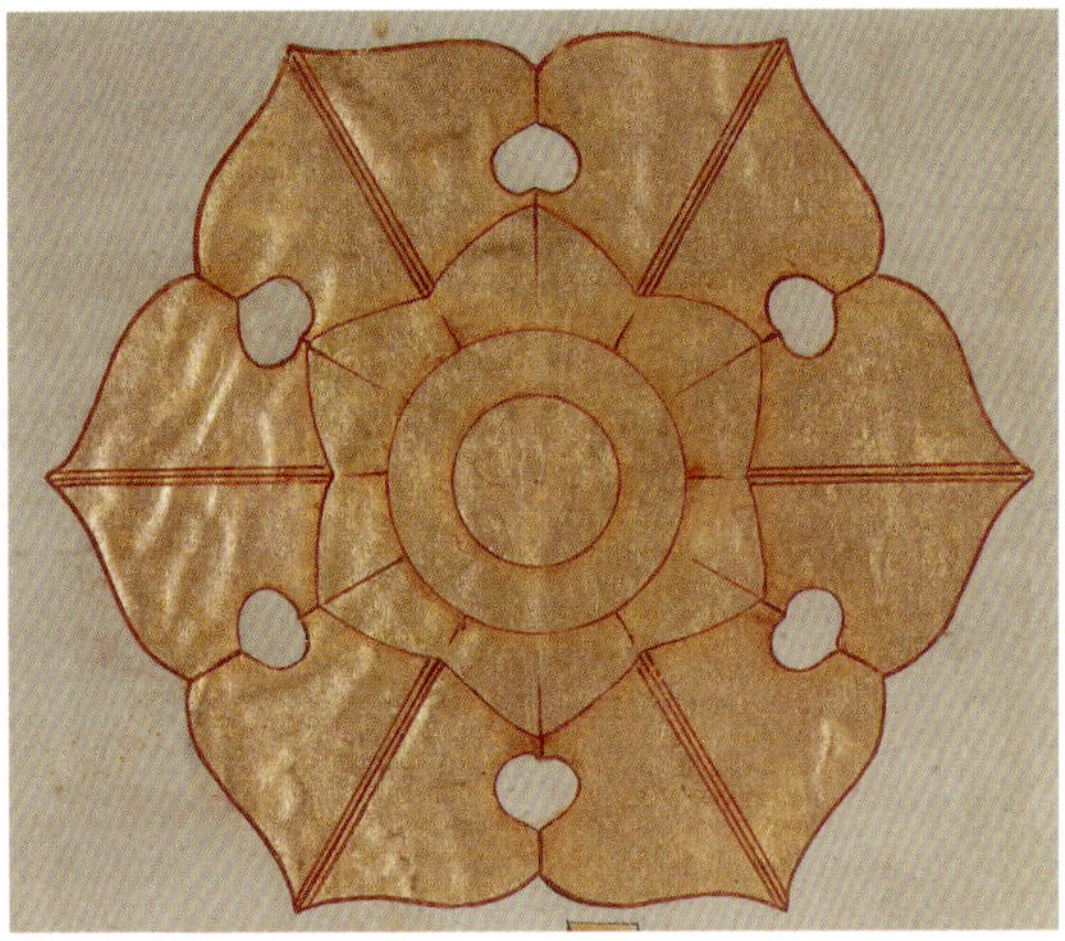

図 4－3－1　六葉古代模様（Ag ニろ-4型）

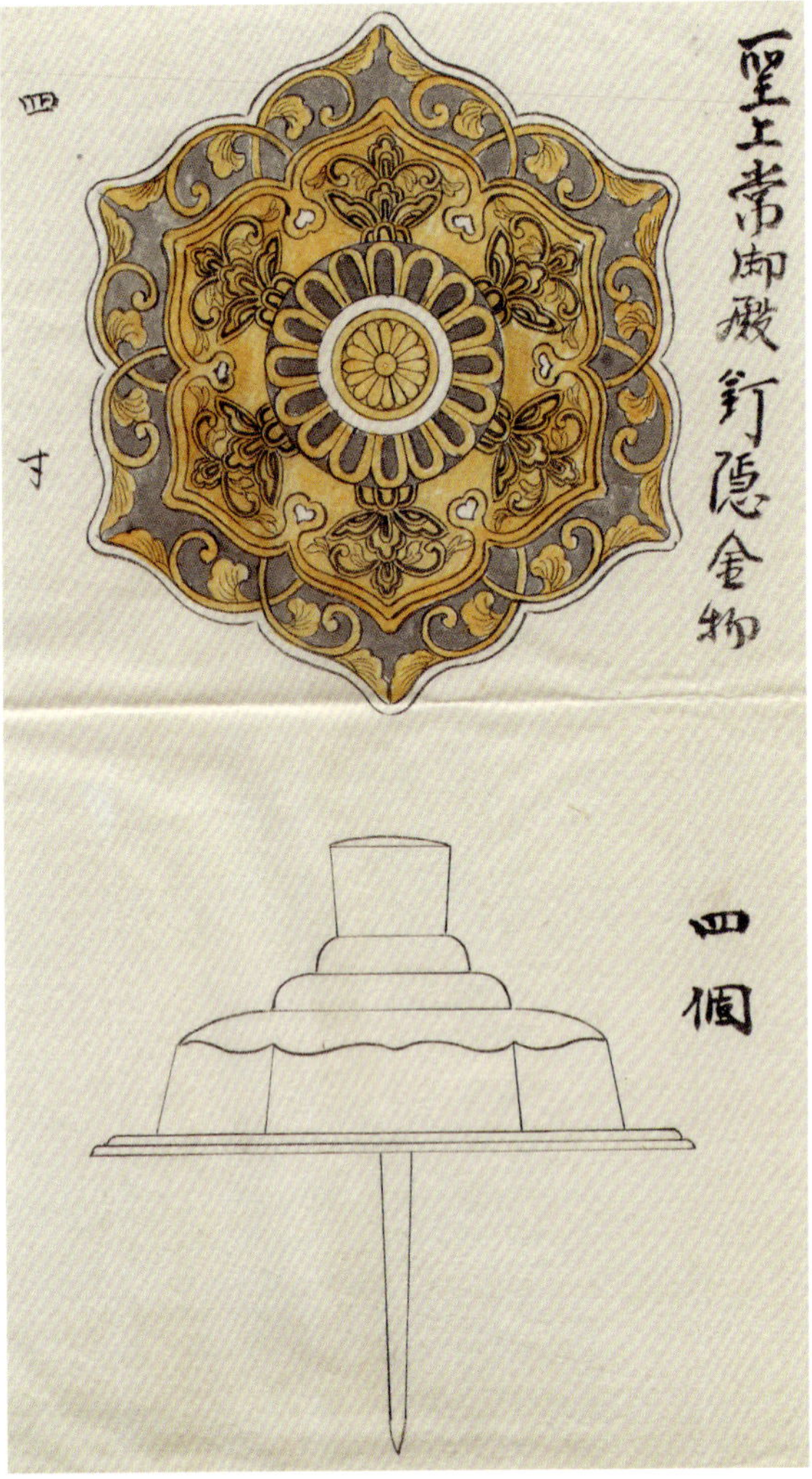

図 4－3－2　唐艸六葉（Aa イい-1型）

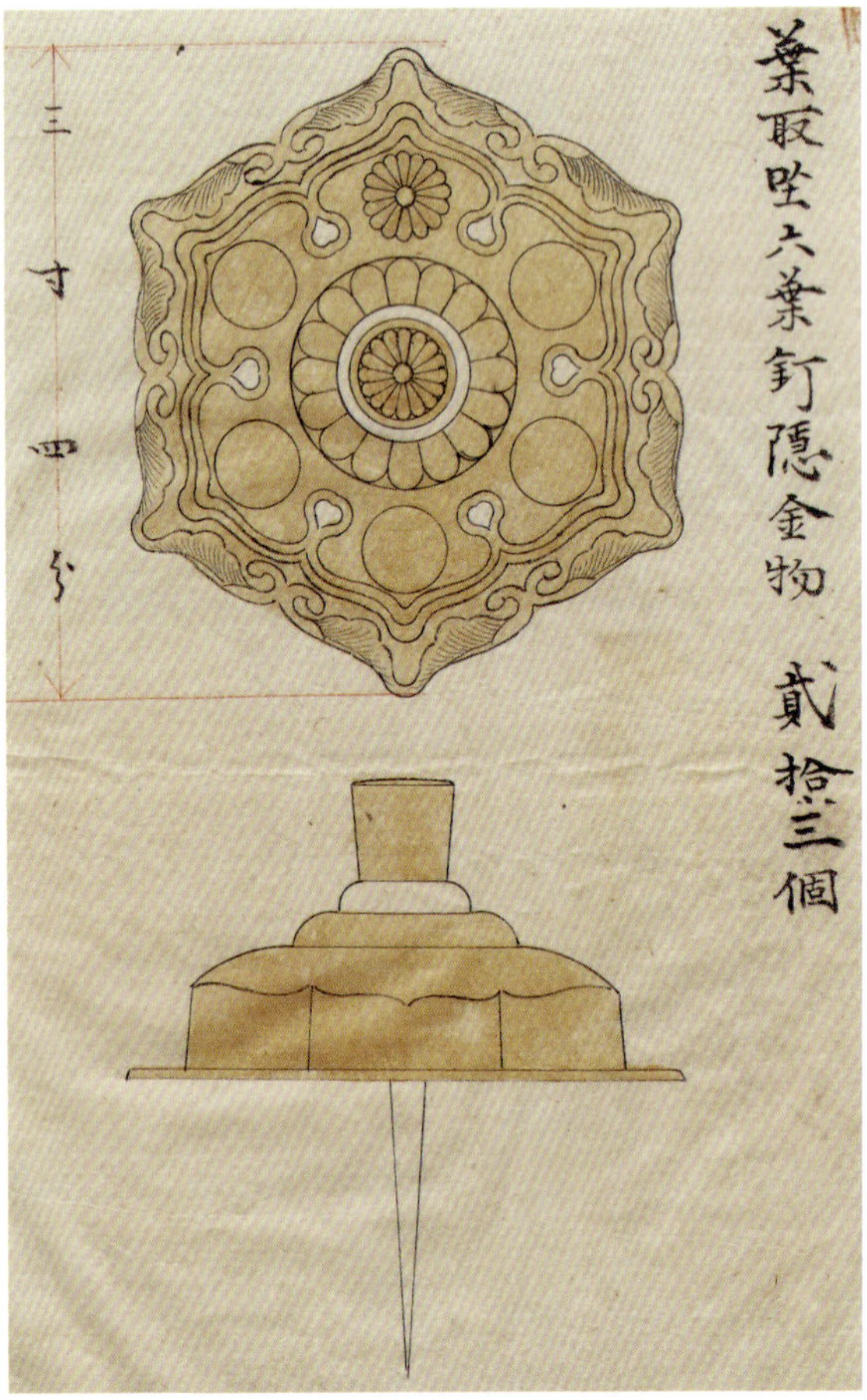

図 4－3－3　葉取六葉（Ab ロい-1型）

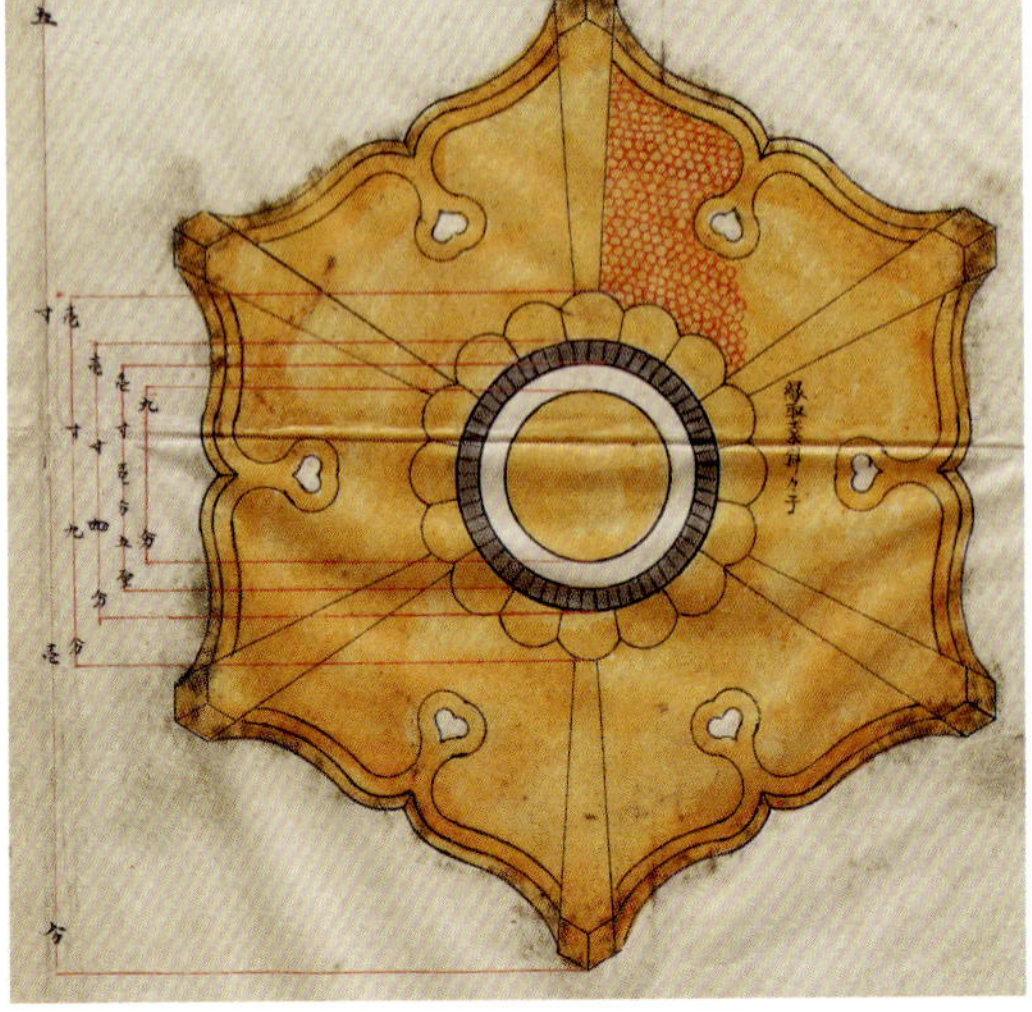

図 4－3－4　六葉釘隠（Ac ニい-4型）

るもので、明治宮殿では、表4—1の整理番号64の二個のみである。明治宮殿以外ではよく目にする古式の形態であるが、ここでは特異と言わざるをえない。図4—3—6は、中座に菊紋を有するが、形状はそれを除くと前述の古式と同じである。Afニい—4型に分類されるもので吹上の神嘉殿神饌所で使用されたものである。表4—1には明治宮殿ということで除いてあるが、『皇居造営録（金物）三九』第二號「和鉄製釘隠其他製造購求方之義伺」の案件名で載る。明細図には、「賢所長押六葉鉄製錆色漆塗」とあることから、宮中三殿で用いられたものである。地金を鉄としている点、錆色漆塗を施している点で注目される。

　奥宮殿のA型では、聖上常御殿・皇后宮常御殿・皇太后宮御休所・宮御殿の主要間内は、Aa・Ab型で占有されている。表4—1の整理番号53に特徴が示されている。図4—3—2は、Aaイい—1型に分類されるもので、聖上常御殿から皇太后宮御休所の三殿の内法長押・化粧長押で用いられている。三殿の差は、大きさにある。同案件には、聖上常御殿が「四寸」、皇后宮常御殿が「三寸七分」、皇太后宮御休所が「三寸四分」と記されている。ちなみに、整理番号30の皇太后宮御休所では、本型が一二六個用いられているが、図内には寸法と数量が記されている。そこには、三寸四分が五五個、三寸二分が一四個、三寸が四一個、二寸八分が一三個、二寸六分が三個と指定されている。同一御殿内でも使用する位置によって大きさを変えているのである。図4—3—7は、Aaハい—1型の宮御殿のものである。前述した三殿とは、周縁が唐艸から後光座に代わることで区別する。これは、聖上常御殿の湯殿及廊下内法長押などでも用いられている。図4—3—3は、Abロい—1型に分類されるもので、整理番号30の皇太后宮御休所や整理番号24の表御殿御学問所階下長押などに用いられている。図では、大座内の唐艸が菊紋に代わるが中座を含めて省略してある。図4—3—8は、Aaロい—1型が整理番号2の表宮殿脱帽所間内の内法・天井長押に用いられているものである。格長高い模様構成であるが、奥宮殿の外縁・中座が墨指しであるのに対して、これは銀鍍金である。図4—3—4は、表宮殿のみにみられるものである。共に表4—1の整理番号2の東西脱帽所内法・廻縁長押、外側内法・腰長押で用いられているものである。図4—3—9は、Aaニい—1型で図4—3—8の外縁のないもの。図4—3—4は、Acニい—4型で古式に近い形状をとるものである。最後に図4—3—5は、整理番号1の奥宮殿女官候所・供進所をはじめとする四殿以外の間内に広くみられるもので、明細図に載る。Aeニろ—3型をとる。洋銀イブシとしては唯一のものである。

　図4—3は、A型の六葉全ての型式を網羅したものではない。いくつか欠けるものがあるが、A型に限ってみると、奥宮殿が中心であることは間違いがない。また、図4—3—2〜4を好例として、間内による形状や大きさの差もあるようである。それについては、後述する。

〔B型の六葉以外の場合〕

　二条城の金銅花熨斗桐鳳凰文釘隠、桂離宮新御殿御寝之間の水仙、曼珠院の七宝富士、日野陣本陣の蝙蝠《こうもり》や番兎、薩摩仙厳寺の桜島大根をはじめとする十一種類の釘隠金物など近世以降、各地で装飾性に富んだ釘隠金物を目にすることがある。しかし、明治表宮殿のB型釘隠金物は、種類・数量ともそれらの比ではなく、他に例をみない程、圧倒している。形状の特徴を指摘する前に、侍従詰所、侍従武官詰所、侍医局、附立所を除く表宮殿の主要間内（入側を含む）の釘隠金物を示したのが表4—4である。後席廣間・婦人之間・小食堂が間内・入側、御学問所階上の間内・入側、饗宴所の入側と後席之間入側が同一形状であるのを除くと、同一名称であっても形状は異なる。すなわち、六葉を除くB型の釘隠金物が四七種類存在することになる。

　つぎに、主要文様でみると、花モチーフ（h1・h2型）が最も多く二五種類、これに植物（・i型）を加えると二九種類となる。花の中では、未央柳《ビオヤナギ》五種類（内謁見所中廊下を含めると八種類）、鉄仙が四種類で続く。このうち鉄仙は、

図４－３－６　鉄製錆色六葉（Af ニい-4型）

図４－３－５　洋銀単唐艸（Ae ころ-3型）

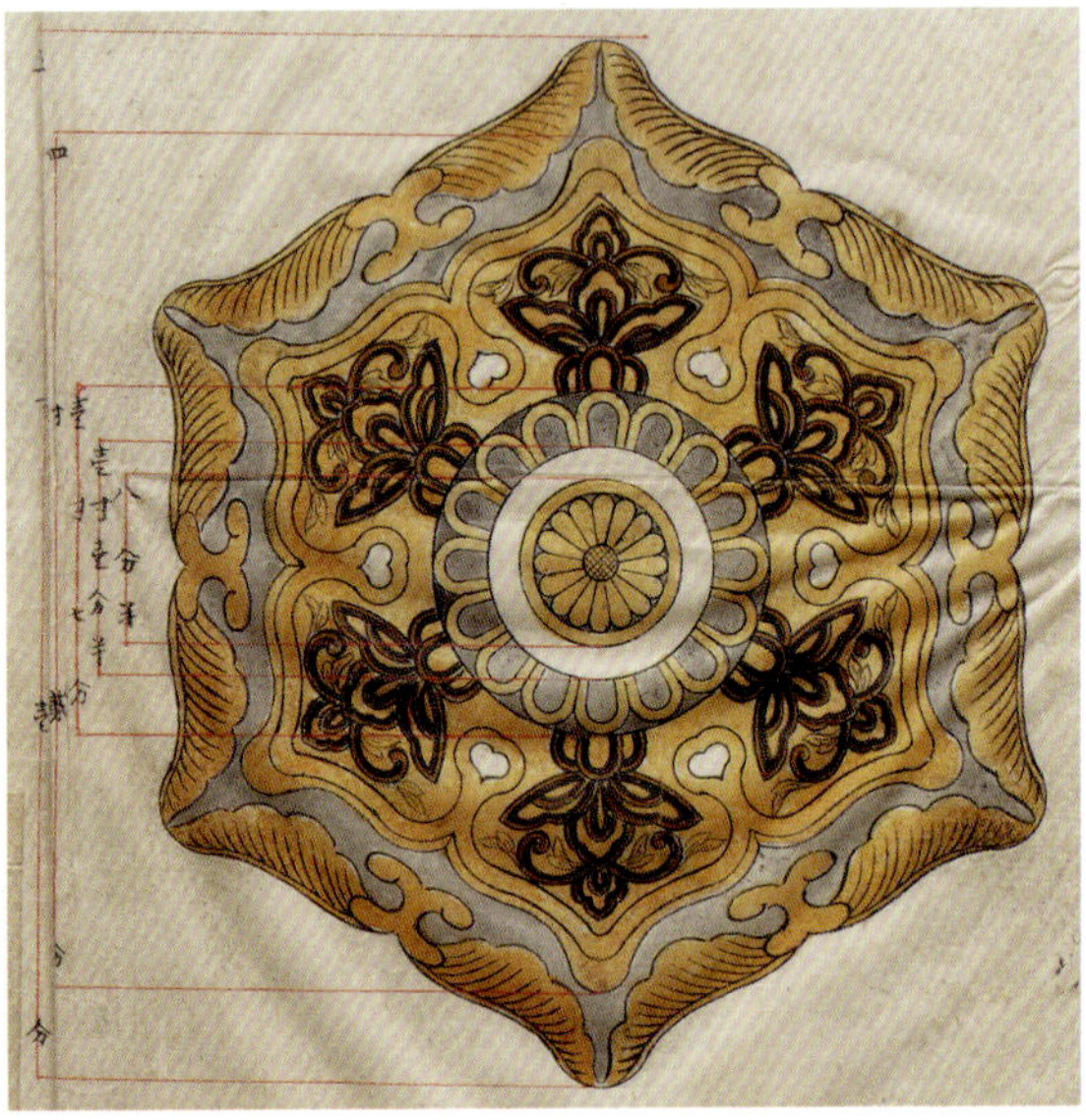
図４－３－８　唐艸六葉・銀鍍金（Aa ロい-1型）

図４－３－７　後光座六葉（Aa ハい-1型）

図４－３－９　外縁無の唐艸六葉（Aa ニい-1型）

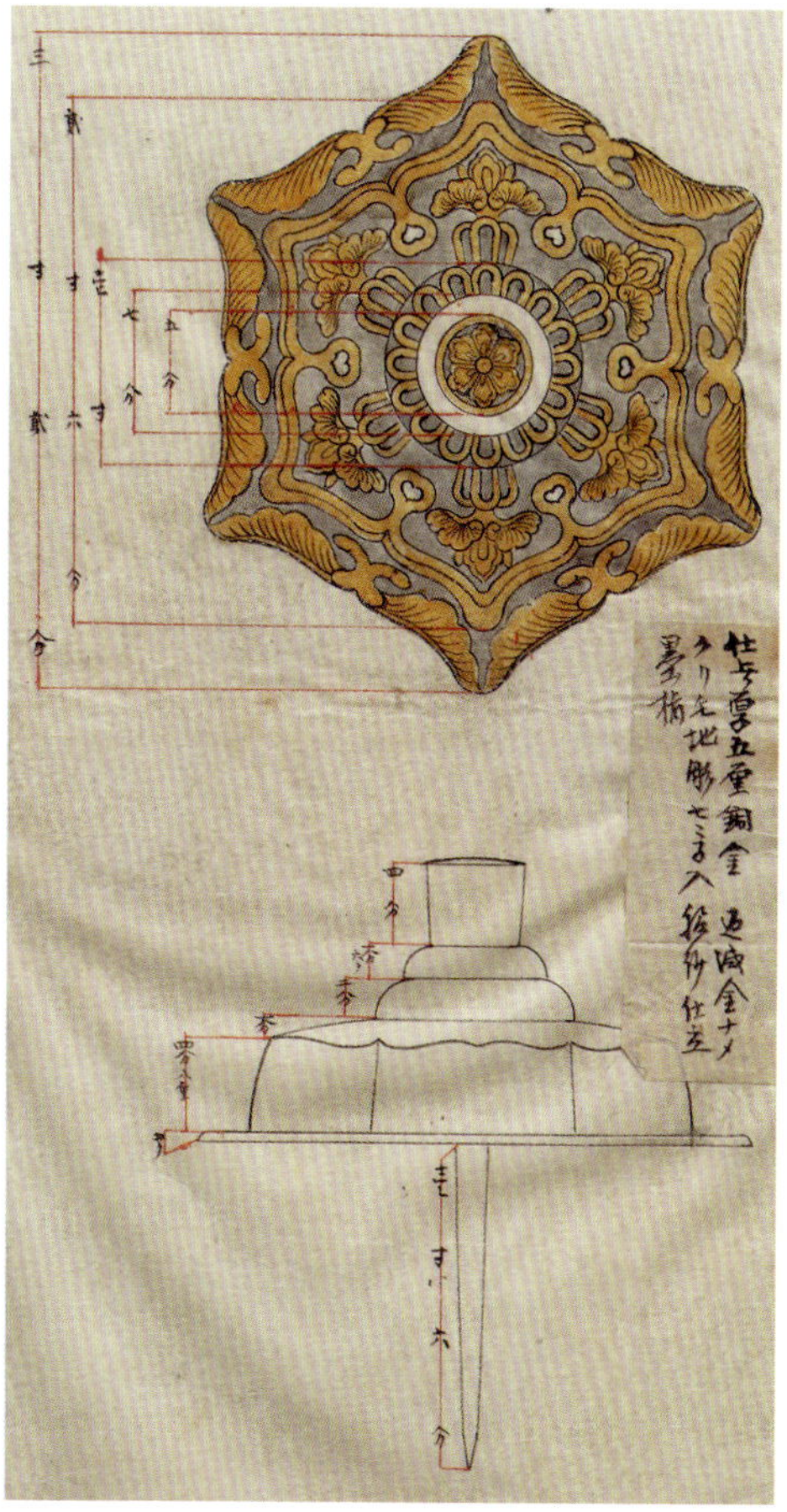

図４－３－10　大座牡丹紋の六葉（Ad ろい-2型）

謁見所と饗宴所の主要な二つの間内に限られ、しかもモチーフがいずれも異なる。図４―４は、鉄仙のモチーフを集成した。図４―４―１が謁見所廻縁長押、図４―４―２・３が饗宴所間内（２は縮尺が異なる）、図４―４―４が饗宴所外側内法長押である。未央柳も注目される。図４―５に集成した。図４―５―１は、謁見所の天井長押。大型で華やかである。図４―５―２～４は内謁見所・西之間・北之間の間内及び同所中廊下のものである。南溜之間内法長押は除いてあるが、内謁見所間内と中廊下が未央柳で占められていることが注目される。

鳥のモチーフも注目される。図４―６に集成した。図４―６―１は、御車寄天井長押の一窠雙鶴。図４―６―２は、謁見所内法長押の彩鳥金馬。図４―６―３は、饗宴所・後席之間入側内法長押の舞鶴。図４―６―４・５は、後席之間内法・廻縁長押の鳩と燕。図４―６―６は、内謁見所内法長押の花雀。モチーフの鶴・鳩・燕・花雀は、慶事に相応しく、しかも要所に配置している。その中で図４―６―２の彩鳥金馬は別格である。長さも二尺を超える特大サイズであるが、左手に天馬、右手に彩鳥。彩鳥の嘴には手綱を銜え天馬に向

表４－４　表宮殿間内・入側の釘隠金物一覧（明細図・御造営誌・造営録より作成）

	間内			入側		
	内法長押	天井長押	廻縁長押	外側内法長押	内法長押	天井長押
御車寄受附之間	古紋菊菱	一窠雙鶴	八重蜀葵			
東西脱帽所	六葉	六葉				
東西化粧之間一之間	紅葉	櫻花				
二之間	紅梅	枇杷				
謁見所	彩鳥金馬	古紋未央柳	古紋鵜柄（鉄仙）	蜀葵丸紋	草菱	八重宝花
東西溜之間	—	—	—	柳花紋		
饗宴所	天野鉄仙	柄花蝶	高野鉄仙	法隆寺鉄仙	蔓花菱	舞鶴紋
後席廣間	鳩	蝶	燕	糸巻貝	蔓花菱	舞鶴紋
婦人之間	鳩	蝶	燕	糸巻貝	蔓花菱	舞鶴紋
小食堂	鳩	蝶	燕	糸巻貝	蔓花菱	舞鶴紋
東車寄受附之間	金橘	窠櫻	菱呉竹			
南溜之間	古紋未央柳	瑞雲宝花				
北溜之間	葉取六葉		葉取六葉			
皇族大臣候所	古紋水草丸	八重藻花				
内謁見所	花雀地彫赤銅	古紋未央柳地彫墨指	—		如意頭地彫黒目斜子	藤菱
西之間	古紋未央柳	藻カツミ	—			
北之間	古紋未央柳	枝宝花	—			
※　中廊下	古紋未央柳地彫石目	古紋未央柳地彫石目	古紋未央柳			
御学問所（階上）御一之間	瞿麦丸	藻カツミ	—	波ニ兎	波之丸	海松丸
廣間	瞿麦丸	藻カツミ	—	波ニ兎	波之丸	海松丸
北之間	波之丸	海松丸	—	波ニ兎	波之丸	海松丸
御学問所（階下）御一之間	後光座六葉					
廣間	後光座六葉					
北之間	後光座六葉					
御学問所・呉服之間	葉取六葉					

かおうとしている。天馬としたのは、尾をはじめ数箇所に蕨手文を加えていることにある。全体が躍動感に富んでおり、謁見所で極立つ内法長押には実に相応しい。

　大きさでみると、謁見所間内の三つの釘隠金物と饗宴所内法長押、外側内法長押の五箇所で一尺を超える大型のものがある。空間の広さに応じているといえる。実際に装着されることはなかったが、幻の釘隠金物がある。**表4―1**の整理番号56の案件に載る御車寄受附之間の内法長押に予定されたもので、長さが三七・五センチを測る。模様は、同所内法長押の古紋菊菱を横に長くしたものであるが使用されていたならばと夢が膨らむ。

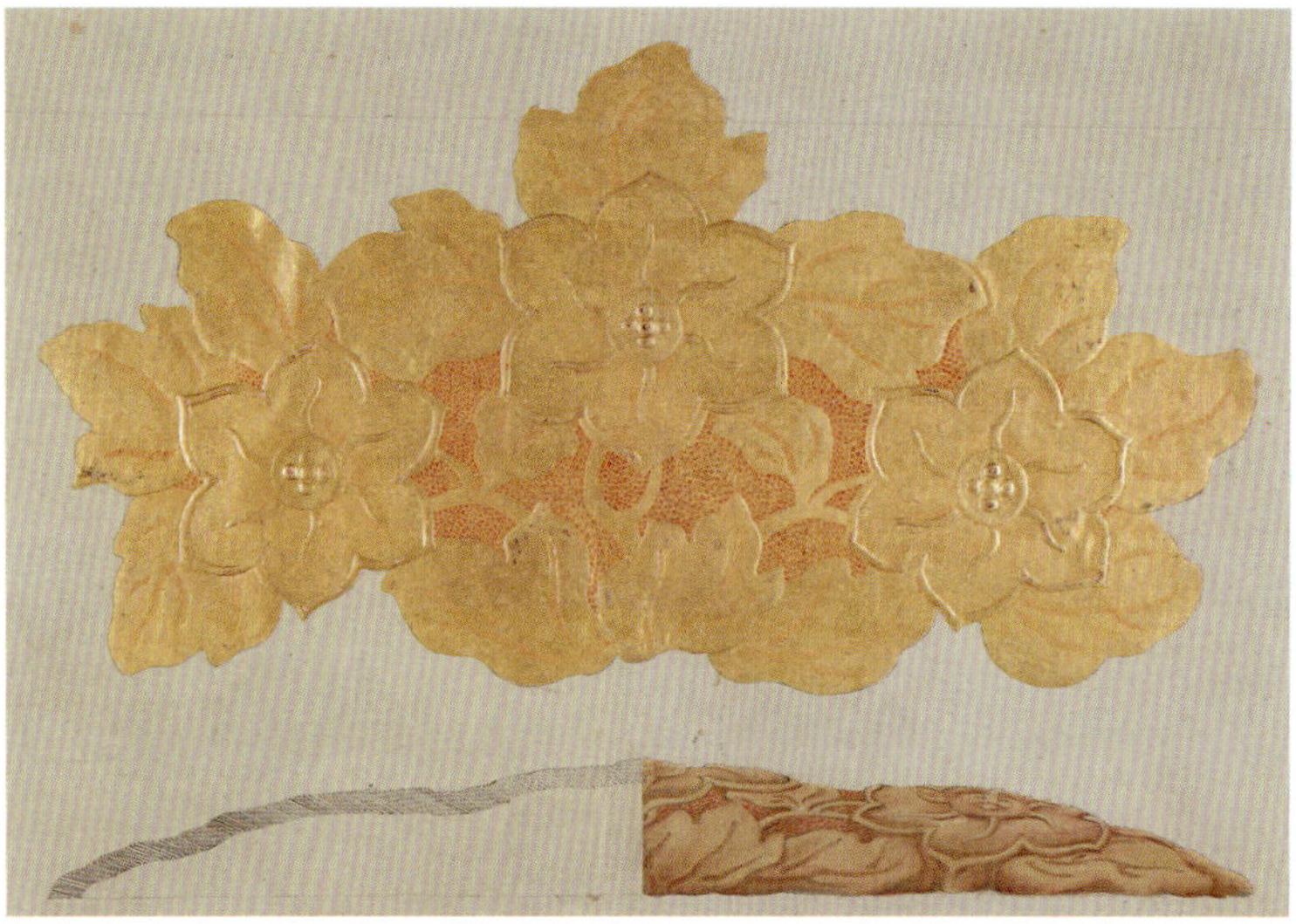

図4－4－1　鉄仙模様（謁見所廻縁長押）

図4－4－2　天野鉄仙模様（饗宴所内法長押）

図4－4－3　高野鉄仙模様（饗宴所廻縁長押）

図4－4－4　法隆寺鉄仙模様（饗宴所外側内法長押）

　彩色という点では、東西化粧之間と後席之間が注目される。後席の間内法長押の七宝焼の鳩を除くと、地金、鍍金を除き二色以上の彩色が施されている。**図4―7**に、東西化粧之間の釘隠金物を集成した。**図4―7―1・2**は、一之間の内法・天井長押の紅葉（秋）と櫻花（春）、**図4―7―3・4**は、二之間の内法・天井長押の紅梅（冬）と枇杷（夏）。二間《マ》で四季を表現していることになる。第二章の天井画で述べたように、東西化粧之間の天井画は、野口已之助・瀧和亭・幸野梅嶺・久保田米仙の四名の日本画家によって「四季花卉折枝図」が描かれている。見事に天井画と釘隠金物とが一致している

図４－５－３－Ａ　古紋未央柳模様（内謁見所西之間内法長押）

図４－５－１　未央柳模様（謁見所天井長押）

図４－５－４－Ａ　古紋未央柳模様（内謁見所中廊下内法長押）

図４－５－２　古紋未央柳模様（内謁見所天井長押）

図４－５－４－Ｂ　古紋未央柳模様（内謁見所中廊下内法長押）

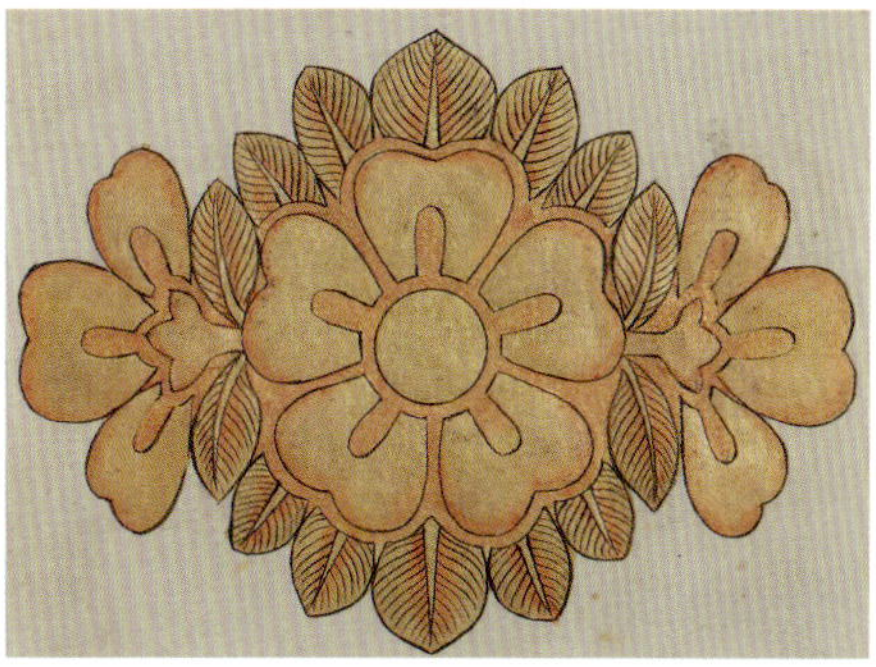

図４－５－４－Ｃ　古紋未央柳模様（内謁見所中廊下廻縁長押）

図４－５－３－Ｂ　古紋未央柳模様（内謁見所北之間内法長押）

図４－６－１　一窠雙鶴模様（御車寄天井長押）

図４－６－２　彩鳥金馬模様（謁見所内法長押）

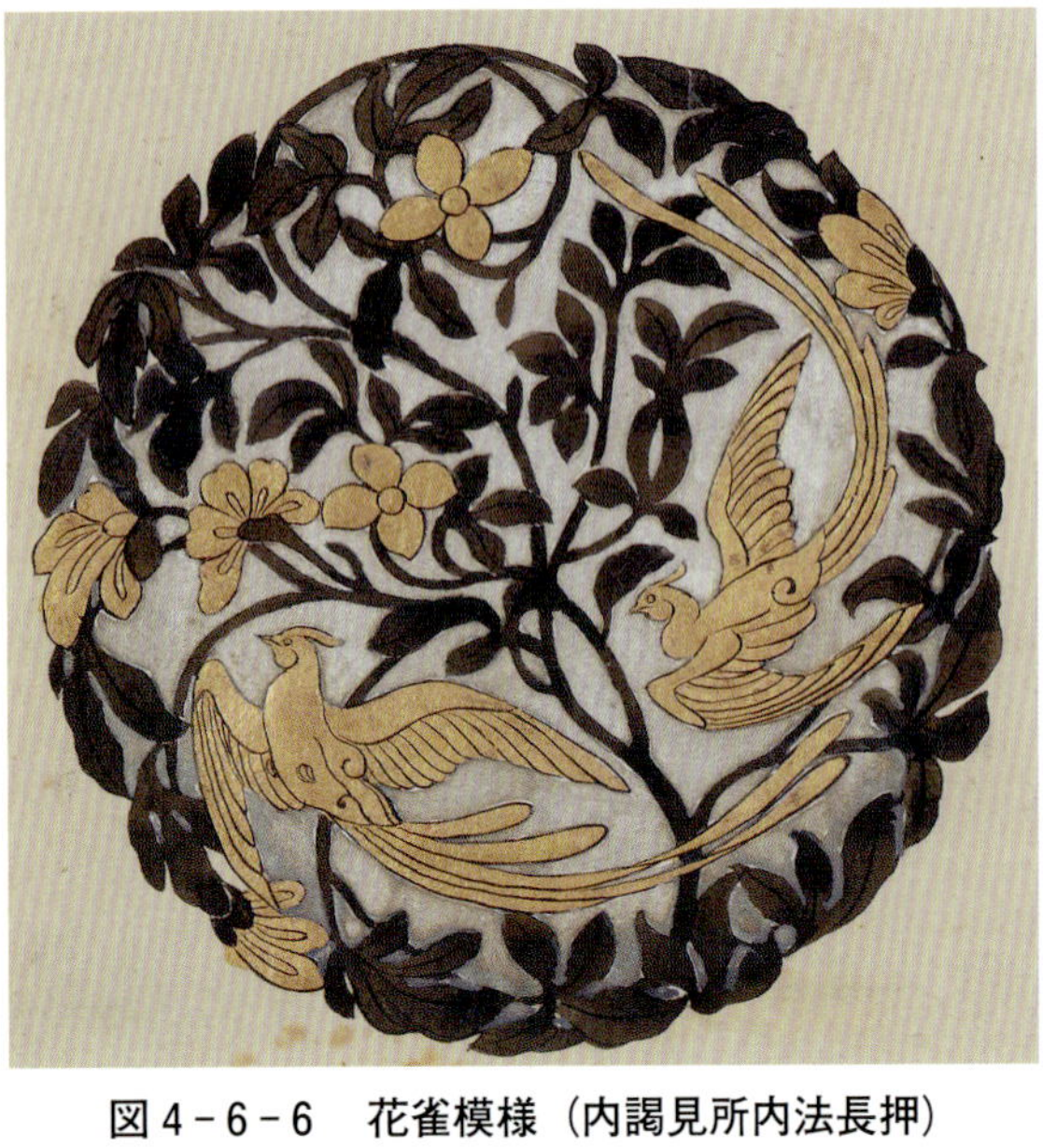

図４－６－６　花雀模様（内謁見所内法長押）

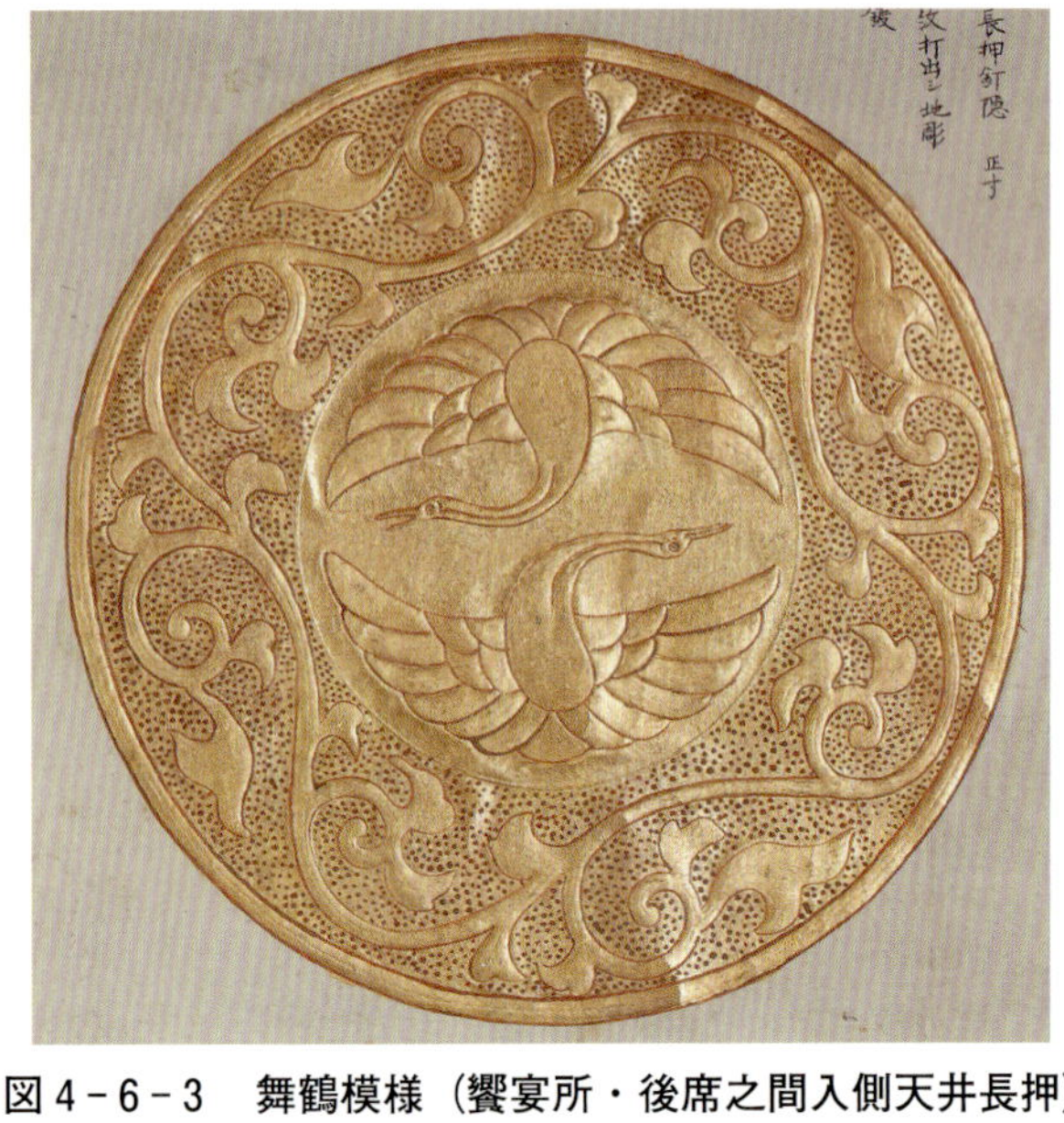

図４－６－３　舞鶴模様（饗宴所・後席之間入側天井長押）

のである。同様なことは、後席廣間・婦人之間にもいえる。釘隠金物の二種類の鳥（図4—6—4・5）と蝶（図4—6—2）が天井画の花丸紋と牡丹の画に呼応している。

表宮殿の釘隠金物は、このようにやみくもに種類や形状が富んでいるわけではない。各々の空間に合うものが製作されているのである。もう一例、東車寄受附の間をあげることにする。図4—8は、同所の内法・天井・廻縁長押の釘隠金物である。全体を略菱形の形状にとり、主要模様を金鍍金、背景を墨指しにすることで引立たせている。図4—8—1は内法長押の金橘、図4—8—2が天井長押の窠櫻、図4—8—3が天井長押の菱呉竹である。下位から実、花、葉が順序よく並ぶことになる。

Ⅱ類の切目唄釘隠は、Ⅲ類の地覆唄釘隠と共に、断面形が饅頭状、あるいはその上にもう一つ重ねた形状をとる。切目長押釘隠ともいう。種類が少なく、Ⅰ類と比べて小型である。図4—9に集成した。報告されているのは五種類である。図4—9—1が典型的なもので、腰敷座に大小三葉の唐艸模様を外内交互に六単位配し、中央饅頭状には六葉の模様を置く。毛地彫七々子入墨指仕立である。図4—9—2は、前のものに後光座が付いたものである。図4—9—3〜5は、特定の間内に伴うもので、図4—9—3は、謁見所の八重藻花模様。図4—9—4は、饗宴所・後席之間の瑞雲蜀葵模様。図4—9—5は、御学問所階上の雪花模様である。

三類の地覆唄釘隠は、金頭目煮黒目を通例とする（図4—10）。さきに奥宮殿で六葉洋銀イブシ単唐草模様の釘隠金物を紹介したが、これに対応するのは洋銀無目となる。同様に、吹上の神嘉殿神饌所・賢所などの六葉鉄製錆色漆塗釘隠金物に対応するのは鉄製錆色無目となる。

図4－6－4　七宝焼鳩（後席之間内法長押）

図4－6－5　燕模様（後席之間廻縁長押）

図４－７－３　紅梅模様（東西化粧二之間内法長押）

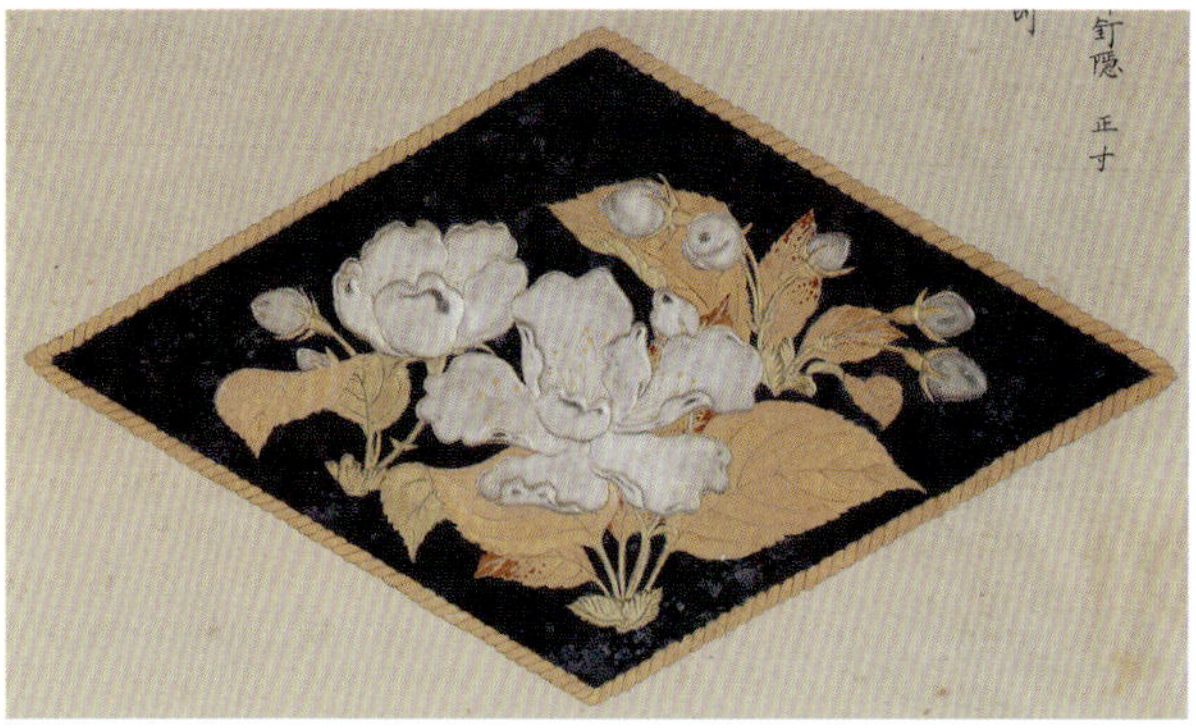

図４－７－１　櫻花模様（東西化粧一之間天井長押）

図４－７－４　枇杷模様（東西化粧二之間天井長押）

図４－７－２　紅葉模様（東西化粧一之間内法長押）

図４－８－１　金橘模様（東車寄内法長押）

図４－８－３　菱呉竹模様（東車寄廻縁長押）

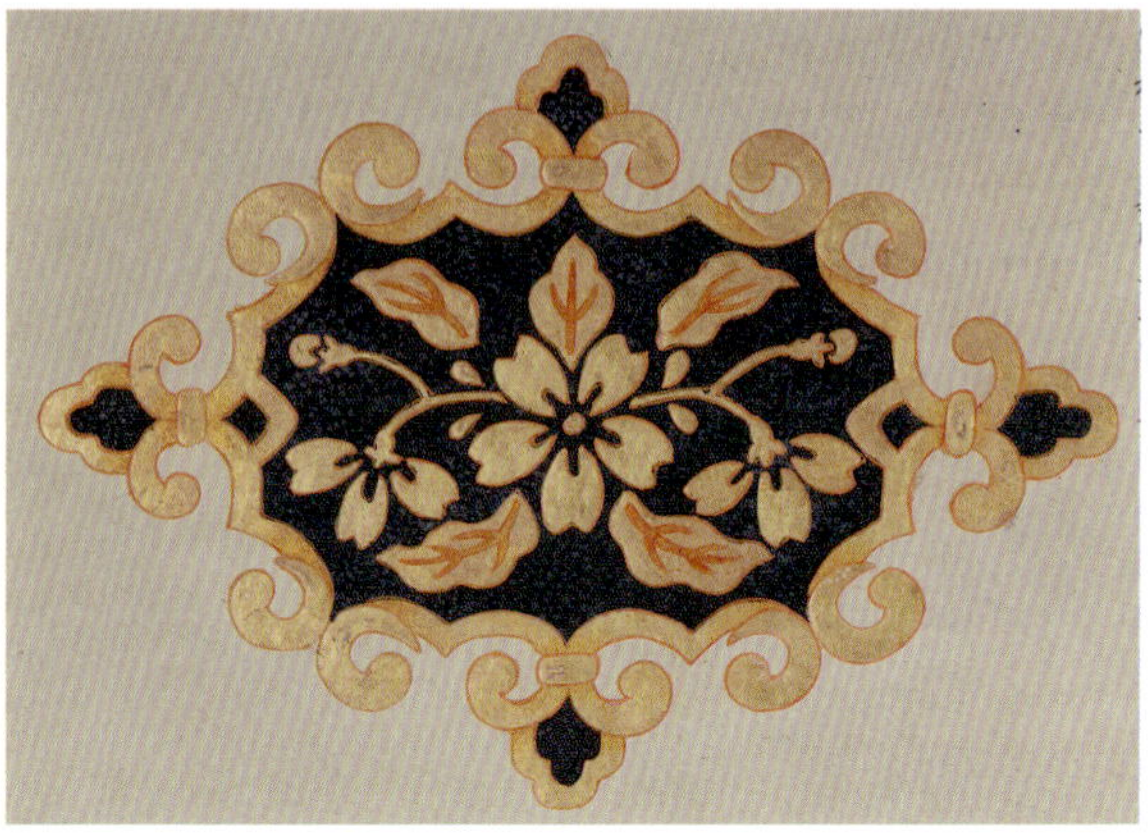

図４－８－２　窠櫻模様（東車寄天井長押）

図４－９－２　後光座切目唄釘隠

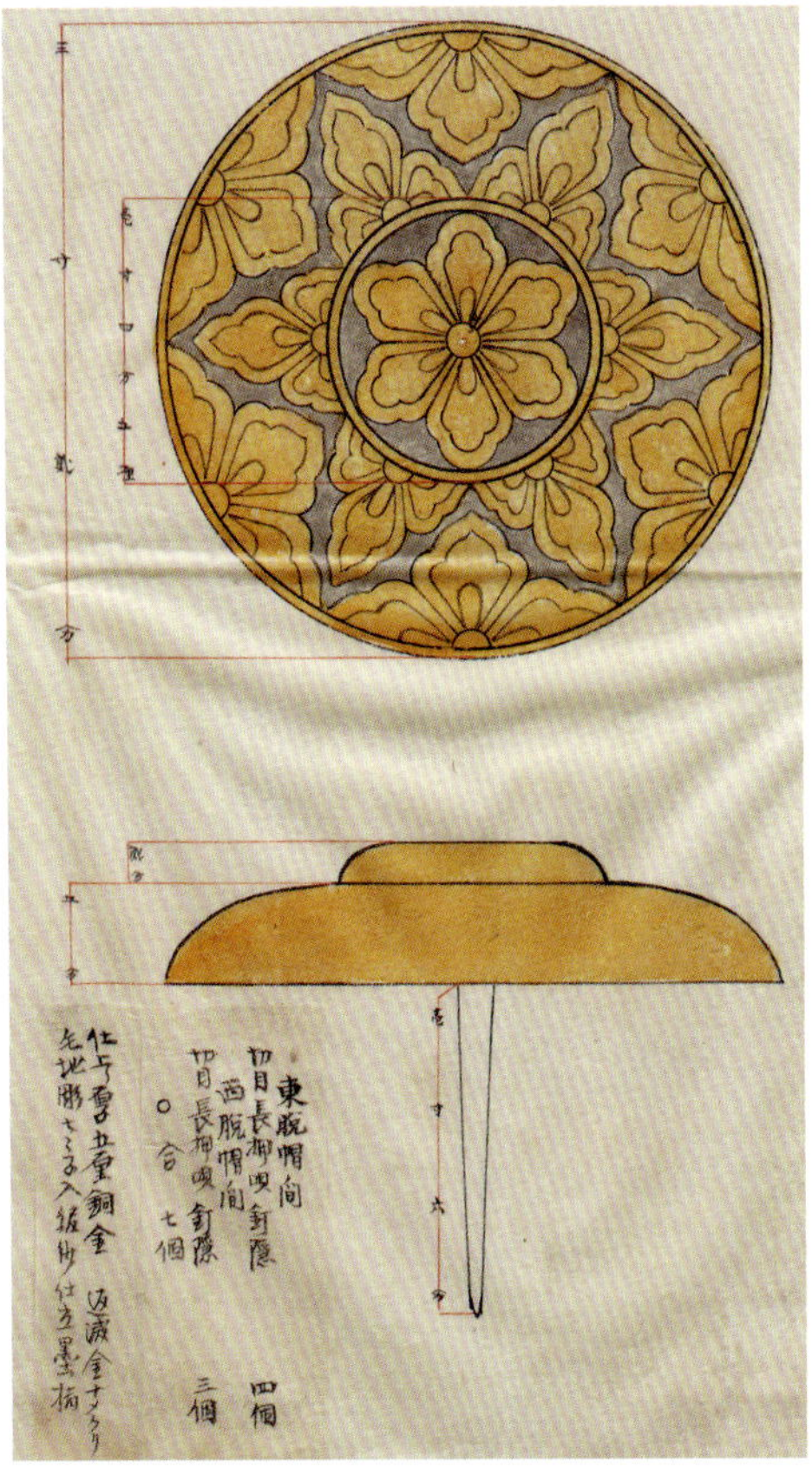

図４－９－１　切目唄釘隠

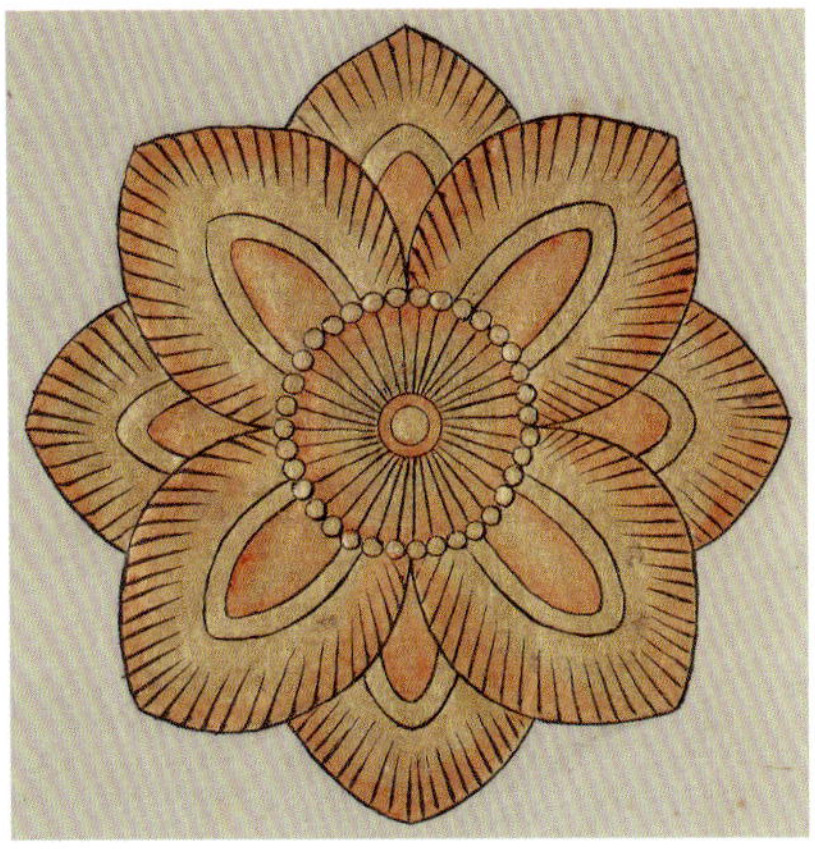

図４－９－３　八重藻花模様切目唄釘隠
（謁見所）

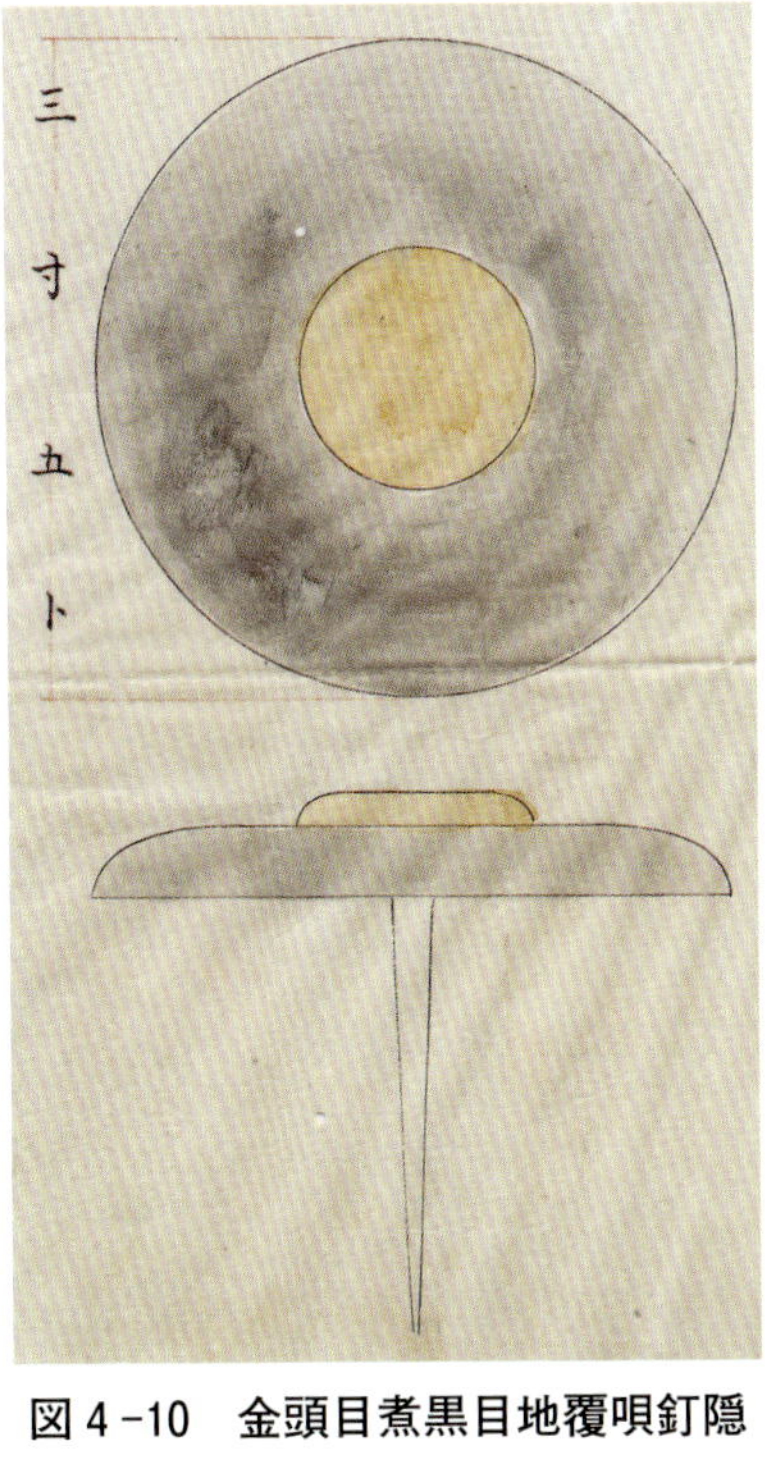

図４－10　金頭目煮黒目地覆唄釘隠

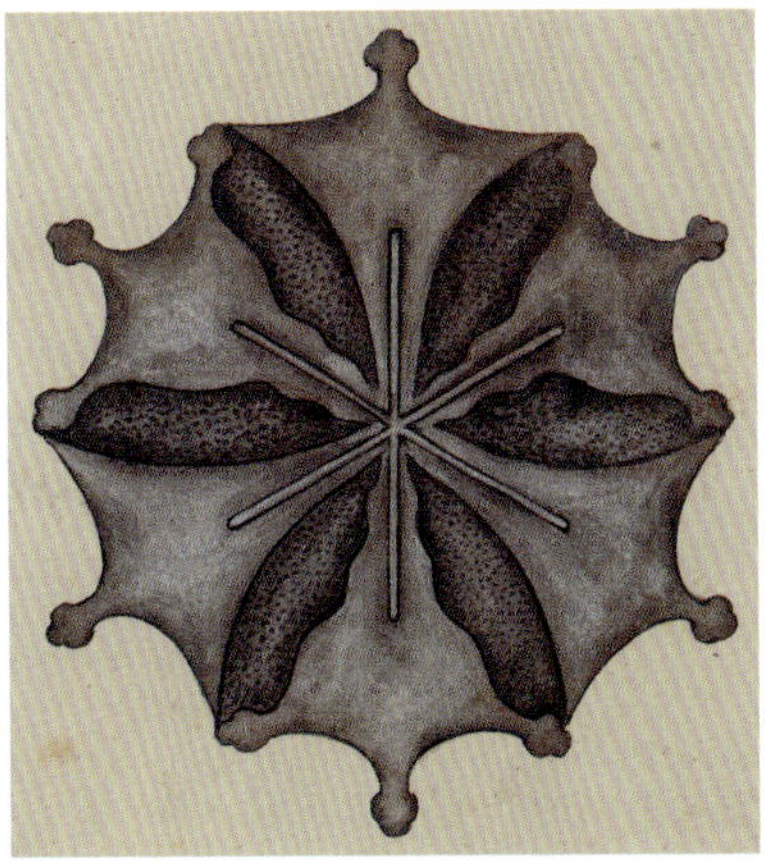

図４－９－５　雪花模様切目唄釘隠
（御学問所階上）

図４－９－４　蜀紅紋模様切目唄釘隠
（饗宴所）

D．型式分類からみた解析

型式分類をもとに、若干の解析を試みることにする。はじめに、奥宮殿をみることにする。表4―1の整理番号1・5・6・29・30・51・53の九件の案件をみると、奥宮殿の間内・廊下などの内法・天井・廻縁長押の釘隠金物は、全てA型の六葉で占められている。奥宮殿の建築が和風様式であることから、伝統的な六葉で統一されているのは、当然といえばそれまでのことである。京都御所の御常御殿上段之間をはじめとして皇后宮常御殿、小御所《こごしょ》、御学問所などの間内の釘隠金物は、全て六葉である。

明治宮殿奥宮殿では、表4―1の「皇居造営録（金物）」に、各御殿の釘隠金物に関する形状・数量・仕上げ方法などの仕様書と共に現寸の図が添えてあるものもある。先述したように表4―3の「皇居御造営誌」と対比すると、同資料には案件の欠落があることも間違いなさそうである。およそ五五〇個の差があるが、それらを承知の上で作成したものが表4―5である。ここから読みとれること五点を指摘する。

一点は、聖上常御殿を始めとする御殿向の間内においては、Ａａイい―1型の六葉を主体としていることである。聖上常御殿と皇后宮常御殿では全てがその型式で占められている。

一点は、御殿向のうち、皇太后宮御休所と宮御殿では、この型式のほかにＡｂロい―1型の葉取とＡａハい―1型の後光座が加わる。宮御殿では、数量の上からみると後光座六葉の方が主体となっている。さきにＡａイい―1型では表4―1の整理番号53において法量から順位付けがされている可能性を指摘した。二つの型式が加わることでその根拠の裏付けと考えられる。

一点は、表4―5のその他をみると、ＩＡ型で、御殿向で主体をなす唐艸六葉を除き万遍無く後光座・葉取・洋銀六葉がみられる。この場合も順位がありそうである。表4―1の整理番号1をみると、後光座→葉取→洋銀の順位をうかがうことができる。その場合、後光座＝葉取りとして用いられることもありうることを加筆しておく。

表4－5　「皇居造営録（金物）」にみる奥宮殿の釘隠金物一覧

位置 ＼ 釘隠金物の型式		Ⅰ A 類(内法・天井・廻縁・化粧長押の六葉				Ⅱ類(切目明釘隠)		Ⅲ類(地覆明釘隠)		小計
		Aa イい-Ⅰ型 唐艸模様	Aa ハい-Ⅰ型 後光座	Ab ロい-Ⅰ型 葉取	Ae ころ-Ⅰ型 洋銀	Ⅱ①ニ-4型	Ⅱ①ハ-4型 後光座	Ⅲ①　4	Ⅲ①　4 洋銀	
御殿向	聖上常御殿	176	—	—	—	—	19	27	—	222
	皇后宮常御殿	224	—	—	—	15	—	40	—	279
	皇太后宮御休所	145	—	23	—	—	9	22	—	199
	宮御殿	55	138	19	—	4	—	54	—	270
御殿向以外の間内・廊下など		—	676	975	523	25	—	216	221	2,636
小計		600	814	1,017	523	44	28	359	221	3,606

一点は、Ⅱ類・Ⅲ類の切目・地覆明釘隠金物は、ＩＡ類の内法・天井・廻縁釘隠金物と数量の上で比較すると少ない。中でもⅡ類の切目明釘隠は顕著である。

一点は、Ⅲ類の地覆明釘隠は、六葉釘隠との数量の比でみると、御殿向とそれ以外の間内外ともおよそ1：5～7位で治まる。それにそして女官客間をはじめとする洋銀六葉に対応する地覆洋銀の比率はおよそ1：2・5とかなり高い。要因は不明である。

つぎに、表宮殿についてみることにする。

さきに表4―4でＩＢ類の間内・入側の釘隠金物の形状について述べたが、それを数量化したものが表4―6である。表の解析をする前に、二つ断っておく。一つは、「皇居御造営誌」の仕様書や明細図などに記載があるが、「皇居造営録（金物）」に欠落しているために数量がわからないものがあることである。饗宴図間内天井長押の「柄花蝶」と御学問所階上天井長押の「藻カツミ」である。したがってＩＢ類の釘隠金物の数量は、小計の一、一〇四個にわずかに加わることになる。一つは、廊下廻縁縁長押の釘隠金物である。表4―4には、間内・入側ということで入れてはいない。

表4―1整理番号23の「謁見所その他拾ヶ所廊下廻り縁長押釘隠金物製造受負申付伺」の案件には、仕様書に「四葉釘隠金物」の記述で内訳が載る。他方、明細図には「如意頭地彫石目打」とある。明細図の文言では、ＢⅠ型であるが、四葉の模様からＢｉ型に含めた。

この条件を述べた上で、**表4―6**から四点の特徴をあげることにする。

一点は、表宮殿の釘隠金物が六葉以外のＩＢ類が多いことは、一、一〇〇個を超える数量からうかがうことができる。しかし、**表4―2**の「皇居御造営誌」の仕様書・明細書の数量と対比すると、およそ四分ノ一となる。同資料には、切目・地覆唄釘隠も含まれていることから、その分は差引く必要があるが、ＩＡ類が意外に多いのである。ちなみに、ＩＡ類だけで占める主要な間内としては、東西脱帽所・北溜之間・御学問所階下がある。補足すると廊下の廻縁長押は、ＩＢ③ｉｓ―ｘ型である（**図4―10**）が、内法長押は、ＩＡ類となる。第二章**図2―34**でみることができる。

一点は、**表4―6**の主要文様の中では、花類が最も多い。全体の三分の一以上を占めている。これに花類を除く植物を加えると七割になる。花模様の釘隠金物を間内別にみると、洋間である東西溜之間を除くと、後席廣間・婦人之間・小食堂に限りみることができない。しかし、先述したように、ここの天井画には、花丸紋や牡丹模様が描かれている。さらに、釘隠金物は、鳩・蝶・燕と花とは関連する。すなわち、ＩＢ類の全ての間内で花の意匠とは関係することになるのである。

一点は、鳥を意匠にもつものである。謁見所はｋ型に含めたが、**図4―6―2**の「彩鳥金馬」が示すように意匠は鳥と馬である。鳥の意匠を釘隠としている間内は、御車寄受附之間・謁見所・後席之間（廣間ほか二間）・内謁見所である。入側を含めると饗宴所が加わる。これら間内は、表宮殿にあっては中核をなすものである。ちなみに意匠をみると、鶴・彩鳥・花雀。これに後席之間間内の鳩と燕が加わる。慶事を表すのに相応しい。

表4－6　表宮殿に置けるＩＢ類の釘隠金物の数量

	植物		動物		動・植物以外（l）	小計
	花類（h）	花以外（ｉ）	鳥類（j）	鳥以外（k）		
御車寄受附之間	19		16			35
東西化粧之間一之間	10	10				20
二之間	10	10				20
謁見所	94(66)			14		108(66)
東西溜之間		14(14)				14(14)
饗宴所	87+(39)		50(50)			137(89)
後席廣間・婦人之間・小食堂		20(20)	76(30)	28(28)	11(11)	135(89)
東車寄受附之間	14	30				44
南溜之間	36					36
皇族大臣候所	34					34
内謁見所・西之間・北之間	77(38)	11	24		24	136(38)
御学問所階上	14+			10(10)	64(64)	88(74)
廊下		297(297)				297(297)
小計	395+(143)	392(331)	166(80)	52(38)	99(75)	1,104(667)
	787+(474)		218(118)			

※（　　）の数字は間内以外の数量
※饗宴所と御学問所階上内法長押の数量は不明

一点は、後述する**表４—７**との関連でみた場合、御学問所の釘隠金物の装着に注目される。**表４—６**に示したように、階上は、御座之間・廣間・北之間・御椽座敷の全てがＩＢ類である。それに対して階下はＩＡ類で占められている。すなわち、同一建物内で新式と古式の二つの様式を表現していることになる。一点目でＩＢ類のない間内を指摘した。その理解には、御学問所階上階下における釘隠金物の設置が役立ちそうである。

つぎに、表宮殿のＩＡ類、六葉釘隠金物についてみることにする。**表４—７**にまとめたが、資料からは二、四四〇個になる。ＩＢ類のおよそ二・二倍の数量である。表宮殿でＩＡ類がこのように多いのは、意外と思われるかもしれない。ところで、**表４—７**の数字をもって表宮殿のＩＡ類の数量と理解するには、疑問と言わざるをえない。はじめに、これについて述べる。要因は二つある。一つは廊下の釘隠金物。一つは、同一箇所で模様替によって二回発注したことにある。

前者の場合、さきに表宮殿廊下の廻縁長押に如意頭模様の釘隠金物を設置することを述べたが、廊下では、この下が六葉釘隠金物となる。**表４—７**に、御車寄・謁見所・東西溜之間・饗宴所・後席之間、整理番号23には仕様書に内訳が記されているので、その箇所を抜粋する。

一合計三百八拾九個　六葉釘隠
此譯
拾貳個　六寸四分　謁見所廊下内法長押六葉釘隠シ
貳拾七個　五寸八分　饗宴所廊下内法長押　同断
拾八個　五寸六分　後席之間廊下長押　同断
貳百九拾貳個　五寸壹分　東西溜化粧脱帽御車寄内法長押　同断
四拾個　四寸五分　内膳職廊下内法長押　同断
（傍点は筆者）

とある。図はないが、間内を意識し、六葉のサイズを変えていることがわかる。

他方、整理番号２の東西脱帽所の案件をみると、間内のほかに、御廊下廻縁、内法、外側内法、腰長押等々の六葉釘隠金物が図入りで詳細に記されている。ちなみに、整理番号23に対応する内法長押は、ＩＡａニい—１型で「五寸壹分」の法量で、

東脱帽ノ間
御廊下内法長押
釘階　貳拾七個
西脱帽ノ間
御廊下内法長押
貳拾九個
合　五拾六
個

とある（廊下廻縁長押は同型で四寸五分）。これは、間内のものと同型式で、

表４－７　表宮殿のＩＡ類（六葉）釘隠金物一覧

	Ａａ類				後光座				Ac類		
	Aaイい-Ｉ型（唐艸）	Aaロい-Ｉ型（X字縁）	Aaニい-Ｉ型（無縁）	Aaニい-４型（無目）	Aaハい-Ｉ型（唐艸・後光座）	Abハい-Ｉ型（葉取・後光座）	Adハい-Ｉ型（牡丹・後光座）	Ab類（葉取・不明）	Acニい-４型（無目）	六葉・不明	小計
東脱帽所		47	54	68							169
西脱帽所		42	56	58							156
東化粧之間		※23		82					52		157
西化粧之間		※23		42					22		87
北溜之間								52			52
皇族大臣候所				97						※Abハい-2型 ※42	139
侍従詰所		108							44		152
侍従・武官詰所		134							98		232
侍医局		139							63		202
附立所				12						130	142
廊下（外部中坪廻り）			196						80	389	665
御学問所階下	30				37	36	164				267
同・呉服所廊下										24	24
小計	30	516	306	359	37	36	164	52	357	585	2,440
	1,211				237						

表中※印は、模様替によってＩＢ類の釘隠金物に変更

（廊下）外側内法腰長押のＡｃニい―4型とは形状が異なる。すなわち、整理番号2と23は、同じ箇所で使用するために二度発注されていることになる。二つの案件の請負者が異なり、約定証が付いているので納品されたことも間違いない。つまり東西脱帽所では、廊下を含めた必要とする実質的な釘隠金物の数量が減少することになるのである（廻縁長押を含）。それは、東西化粧之間（整理番号70）にも言えることである。

後者の模様替による間内のＩＡ類からⅡＢ類への変更は、皇族大臣候所と東西化粧之間でみられるものである。このうち、皇族大臣候所でみることにする。当初の案件が整理番号3、模様替による変更が同・39となる。

当初の整理番号3には、仕様書と七点の図が付く。仕様書をみると、同所間内の内法・廻縁長押のほかに、脱衣所及便所入側内法長押、御廊下入側内法・廻縁長押、御廊下外側内法長押、切目唄釘隠、地覆唄釘隠など六葉一三九個、唄釘隠五〇個の合計一八九個が製作されることになる。**図4―11**が平面図である。右上の小間《マ》が脱衣所と便所である。問題となるのが間内の内法・廻縁長押の釘隠金物である。**図4―12―A**に示した。共にＡａロい―2型をとり、左側の大きい方が間内内法長押となる。明治宮殿の六葉釘隠で大座に唐艸模様をとり玉縁が六葉をとるものは稀少である。法量をみると左側が三寸七分、右側の廻縁長押が三寸貳分とある。図内の付箋の注記をみると、左側には、

皇族候所御間内
内法長押釘隠　六個
大臣候所御間内
内法長押釘隠　拾七個
皇族大臣候所御椽側
内法長押釘隠　八個
ロ合　貳拾五個

とある。右側には、

皇族候所御間内
廻縁長押釘隠　六個
大臣候所御間内
廻縁長押釘隠　拾壱個
イ合　拾七個
仕上ケ厚五厘銅金　返減金ナメ／クリ毛地彫七ミ子入段紗仕立／墨指

とある。すなわち、皇族大臣候所の間内で合計四二個の釘隠金物の製作を発注していることになる。

他方、模様替となる整理番号では、同所間内の数量が四二個から三四個に変更となり、形状もＩＡ類からＩＢ類へ変わる（**図4―12―B**）。ちなみに、仕様書をみると、

一釘隠金物　三拾四個
内訳
内法長押釘隠金物　径三寸七分　拾七個
四葉花形地彫下ケ地石目入中座改無目頭根銘付
天《マ》井《マ》長押釘隠金物　貳寸九分五厘 長四寸　拾七個
爪実蕨菱形地彫下ケ地石目入四ツ爪実中座入無目頭根銘打

とある（明細図では、内法長押に「古紋水草丸」、天井長押に「八重藻花」の名称）。ここでも前者同様、二つの案件で発注され納品されている。すなわち、製作という点では、**表4―7**の数字が正しい。しかし、実用という点では、消去する必要がある。

ここでは、二つの事例をあげたが、実数として減少するものであった。反対に、増加する可能性もある。ＩＡ類は、数量からみると奥宮殿同様、難解と言わざるをえない。

表4―7の解析をする前に、数字の前提条件をあげたが、本題に戻る。表

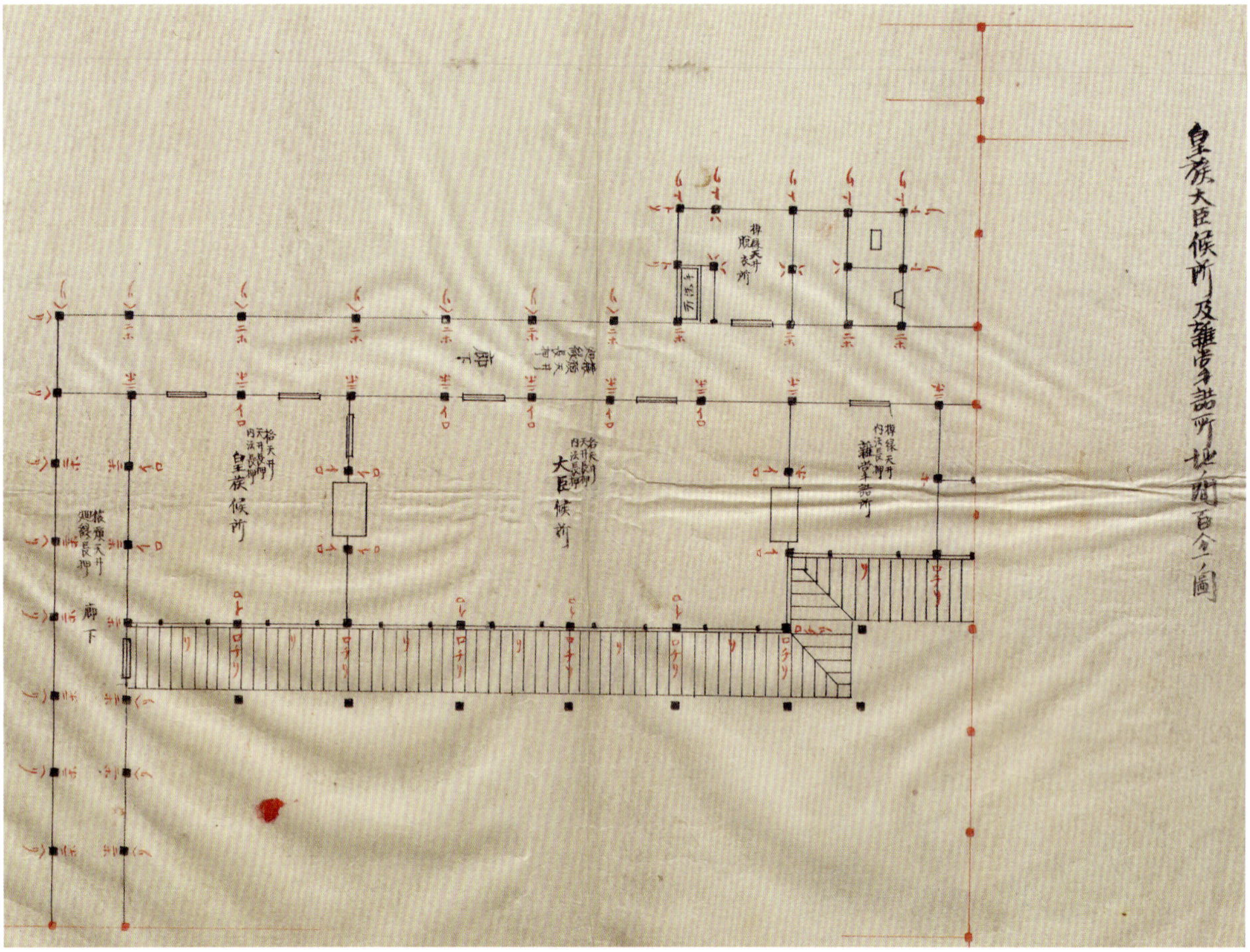

図 4-11　皇族大臣候所地之間図

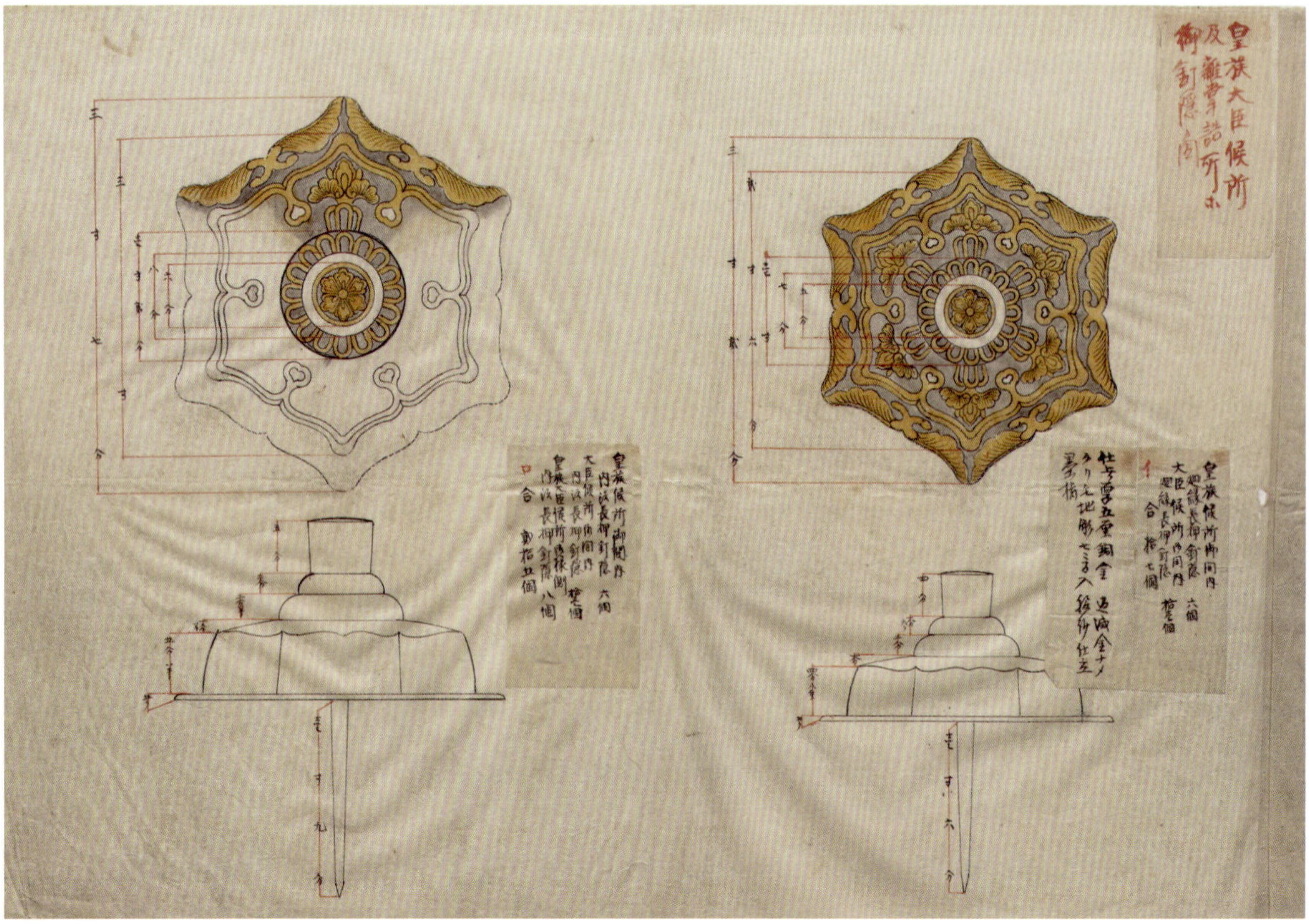

図 4-12-A　皇族大臣候所六葉釘隠

宮殿のIA類＝六葉釘隠金物の特徴として、六点あげることができる。

一点は、奥宮殿と比較すると、六葉でも型式の違いが顕著であること。Aaロい―1型、Aaニい―1型、Aaニい―4型とAcニい―4型の四型が主体をなし、このうち、後二者は奥宮殿ではみられないものである。ちなみに、四型で一、五三八点となる。表4―7の廊下で不明としてある三八九点も前述したようにAaニい―1型になる可能性が極めて高い。これを加えると一九二七点となる。この数量は、全体の八割近くを占めることになる。

一点は、前の四型を除くのは、御学問所階下、北溜之間と皇室大臣候所の間内となる。このうち皇室大臣候所の間内はIB型へ変更することを述べたので、御学問所階下と北溜之間の二箇所となる。

一点は、八割方を占める四つの型式は、間内と廊下では型式を区別している。間内は、定型の六葉に周縁の×字状文を有するのに対して、廊下では周縁がなく、玉縁が無目となるものがあり、さらにAc類が加わることになる。

一点は、前項に関連して廊下でも間内に近い内側と外側とでは、六葉の型式を換えている。

図4-12-B　古紋水草丸模様（皇族大臣候所天井長押）

一点は、六葉釘隠金物を装着する間内は、御学問所階下を除くと、東西脱帽所と北溜之間、これに天皇を補佐する詰所となる侍従詰所・侍従武官詰所・侍医局に限られている。資料には登場しないが、「明治宮殿写真帖」の御車寄受附之間右廂（第壹参號）と左廂（第壹四號）の長押に六葉釘隠金物（型式は不明）をみることができる。すなわち、表宮殿の六葉は、御学問所階下と詰所を除くと、御車寄・東車寄受附之間を通過し最初に通される控室間内に限られているといえよう。

一点は、御学問所は、特異であると言わざるをえない。階上がIB類、階下がIA類と釘隠金物でみると正反対の関係がある。表宮殿でも六葉を多用し、来賓が意識・無意識は別として釘隠金物が目に入る以上、その要が求められる。それが御学問所階下と言えるのである。図はないが整理番号24の内譯書を抜粋する。

一御釘隠金物　三百貳拾壹個

製造代金百九拾九円　但シ磨キ地銅及金箔御下リ渡シ

其他ノ物品品持出シ製造

内 葉取座付矢倉 唐花毛地彫　六葉釘隠　三拾六個　金貳拾七円三拾壹銭

内 矢倉唐花毛彫 金斜々子地　六葉釘隠　三拾個　金拾七円三拾銭

内 後光座付矢倉紋黒 毛地彫墨指地　仝釘隠　三拾七個　金貳拾貳円九拾四銭

内 後光座付牡丹 毛地彫墨指地　六葉釘隠　百六拾四個　金百貳拾三円拾七銭三厘

内 後光座付牡丹 毛地彫墨指地　切目唄釘隠　七個　金三円八拾五銭

内 漆黒目無目 鉄金滅金仕立　唄釘隠　四拾七個　金四円四拾貳銭三厘

とある。六葉釘隠で「後光座付牡丹」とあるのはここだけである。図4―10―2の大座に玉縁に菊座もしくは六葉が付くものであろうか。興味深い形状である。この内訳書で二つ見落してはならない。一つは、奥宮殿の聖上常御殿との対比である。聖上常御殿の間内は、全てAaイい―1型で統一されている。対して御学問所階下は、同型式もあるが後光座や葉取が加わる。ランクでいえば明らかに段階が下となる。前段階で奥宮殿の天井の形態について触れた。聖上常御殿では、上段之間と御小座敷が二重折上小組格天井、御一之間と御二之間さらに剣璽之間が折上小組格天井。対して御学問所階下では、御座所となる御学問所と廣間が折上小組天井（階上は、御学問所が葺寄格天井、廣間が格天井板違）。ここにも差が生じているのである。一つは、内譯書の製造代金の下に記されている内容である。地金となる銅板（磨きを含）と製造後の金箔仕上げは、この中に含まれておらず、型作りのみの費用であること。しかも道具類は貸与されるというものである。これについては後述する。それ故に、この案件では、予定価格四五〇円五八銭九厘に対して落札価格一九九円（四四・二パーセント）と低くなるのである。

ここで、表宮殿の切目唄釘隠と地覆唄釘隠について表４―８にまとめた。切目唄釘隠、地覆唄釘隠とも総数にみる比率という点では、表４―５の奥宮殿の様相と類似している。両者を比較し、二点指摘することにする。

一点は、切目唄釘隠の数量は、偶然にも両宮殿で各々七〇個ある。表宮殿のみにみられるのは、定型となる大座に大小二形の三葉を六単位交互に配したもの以外に、花草を形どった定型以外のものをあげることができる。

一点は、定型以外の切目唄釘隠は、謁見所・饗宴所・後席之間・御学問所之表宮殿では重要な箇所のみでしかみられないことである。

一点は、地覆唄釘隠は六七一点と奥宮殿よりも九一点多い。これらは全て同じ金頭饅黒目の型式で統一されていることである。奥宮殿の洋銀によるものはない。

本論では、法量について一部の型式について述べたが、間内、位置による法量の差はほとんど触れていない。今後の課題としておく。

E．釘隠金物の製作工程

これまで明治宮殿の釘隠金物について、数量、型式・設置位置からみた特徴等々を述べてきたが「皇居造営誌（金物）」には、釘隠金物の製作工程を理解する上で貴重な資料が数多く含まれている。少し明らかにしたい。

素材は、磨きをかけた銅板である。銅板は、明治宮殿造営においては、屋根・桶をはじめとして膨大な数量を必要とする。『皇居御造営誌九八　銅板延立事業』の冒頭に以下の記述がある。

表４－８　表宮殿の切目・地覆唄釘隠金物一覧

	切目唄釘隠し		地覆唄釘隠	小計
	三葉・後光座付	定型外		
御車寄受附之間			32	32
東脱帽所	4		39	43
西脱帽所	3		33	36
東化粧之間	3		29	32
西化粧之間	3		14	17
東・西溜之間	—	—	—	—
謁見所		14	33	47
饗宴所		13	33	46
後席廣間・婦人之間・小食堂		15	38	53
東車寄、南北溜之間	—	—	—	—
廊下中坪廻り			212	212
内謁見所			44	44
御学問所		7	63	70
皇族大臣候所	8		42	50
侍従詰所			28	28
侍従・武官詰所			18	18
侍医局			13	13
附立所	—	—	—	—
小計	21	49	671	741

御造営各客殿屋上ノ銅板葺及雨落等ニ要スル銅延板ノ如キハ巨萬ノ数量ニシテ従来尋常ノ手延ヲ以テ製出スルモノヲ用フルトキハ成功遅滞ノ遺憾ナキ能ハヌ爰ニ大阪府下ニアル製造会社ヨリ此御用ニ従事センコトヲ願出タリ其成功ノ如何ヲ取糺シ純良ナルコトヲ認メ以テ調整セシムルコトトナレリ且小銅板延立地ニ釘隠等ニ要スル地金ノ介事業ハ長谷川貞次郎ナルモノニ請負ハシム其顛末左ノ如シ

明治十八年九月七日大阪製銅会社ヨリ差出願書

　総板数五拾九萬九千四百枚
　　此目九萬弐千七百弐拾四貫九百四拾六匁
　　此延代價金四萬六千七百五拾壹圓拾銭弐厘也
　〈以下、略〉

とあり、この後、詳細な内譯書、約定書と続く。大阪製銅会社は、明治十四年（一八八一）三井元之助、鴻池善右衛門、住友吉左衛門、広瀬宰平、五代友厚ら関西の財界人が設立した会社で、明治三十年、住友伸銅場（住友金属工業の前身）に買収されるが、当時としては大手製銅会社であった。皇居御造営事務局の注文に対して、明治十八年十二月一日より翌年十二月十二日までに皆納する。さらに、銅量目五萬三千六百弐拾六貫六百拾六目（代價金三萬九百九拾六圓六拾八銭）の追加注目を受けている。史料で注目されるのは、原資となる丁銅を阿仁または大野産出と記されていることである。その上で、原資となる丁銅の費用は含まれていないのである。つまり、大阪製銅会社は、自身で原資の丁銅を調達するのではなく、丁銅は発注先から与えられ、延板に加工することを請負っているのである。

　明治政府は、幕府を継承して工部省が中心となって官行鉱山を経営する。阿仁銅山も例外ではない。佐々木正勇は、「官行鉱山の収支について」（『研究紀要』第十八号所収）の論考において、生野銀山・佐渡金山をはじめとする十五箇所の鉱山を紹介している。阿仁銅山については、官行期間・所在について以下の記述がある。

　阿仁銅山　明治八・八―十八・三　羽後国北秋田郡
　　小野組が経営していたが、明治七年破産後秋田県が仮経営していたのを工部省の所官とした

　官行鉱山の経営は苦しく、赤字経営に終始した鉱山が殆んどであったという。佐々木によると、阿仁鉱山の経営は、明治十五年に赤字に転落し、明治十七年には三七、五七七円四九銭九厘の赤字を計上し、明治十八年には古河市兵衛に払下げられている。ちなみに、官行鉱山のうち佐渡・生野・三池の三山については経営が継続されるが、他は明治十八年までに払下げや貸し下げ、あるいは閉山に追込まれている。史料の大野産とは、福井県にある民間銅山で、産出量は少ない。

　「皇居御造営誌」に載る長谷川貞次郎は、大阪製銅会社の銅板延立事業を引継ぐことになる。史料を探すと、『皇居造営録（金物）一三三』（識別番号四四四〇―一三三）の第一二號「丁銅延立之儀伺」（明治十八年四月六日提出）の案件内に、推薦書と請負の記述がある。推薦書の冒頭の箇所を抜粋すると、

　右者宮殿其他家根葺用ノ銅板凡弐拾萬貫ノ多量ヲ資用ニ付既差向製品ニら而工部省所轄阿仁鑛山産出之丁銅譲受相成候ニ付雑発第五二二号伺済其ニ局内工作場ニ於テ延立着手方ニ而者請負ノ者ノ儀廣ク比較之末決定処ノ分万相伺ヒ可申筈之処訣○ヱ之者ハ市中ニ僅ニシテ夫レカ為メ延方賃料引上ケ候哉茂難斗開テ専ラ訣品営業従事致シ居以長谷川貞次郎ニ谷長シ師サル者相入撰抜注文ニ及ヒ製品準備等詳細屢々相示シ之末先以テ延方費用ノ内譯書及産出比較候処長谷川貞次郎價ニテ於テ注文ニ應シ延方請負出頌ニ付費用ノ大小銅板内譯書ノ賃料ニ準ジ壱貫目宛ノ賃料積書及産出再応取礼之末前事之通ニ不相當之ニ付…

（傍点は筆者）

とある。「局内工作場」は、祝田町・寶田町（旧西丸役屋敷、今日の皇居前広場）にあり、仕様書には、諸器具物品一式を持出し（局内より）、製作するものと記されている。さきに御学問所階下の製造代金の但書に触れたが、金箔・鍍金も同様である。

　長谷川が請負った銅板延立は、主に釘隠金物・格天井金物・御棚金物・引手金物等々の小型のものも多く、あわせて屑銅の鋳直・延立も行っている。ちなみに受取った延立賃料は、量目に応じるが、基本として銅板の巾一尺、長一尺二寸で量目二〇〇～一二〇目までのものが一枚当り三三銭六厘となる。

この独占ともいえる銅板延立は、宮城造営の進行に伴い明治二十年十月に終了する。『皇居造営録（金物）六六』（識別番号四四〇―六六）の第三一號「銅板延職退場之儀上申」（明治二十年十月三十一日提出）の案件に記されている。

ここで前後するが、釘隠金物が製作するまでの工程を考えることにする。おおむね三工程からなる。原資の調達に始まり、銅板延立・磨の段階（第Ⅰ工程）、釘隠金物の形状を製作する段階（第Ⅱ工程）、鍍金・箔の段階（第Ⅲ工程）を経て完成となる。これを模式化すると上の通りとなる。

原資の調達は、全てを工部省に委ねている。勿論、支払に関する記録も残る。一例をあげる。『皇居造営録（金物）一〇』（識別番号四四〇―一六）の第四號に「聖上常御殿并謁見所其他御家根用丁銅工部省ヨリ譲受之儀ニ付伺」（明治十八年二月二十日提出）に関する四つの案件が所収されている。奥表宮殿の銅葺屋根用として、工部省所轄の阿仁鉱山産出の丁銅およそ九万斤を譲受ようとするものである。それに対して同年三月七日、四月四日に関連する二つの案件があり、最後に「丁銅代價回金之儀伺」（明治十八年四月七日提出）に以下の記述がある。そこには、

概算高金　壱萬貳千三百六拾四円三拾銭　丁銅八万貳千四百三拾磅ノ見
積代
金壱萬貳千四百七拾六円五拾六銭六厘
一金千三百四拾八円五拾六銭六厘　工部省総務局會計課渡
外
金壱萬壱千百貳拾八円　十八年三月十日回金済

とある。皇居御造営事務局は、工部省総務局会計課に二回に渡り支払い、後者の案件は、清算したところ不足金が生じたというものである。この丁銅の量目は、銅板四、二〇一枚に相当するという。このように、丁銅の代価を工部省に支払う案件が含まれているのである。

第Ⅰ工程は述べたので第Ⅱ工程にいく。模式図に示したように、この工程では、請負人を入札で決めることを基本とする。ⅠB類の存在で形状が多岐にわたることから、見本品を製作する場合がある。**表4－1**の整理番号19・41・45～49・67などが該当する。その際、見本品の製作者とその後の請負者が異なる場合もあることが特徴の一つとしてあげることができる。また、本工程で、特例として指定人物がいることも軽視することができない。七宝焼の第一人者である濤川惣助と彫金家の塚田秀鏡である。濤川には、後席之間の鳩。塚田には同所の蝶と燕、東西化粧之間の紅葉・

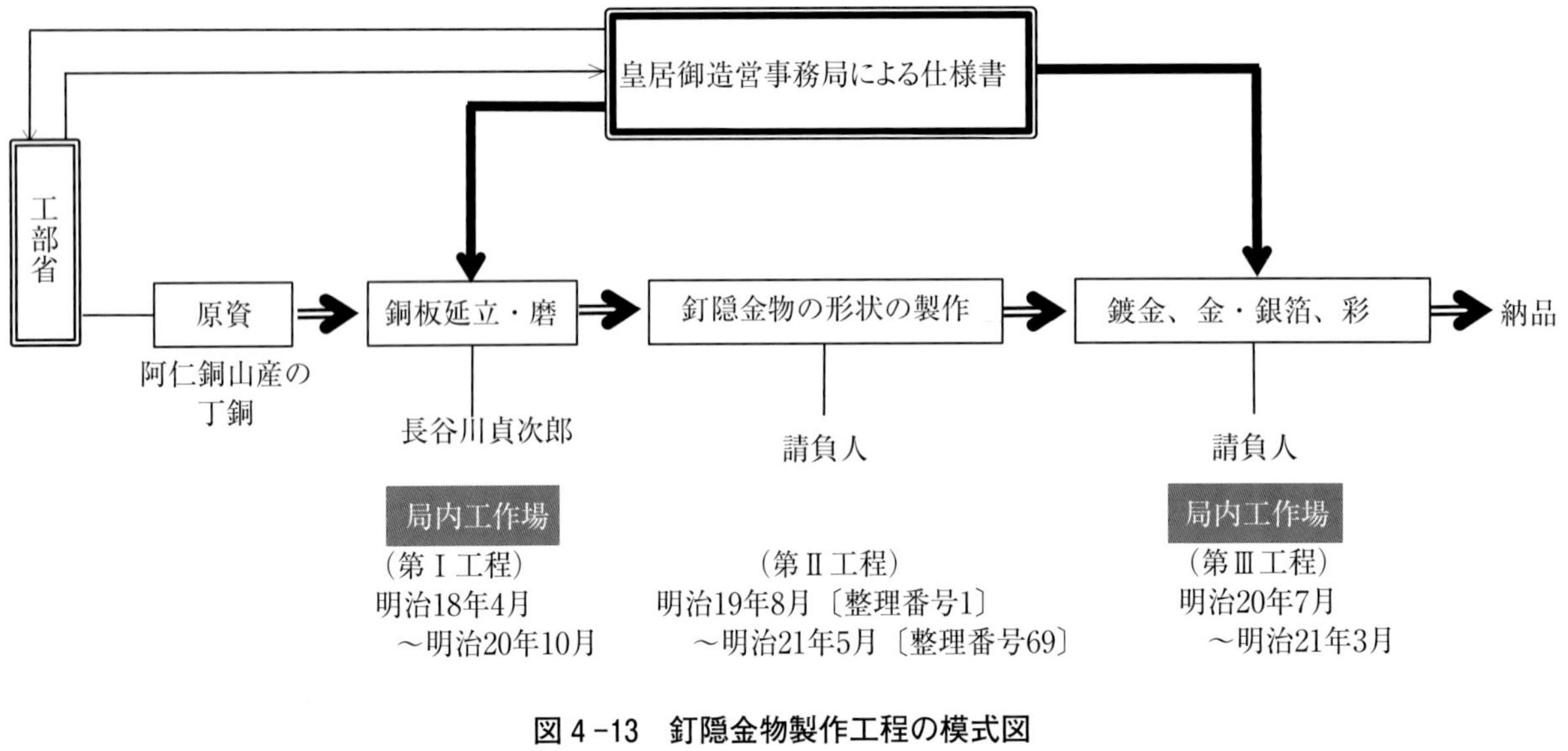

図4－13　釘隠金物製作工程の模式図

櫻花・紅梅・枇杷を各々、依頼している。中でも塚田へは、第Ⅲ工程の彩色までという熱の入れようである。

ところで、模様替による数量の混乱を指摘したが、その要因を探ると本工程にありそうである。それは、期間の長さと細かな入札と考えられるからである。原資の調達と第Ⅰ工程は、必要に応じて調整し、再利用も可能である。ここでの重複は、考えることができない。同様に、後述する第Ⅲ工程は、仕上げの最終段階でこれまた検討する余地がない。模式図に示したが期間をみると、第Ⅱ工程がおよそ三分ノ一で収まっている。これは、ある程度、数量が揃った段階で鍍金し、その上で現地に取付けたことを示唆している。つまり、期間が長ければゆとりが生じ、改変することも可能なのである。他方、細かな入札とは、今日であれば、請負者は全ての工程を見越した上で製作し納品することが通例である。よしんば、材量の入手が困難な場合でも、塚田秀鏡が請負ったように第Ⅱ・Ⅲ工程は、同一人（業者）である。見本品の製作一つを取上げても入札が細かすぎるのである。

第Ⅲ工程は、第Ⅰ工程と同様、局内工作場での作業となる。釘隠金物に限ると、金・銀箔を貼るというのではなく、金鍍金が主体となる。金を扱うことから、その徹底した管理というわけである。この工程の請負人には、鈴木吉五郎・岡崎敬三・佐々木綱次郎・藤島常興・高木正年などが名を連ねる。

本工程で注目することがある。釘隠金物には、間内・廊下など同一場所の場合、内法・天井・廻縁長押など設置する位置によって法量が異なることもありうると述べた。鍍金の量も異なるのである。それは、鍍金の厚さを指定する場合と鍍金の回数を指定する場合との二者がある。前者の事例として、『皇居御造営誌三七　饗宴所事業』をあげる。「金物ノ部」の中に仕様書として記されている。本節のはじめに抜粋してあるので、鍍金の厚さのみについて要約すると、内法長押が壱厘、天井・廻縁長押が五毛とある。すなわち、間内の低い位置のものは厚く、高い位置のものは薄くというわけである。ちなみに、「皇居造営録（金物）」の鍍金に関する案件にも厚さの指定がある。後者についても同様である。余談であるが、天井金具・引手金具・高欄金具等々あるが、鍍金の厚さは一様ではなく、目にする頻度や視覚との距離などを考慮しているようである。

第Ⅲ工程で金鍍金に関することを述べたので、宮城造営における金・銀の使用量について補足する。宮城造営では、いたるところで金・銀が用いられる。襖絵・杉戸絵、御棚金具、天井・引手金具、扉金具、釘隠金物など枚挙にいとまはない。金・銀箔、消粉、金銀鍍金など形状を変えての使用となる。『皇居御造営誌九〇　金箔事業』（識別番号八三三九〇）に載る。皇居御造営事務局は、明治十八年十一月二十八日、建具張付の砂子蒔絵画の彩色及び髹漆《きゅうしつ》蒔描金などの材料として金銀塊の譲受について協議を開始する。

翌年三月十二日造幣局から回答があり、翌日、型鋳した金塊一〇貫目（三七・五キロ）銀塊二〇〇目（〇・七五キロ）を譲受ることになる。この代価は、紙幣三〇、八二〇円九五銭（うち金塊三〇、七九一円九銭）と記録されている。

金銀塊を金箔・消粉等に製造するのは、明治二十年三月二十三日に始まり、翌年二月四日に終了する。金箔・消粉の製造には、京都の可児利助らが坂下門外一ノ工場（局内工作場）で行ったという。金箔三三六、一六六枚（量目二貫八六二匁九分一厘）、消粉一貫七匁三分三厘の記録が残る。残りが金鍍金などに使われたことになる。

（二）暖炉前飾りと大鏡縁

『皇居御造営誌二二　聖上常御殿事業』の前面建図や側面建図、「皇居写真

帖」の常御殿外観の写真などには、屋根を突出す煙突状のものをみることができる。これは、聖上常御殿が特例というわけではなく、奥宮殿であれば御殿向、表宮殿であれば内謁見所・御学問所・東西脱帽所・東西化粧之間・南北溜之間・天皇を補佐する侍従詰所など各所でみることができる。この煙突は、暖炉からの煙出のためのものである。明治には、西欧の新たな文物が夥しく入ってくるが、西欧建築での暖炉もその一つである。単に暖房を目的とするのではなく、華やかな装飾を施すことで、暖炉を設置すること自体、一種の権力の象徴といっても過言ではない。明治宮殿の暖炉の上位には大鏡を設置することで、さらに装飾性を増している。

明治宮殿造営においては、暖炉前飾りと鏡縁とは一体となって配置されており、それは、「皇居御造営誌」の建物に関する各事業の仕様書に明記されている。長文になるが、暖炉の構造もわかるので、前掲の聖上常御殿から抜粋する。

暖爐煙筒之部

一貳ヶ所　高五拾壹尺五寸五分
大サ　上三尺一寸
　　　下五尺七寸
両口焚
煉化石積

一右暖爐下根伐割栗地形致厚貳尺通リコンクリート打堅メ地中ヨリ床カ下ノ所焼過煉化石ヲ以セメント入灰泥ニテ積上ケ床カ上ヨリ上ニ煉化石ヲ以生石灰用砂調合ノ灰泥ニテ積上ケ煙板素焼鍔付土樋合土白土詰積立屋根上ノ所額縁化粧蛇腹共積出シ煙出シ口円形ニ積上ケ鹿ノ子摺白漆喰塗砂漆喰貳辺塗立具上銅板張ニ付板受鐵物煉化石へ沈メ方致取付銅板小ハセ折返シ板受鐵物下へ巻込ミ貳枚目ヨリ雇板ヲ入同断張立蛇腹木口ノ分箱仕立ハンダ蠟付ニ致取付煙出シ円形ノ處平同様曲セ張ニ致御間内ノ處ハ地付同様御張付ニ致

一煙口ハ舶来白煉化石天城産白土ニテ積込ミ迫受鐵物仕込焚口釜鑄鐵製煙返蓋焚蓋灰受共同断仕上ケ夏蓋青銅製唐草透シヲ鑄出シ黒味色付釜縁小脇灰留共寒水石及赤班石等ヲ以テ磨ニ仕拵取付ケ

一前飾御一之間ハ純白大理石彫刻致取付其他三個ハ下地澤田山青石ニテ彫刻付拵ノ上三返蒔地ヨリ中塗研迄漸次登上ケ御寝ノ間ハ蠟色塗群蝶色蒔繪御三ノ間ハ艶消蠟色塗晴波ニ磯草平蒔繪申口ノ間ハ蠟石塗ニ致据付

一鏡縁同臺共檜材ヲ以テ製造下地布着セ堅地ニ仕立御一ノ間ハ正倉院古裂模様ノ写七寳蒔繪御三ノ間ハ銀四分一塗雲行焼金荒粉研出耶公墨粉ノ下蒔ニ致厚三分硝子板切込裏板檜板ニテ端喰吸付真搔合塗ニ致取付釣合留鐵物打

とある。暖炉の煙筒、焚口・釜の構造、前飾り、鏡縁の四項についての内容である。明治宮殿の場合、隣接する部屋と壁を挟んで暖炉を布設することが少なくない。仕様書の初めにある両口焚とはそのことを指す。聖上常御殿であれば、御一之間と御寝之間、御三之間と申口之間が相当する。宮御殿次之間や内謁見所、北之間のように単口焚のものもある。

「皇居御造営誌」、「明細帳（暖爐前飾之部、暖爐上鏡縁之部）、「明治宮殿写真帖」などを基本資料とし、それらに掲載されている暖炉前飾り、大鏡縁を集成したのが表4—9である。この表から、若干、検討を加えることにする。

A．暖炉前飾り

奥宮殿と表宮殿とでは、暖炉そのものの布設位置が異なる。奥宮殿の御殿向では、どこも複数の部屋を構えている。聖上常御殿では御廊下之間を含めると一〇部屋、皇后宮常御殿では九部屋、皇太后宮御休所では御物置を含め六部屋、宮御殿が七部屋ある。各所には、御床御棚を構える格調高い部屋が必ず一部屋あり、聖上常御殿は御小座敷、皇居宮常御殿は御一之間、皇太后宮御休所は御休所、宮御殿は宮御殿之間が該当する。この御床御棚を構える部屋には、暖炉を布設しない。その位置が無いといった方が良いのかもしれない。御殿向では、暖炉の位置は、御床御棚の隣接する部屋となる。勿論、御床御棚の裏面となる部屋に暖炉を布設することはない。

一方、表宮殿では、内謁見所、北之間、御学問所階上階下とも御一之間に暖炉を構えている。中でも御学問所階下の御一之間（表御座）は、片側に御床を構え、もう一方に暖炉を布設している。宮殿内でも奥と表とでは建築様式が異なるのは周知の通りである。しかし、御学問所は、絨毯が敷かれているが畳敷で砂子蒔の御張付もある。襖がないことから和洋折衷形式というのであろうか。奥宮殿では考えられないのである。

〈前飾りの形態〉

表4―9に示したが、暖炉前飾りは一様ではない。素材から三型に分けることができる。

①蒔絵造り

②石造り

③木製造り

このうち、②・③は、さらに細分することができる。②であれば石材（大理石・班文岩など）、石材の色（白・灰色・黒）、彩色の有無など、③であれば木象眼・彩画の有無などである。

これらの要素を考慮しながら概観することにする。奥宮殿のみにみられる特徴は、①と②である。①の蒔絵造りは、御殿向では半数がこれを占める。聖上常御殿の御寝之間と御三之間、皇后宮常御殿の御二之間と御寝之間、皇后宮御休所の御次之間と宮御殿の御次之間の六例がある。宮御殿を除き両口焚であるが、皇后宮常御殿の事例が示すように、蒔絵造りが、暖炉自体がもつ構造的な面とは関わりがない。蒔絵造りの場合、下絵制作者と製作者の二者が必要となる。下絵制作者は、『皇居造営録八八　絵画事業』に、製作者については、『皇居造営録（聖上常御殿・皇后宮常御殿・皇太后宮御休所・宮御殿）』に載る。このうち、下絵制作者をみると、端館紫川・高取熊吉・芝永章・稲田豊章・前田貫業の五名が連ねる。これらの画家は、前章で述べたように博物館側から推選を受けたか、その後選抜された日本画家である。端館・高取・芝の三名は、後述する鏡縁の下絵も担当している。製作者は、御寝之間の「群蝶蒔絵」でみると、漆塗を柴田夘之助、蒔絵を前村俊造が担当している（『皇居造営録（聖上常御殿）九』の第一〇・一一號案件）。いずれも一流の職人である。蒔絵造りとして三例紹介する。前の二例が皇后宮常御殿、三例目が宮御殿の前飾りである。

図4―14は、御二之間の「雪中南天蒔絵」である。下絵を端館紫川、製作を向島幸助・越野半平が担当している（『皇居造営録（皇后宮常御殿）二』の第八號）。茶色地に南天の赤い実。雪が被いその重さで枝が垂下する。部屋の雰囲気が気になるところである。「明細図／奥宮殿砂子蒔之部」（識別番号八一三九三）を参照すると、御長押上を「雪晴模様」、御襖張付を「寒梅模様」をテーマとして狩野晏川が金砂子泥引白群青緑青其他色入で描いている。当然のことながら、前飾りと張付とが見事に一致するのである。

図4―15は、御寝之間の「藤之花蒔絵」である。下絵を芝永章、製作を三宅利右衛門が漆塗・蒔絵共担当している（『皇居造営録（皇后宮常御殿）二』の第一〇號）。黒地に藤の花が薄紫色と金色の二色掛で鮮やかに描かれている。葉の緑と金泥が豪華である。前者と同様、張付をみると、御長押上を「夕暮模様」、御襖張付を「秋坪模様」と稲田豊作が描いている。砂子泥引紫地二番緑青薄群青で張付には朝顔、その上を蝶が舞う。しっとり落ち着いた中に華さが極立つ。春と秋、二つの季節感を表現しながらも一体感が伝わる。

図4―16は、宮御殿御次之間の「常夏蒔絵」である。下絵を前田貫業、製作を今井平七が担当している。テーマが「常夏」とあるように、黒地に金の

表4－9　暖炉前飾りと鏡縁一覧

間内・部屋	暖炉・暖炉前飾り：暖炉の形態	前飾の素材・蒔絵は題材	蒔絵下絵制作者	前飾図有・無	天井の形態	玻璃（硝子）鏡と鏡縁：瑠璃鏡の法量（尺・寸）	鏡縁の素材	下絵制作者	図の有無	「皇居写真帖」
聖上常御殿　御一之間	複	白大理石製	柴田夘之助（山崎喜三郎）	有	折上小組格天井	8尺1寸5分×3尺3寸	雙鶴宝花蒔絵、塗七宝	高取熊吉（柴田夘之助）	有	第102－110號
御寝之間	複	群蝶蒔絵	端館紫川（柴田夘之助・前村俊造）	有	格天井板違		不明			第111號
御三之間	複	晴波蒔絵	高取熊吉（永田貞二郎）	有	格天井板違	直径3尺5寸	時鳥雲行蒔絵	芝　永章（柴田夘之助）	有	
申口之間	複	班文石塗石造	（高橋太助）	有	猿頬天井		花龍謄塗七宝蒔絵	不明	有	
皇后宮常御殿　御二之間	複	雪中南天蒔絵	端館紫川（向島幸助・越野半平）	有	小組天井	7尺2寸1分×2尺9寸5分	孟春紋貝入蒔絵	小堀桂三郎（白山松武）	有	第106號
御寝之間	複	藤之花蒔絵	芝　永章（三宅利右衛門）	有	格天井板違		不明			
御次之間	複	班分石塗石造	―	有	猿頬天井	6尺5寸　×2尺9寸5分	合歓花蒔絵	端館紫川（植松　弥吉）	有	
申口之間	複	班分石塗石造	（中村宗兵衛）	有	猿頬天井		不明			
皇太后宮御休所　御次之間	複	臥蝶紋蒔絵	稲田豊章（三宅利右衛門）	有	格天井板違	6尺2寸8分×2尺9寸3分	朽木形蒔絵	高取熊吉（三宅利右衛門）	有	
御次之間	複	班分石塗石造	―	有	猿頬天井		不明			
宮御殿　御次之間	単	常夏蒔絵	前田貫業	有	猿頬天井	6尺2寸8分×2尺6寸8分	藤花飛燕蒔絵	芝　永章	有	第102號
			（柴田夘之助）					（植松弥吉）		
内謁見所	単	白大理石製（正面御紋）	―	有	二重折上小組格天井		古写真有	不明	無	第80・82・85號
北之間	単	白大理石製	―	有	折上小組格天井					第89・92・93號
御学問所階下　御一之間	※単	青大理石製	柴田夘之助（高橋太助）	有	折上小組格天井	7尺5寸5分×3勺7寸5分	曝絪ニ千鳥貝入蒔絵	（西村庄蔵）	有	第95號
廣間	複	班文大理石製	（山崎喜三郎）	有	折上小組格天井	7尺5寸5分×3勺7寸5分	蔓牡丹蒔絵	川ノ邊一郎	有	第96號
北之間	複	班文大理石製	浅野善兵衛（高橋太助）	有	格天井板違	7尺5寸5分×3勺7寸5分	白檀塗	（浅野善兵衛）	有	
階上　御一之間	※単	木製	―	有	葺寄格天井	7尺2寸　×3勺6寸5分	玉椿存星彫	（齋藤政吉・西村庄蔵）	有	
廣間	複	木製	―	有	格天井板違	7尺2寸　×3尺6寸5分	花桐鎌倉彫	三橋永輔	有	
北之間	複	木製	浅野善兵衛（小坂仙之助）	有	格天井板違	6尺8寸　×3尺6寸5分	白檀塗	（浅野善兵衛）	有	

御車寄受附之間　左廂	単	黒大理石製	（高橋太助）	有	塗格天井	8尺8寸　×3勺7寸	彫刻金白檀製	（竹中熊次郎）（漆・市島浅次郎）	有	第14號
右廂	単	同上	同上	有	塗格天井	8尺8寸　×3勺7寸	同上	同上	有	第13號
東脱帽所　一之間	複	○班文大理石製	（山崎喜三郎）	有	塗格天井	9尺2寸　×4尺2寸	金白檀塗	（浅野善兵衛）	有	第17・18號
二之間		同上	同上	有	塗格天井	9尺2寸　×4尺2寸	同上	同上	有	第19號
西脱帽所　一之間	複	○班文大理石製	（山崎喜三郎）	有	塗格天井	9尺2寸　×4尺2寸	金白檀塗	（中川宗兵衛）	有	第22・23號
二之間		同上	同上	有	塗格天井	9尺2寸　×4尺2寸	同上	同上	有	第25號
（男化粧之間）東化粧之間　一之間	複	青班文大理石製	（高橋太助）	有	塗格天井	8尺3寸　×3尺3寸	七宝塗	濤川惣助	無	
（女化粧之間）二之間		同上	同上	有	塗格天井	8尺3寸　×3尺3寸	同上	同上	無	第34・35號
（女官面謁所）西化粧之間　一之間	複	白大理石製	（高橋太助）	有	塗格天井	8尺3寸　×3尺3寸	海獣葡萄彫刻	（彫刻：高村光雲　指物：森下兵三）	有	第37・38號
二之間		同上	同上	有	塗格天井	8尺3寸　×3尺3寸	同上	同上	有	第39號
南溜之間　北	単	木製象嵌入	（八田知明）	有	折上格天井	8尺3寸　×3尺3寸	鴨ニ水草中高蒔絵　内外側蔓草平蒔絵	柴田夘之助	有	第51號
南	単	同上	同上	有		8尺3寸　×3尺3寸		（森下兵三）	有	
北溜之間　北	単	蠟色大理石製	（山崎喜三郎）	有	塗格天井	7尺5寸　×3尺6寸	金白檀	不明	有	第52號
南	単	同上		有		7尺5寸　×3尺6寸	同上		有	
皇族候所	複	不明	同上	無	格天井	6尺　×3尺4寸	金白檀	不明	有	
大臣候所				無	格天井	※※6尺　×3尺4寸	同上		有	

※・暖炉の形態の中で御学問所階上階下御一之間を単口焚としてある。煙筒は双方で一つとなる
・制作者の括弧内は製作・製造者を示している
・皇族大臣候所は、雑学詰所が続くため両口焚暖炉が2ヶ所あり、大鏡が3点付く。

雲形、赤と金の撫子、築山の上位は淡青色で描かれ清涼感が伝わる。御殿向の前飾りの中で最も華やかな蒔絵である。この前飾りを選んだのは、御殿向では唯一、単口焚である。さきに御殿向の暖炉前飾りには、蒔絵造りと石造りの両者があることを述べた。宮御殿を除くと他の間内では半数宛となり、しかも二之間にあたる前飾りには両者がある。単一の焚口の場合は気になるところである。参考までに『皇居御造営誌二五　宮御殿事業』の中の「暖爐煙筒之部」の釜の構造、暖炉前飾り、鏡縁に関する仕様書を抜粋する。

一前飾澤田山青石及寒水石ヲ以テ彫刻致シ取付灰止メ石据合セ焚口釜及基盤共仕合セ付属品添ヘ鏡縁指立鏡板嵌込裏板付

一前飾地艶消蠟色塗山ニ常夏高蒔繪上下文様平色蒔繪雲形焼金平目研出シ同上鏡縁塗地胡麻竹塗臺松皮蒔繪縁藤花ニ燕中高蒔繪ヲ仕立鏡板嵌込ミ裏板搔合セ塗致シ取付釣合セ

とある。前飾りを蒔絵仕立にした理由はないが、暖炉が鏡板と一体になっていることはよくわかる。

ふり返って、間内の張付けをみることにする。御長押上は「流雲模様」、御襖張付は「呉竹模様」をテーマに、福田豊作が砂子泥引群青緑青薄群青などで描いている。襖の下位を檜垣、若竹の緑青が生々している。常夏と呉竹が見事に呼応する。一つ補足する。「明治宮殿写真帖」第壹〇貳號をみると

図４-14　皇后宮常御殿御二之間暖炉前飾「雪中南天蒔絵」

暖炉前飾りは白大理石製になっている。明治宮殿竣工後、模様替（時期不明）があったものと考えられる。

なお、聖上常御殿の御一之間と御三之間の暖炉前飾りは、共に繊細な筆使いで群蝶と晴波を表現している。

つぎに、御殿向の石造前飾りについて述べることにする。該当する四例のうち三例が斑文石塗石造であり、同様なものは表宮殿には存在しない。明細図に記された「斑文岩」とは、五十嵐俊雄著『考古資料の岩石学』によると「斑れい岩」が正式名称のようで、深成岩で斜長石・かんらん石・輝石・角閃石の造岩鉱物で構成されているという。

図４—17は、聖上常御殿申口之間の前飾りである。石材がもつ硬さや石目を活かし、草色に仕上げている。この上に嵌め込む「花龍謄塗七宝蒔絵」の鏡縁と似合う。

白大理石製の前飾りは、聖上常御殿御一之間のほか、表宮殿の内謁見所・北之間、西化粧之間一之間二之間でもみられる。法量・彫刻はいずれも異なる。おそらく、石造の中では、前述の斑文岩（斑れい岩）同様、特別のものと考えられる。

図４—18は、聖上常御殿御一之間の白大理石製前飾りである。彫刻の細かさはもとより、内謁見所や北之間の同様のものと比較すると、焚口となる火口明の面積が御一之間の方が小さい分、重厚感に富んでいる。上位に嵌込まれる「塗七宝／雙鶴宝花蒔絵」の鏡縁がシンプルの中に豪華である。双方が相応しい関係にある。同部屋の張付は、遠藤貫司・廣宗が担当し、金砂子泥引群青隈入で「水辺青蘆」を題材に描いている。全体が落着のある空間を演出してる。

表宮殿の暖炉前飾りは、蒔絵造はなく、石造もしくは木製造りいずれかとなっている。このうち木製造は、御学問所階上の御座所・廣間・北之間の三箇所と南溜之間に限られ、特異な形態の一つといえる。

図 4 -15　皇后宮常御殿御寝之間暖炉前飾「藤之花蒔絵」

図 4 -16　宮御殿御二之間暖炉前飾「常夏蒔絵」

図4—19は、南溜之間の暖炉前飾りである。木製に加えて象嵌入の珍しい形態をとる。『憲法発布式図6　南溜之間御陪食之図』（識別番号八〇〇八五）にも描かれている。焚口となる火口明が他の暖炉と比較すると大きくとられている。間内に同じ形状の暖炉を二基布設するが、間内が七〇帖と広いためであろうか。正面・側面とも木枠で区画し、このうち袖部と火口明に文様帯をとる。脚部・火口明上位とも左右対称の文様で構成し、裾部下端に鹿、その上位に藤を銜えた飛鳥が二羽。火口明上位中央には二羽の飛鳥と黄色い花が咲く野草。その隣には飛鳥と野草の区画帯が二つ。木象嵌は、暖炉天端縁に花模様。製作は八田知明が担当するが、下絵は不明。

　御学問所の暖炉前飾りは、階上と階下で全く相異する。階上が木製であるのに対して、階下は石造である。御座所（御一之間）・廣間・北之間と階上・階下の全ての部屋に暖炉を布設することは、奥宮殿の御殿向とは大きく異なる点である。暖炉前飾りが階上階下で相異することは、さきに述べた釘隠金物の様相と共通していることでもある。具体的に、木製前飾についてみることにする。

図4—20は、階上北之間に布設したものと考えられる前飾りである。明細図の中期に三部屋の区別がなく明治宮殿写真帖にも階上の写真はない。部屋を特定したのは、二つの理由による。一つは、階上階下とも廣間と北之間は両口焚であること。それは、前飾りの彫刻模様は別として、同じ構造物であること。それに対して御一之間は単口焚である。階上階下とも各々一基やや小型のものがあり、階下では皇居写真帖によって御一之間と廣間の暖炉前飾りを特定することができる。一つは、彫刻された模様は、六基とも全て異なる。その中にあって廣間と北之間は、共通する模様を見出すことができる。図4—20では、焚口・火口明の上位中央の円文とそれに続く区画文である。

　さて、この文様帯を除くと素材の差は顕著である。石材に比べて木材の方が彫刻しやすいことは明白である。階下と比較しながらみると、さきほどの

図4-17　聖上常御殿申口之間班文岩製暖炉前飾り

図4-18　聖上常御殿御一之間白大理石製暖炉前飾り

文様帯に続く袖部上位には、中央に唐花模様、左右に長方形の唐花花弁を充填。他方、石造では、臼状の輪格模様のみ。袖部は、二条の刻線が垂下し、沈線内にも細かな円文。垂線の外側は、全体を柱に見立て、下から唐草、唐花、三条の沈線と円文を彫る。石造では二条の垂線のみ。さらに、天端近くには、連続する短沈線文が巡る。**図4―20**では、円文とそれに続く区画文内にも細かな彫刻が施されている。

階上の木製前飾りについて、**図4―20**の北之間のものを紹介したが、彫刻模様では御一之間、廣間の方がより複雑となる。

②の石造前飾りについてみることにする。奥宮殿については述べたので、ここでは表宮殿に限定する。

表4―9が示すように、暖炉前飾りは、圧倒的に石造が多い。御学問所階上と南溜之間の木製は、例外であるといっても過言ではない。石造は、奥宮殿では斑文岩（斑れい岩）製がみられたが、表宮殿では全て大理石製という枠でくくることができる。しかし、明細図をみると色調が一様ではなく、岩石に含まれている鉱物が模様となっているものもある。当然、注記も異なる。色調・注記を参照すると、六つに細別することができる。

イ：白大理石
ロ：青大理石
ハ：蠟斑大理石
ニ：青斑大理石
ホ：蠟色大理石
ヘ：黒大理石

このうち、イ・ニ・ヘは、色調の違いから容易に区別することができるが、ロとハ、イとホはよく似ていて困難と言わざるをえない。ホは、注記の上ではイと全く異なるように思えるが、明細図では白を基調とし、薄いクリーム色が加えられている。注記は、色調からの区別であり、岩石名が示されてい

図4-19　南溜之間木製象嵌入暖炉前飾り

るわけではない。一例をあげると、黒大理石は、アッシュフォード黒大理石ともいわれ、暗色の石灰岩（堆積岩）で採石後、磨をかけることで美しい光沢を発するという。『皇居造営録（片山技師独逸出張装飾品購買諸件）一～三　明治一九～二一年』（識別番号四四四六―一～三）の中にも、片山がドイツで大理石を購買した史料が載る。暖炉用であるか定かではないが、海外産の大理石が用いられていることもほぼ間違いがない。

さて、明細図での注記をもとに、各間内の前飾りをあてはめると、以下の通りとなる。

イ：内謁見所・北之間（桐之間）、西化粧之間一之間・二之間の四例。
　これに聖上常御殿御一之間が加わる。

ロ：御学問所階下御一之間（後座所）・廣間・北之間の三例。

ハ：東西脱帽所の各一之間二之間の四例。

ニ：東化粧之間一之間二之間の二例。

ホ：北溜之間の間内二例。

ヘ：御車寄受附之間左廂右廂の二例。

これをみる限り二間の両口焚、あるいは一つの間内に複数の暖炉を布設する場合、前飾りの石材が同一であることがわかる。奥宮殿では両口焚の場合、蒔絵造と石造という組合せが少なくないことから、表宮殿にみられる特徴ともいえる。ちなみに、単口焚となるのは、御学問所階上階下の御一之間、内謁見所と北之間（桐之間）、御車寄受附之間の左廂と右廂。間内に二基暖炉を布設する北溜之間と南溜之間も単口焚である。

石に彫刻された模様は、御学問所・内謁見所・北之間を除き同一間内、あるいは両口焚となる一之間と二之間のものは同じとなる。「皇居造営録」の案件をみると、彫刻の請負者は日本人であることから、彫刻された石製前飾りを輸入したものではない。蒔絵造の下絵があるように、彫刻の原図もあるはずである。残念ながら存在していない。

図４-20　御学問所階上北之間木製暖炉前飾り

図４-21　御学問所階下北之間青大理石製暖炉前飾り

石造前飾りの中で、特例があるので紹介する。図4—22は、御学問所御一之間の石造前飾りである。彫刻は、他と同様、火口明上位と袖部に区画文、その中に模様を加える。模様こそ異なるが、ここまでは同じである。図4—22の模様は唐草となるが、その部分に金を入れ加飾していることである。表後座所であることを意識したものと推察される。なお、模様でみると、御紋が彫られているのは、内謁見所の一例のみであり、意外と少ないのである。

B. 暖炉上の装飾鏡縁

暖炉と装飾縁鏡が一体となっていることは、「皇居御造営誌」の聖上常御殿と宮御殿の仕様書で紹介したが、鏡縁の装飾と共に鏡そのものの法量も気になるところである。第一章で「宮殿写真帖」から東西脱帽所・西化粧之間を紹介したが、暖炉上に据付けた大鏡は、優に天井長押まで達している。かなり大きいのである。

この暖炉上の大鏡に関する主として表宮殿の史料が『皇居御造営誌八五瑠璃鏡及各所窓用玻璃購買事業』（識別番号八三三八五）に載るので、関連箇所を抜粋する。

鏡員数調

東西脱帽所	長 九尺二寸 巾 四尺二寸	三十八間六分四厘	四面
東西化粧之間	八尺三寸 同 三尺三寸	二十七間三分九厘	四面
御車寄東西ノ間	八尺八寸 同 三尺七寸	三十二間五分六厘	貳面

図4-22　御学問所階下御一之間班文大理石製前飾り

東車寄南溜ノ間	八尺六寸	同　三尺三寸	二十八間三分八厘	貳面
東車寄北溜ノ間	七尺三寸	同　三尺六寸	二十七間	貳面
常御殿	八尺一寸	同　三尺二寸	二十五間九分二厘	壹面
御学問所階下	七尺五寸五分	同　三尺七寸五分	二十八間三分一厘二毛	三面
御学問所階上	七尺二寸	同　三尺六寸五分	二十六間二分八厘	貳面
御学問所北之間	六尺八寸	同　三尺六寸五分	二十四間八分二厘	壹面
皇族大臣候所	六尺	同　三尺四寸	二十間四分	三面
			〆尺間六百八十九間四分三厘七一五	〆貳拾四面

代價伺

一金九百四拾九圓七拾貳銭　納人　田村源吉

内譯

金貳百拾貳圓九拾貳銭

長九尺二寸

鏡硝子板　巾四尺二寸　四枚

厚二分八厘

但無税通関ヲ以テ御局へ持込御検査済迄

壹枚代金五拾三圓貳拾三銭

〈中略〉

是ヨリ先明治十九年十二月二十七日カールローデ商會代理剌賀商會ニ饗宴所用大鏡八枚ノ納方ヲ命ズ此上納代價銀貨千百三拾七圓貳拾六銭九厘（此原價獨貨貳千八百四拾麻）其詳細ハ装飾家具購入ノ部ニ合記ス

（傍点は筆者）

とある。鏡員数の項目に、謁見所・饗宴所・後席之間等々の記述がないのは、暖炉がないためである。資料の鏡員数とは、暖炉上鏡のことを指している。ちなみに、「宮殿写真帖」や『皇居御造営誌八〇～八二　家具装置事業一～三』には、後席之間廣間や婦人之間に設置された欧州産の豪華な巨大鏡が記録されている。また、常御殿の鏡一面は追加されたもので、前掲の「家具装置事業三」に記されている。内謁見所・北之間も同様である。

暖炉上鏡は、いずれも輸入品であり、一枚当りのサイズが大きい。御学問所階上北之間と皇族大臣候所が幾分小振であるが、他は長さが九尺二寸から七尺二寸（およそ二・八～二メートル）、巾も四尺二寸から三尺二寸とおおむね一メートルを超える。長さが異なるのは、間内の天井や長押の高さによるもので、空間に応じて発注していることがわかる。

本史料では、奥宮殿の鏡が一面といささか少ない。これには別の案件があり、説明がつく。一つ紹介する。『皇居造営録（雑品）三八　明治一四～二二年』（識別番号四四四五—三八）の「玻璃鏡購買之儀伺」（明治二十一年三

月十五日提出）の案件では、

一金百九拾円三拾四銭九厘

此譯

金六拾六円三拾四銭九厘　田村弥吉

内

金三拾七円四銭九厘

聖上常御殿御一之間用　長八尺壱寸五分　巾三尺三寸　鏡壱枚ノ代

金二拾九円三拾銭

皇后宮御一之間　長七尺弐寸壱分　巾弐尺九寸五分　鏡壱枚之代

金百弐拾四円　藤田吟三郎

内

金二拾三円五拾銭

聖上常御殿三之間用　長　巾三尺五寸　鏡壱枚ノ代

金三拾三円

皇后宮御次之間用　長六尺五寸　巾弐尺九寸五分　鏡壱枚之代

金三拾三円

宮御殿用　長六尺弐寸八分　巾弐尺六寸八分　鏡壱枚之代

金三拾四円五拾銭

皇太后宮御二之間用　長六尺弐寸九分　巾弐尺九寸三分　鏡壱枚之代

とある。奥宮殿四間内のうちの六箇所の玻璃鏡について知ることができる。

本題となる鏡縁の装飾であるが、四型に分けることができる。

Ⓐ蒔絵仕上げのもの
Ⓑ木彫の彫刻があるもの
Ⓒ金白檀塗のもの
Ⓓ七宝塗のもの

暖炉前飾りと同様、奥表宮殿、間内を多分に意識した選択となる。

Ⓐの蒔絵縁は、奥宮殿と表宮殿では御学問所階下の御一之間と廣間にみられるものである。御学問所の下絵は不明であるが、奥宮殿は、高取熊吉・芝永章・小堀桂三郎・端館紫川らが下絵を担当している。五例紹介する。

図4―23は、聖上常御殿御一之間の鏡縁である。塗七宝の雙鶴宝花蒔絵である。下絵を高取熊吉が担当し、正倉院古裂模様の写とされる。**図4―18**の白大理石の上に嵌込まれることになる。図中左側に模様の拡大図がある。繊細な模様と配色をうかがうことができる。

図4―24は、聖上常御殿御三之間の鏡縁である。宮殿では、唯一ともいえる円形の鏡となる。『皇居造営録（聖上常御殿）一一』の第一〇號「聖上常御殿御三之間鏡縁檜造塗下拵受負申付伺」（明治二十年十月十二日提出）の案件に、この鏡板の製作に関する仕様が図入で載る。それをみると、鏡の直径が三尺三寸、背面の鏡板が高さ八尺九寸五分（約二七〇センチ）、幅が暖炉上で三尺七寸八分、上端で三尺七寸二分と記されている。下絵は、芝永章が担当し、題材は「月ニ時鳥」。鏡を月に見立て、画面上位右上の時鳥が飛翔するというものである。製作を柴田夘之助が担当するが、金・銀で月夜の雲を巧に表現し、見事である。「晴波蒔絵」の前飾りの上に嵌込まれている。

図4―25は、宮御殿御次之間の鏡縁である。竹を半截し幹に見たて、藤蔓をからませ、葉の緑と金で描いた花が美しい。天中央に二羽の燕。左側縁中程にも一羽が飛翔している。地竹塗で臺を松皮塗、「藤花飛燕」の下絵を芝永章が担当している。**図4―16**の暖炉前飾「常夏蒔絵」の上に嵌込まれている。豪華な装飾である。

表宮殿から二例紹介する。**図4―26**は、東車寄南溜之間の鏡縁である。地弁柄仕立の蠟色塗で「鳧鴈花枝紋鳥貝入蒔絵」で柴田夘之助の製作である。天縁中央にやや大型の二羽の鴈、同様に縁内に収まるが下端中央・左右縁にも配する。**図4―19**の前飾りの上に嵌め込まれるが、共に鳥と花が描かれている。南溜之間では、これが二台並ぶことになる。

Ⓐの中で、特異な事例を紹介する。御学問所階上御一之間の在星彫（存清彫）である。この技法は、文様を色漆で描いた後、存星剣で輪格彫り・毛彫りを加えたものとして知られる。蒔絵グループとするとイメージが異なるかも知れない。『皇居造営録（御学問所）五』の第一七號「御学問所階上御一之間鏡縁存星彫椿蒔絵受負申付伺」（明治二十年九月十三日提出）の案件に仕様が詳述されている。

蒔絵の題材は、宝花・合歓花（ネムの木）・藤・牡丹など花類が最も多いが、鳥も鶴・時鳥（ホトトギス）・燕・千鳥・鴈と花に次いで多い。**図4—27**は、地石黄仕立蠟色塗りで臺に青海波模様をもつ「玉椿在星彫」である。玉椿が鏡縁全体を充填し、華やかである。

Ⓑの木彫は、御学問所階上廣間と西化粧之間一之間二之間の三間内でみられる。前者は鎌倉彫で三橋流を確立した三橋永輔鎌山が担当し、「花桐」を彫る。後者は、彫刻を高村光雲・指物を森下兵三が担当し、花櫚に葡萄模様を彫る。**図4—28**は、西化粧之間の「海獣葡萄彫刻」である。細密な彫りのためにわかりずらいかもしれないが、『皇居造営録（東西化粧之間）三』（識別番号四三六〇—三）の第一七號「東西化粧之間鏡縁製造受負申付伺」（明

図４-23　聖上常御殿御一之間鏡縁塗七宝「雙鶴宝花蒔絵」

図４-24　聖上常御殿御三之間鏡縁「時鳥雲行蒔絵」

図４-25　宮御殿御二之間鏡縁「藤花飛燕蒔絵」

治二十年七月三十一日提出）の案件には、彩色が施された原寸大の原図が所収されている。圧巻である。

前者の鎌倉彫については、『皇居造営録（御学問所）五　明治一七～二一年』（識別番号四三五六一―五）の第一〇號「御学問所階上御鏡縁鎌倉彫受負申付伺」（明治二十年八月七日提出）の案件に詳しい。三橋永輔が一式として一三七円三六銭で請負うことになる。物品・彫刻費・輸送費の内訳と共に原寸大図面（一部彩色）を付した積書がある。木材の指定、模様の彫方、漆塗に至るまで詳述しているので、その部分を抜粋する。

御学問所階上御鏡之縁積書

一御鏡之縁鎌倉彫　但長八尺〇六分　幅四尺〇八分　御絵図面之通

右仕様木材ハ南部男山ノ産上等之ホウノ木ヲ用ヒ後日クルハザル様注辺可仕ケ彫リハ桐唐草及小縁ヲ高ク間ヲ壱分程スキ下ケ地紋ヲ彫リ模様ハ落目彫刀根ヲタテ塗方ハ生漆ニテ木堅メ仕蒔錆地二枚其上黒ノ下塗リ茶ノ中塗ヲ仕上ケ塗ハウルミ漆ニテ三重之スリ出シ致シ雅ヲ素トシテ精々念入ニ事仕上

図4-26　南溜之間鏡縁「鳧雁花枝紋鳥貝入蒔絵」

とある。精巧な鏡縁なのである（図4―29）。

Ⓒの金白檀塗は、一般的な鏡縁の装飾で、幾何学状の模様を彫り、金を全体に施した後、透し漆を塗ったものである。西欧でよくみられる技法で、表宮殿のみにみられる。石造の暖炉前飾りの上に嵌め込まれるので、全体とし

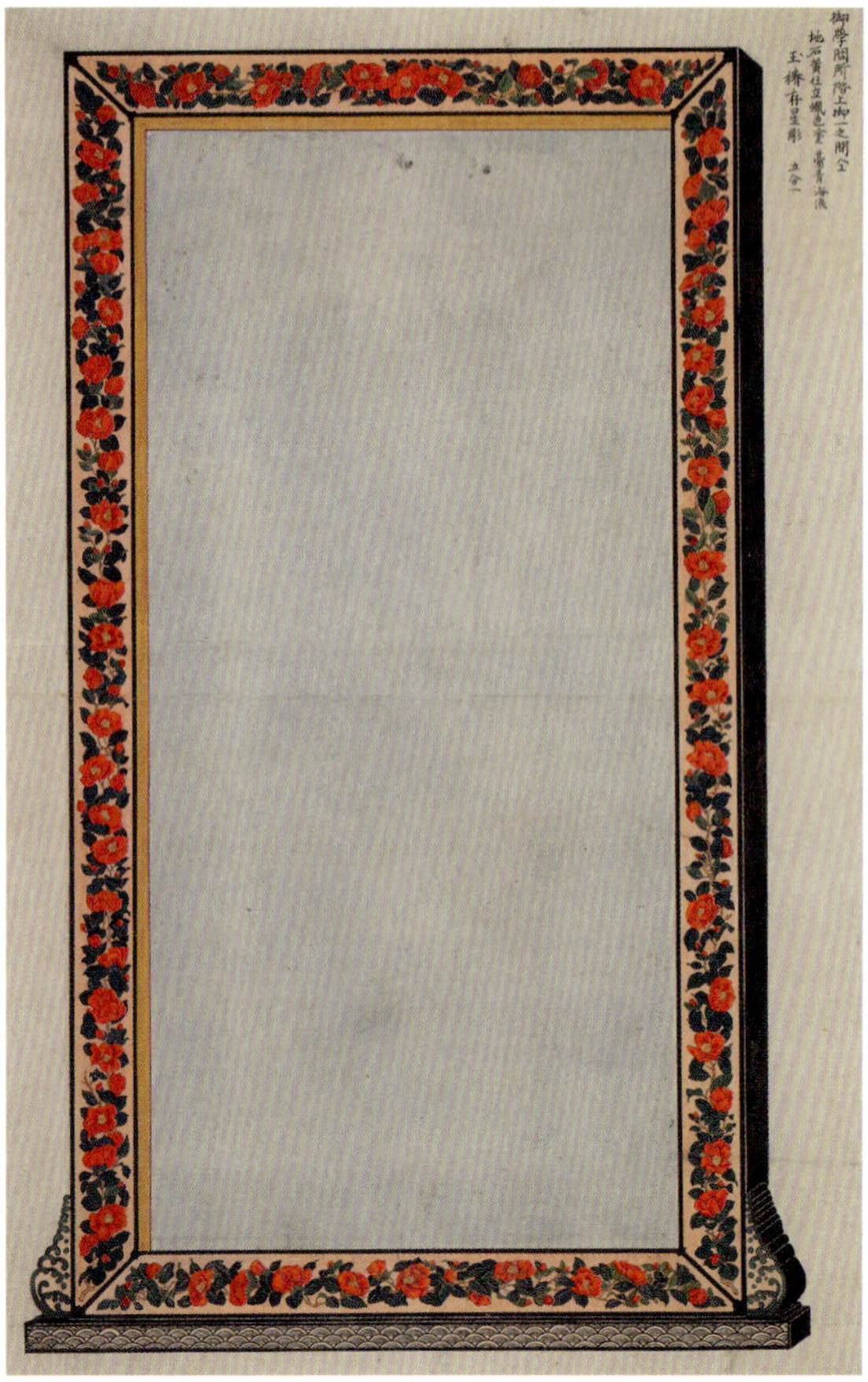

図4-27　御学問所階上御一之間鏡縁「玉椿存星彫」

図4-28　西化粧之間鏡縁「海獣葡萄彫刻」

図4-29　御学問階上廣間鏡縁「花桐鎌倉彫」

てシンプルとなる。御学問所階上階下の北之間、御車寄左廂右廂、東・西脱帽所、北溜之間、皇族大臣候所でみられる。間内によって彫刻模様が異なる。図4―30は、東脱帽所の鏡縁である。天が屋形を呈し、この形状は、表宮殿では唯一である。ちなみに、西脱帽所は平縁である。

Ⓓの七宝塗りは、東化粧の間一之間・二之間に備えられた鏡縁で、七宝焼の第一人者である濤川惣助の工房が請負ったものである。『皇居造営録（雑品）三六　明治一四～二二年』（識別番号四四四五―三六）の第四一號「化粧之間鏡縁七宝塗製造受負申付伺」（明治二十年七月二十九日提出）の案件に詳細に載る。本案件には七枚の図が付き、部分的に彩色が施されていることから全体像を知ることができる。明細図に掲載されていないため、唯一の資料でもある。具体的にみる。史料は、

　概算金三百貳拾九円四拾八銭

図4-30　東脱帽所鏡縁金白檀塗

一金三百円　濤川惣助
　内金貳百三拾七円六拾銭　職工料
　　金六拾貳円四拾銭　材料
　差引金貳拾九円四拾八銭一厘　減
〆

に始まる。概算金は、皇居御造営事務局側が設定したもので、当初、濤川が試算した見積書が載る。そこには、

　東西御化粧ノ間御鏡縁代價積リ書

　記

一甲 御鏡縁貳個　塗七宝　龍騰模様洋銀線御図面ノ通リ
　本品檜一等眞目裏板共急皆製造
一乙 同　貳個　右同断
　但代價壱個ニ付金百七拾五円也
一丙 同　貳個　右同断
　但代價壱個ニ付金百五拾円也

木品檜並上等裏板共急皆製造
但代價壱個ニ付金百参拾円也

とある（傍点は筆者）。甲乙丙は、鏡縁の略図が添えられており、甲乙が横框（甲が天）、丙が竪框と記入されている。東西化粧之間一之間二之間に設置することから二個の注文となる。ちなみに濤川の積算では、鏡縁一個ニ付（甲乙丙の合計）四五五円となる。国家的プロジェクトによって半値以下に押切られることになる。余談であるが、契約書には、契約日から九拾日間とある。超過したために、三〇円の値引とある。濤川の積算には、製造順序が記されているので抜粋する。

製造順序

第一　生地ヲ図面ノ通リ模様ヲ画ク事
二　洋銀線ヲ屈曲シ下図ニヨリ模様ヲ造ル事
三　セシメ漆ヲ以生地ニ絵ヲ堅着スル事
四　本堅メ
五　布着セ布摺
六　地ノ粉塗三回
七　切粉二回
八　錆塗錆研
九　中塗二回
十　上塗彩色二回
十一　研出シ磨キ
第十二　金箔追　仕上ケ

と十二工程をあげている。

C．古写真にみる暖炉前飾りと鏡縁

本節で暖炉前飾りと鏡縁について述べてきたが、それらは独立しているのではなく、相互に関連しあって室内装飾としている。それは、「皇居御造営誌」の仕様書をみても明らかである。

また、これらの装飾が、表宮殿と奥宮殿では異なることも事実である。建築様式の違いもさることながら。第二・三章で述べたように間内の機能・役割が相異することを指摘したが、そこからきているものと考えられる。

表宮殿の暖炉前飾りと鏡縁の古写真は、それが目的ではないが間内の室内装飾全体を説明するために、第一章に載る。ここでは、そこで欠けている奥宮殿の間内の事例として三例を紹介する。写真は第一章を参考にしていただきたい。

第一章図1―57は、「皇居写真帖」第壹壹〇號の聖上常御殿御一之間である。襖を挟んで左隣りが御小座敷になる。拾五帖の絨毯敷の部屋で、天井は折上小組格天井。暖炉は柱間と天井長押との間に敷設され両口焚。暖炉の裏側が御寝之間となる。柱には、内法・天井長押に取付けた六葉釘隠金物がみえる。暖炉をみると、白大理石製の前飾り（図4―18）。火口扉には、二羽の鶴。鏡縁は、雙鶴宝花蒔絵（図4―23）。何気ないが鏡縁と火口扉の雙鶴が合う。

第一章図1―52は、「皇居写真帖」第壹〇六號の皇后宮常御殿の御二之間である。十二帖半の部屋には絨毯が敷かれ、天井は小組格天井。前者同様、暖炉と大鏡は、柱間でかつ天井長押の天端に合わせて布設する。六葉釘隠金物は、内法・天井長押とも鮮明である。暖炉前飾りは、図4―14の雪中南天。火口扉にも同様の模様が描かれている。鏡縁は、孟春紋貝入蒔絵。前飾り鏡縁とも蒔絵で統一され、落着いた雰囲気が漂う。

第一章図1―48は、「皇居写真帖」第壹〇二號の宮御殿次之間である。十帖敷で天井は猿頬天井。画面左手、襖の奥が宮御殿之間（一之間）となる。暖炉の位置は、前の二例と同様であるが、『皇居造営録（宮御殿）二』（識別番号四三七三―二）の第七號「宮御殿暖炉取設大工人足受負申付伺」（明治

二十年七月一日提出）の案件をみると、当初、この位置には「押入」が築かれていた。模様替によって暖炉の布設となったものである。

暖炉前飾りは、当初、常夏蒔絵であったが、この写真帖が制作された大正十一年には白大理石製に変更されている。鏡縁は、図4―25の藤花飛燕蒔絵で左側縁中程に燕を見出すことができる。前述の二間と比較すると、衝立や鳥の置物（硝子ケース入）などが置かれている分、賑かである。

古写真の三間《マ》は、絨毯敷であること、襖に金砂子泥引の蒔絵が描かれていることを共通とするが、一方では天井の形態が異なることがある。暖炉前飾りや鏡縁が相違することが肯ける。

一つ補足する。表宮殿のうち、内謁見所と御学問所について、暖炉前飾りと鏡縁をセットで述べてきてはいない。そこで、資料が揃う御学問所階下御座之間（御一之間）でみることにする。写真は、第一章図1―44を参照していただきたい。

御座之間は、二十一帖敷で、折上小組格天井。表宮殿では唯一、御床を構え、暖炉はその右手中央に布設する。御床、さらには暖炉を除く背面および側面は、伊藤雅良による彩砂子蒔による「須磨之寝覚模様」の張付が被う（図4―32）。暖炉の位置に御棚を構えても不思議ではない。

暖炉前飾りは、図4―22で示した斑文大理石で写真にも模様に沈めた金が輝く。暖炉上には、地弁柄黒青漆塗分仕立蠟色塗、臺は弁柄黒鳥貝入の「曝網ニ千鳥鳥貝入蒔絵」の鏡縁を嵌め込む（図4―31）。聖上常御殿御一之間と同様、あるいはそれ以上の格調高い雰囲気が漂う。ちなみに、隣りの廣間は、一変して、三十一帖半と広く、天井は折上小組格天井であるが、どことなく洋風の構えをしている。レイアウトに苦心の様子をうかがうことができる。

図4-31　御学問所階下御一之間鏡縁「曝網ニ千鳥鳥貝入蒔絵」

図4-32　御学問所階下御一之間壁張「須磨之寝覚模様」

記載された明治宮殿の釘隠金物一覧表

形状・形態			外形の法量	数量		備考
名称	平面形	型式分類	（ ）内はcm	点数	小計	
後光座六葉	六角形	IAa ハい-1	3寸4分と2寸8分	112		
同上	同上	同上	同上	40		
同上	同上	同上	3寸4分・3寸2分・2寸8分	140	674	
同上	同上	同上	3寸4分と2寸6分	29		
同上	同上	同上	3寸4分と3寸2分・2寸8分	353		写真帖3　第103號に御湯殿写真
葉取六葉	六角形	IAb ロい-1	3寸	17		
同上	同上	同上	同上	1		
同上	同上	同上	3寸4分・3寸2分・2寸8分	204		
同上	同上	同上	3寸4分と2寸8分	99		
同上	同上	同上	3寸4分・3寸2分・2寸8分	116	931	
同上	同上	同上	3寸4分と2寸8分	191		
同上	同上	同上	3寸4分と2寸8分	110		
同上	同上	同上	3寸4分	35		
同上	同上	同上	3寸4分・3寸2分・2寸8分	158		
洋銀六葉	六角形	IAe ニろ-3	3寸4分	12		明細図1に所収
同上	同上	同上	同上	14		同上
同上	同上	同上	同上	20		同上
同上	同上	同上	同上	10		同上
同上	同上	同上	同上	4		同上
同上	同上	同上	同上	91	523	同上
同上	同上	同上	同上	18		同上
同上	同上	同上	同上	35		同上
同上	同上	同上	同上	138		同上
同上	同上	同上	同上	62		同上
同上	同上	同上	同上	65		同上
同上	同上	同上	同上	54		同上
切目唄釘隠	円形	Ⅱ①2	2寸5分	15		
同上	同上	同上	同上	3	25	
同上	同上	同上	同上	5		
同上	同上	同上	同上	2		
煮黒地覆唄釘隠	円形	Ⅲ①4	3寸	18		
同上	同上	同上	同上	18		
同上	同上	同上	同上	34		
同上	同上	同上	同上	44	216	
同上	同上	同上	同上	39		
同上	同上	同上	同上	63		
洋銀地覆唄釘隠	円形	Ⅲ①4	3寸	15		明細図1に所収
同上	円形	Ⅲ①4	3寸	22	213	同上
同上	同上	同上	同上	47		同上

表4－1　『皇居造営録　金物1～85』に

整理番号	識別・號数	案件名	図の有無・枚数 ( )内は「明細図」	請負者	設置位置 表/奥/他	設置位置 場所・位置
1	4440・36,18	申口取合之間其他拾三ヶ所釘隠其他諸金物製造費概算伺	無	小池有終	奥	申口取合之間，内法・廻縁・腰長押
						女官候所，内法・廻縁・腰長押
						皇后宮御湯殿，内法・天井・廻縁長押
						皇后宮厠，内法・廻縁・腰長押
						聖上御湯殿及御学問所渡廊下，内法・廻縁・天井・腰長押
						女官候所便所，内法長押
						皇后宮湯殿，内法長押
						御霊代之間，内法・天井・廻縁・腰長押
						女官客間，内法・廻縁長押
						呉服所，内法・天井・廻縁長押
						女官化粧之間，内法・廻縁・腰長押
						奥御車寄，内法・腰・廻縁長押
						雅仕諸処，内法・腰長押
						供進所，腰・内法・天井・廻縁長押
			(有)			女官候所便所，腰長押
						皇后宮湯殿脇
						御霊代之間，内法・腰長押
						女官客間，腰長押
						呉服所，腰長押
						女官渡廊下，内法長押
						女官化粧之間，内法・腰長押
						奥御車寄，内法長押
						御内儀掛渉官，内法長押
						雑仕諸処，内法・腰長押
						供進所，腰・内法長押
						宮御殿北側
						申口取合之間，切目長押
						皇后宮女官候所，同上
						御霊代之間，同上
						呉服所，同上
						申口取合之間，地覆唄長押
						皇后宮女官候所，同上
						皇后宮湯殿，同上
						御霊代之間，同上
						奥御車寄，同上
						聖上湯殿，同上
			(有)			女官客間，洋銀地覆唄長押
					奥	呉服所，洋銀地覆唄長押
						女官部屋渡廊下，同上

同上	同上	同上	同上	59		明細図1に所収
同上	同上	同上	同上	20	213	同上
同上	同上	同上	同上	50		同上
				(計 2,582)		
唐艸六葉	六角形	IAa ロい-1	5寸1分	47	89	
同上	同上	同上	同上	42		
同上	同上	IAa ニい-1	5寸1分と4寸5分	54	108	
同上	同上	同上	同上	54		
放射状六条六葉	同上	IAc ニい-4	5寸1分	54	112	
同上	同上	同上	同上	58		
同上	同上	同上	3寸8分	14		
切目唄長押	円形	Ⅱ①2	3寸2分	4	7	
同上	同上	同上	同上	3		
煮黒地覆唄長押	同上	Ⅲ①4	4寸5分	32	65	
同上	同上	同上	同上	33		
同上	同上	同上	3寸3分	7		
				(計 402)		
唐艸六葉	六角形	IAa ロい-2	3寸7分	25	42	
同上	同上	同上	3寸2分	17		
同上	同上	IAa ニい-4	3寸2分	31		
同上	同上	同上	3寸	6	70	
同上	同上	同上	3寸7分	33		
放射状六条六葉	同上	IAc ニい-4	3寸7分と3寸	27		
切目唄長押	円形	Ⅱ①2	2寸5分	8		
煮黒地覆唄長押	同上	Ⅲ①4	3寸5分	42		
				(計 189)		
詳細不明					221	唐艸六葉と唄釘隠の合計数
唐艸六葉	六角形	IAa イい-1	4寸	158		
後光座切目唄長押	円形	Ⅱ①ハ2	2寸7分	19		
煮黒地覆唄長押	同上	Ⅲ①4	3寸5分	27		
				(計 204)		
唐艸六葉	六角形	IAa イい-1	3寸7分	121		写真帖3　第105～107號
同上	同上	同上	3寸4分	93	228	
同上	同上	同上	2寸9分と3寸	14		
(切目唄長押)	円形	Ⅱ①(ハ)2	2寸7分	15		後光座か
煮黒地覆唄長押	円形	Ⅲ①4	3寸7分と3寸2分	40		
				(計 283)		
				不明		
唐艸六葉	六角形	IAa イ-1	4寸	2	2	4440-47,10號案件に続くものか
不明				2	2	

						女官化粧之間, 同上
						雑仕諸処, 同上
						供進所, 同上
2	4440・37,5	東西脱帽所釘隠金物製造方受負申付約定書徴収之義上申	有・8枚	岡谷惣吉	表	東脱帽所三間御縁側,天井・内法長押
			(平面図2枚を含)			西脱帽所三間御縁側,同上
						東脱帽所御廊下,内法・廻縁長押
						西脱帽所御廊下,同上
						東脱帽所外側, 内法長押
						西脱帽所外側, 同上
						東脱帽所便所外側, 内法長押
						東脱帽所, 切目長押
						西脱帽所, 同上
						東脱帽所, 地覆唄長押
						西脱帽所, 同上
						東脱帽所便所, 同上
3	4440・37,16	皇族大臣候所釘隠金物製造之費概算伺	有・7枚	岡谷惣吉	表	皇族大臣候所,内法長押
			(平面図1枚を含)			同上,廻縁長押
						御廊下側,廻縁長押
						脱衣所及便所等入側,内法長押
						雑掌詰所・御廊下入側, 内法長押
						御廊下外側,便所外側,内法長押
						切目長押
						外側地覆長押
4	4440・38,8	内謁見所高欄及竹之節釘隠金物製造之費概算伺	無	中野栄助	表	
5	4440・38,24	聖上常御殿妻戸上竹之節金物共製造之費受負申付之義上申	有・2枚	吉村仁三郎	奥	内法・天井・化粧長押
						切目長押
						地覆長押
6	4440・40,28	皇后宮常御殿釘隠并妻戸其外金物製造方之費概算之件伺	無	吉場銅次郎	奥	内法・天井・腰長押
						廻縁長押,御廊下内法長押
						同上
						切目長押
						地覆長押
7	4440・42,43	謁見所及饗宴所後席之間其他釘隠見本概算伺	無	不明	表	
8	4440・45,13	聖上常御殿六葉釘隠并関金仕増製造受負申付伺	有・1枚	吉村仁三郎	奥	内法長押化粧長押
9	4440・45,21	御学問所釘隠金物見本製造受負申付伺	無	福井一寿	表	

菱形蘋花	(菱形)	IB ③ h2SY	長1尺1寸、幅7寸2分	22	22	
如意頭	四角形	IB ④ eW-X	4寸1分	24	24	
燕	不整形	IB ⑤ jT-X		26	26	
鳩	不整形	IB ⑤ jT-X		26	26	
瞿麦丸	円形	IB ① h1T-X	(8.7×8.4)	13	13	図には14個とあり.形状はナデシコ
八重宝花	円形	IB ① h2S-X	6寸6分	24	52	写真帖第27號
草麦	略菱形	IB ③ h2S-X	幅7寸2分、長9寸2分	28		同上
花雀丸	円形	IB ① jW-X	(径12.0)	11	25	
古紋未央	略円形	IB ① h2W × X	(12.0×10.6)	7		
藻カツミ	不整形	IB ⑤ h1S-X	(10.7×11.5)	7		
舞鶴	円形	IB ① jS-X	6寸3分	50	80	写真帖第59號
同上	同上	IB ① jS-X	6寸3分	30		写真帖第68號
藤菱	菱形	IB ③ h2W-X	(12.0×12.0)	11	11	
馬鳥,円形	−	−	−	2	2	謁見所使用の見本か
蔓花菱	菱形	IB ③ iS-Y	幅7寸2分、長1尺8分	26	46	写真帖第59號
同上	同上	同上	幅6寸7分、長9寸8分	20		写真帖第68號
波ノ丸※	略長楕円形	IB ② eS-X	(9.9×19.0)	8	32	※案件には「三双浪の丸」とあり、裏銀製
同上	同上	同上	(9.9×19.0)	24		
古紋鶺柄※	不整形	IB ⑤ hiS-Y	5寸6分(長33.0)	14	14	※図内には「鉄仙釘隠」とあり
如意頭※	菱形	IB ③ i(l)S-X	(14.8×20.0)	12		※図内には「四葉釘隠」とあり
同上	同上	同上	同上	19		
同上	同上	同上	同上	46		写真帖第16號
同上	同上	同上	同上	25		
同上	同上	同上	同上	25		
同上	同上	同上	同上	20		
同上	同上	同上	同上	27		
同上	同上	同上	同上	18		
同上	同上	同上	同上	31		
同上	同上	同上	同上	74		
				(計	297)	
葉取六葉	六角形	IAb イい-1		36		
唐艸六葉	同上	IAa イい-1		30		
後光座六葉	同上	IAa イい-1		37		
後光座牡丹六葉	同上	IAd イい-1		164		
後光座牡丹切目唄長押	円形	Ⅱ①ハ2		7		
煮黒地覆唄長押	円形	Ⅲ①4		47		
				(計	321)	
六葉斜々磨	六角形	IAc ニい-4	5寸1分	80		

10	4440・46,10	饗宴所天井長押金物製造受負申付伺	(有)	岡谷惣助	表	天井長押
11	4440・46,19	内謁見所入側長押釘隠金物製造受負申付伺	有・1枚	鈴木吉五郎	表	内謁見所入側天井長押
12	4440・47,3	後席ノ間燕釘隠金物製造受負申付伺	有・11枚	塚田秀鏡	表	後席ノ間（廻縁長押）
13	4440・47,4	後席ノ間釘隠七宝製金物受負申付伺	(有)	濤川惣助	表	後席ノ間（内法長押）
14	4440・47,16	階上御学問所廣間共内法長押釘隠シ金物御製造受負申付伺	有・1枚	樫原金次郎	表	御学問所階上廣間,内法長押
15	4440・47,17	謁見所入側天井長押及内法長押釘隠金物製造受負申付伺	(有)	青城茂次郎	表	謁見所入側,天井長押
						同所，内法長押
16	4440・48,6	内謁見天井長押金物製造受負申付伺	有・3枚	野村勝守	表	内謁見所,内法長押
						同所西之間,内法長押
						同所，天井長押
17	4440・48,8	饗宴所外壱ヶ所入側天井長押釘隠金物購入方伺	有・1枚	大場新平	表	饗宴所入側，天井長押
						後席之間入側,天井長押
18	4440・49,13	内謁見所入側天井長押釘隠金物製造受負申付伺	有・1枚	樫原金次郎	表	内謁見所入側,天井長押
19	4440・50,1	釘隠金物其他購求方之義伺	無	大岡金太郎	(表)	見本
20	4440・50,12	饗宴所後席之間入側内法長押釘隠金物製造受負申付伺	有・2枚	吉村仁三郎	表	饗宴所入側，内法長押
						後席之間入側,内法長押
21	4440・50,14	御学問所階上北之間及椽座敷入側共釘隠製造受負申付伺	有・1枚	宮田織之助	表	御学問所階上北之間,
						同上　椽座敷
22	4440・51,1	謁見所廻り縁長押釘隠金物製造受負申付伺	有・1枚	長谷川安太郎	表	謁見所廻縁長押
23	4440・51,19	謁見所その他拾ヶ所廊下廻り縁長押金物製造受負申付伺	有・1枚	渡辺政垣	表	謁見所廊下，天井長押
						後席之間廊下
						西溜之間廊下,廻縁長押
						西化粧之間，同上
						西脱帽所，同上
						御車寄席受附之間，同上
						東脱帽所，同上
						東化粧之間，同上
						東溜之間，同上
						東車寄，同上
24	4440・51,20	御学問所釘隠金物製造納方受負申付約定書徴収之義上申	無	若林宗太郎	表	御学問所
						同
						同
						同
						同
						同
25	4440・51,21	各所廊下外部中坪廻り釘隠金物購入方概算伺	有・3枚	若林宗太郎	表	廊下外側，内法・腰長押

唐艸六葉	同上	IAa ニい-1	6寸4分～3寸まで5種	196		
煮黒地覆唄釘隠	円形	Ⅲ①4	5寸3分・4寸5分・3寸8分	212		
				(計　488)		
海松丸	円形	IB①iW-X	(9.3)	32	32	
–	–	–	–	7	7	4440-53,12號案件に「唐花模様」とあり
蝶				26		4440-64,7號案件に図あり
唐艸六葉	六角形	IAa イい-1	3寸4分～2寸6分まで5種	126		
葉取六葉	同上	IAb ロい-1	3寸4分	23		
後光座切目唄釘隠	円形	Ⅱ①ハ2	2寸2分	9		
煮黒地覆唄釘隠	同上	Ⅲ①4	3寸	22		
				(計　180)		
唐艸六葉	六角形	IAa イい-1	3寸4分	15	15	
後光座六葉	六角形	IAa ハい-1	3寸4分	4	4	奥宮殿で使用か
彩鳥金馬	長楕円形	IB②kS-Y	幅7寸、長2尺	14	14	4440-53,19號案件では大橋亀太郎の名で請負
古紋未央柳	不整長楕円形	IB②hiS-Y	幅7寸2分(長57.5)	14	14	
唐艸六葉	六角形	IAa ニい-1	3寸7分と3寸2分	108		
平六葉	同上	—	3寸5分	22	202	
六葉	同上	—	3寸7分	44		
煮黒地覆唄釘隠	円形	Ⅲ①4	3寸5分	28		
唐艸六葉	六角形	IAa ニい-1	3寸7分と3寸4分	134		
六葉(煮黒目)	同上	—	3寸7分と3寸	69	250	
平六葉	同上	—	3寸5分	29		
煮黒地覆唄釘隠	円形	Ⅲ①4	3寸5分	18		
唐艸六葉	六角形	IAa ニい-1	3寸7分	139		
六葉	同上	—	3寸7分と3寸	52	215	
平六葉	同上	—	3寸5分	11		
煮黒地覆唄釘隠	円形	Ⅲ①4	3寸5分	13		
				(計　667)		
紅葉	不整長楕円形	IB②h2T-X	(16.1×29.0)	10	20	東西とも一之間と二之間が有
櫻花	菱形	IB③h2T-X	(13.4×23.0)	10		写真帖第34・35・37～39號
紅梅	長楕円形	IB②h2T-X	(16.4×28.4)	10	20	
枇杷	不整楕円形	IB②iT-X	(12.1×20.0)	10		
				(計　40)		
高野鉄仙	略円形	IB①h2S-X	5寸6分	26	26	
古紋菊菱	略葵形	IB③h2S-X	幅5寸2分(長19.8)	18	34	写真帖第10～12號
一窠雙鶴	略方形	IB④jS-X	方5寸6分	16		同上
古紋未央柳	不整形	IB⑤h1S-X	5寸1分(長29.5)	12		写真帖第50號
瑞雲宝花	略円形	IB①h2S-X	5寸1分	12	36	同上
八重蜀葵	同上	IB①h2S-X	4寸5分	12		同上

						同上
						地覆長押
26	4440・52,1	御学問所階上北ノ間御椽座敷共天井釘隠金物製造受負申付伺	有・1枚	宮田織之助	表	御学問所階上北之間并入例，天井長押
27	4440・53,8	内謁見所内法長押金物製造受負申付伺	無	村上盛之	表	内謁見所北之間，内法長押
28	4440・53,10	後席ノ間蝶釘隠金物製造受負申付伺	無	塚田秀鏡	表	後席之間（天井長押）
29	4440・53,12	皇太后宮御休所釘隠引手金物其他製造之費概算伺	有・3枚	吉場銅次郎	奥	皇太后宮御休所
						同所
						同所
						同所
30	4440・53,13	皇太后宮御休所釘隠金物製造仕増受負申付伺	有・1枚	吉場銅次郎	奥	皇太后宮御休所御物置
31	4440・53,15	釘隠製造購求方之義伺	無	小池有終	不明	不明
32	4440・53,17	謁見所間内内法長押釘隠シ金物製造受負申付伺	（有）	岡谷惣助	表	謁見所間内，内法長押
33	4440・53,20	謁見所間内天井長押釘隠金物製造受負申付伺	有・1枚	渡辺政垣	表	謁見所間内，天井長押
34	4440・54,6	侍従詰所外貳ヶ所釘隠金物製造之費概算伺	無	青地幾太郎	表	侍従詰所，内法・廻縁長押
						同所雨戸側
						同所外側，内法・腰長押
						同所，地覆長押
						武官侍従詰所，内法・廻縁長押
						同所外側，便所，内法長押
						同所雨戸側，内法長押
						同所，地覆長押
						侍医局，内法長押
						同所外側，内法・腰長押
						同所雨戸側，内法長押
						同所，地覆長押
35	4440・56,9	東西化粧之間釘隠金物製造受負申付伺	有・4枚	塚田秀鏡	表	化粧一之間，内法長押
						同所，廻縁長押
						化粧二之間，内法長押
						同所，廻縁長押
36	4440・56,11	饗宴所廻り縁長押釘隠金物製造受負申付伺	有・1枚	渡辺政垣	表	饗宴所,廻縁長押
37	4440・56,12	御車寄受附之間釘隠金物製造受負申付伺	有・2枚	長谷川安太郎	表	御車寄受附之間,内法長押
						同所,天井長押
38	4440・57,6	東車寄南溜之間天井長押金物製造受負申付伺	有・3枚	吉村仁三郎	表	東車寄南溜之間,内法長押
						同所,天井長押
						同所,廻縁長押

古紋水草丸	略円形	IB ① iS-X	3寸7分	17	34	仕様書には「四葉花形」とあり
※古紋八重藻花	菱形	IB ③ iS-X	幅2寸9分5厘,長4寸	17		仕様書には「爪実蕨菱形」とあり
金橘	略菱形	IB ③ iW-X	5寸6分と5寸1分(幅)	16	30	
窠櫻	菱形	IB ③ hiW-X	幅5寸1分(20.0)	14		
(柳花紋)	(略円形)	(IB ① h2S-X)	—	1	1	4440-60,3號案件の見本か
古紋未央柳※	不整形	IB ⑤ hiS-X	4寸×6寸8分	20	38	図内には「秋葵紋」とあり
古紋未央柳※	略菱形	IB ③ hiT-X	(10.5×14.6)	18		図内には「秋葵紋」「廻縁長押」とあり
柳花紋	略円形	IB ① h2S-X	5寸3分	10	10	図内には「古紋未央柳」とあり、整理41に関連
瑞雲蜀葵	略方形	Ⅱ ④ h2	3寸6分	13	13	図内には「蜀紅紋」とあり
八重菱花	八角形	Ⅱ ④ h2	3寸7分	14	14	請負者2名は、見本を大場が製作のため。
法隆寺鉄仙	不整形	IB ⑤ h1S-Y	6寸4分×(33.0)	13	13	請負者2名は、見本を岡谷が製作のため。
雪花	多角形	Ⅱ ④ l	3寸6分	8	8	請負者2名は、見本を鈴木が製作のため。
蜀葵丸紋※	円形	IB ① h2S-X	(径18.0)	14	14	図内には「古代日回学」紋,写真帖第27號
						請負者2名は、見本を大場が製作のため。
古紋未央柳	略菱形	IB ③ h1T-X	4寸1分(12.0×14.4)	11	18	1枚は4440-62,4號案件と同一図
枝宝花	不整形	IB ⑤ h1W-X	4寸1分(12.0×13.0)	7		請負者2名は、見本を福井が製作のため。
楓見	五角形	IB ④ lW-X	(12.0)	4	19	
(貝形)	円形	Ⅱ ① l	(10.2)	15		
唐艸六葉	六角形	IAa ｲい-1	3寸3分と3寸2分	37	55	
同上	同上	同上	3寸	18		
後光座六葉	同上	IAa ﾊい-1	3寸3分・3寸・2寸8分	136	138	
同上	同上	同上	3寸と2寸6分	2		
葉取六葉	同上	IAb ﾛい-1	3寸3分	19	19	
切目唄釘隠	円形	Ⅱ ①2	2寸5分	4	4	
煮黒地覆唄釘隠	円形	Ⅲ ①4	2寸9分	54	54	
				(計	270)	
(古紋未央柳)	不整形	IB ⑤ hiW-X	(10.3×23.3)	1	1	図内には7個とあり
唐艸六葉	六角形	IAa ｲい-1	4寸	4	18	
同上	同上	同上	3寸7分と3寸4分	12		
後光座六葉	同上	IAa ﾊい-1	3寸4分	2		
波=兎	不整五角形	IB ④ kT-X	3寸7分×(9.0)	12	12	銀下地、仕様書には10個とあり
						請負者2名のうち、朝田は1個(見本か)
糸巻貝形	円形	IB ① lS-X	(17.8)	11	11	
(古紋菊菱)	長楕円形	IB ② h2S-Y	(16.7×37.5)	1	1	使用不明
蝶	不整形	IB ⑤ kT-X		28	28	写真帖第69～71・74～79號

39	4440・58,6	皇族大臣候所釘隠金物製造受負申付伺	有・2枚	若井宗太郎	表	皇族大臣候所,内法長押
						同所,天井長押
40	4440・58,13	東車寄受附ノ間釘隠金物製造受負申付伺	有・2枚	吉村仁三郎	表	東車寄受附ノ間,内法長押
						同所,天井長押
41	4440・59,14	釘隠金物製造購求方之義伺	無	大橋亀太郎	表	東西溜之間,廻縁長押
42	4440・59,17	内謁見所中廊下長押釘隠金物見本共製造申付伺	有・2枚	渡辺政恒	表	内謁見所中廊下,内法長押
						同所,天井長押
43	4440・60,3	東西溜之間外側内法長押釘隠金物見本并製造受負申付伺	有・1枚	岡谷惣助	表	東西溜之間,廻縁長押
44	4440・60,4	饗宴所切目長押釘隠金物見本共製造受負申付伺	有・1枚	大場新平	表	饗宴所,切目長押
45	4440・60,5	謁見所切目椽長押釘隠金物見本共製造受負申付伺	有・1枚	卯野省次郎	表	謁見所,切目長押
				大場新平		
46	4440・60,8	饗宴所外側内法長押釘隠金物見本共製造受負申付伺	有・1枚	渡辺政恒	表	饗宴所外側,内法長押
				岡谷惣助		
47	4440・60,11	御学問所階上切目長押釘隠金物見本共製造受負申付伺	有・1枚	岡谷惣助	表	御学問所階上,切目長押
				鈴木吉五郎		
48	4440・60,16	謁見所外側内法長押釘隠金物見本共製造受負申付伺	有・1枚	渡辺政恒	表	謁見所外側,内法長押
				大場新平		
49	4440・61,6	内謁見所天井長押釘隠金物見本共製造受負申付伺	有・3枚	野村勝守	表	内謁見所,天井長押
						内謁見所北ノ間,天井長押
50	4440・61,7	後席ノ間北外側内法長押金物及東南北切目長押釘隠共製造受負申付伺	有・2枚	塚田秀鏡	表	後席ノ間北外側,内法長押
						後席ノ間東南北,切目長押
51	4440・62,3	宮御殿釘隠引手金物其他製造概算伺	無	渡辺政恒	奥	宮御殿向間内,内法・天井長押
						同所御椽,廻縁釘隠
						宮御殿御次廊下,内法・廻縁長押
						同所厠,内法・廻縁長押
						供進所取入廊下,内法・腰長押
						宮御殿,切目長押
						同所,地覆長押
52	4440・62,4	内謁見所北之間内法長押釘隠見本製造之費支払方伺	有・1枚	村上盛之	表	内謁見所北之間,内法長押
53	4440・62,17	聖上常御殿外三ヶ所釘隠金物暖炉新設ニ付仕増受負申付伺	有・4枚	吉村仁三郎	奥	聖上常御殿
				吉場銅次郎		皇后宮・皇太后宮
				渡辺政恒		宮御殿
54	4440・63,20	御学問所階上椽外側内法長押釘隠金物製造受負申付伺	有・1枚	樫原金次郎	表	御学問所階上椽外側,内法長押
				朝田信七		
55	4440・63,24	後席三間外側長押釘隠糸巻貝形金物見本共製造一式受負申付伺	有・1枚	塚田秀鏡	表	後席三間東南外側,内法長押
56	4440・64,4	御車寄受附ノ間釘隠金物及脱帽所舞良戸蝶番引手金物見本製造之費支払方伺	有・1枚	長谷川安太郎	表	御車寄受附ノ間
57	4440・64,7	後席之間蝶釘隠金物製造受負申付伺	有・14枚	塚田秀鏡	表	後席之間（天井長押）

唐艸六葉	六角形	IAa ニい-1	6寸4分	12		
同上	同上	同上	5寸8分	27		
同上	同上	同上	5寸6分	18	389	
同上	同上	同上	5寸1分	292		4440-37,5號案件で東西脱帽所56個あるか
同上	同上	同上	4寸5分	40		
				(計 389)		
天野鉄仙	不整長楕円形	IB ② h2S-Y	7寸2分	22	22	内法長押の誤り
煮黒地覆唄釘隠	円形	Ⅲ①4	5寸3分	25		
同上	同上	同上	同上	31	86	
同上	同上	同上	5寸3分と4寸9分	30		
後光座六葉	六角形	IAa ハい-1	—	8	17	御学問所建増による
煮黒地覆唄釘隠	円形	Ⅲ①4	—	9		
葉取六葉	六角形	IAb ロい-1	3寸4分と2寸8分	44	52	呉服所北物置新築による
洋銀地覆唄釘隠	円形	Ⅲ①4	3寸	8		洋銀製
六葉	六角形	—	6寸4分と6寸	7	11	
煮黒地覆唄釘隠	円形	Ⅲ①4	2寸5分と4寸9分	4		
後光座六葉	六角形	IAd ハい-1	3寸2分	4		
唐艸六葉	同上	IAa ニい-1	同上	10	22	
同上	同上	同上	3寸6分	12		中座一重菊
葉取六葉	同上	IAb ハい-1	3寸6分	6		
古代六葉	同上	IAg ニろ-4	4寸5分	2		
				(計 34)		
不明				4	18	
笹菱形	菱形	IB ③ iW-X	(12.8×19.0)	14		
糸巻貝形	円形	(IB ① eS-X)	(17.8)	11	22	4440-63,24號と同一形か
貝形	円形	Ⅱ① e	(10.2)	11		
不明	—	—	—	1	1	見本とあり
煮黒地覆唄釘隠	円形	Ⅲ①4	4寸9分・3寸6分	189	189	位置・大きさと詳細な訂正有
			3寸5分・3寸の4種			
不明	—	—	—	1	1	整理50・55のいずれか一方
唐花六葉	六角形	IAa ロい-1	4寸5分と5寸1分	46		
同上	同上	IAa ニい-4	4寸5分と5寸1分	84		
同上	同上	同上	5寸1分	40	244	
放射状六条六葉	同上	IAc ニい-4	5寸1分	42		
同上	同上	同上	3寸8分	32		
地目唄釘隠	円形	Ⅱ①2	2寸4分	6	6	
煮黒地覆唄釘隠	同上	Ⅲ①4	3寸3分	16	43	
同上	同上	同上	4寸5分	27		
				(計 293)		

58	4440・65,7	謁見所外拾貳ヶ所釘隠シ金物製造之費受負申付伺	無	中野栄助	表	謁見所廊下，内法長押
						饗宴所廊下，同上
						後席之間廊下，同上
						東西溜化粧脱帽御車寄，同上
						内膳職廊下，同上
59	4440・66,18	饗宴所間内天井長押釘隠金物製造受負申付伺	有・1枚	渡辺政恒	表	饗宴所間内，天井長押
60	4440・68,6	謁見所饗宴所後席之間地覆長押釘隠金物製造受負申付伺	有・2枚	卯野常次郎	表	謁見所,地覆長押
						饗宴所,同上
						後席之間,同上
61	4440・69,18	浮玉付カラン其他購買方ノ義ニ付伺	無	中野栄助	表	御学問所
						同上,唄釘隠
62	4440・71,4	釘隠金物其他購買方ノ義ニ付上申	有・1枚	多計為茄兵衛	奥	呉服所北物置用
						同所,地覆長押
63	4440・72,9	釘隠金物購買方ノ義ニ付伺	無	若林宗太郎	表	饗宴所
						皇族大臣候所,地覆長押
64	4440・73,1	釘隠金物購買方ノ義ニ付上申	有・5枚	西野常次郎	表	饗宴所及溜之間御厠,廻縁長押
						侍従長詰所,廻縁長押
						附立所入側,内法長押
						同所外側,内法長押
						後席之間宮内省取合廊下
65	4440・73,14	釘隠金物購買方ノ義ニ付上申	有・1枚	中野栄助	表	御車寄受附之間,廻縁長押
				白寄善平		東車寄受附之間,同上
66	4440・74,7	釘隠金物購買方ノ義ニ付上申	有・1枚	中野栄助	表	後席ノ間南外側,内法長押
						同所南側御縁,切目長押
67	4440・75,20	釘隠金物其他購入之義伺	無	渡辺政恒	表	饗宴所
68	4440・77,8	釘隠金物購入之儀伺	有・3枚	中野栄助	表	地覆長押
						附立所北側から皇族大臣候所,
						侍医局・武官・侍従長等々中坪・取合
69	4440・81,5	後席之間外側内法長押釘隠金物仕増受負申付伺	無	塚田秀鏡	表	後席之間外側,内法長押
70	4440・82,5	東西化粧之間釘隠金物ノ費購入方概算伺	有・11枚	岡谷惣吉		東西化粧之間内,廻縁・内法長押
						御廊下,同上
						東化粧之間脱衣所便所,同上
						東西化粧之間外側,内法長押
						東化粧之間便所外側,内法・腰長押
						東西化粧之間,切目釘隠
						東化粧之間便所,地覆釘隠
						東西化粧之間,同上

付章1　明治宮殿造営に至る経過

（一）大政奉還から元治度仮御殿の焼失

慶応三年（一八六七）十月十四日、徳川慶喜が大政奉還を朝廷に願い出、翌日に裁可されたことで二六〇有余年続いた徳川幕府は滅びる。同年十二月九日、朝廷から王政復古の大号令が発せられ、翌年四月十一日、江戸城を朝廷に引き渡すことになる。徳川慶喜は上野寛永寺から水戸へ、二十一日には東征大総督有栖川熾仁親王が江戸城に入城する。

慶応四年七月十七日、天皇東幸の詔書が発せられる。この詔には、

朕今萬機ヲ親裁シ億兆ヲ綏撫ス江戸ハ東国第一ノ大鎮四方輻湊ノ地且シク新臨以テ其政ヲ視ルヘシ因テ自今江戸ヲ称シテ東京トセン是
朕ノ海内一家東西同視スル所以ナリ衆庶此意ヲ体セヨ

とあり、江戸から東京に改称されることになる。さらに、同年九月八日には、明治と改元する。

明治天皇は、明治元年（一八六八）十月十三日に江戸城西丸に入るが、これをもって江戸城は東京城《とうけいじょう》と改められる。同年十二月京都に還幸するが、翌年三月二十八日、東京に再幸し、以後、西丸を皇居と定める。ここで、東京城を皇城《こうじょう》と改称する。皇城内には、政治の中心である太政官が京都から移され、東京が本格的に政治の中心地として機能しはじめる。その間、新政府は、徳川家達に紅葉山の徳川家霊廟を撤去するよう命じる。

皇城の御殿は、当座として徳川氏が新造した元治度西丸仮御殿を使用することとし、新政府は、太政官以外に各省の出先機関を城内に設置することになる。明治三年には山里に賢所を建造、東京都公文書館所蔵『御用留（府兵局）』には明治四年十一月十七日に皇城で大嘗祭が執り行われたとある。着実に整備は進み、紅葉山下には女官部屋も建設される。この時の皇居が**図5—1**である。本図は、宮内庁宮内公文書館所蔵『皇居御造営誌下調図1　明治二十五年』（識別番号八〇一〇〇）に所収されているもので明治四年の西丸皇居平面図である。図内右上付箋を貼り、そこには通し番号と図の内容が記されている。**図5—1**でみると、朱書きで第参號に始まり、

明治二年三月二十八日
車駕再東京ニ幸シ西丸山里ニ賢所
被　置西城ヲ以テ皇居ト為シ其後
楓山下エ女官部屋建築相成候図
但女官部屋建築　明治四年三月着手 仝年十二月落成

とある。明治天皇が東京に再幸し、賢所、女官部屋建設後の図である。画面中央やや上位には旧西丸大奥の西側・山里には賢所、右手楓山（紅葉山）下には女官部屋が描かれていることを特徴とする。

本図には先行する第壹號の図と比較すると、皇城の変化が顕著である。ちなみに付箋には、

明治元年十月十三日
車駕東京ニ抵リ西城ヲ以テ
行幸ト為シタル西丸之図

とあり、明治天皇がはじめて東京に行幸した時のものである。名称が東京城に改めら

図５－１　明治２年３月28日東京城

れるが、御殿に変更がなく、元治度西丸仮御殿の指図と同一である。

なお、明治五年三月、皇居の区域を本丸、二三ノ丸跡、吹上等一円と定めている。

このような中で、明治六年五月五日、女官部屋から出火。宮殿は全焼することになる。これにより赤坂離宮を仮皇居とする。

下調図１には、第四號として

明治六年五月五日　皇城炎上赤坂
離宮へ　遷幸同離宮ヲ以テ假皇居ト
被　定タル図
　但該図中朱引タルハ遷幸後設置相成候分
　御建物ノ如キハ不詳
青山御所ハ明治六年中ノ御造営ニシテ同七年一月
　廿八日青山御所と称ス

の図が添えられている。

（二）明治十六年の宮殿位置決定まで

仮御殿焼失後、宮殿の位置、建物の構造、建築費用等々をめぐり、二転三転する。決定しかけた案が廃案となることも珍しくはない。明治十六年七月十七日に新宮殿設計が定められるが、そこまでの経過を詳述する。

筆者は、『江戸城—築城と造営の全貌—』の中で、前述した『皇居御造営誌下調図１・２　明治二十五年』（識別番号八〇一〇〇・八一三四七）を用いて、新宮殿縄張決定に至る経緯を論じたことがある。それは、収録された図が時系列に並び、かつ点数が多く、付箋に確かな説明が記されていたことからであった。ちなみに、下調図１には七三点、下調図２には八九点が所収されている。下調図２のうち六八点は同じであることから、実質的には九四点となる。この中には上水鐵管図や下水・溜枡図などが含まれるので、縄張図としてはもう少し減ることになる。第八九號が明治十七年四月十四日の明治天皇による御造営場所の行幸図で終わることから、仮御殿災上後、十有余間に八〇点余りの縄張図が作成されたことになる。それだけでも混乱した様子を垣間見ることができる。

本書では、皇居御造営事務局が明治二十五年、皇居造営に関する資料を整理・輯録した記録である『皇居御造営誌四～九　皇居御造営本紀二～七』（識別番号八三三〇四～八三三〇九）を中心として、下調図1・2、工程表である『皇居御造営誌一一一～一二〇　皇居御造営工程表一～十』（識別番号七五一一一～七五一二〇）を交えて述べることにする。

A．謁見所・食堂の新設と皇居旧本丸案

仮宮殿炎上からおよそ四ヶ月後、宮内省から太政官に向けて謁見所、食堂等の必要性の上申から始まる。抜粋すると、

明治六年九月十八日宮内省ヨリ太政官へ上申

近来各国王族公使等謁見待遇等被　仰附候所従来別段謁見所ノ御設無之殊ニ　皇城炎上後ハ通常ノ謁見スラ御接待ノ御坐席無之饗讌ノ儀礼ハ尚更難被為行既ニ今般伊国プリンスモ無餘儀吹上御茶屋ニ於テ御歓待被為在候次第然ルニ同所モ極メテ矮少ニ有之待賓ノ礼ハ勿論諸事御不都合ノ至リニ候依テ相応ノ場所へ更ニ謁見所敷設饗膳諸器モ集テ御備附相成通常謁見ヲ除クノ外ハ於其所御歓待有之度奉存候方今御国用多端ノ御中宮室器具ノ観美ヲ被求候筋ハ無之候得共既ニ御締交ノ上ハ可ナリ苟完ニ無之ヲハ欵行失礼ニ相渉可申殊更寒冷ノ候来賓御待遇ノ儀ハ必然御差支出来可致候間至急御評議相成度右御體裁ニ関係ノ儀ニ付無包蔵愚見上陳仕候宜シク御採擇可被下候也

とある。この上申に対して同年十一月十日に太政官より従前の通りという指令が下される。注目されるのは、新政府の動向である。本紀二に以下の記述がある。

明治七年十二月二十三日太政官布達

宮城内へ宮殿御再営並旧本丸ニ諸官省建築被　仰出候此旨相達候事

これは、同年六月二十七日、宮内卿徳大寺實則《さねつね》の建言を受けてのものであるが、宮城内に新宮殿の造営、旧本丸に諸官省の建設を固めようとしている。謁見所と食堂建設の件は進む。明治九年四月十五日、宮内工部両卿の連署で謁見所食堂等の新規建築が上申され、その回答が下される。

明治九年五月二十三日指令

伺之趣聞届金拾貳萬九千四百貳拾六圓八拾四銭相渡候條大蔵省ヨリ可請取事

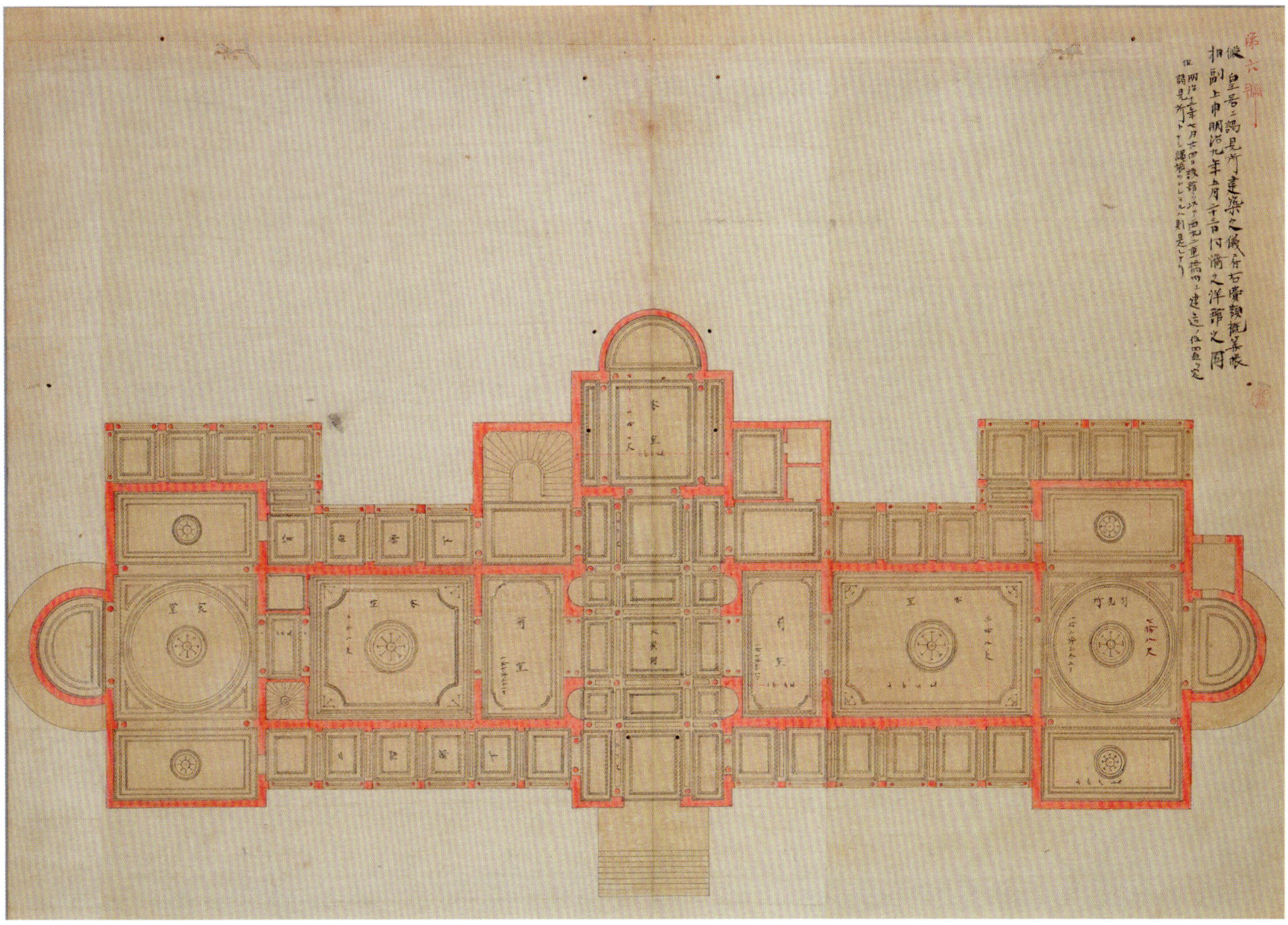

図5－2　明治9年謁見所洋館平面図

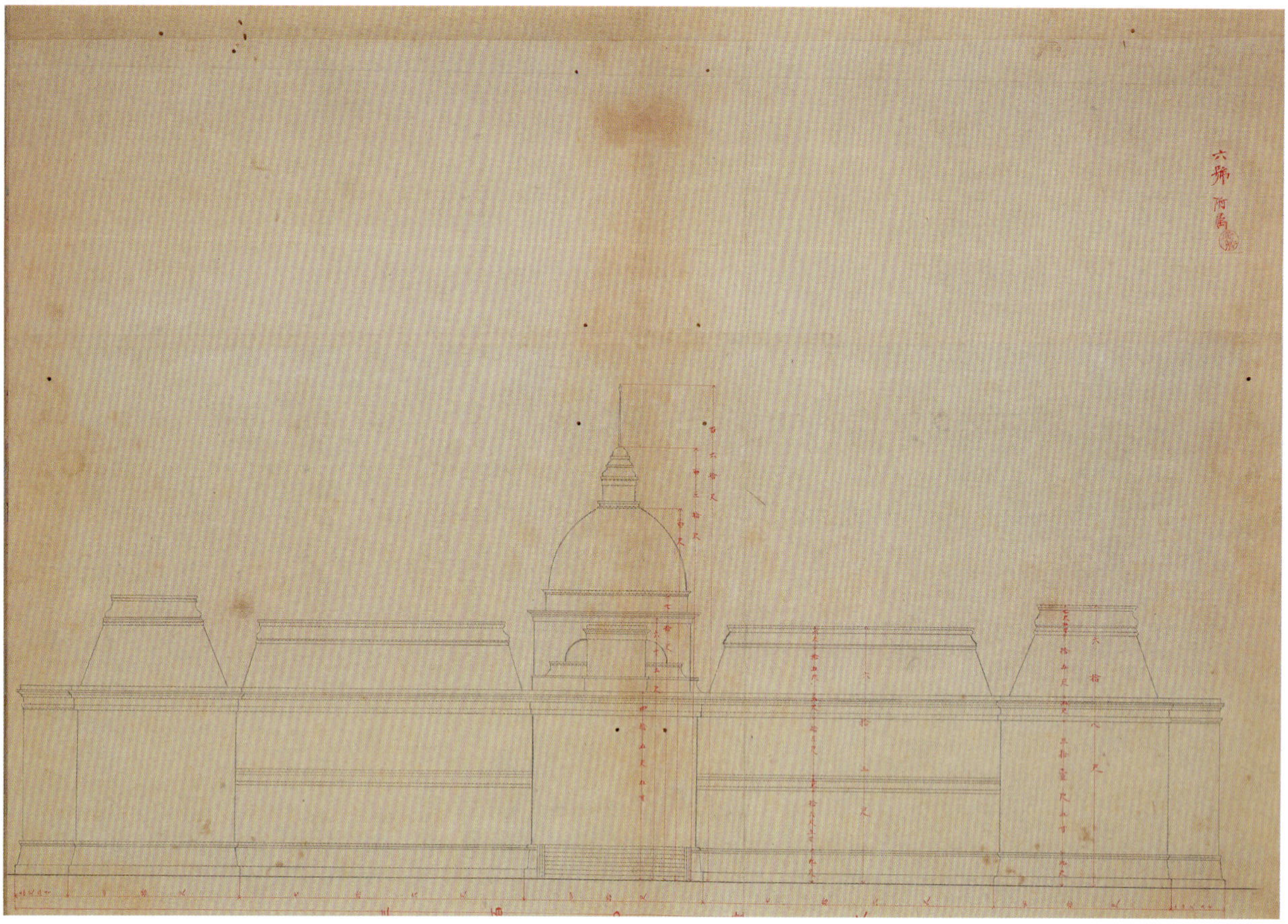

図５－３　明治９年謁見所洋館正面計画図

とあり、概算書が付く。この図が下調図の第六號の図５—２・３である。洋館造りの一部二階建て、一階中央が大廣間、二階が客室、右端が謁見所、左端が食堂になる。図５—２の付箋には、

　假　皇居エ謁見所建設之儀ニ右費額概算帳

　相副上申明治九年五月二十三日伺済之洋館之図

　但　明治十二年七月二十四日洋館ヲ以テ西丸二重橋内エ建設ノ位置ヲ定
　　　謁見所トナシ縄張ヲナシタルハ則是レナリ

とある。費用は、同年七月五日、宮内大輔より増額分四四、七一九円一四銭が上申され、これが認可され、合計一七四、二一六円九八銭となる。同年九月五日、赤坂の仮皇居内で起工する。

ちなみに、この洋館石造建物は、ヴァンビルが設計したもので、明治十二年、赤坂仮皇居内に建設中、地震によって亀裂が生じ、工事が中止となる。工部省の職員で技術者である立川知方は、上司で営繕局長の平岡通義に宛てた建白書に石造の耐震性の欠如を指摘し、後に皇居造営に参加する際に木造建築を主張する。

ふり返って、赤坂仮皇居での謁見所食堂の建設は決まったが、新宮殿造営計画は進展することがなかった。そこで、宮内卿の徳大寺實則は、

　明治十一年八月二十一日宮内卿ヨリ太政官へ上申

　近年外国御交際追々盛大ニ相成候ニ付各国王族ヲ始メ貴顯ノ輩往々渡来ノ節接待可相成御場所モ無之御体裁上御不都合ノ儀ト存候間方今国費御多端ノ折柄ニ候得共此際相応ノ御場所御撰定ノ上右接待所新築相成候様致シ度此段及上申候條可然御評議相成度候也

と新宮殿造営を上申する。新政府は、西南戦争の沈静などに多くの経費を要していたわけである。この上申を受けて、

　明治十一年九月十日指令

　伺ノ趣聞届候條外務工部両省へ協議ノ上相応ノ場所相撰新築図面費用積取調可申出事

新宮殿造営の断が下されたことになる。宮内省、工部省は、皇城内で皇居造営の候補地を旧本丸と西丸の二箇所に絞る。

図５—４は、第八號の旧本丸案である。一見すると、旧江戸城本丸御殿と見間違う。図左端、宮城書院御門（旧中雀門）を入ると東西に大廣間と内謁見所。北に向かって東側が表向で謁見所をはじめ各省庁の出先機関、西側が奥向の建物。少し転じて北端

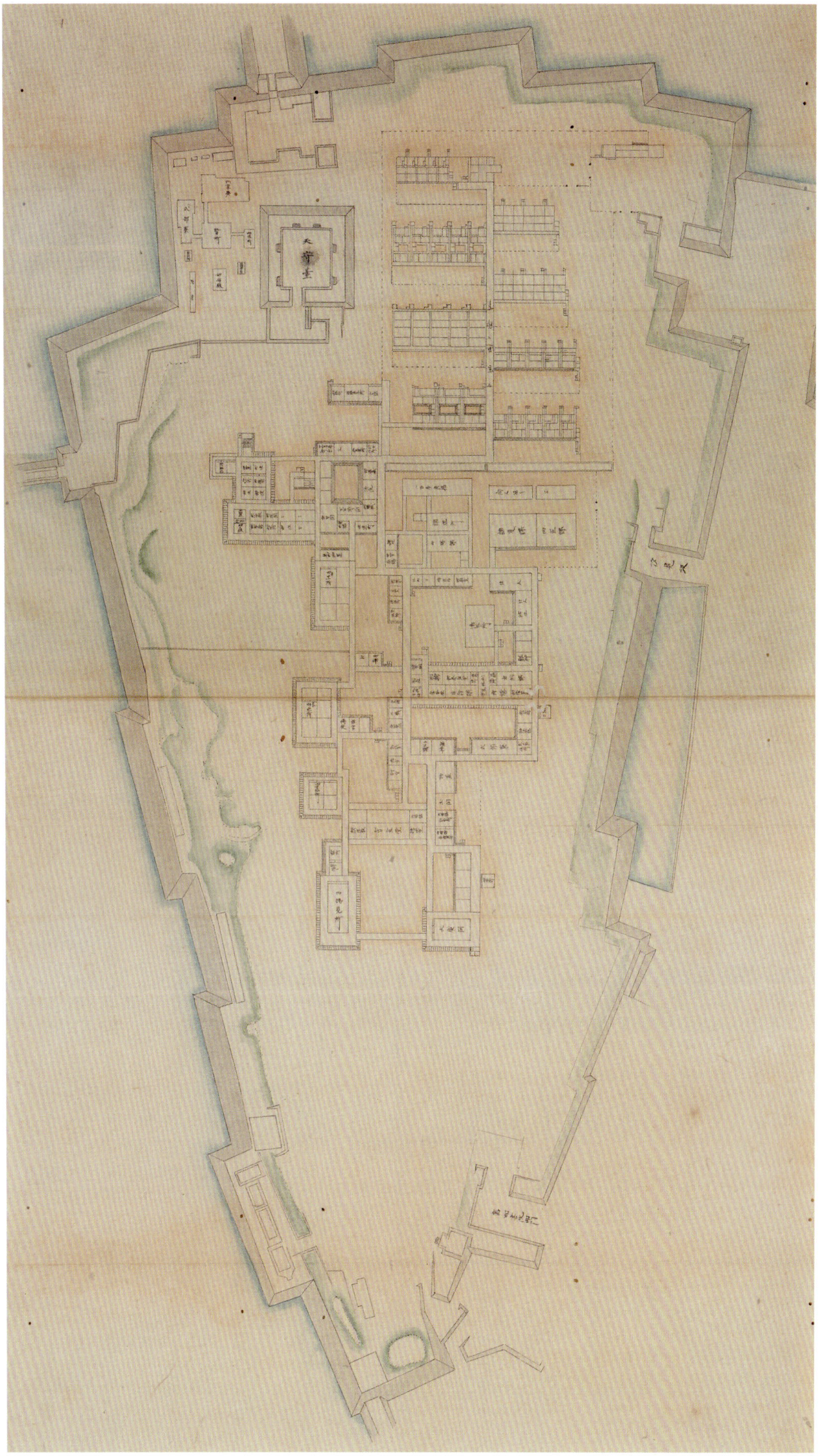

図５－４　明治12年旧本丸宮殿計画図

の天守台の東側が女官部屋。同西側を賢所とする。賢所の空間はかなり狭い。図内の付箋には、

明治十二年四月一日ヨリ宮内卿ノ命ニ依リ
旧本丸並西丸之図面調査ニ取掛リ本丸城跡ニ
宮殿御造営ノ位置相定候目論之図
追テ工部少輔吉井友実、宮内少輔土方久元、営繕局長平岡通義
営繕局長平岡通義内匠課長櫻井純造本図ニ依リ旧本丸ゟ出張一覧之上
皇居御造営ノ得失評議有之候事

と記されている。以後、資料に登場しないことから廃案となる。

B．新宮殿西丸案へ

明治十二年六月二十六日、営繕局長平岡通義、内匠課長櫻井純造ら西丸炎上跡を見分し、山里・西丸・楓山下にかけての縄張図を作成する。七月二十四日、明治天皇が御覧になった縄張図が第拾號の図5―5である。付箋には、

明治十二年七月二十四日午前第九時　御出内吹上へ
行幸之節　天覧　為在候ハ則該図ニ依テ縄張

とある。図は色分けし、謁見所・大廣間・食堂が入る建物は中央左手を輪郭で示し、聖上常御殿・皇后宮常御殿が山里（中央・上）、宮内省が謁見所の北側（中央）、女官部屋が楓山下に配置する。賢所は山里門の東側に予定されている。この時点では、謁見所は石造りで一部二階建であった。天覧によって、新宮殿の位置を西丸・山里、縄張りもほぼ固まったかにみえた。

さきに、赤坂仮皇居謁見所食堂の建設が途中地震の影響で中止になったことを述べた。謁見所食堂も西丸での建設となったことから、それまでの精算が必要となる。

明治十二年十月九日工部省ヨリ宮内省へ照会
仮　皇居内謁見所並食堂今般旧西丸へ引移ノ儀伺済ニ付是迄支払費額並移転ニ付
雑費共取調増費ノ分共夫々仕出方不然御取計有之度此段及照会候也
目途高
一金四拾壹萬九千三百四拾六圓九拾五銭
内
金貳拾貳萬四千百拾六圓九拾八銭　是迄受取支払高
差引額
金拾九萬五千百貳拾九圓九拾七銭　今後可受取分
外
金貳萬三千五拾三圓七拾銭八厘　旧西丸へ御引移増費

とある。幻の謁見所食堂で終わってしまったのは、誠に残念である。前章までで明治新宮殿の室内装飾を述べたが、比較することがかなわなかった。それ以上に気にかかるのが、地震による亀裂で建造工事が中止になったことである。宇佐見龍夫『最新版日本被害地震総覧』によると、明治十二年には被害地震の記録が掲載されてはいない。おそらく、地震の規模が小さく、震度は最大でも3であったであろうことが推察される。通常では、この程度の揺れでは、たとえ石造であっても亀裂は考え難く、よほど地盤の悪いところであったのであろうか。これは、新宮殿を巡り入念な地質調査へと繋がる。

西丸山里に新宮殿を造営するにあたり、建物の様式が問題となる。関係者が西丸に集まる。

明治十三年一月十六日
工部卿山田顕義工部大輔山尾庸三工部少輔吉井友實工部大書記官営繕局長平岡通義宮内卿徳大寺實則宮内少輔土方久元宮内権大書記官内匠課長櫻井純造等西城ニ會シ山里ハ和様ノ建築ニ旧西丸跡ハ欧州風ノ築造ニ適応ナル可シト衆議内決ス依テ二十六日吉井工部少輔土方宮内少輔決議ノ旨ヲ奏ス即　制可シ玉フ
此日麹町区祝田町三番地々所壹萬三千七百五拾四坪九合九勺内千八百三拾四坪五合九勺八土手敷御造営附属地トシテ内務宮内両省協議ヲ経テ東京府庁と受授ス

とあり、あとは詳細な図面の作成、課題の克服を経て着工に向かうはずであった。課題とは、建設予定地の地質調査のことである。工部省では、明治十三年二月二十二日、横浜を震源とする推定マグニチュード五・九（五・四）の地震被害について専門官二名を派遣し、横濱港や煉化石造等々の報告を提出させる。さらに、同年五月十七日、同省雇のジョサイア・コンドルに命じ地質調査を実施する。その結果をもとに、

明治十三年六月八日宮内卿輔ヨリ三大臣へ宛内陳
旧西丸へ　皇居御造営被　仰出候ニ付工部省ニ於テ同所地質篤ト検査ヲ遂候処意外地質不良ニ付御予定ノ如ク石造ニ致候トキハ地盤堀《ママ》下ケ埋立等非常ノ工業ヲ費シ随テ予算外巨萬ノ金額ヲ要セサレハ建築成功ニ難至趣工部省ヨリ照會有之候ニ付…

〈以下略〉

と報告する。地質調査の結果、石造の謁見所を西丸に建造するには、大規模な地盤の削平を要するという判断に基づく所見である。宮内省では、明治十一年九月十日の指令を受けて、地盤の基礎工事のみのものであるが二案を太政官に上申する。

明治十三年十月十九日宮内省ヨリ太政官へ上申

〈前略〉

…皇居等建築ニ係ル基礎組立方経費別冊ノ通甲乙二様ニ取調差出候
甲號工部省傭外国人シェイダイアック、概算高ハ金百四萬千三百貳拾四圓九拾貳銭乙號営繕局概算高ハ金貳百八拾六萬六千九圓六拾銭三厘甲乙ノ概算金額如此キ差等アルハ積立方仕様ノ区別アルニ由ル

〈以下略〉

とある。算定基準が異なるとはいえ、太政官では耳を疑う数字であったことは間違いない。建設途上で中止の判断を下した赤坂仮皇居謁見所の予算がおよそ一七万五千円であったので、数字こそでてこないがおそらく百万円を超えることはなかったものと推察される。ところが、ここで示された金額は、上屋の建築費用が全く含まれない地盤基礎工事だけのものであったのである。ちなみに、乙號では、削平する土量、基礎となる練砂利（セメント）、煉化積の量と費用を詳細に示し、最後に総計が記されている。参考までに紹介する。

総計金貳百八拾六萬六千九圓六拾銭貳厘
内
金七拾貳萬七千九百三拾三圓七拾六銭七厘
謁見所新築ノ分地形経費
金貳百拾三萬八千七拾五圓八拾三銭六厘
其他新築ノ分地形経費

この上申を受け、太政官が下したのは謁見所石造の中止である。同年十一月九日、地質の不良について明治天皇にお伝えする。

謁見所石造の中止決定が下されたが、新宮殿の位置が変更したわけではない。工部・宮内両省の建設担当者と木造であることを確認する。

明治十三年十一月十七日
工部卿山尾庸三宮内卿徳大寺實則工部少輔吉井友實宮内少輔土方久元営繕局長平岡通義内匠課長櫻井純造等宮内省ニ会シ御車寄以下宮内省ニ至ル迠表ノ分ハ工部省ニ之ヲ担当シ奥常御殿始メ女官部屋ニ至ル迠宮内省之ヲ担当シ総テ日本造ノ計画ヲ以テ絵図面調整ヲ議ス依テ此日工部少輔吉井友實京都　御所ノ宮殿結構ヲ参照ノ為取調ノ命ヲ以テ宮内一等属白川勝文工部三等技手立川知方ヲ率ヒ京都ニ発ス

C．二転三転する計画案と皇居造営事務局の設立

新宮殿を巡っては、暫く混沌とする。それは、工部省・宮内省の二つの連合による組織力・判断力の限界からくるもので、皇居造営事務局設立へと繋がる。その間の混迷は、以下のとおりである。

明治十四年四月十二日宮内卿ヨリ工部卿へ通牒
皇居御造営ノ儀昨十一日　御覧ノ節　御沙汰被為在候通御学問所ハ小御所ノ御二階ト被定宮内本省其他各課ノ向ハ二階造ノ事ニ御治定相成候ニ付其趣ヲ以テ更ニ絵図面調製御伺出相成度候且又土方宮内少輔右御造営御用掛被　仰付候此段モ為御承知申入候也

明治天皇が四月十一日、縄張図を御覧になられた折、御学問所を小御所（内謁見所）の二階にするようにとのことを工部卿に知らせたものである。下調図第貳拾六號に縄張図があり、それが図5―6である。付箋には、

明治十四年四月十一日午前九時　御出門ニテ吹上御苑ゟ
行幸工部宮内ノ両省担当之皇居御造営地所縄張
天覧御学問所ヲ内謁見所ノ御二階変換ノ儀御決定
相成候図

とある。謁見所が石造で在ることを想定した図5―5と比較する。図5―6では、木造に変更になったことから、謁見所と饗宴所とは別棟となり廊下で繋がる。天皇が指示された内謁見所は、饗宴所の北側にあり、同所とは廊下で繋がる。奥の常御殿は、建物の主軸や位置を少し換えるが御学問所の位置に変更はない。図5―5では、「御学問所」の記入はあるが、内謁見所の文字が見当らないことから、両間が同一建物内を想定したものと考えられる。すなわち、明治天皇は、二間《マ》が離れない方がよろしいと御判断されたわけである。四月十八日に正式決定するが、本図には二間《マ》が離れて記入されていることから、四月十一日の行幸時点の縄張図といえる。

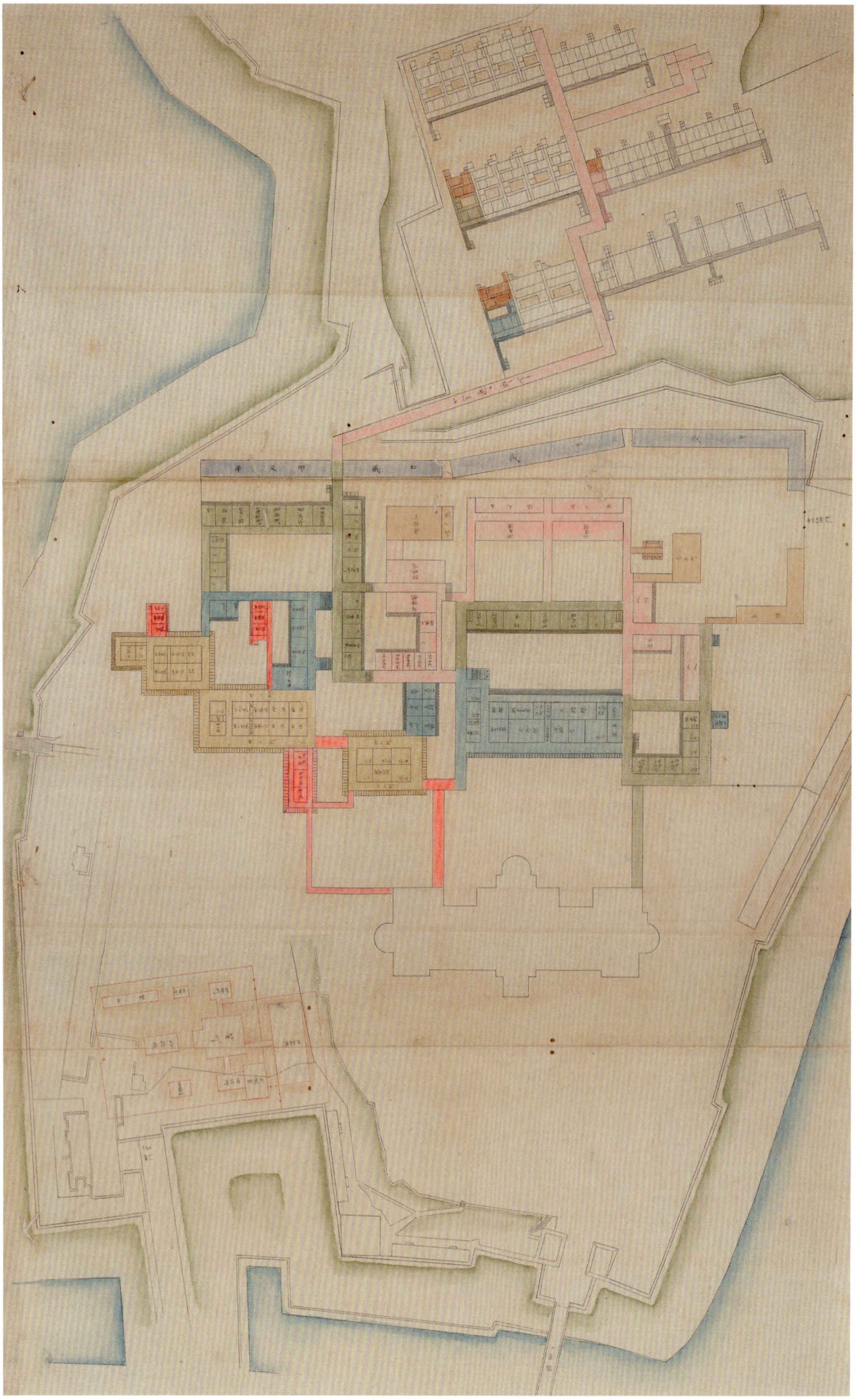

図5－5　明治12年11月西丸宮殿計画図

人事での榎本武揚の登用は、皇居造営の正式決定に向けて加速する。

明治十四年五月七日

土方宮内少輔内務大輔ニ転任シ海軍中将榎本武揚宮内省御用掛ヲ以テ皇居御用掛被　仰附

に始まる。榎本登用の人事は、閉塞感が漂う中で、外部から、しかも行動力を見込んでの新政府の意向を反映したものである。榎本は、着任するや否や、新知見を示す。

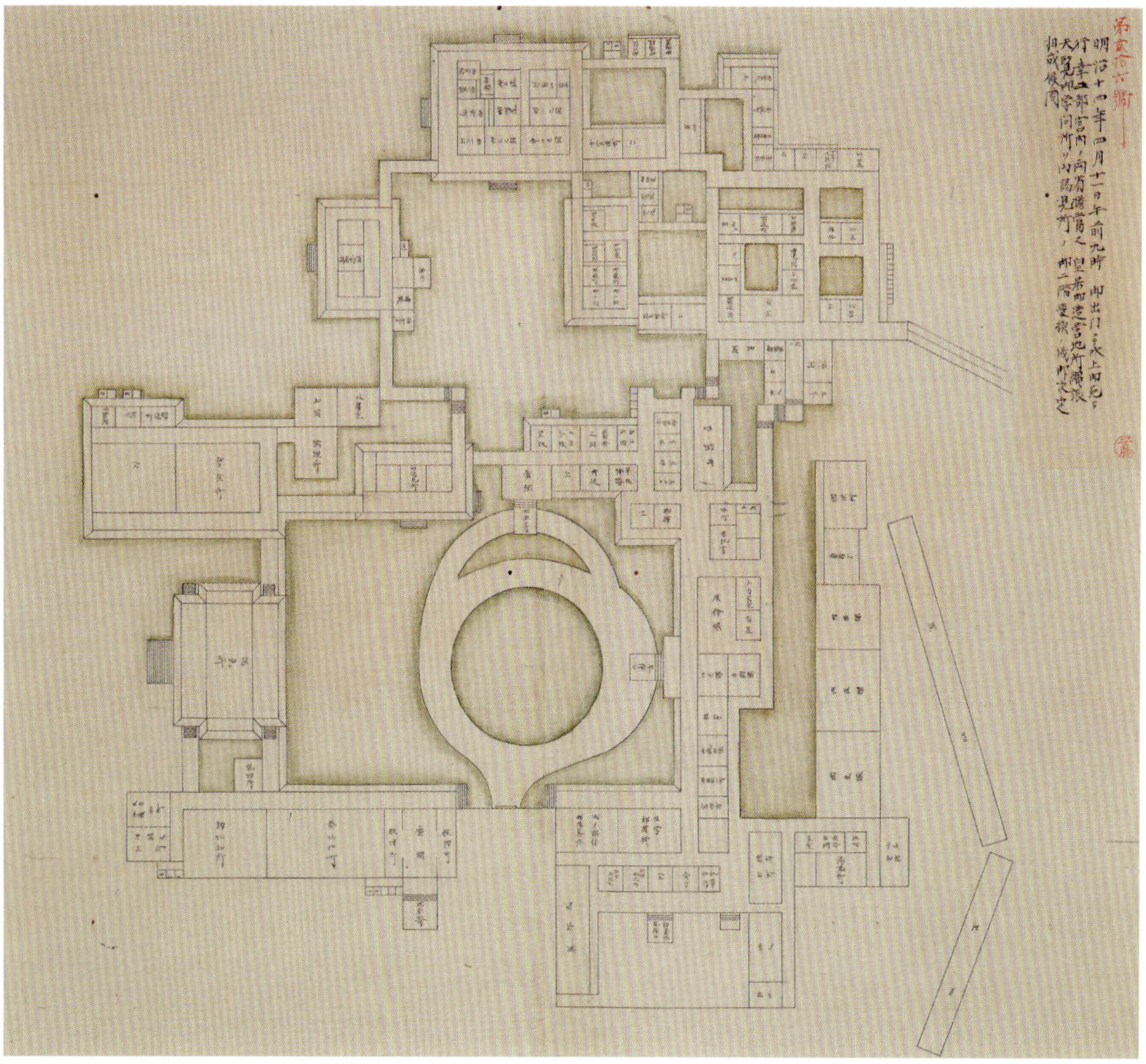

図5－6　明治14年内謁見所の二階に御学問所計画図

明治十四年五月十七日

御用掛榎本武揚ハ山里ニ西洋風石造謁見所建築ノ考按ナルニ依リ更ニ工部省雇英国人コンドルニ地質検査ノ事ヲ命ゼラル

西丸石造謁見所は地盤不良で廃案になったが、謁見所を山里に移し、再度、西洋風石造にするというものである。榎本は、山里へ西洋風謁見所、吹上に常御殿と宮内省をという縄張図を六月二十七日には作成し、七月十一日には叡覧し、関係者による視察が行われる。記録をみる限り、この原案が決定されるはずであった。

明治十四年七月十一日

御造営場所へ　行幸山里梅ノ茶房ニ　御休憩実地縄張ヲ　叡覧在ヒララレ山里ノ地質西洋風石造建築ニ可堪乎否ヲ櫻井内匠課長ヘ　御質問アリ又宮内卿ヨリ　御命ノ趣ヲ工部卿ヘ伝ヘタルニ尚篤ト試験ヲ遂ケ言上スベキ旨ヲ奉答ス此日有栖川熾仁親王太政大臣三條實美参議大隈重信同伊藤博文同大木喬仁同山田顕義同寺嶋宗則工部卿山尾庸三宮内卿徳大寺實則同大輔吉井友實御用掛榎本武揚営繕局長平岡通義工部少書記官岡保義宮内大書記官山岡鉄太郎内匠課長櫻井純造等陪従ス

と記されている。この時の縄張が下調図第貳拾九號にある。**図5－7**は、天覧からおよそ半年後の明治十五年二月二十二日に作成された縄張図である。榎本の山里謁見所石造案は廃案になるが、謁見所を山里、常御殿・女官部屋・宮内省を吹上にとすることは継続する。道灌濠を挟んでの配置は、構造の変化はあれども同じである。余談であるが、**図5－7**では、宮殿以外で二点注目される。一点は、楓山（紅葉山）に賢所が描かれていること。一点は、山里吹上間が土橋上に道路が描かれていることである。後者の場合、明治十八年に撤去されるまでここにはウォートルスが設計した鉄製釣橋（明治五年架設）が架けられていた。宮殿間を繋ぐには幅が狭く、しかも不安定ということであろうか。

経過に戻ると、榎本案の廃案は、一方的な通告であった。その部分を抜粋する。

明治十四年十月十三日

宮内卿より口達アリ左ノ如シ

皇居御造営ノ儀先々ヨリ屢　行幸実地縄張等　天覧被為在候所地質ノ良否ニ因テ屢変革ノ説起リ諸事纒リ然ルニ付今度ノ処ハ御造営掛見込建物位置地質ノ良否経費ノ原積等協議取調宮内卿ヨリ上奏確定　御批準ヲ得而シテ後チ着手後来変動不致候様御沙汰ノ旨被相達候ニ付此旨御造営掛一同ヘ通達ス可シ

と吹上の地質が不良で、かつ経費が合わない理由で根拠を具体的に示さない一方的な通達であった。さらに、

明治十四年十一月十四日

宮内卿徳大寺實則大輔杉孫七郎熟議ヲ遂ケ御造営築造ノ儀ハ総体日本造ヲ圭トシ吹上御苑ハ工事不要方不然トノ意見ヲ以テ内閣へ

編者曰御造営宮殿御建物ノ和洋折衷風致訣計現今ノ如ク竣工シタルハ当時ノ意匠ハ此時ニ胎胳セシ者ト推測ス

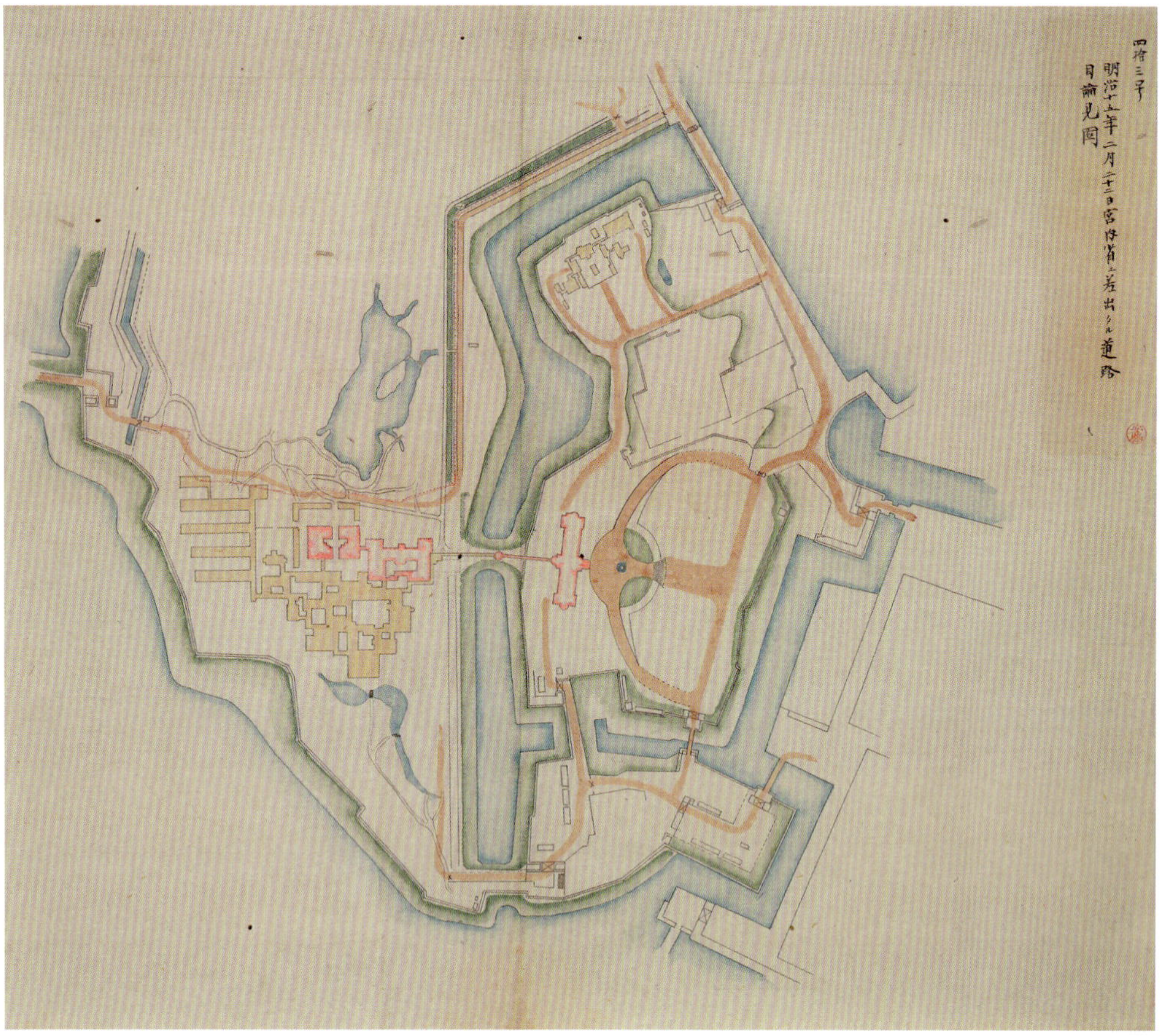

図５－７　明治15年山里に謁見所、常御殿宮内省を吹上計画図

二件の史料を見るにつけ、七月十一日の天覧、関係者一同の陪食などに関係なく、結果は決まっていたことになる。宮内卿の力を見せつけた場面でもある。密室での決断、或いは独断に対して疑問が投げかけられる。「皇居御造営誌　本紀三」に以下の記述がある。

●明治十四年十一月十五日宮内権大書記官櫻井純造皇居御造営局御設置事務総裁被為立度コトヲ宮内卿へ建議ス（明治十五年一月十一日　内匠課長宮内権大書記官櫻井純造内匠課長被免内廷課長被　仰付候事　但皇居御造営掛従前ノ通リ）

●明治十四年十一月二十四日海軍中将榎本武揚工部大書記官平岡通義宮内権大書記官櫻井純造連署　皇居御造営ニ付地理建物位置等ニ係ル意見ヲ上申ス（明治十五一月十八日　海軍中将榎本武揚工部大書記官平岡通義宮内権書記官櫻井純造連署吹上地質試験済ヲ開陳ス）

とある。括弧内は、関連する記事を筆者が抜粋したものであるが、さながら権力闘争である。榎本武揚の肩書が御用掛ではなく、海軍中将と記載されていることなど興味が尽きない。半年程経過した頃、宮内工部の両省から離れた独立組織が設立する。

明治十五年五月二十七日

皇居造営事務局ヲ被置太政大臣三條實実ニ皇居造営事務総裁海軍中将榎本武揚ニ同副総裁被　仰付

明治十五年五月三十一日

工部大書記官平岡通義同権大書記官長谷川嘉道宮内権大書記官櫻井純造皇居造営御用掛被　仰付

すなわち、榎本武揚を実質的に頂点とする組織が確立したのである。六月一日には、皇居造営事務局を旧西丸内二重橋際に開設することを太政官に上申する。また、コンドルの才能にかねてより注目していたが、雇用し、宮殿の設計を依頼することになる。

D．縄張り再検討、コンドルの登用

事務局設置後、早々、コンドルを雇用していた工部省に問合せ、採用となる。

明治十五年六月十五日工部省へ照會

貴省傭英人コンドル氏儀是迄　皇居造営ノ方へ御使用相成来候所今般事務局新設

相成候ニ付テハ貴省ノ事務分離ノ姿ニ相成候然ル処コンドル氏儀ハ御造営必要ノ者ニ付貴省傭ノ儘当局ニ於テ従前ノ通使用致シ給料ノ儀モ当局ヨリ支給候様致度御差支ノ儀無之候ハヾ其旨コンドル氏ヘモ御達相成度此段及御照會候也

とある。採用経過が続き、

右英国人ジョシアコンドル氏ハ最初ヨリ工部省雇ニテ月俸銀貨三百五拾圓ヲ支給シ明治十五年二月雇期満限ノ処御造営用ヲ然務セシメ更ニ銀貨四百圓ノ月俸ヲ以テ雇継キ其給料は御造営費ヨリ支出シ多クハ本局ニ出頭シテ御造営ノ仕様図面等ニ従事セリ

とある。破格の待遇で雇用したことがうかがえる。ジョサイア・コンドルは、「皇居山里正殿並吹上宮内省庁舎設計図」を作成し、その中の「皇居山里正殿全面図」は有名である。二階建の洋風宮殿案の設計図は、幻に終わる。

皇居造営事務局の設置は、事業の進展に拍車がかかるが、榎本武揚の果した役割は甚大である。才能豊かな榎本は、被免され、清国駐箚全権公使へと転出する。明治十五年八月十二日のことである。榎本の後任には宍戸璣が着くことになる。

コンドルを採用したことによって、謁見所の洋風建築、縄張りとしての謁見所山里、常御殿・女人部屋と宮内省の吹上案が復活する。

明治十五年八月二十八日

皇居造営事務総裁三條實美宮内卿徳大寺實則同大書記官香川敬三山里吹上ノ縄張ヲ検視ス

明治十五年九月二十三日

宮内卿徳大寺實則同大輔杉孫七郎同大書記官香川敬三堤正誼皇居事務副総裁宍戸璣同御用掛平岡通義等吹上山里ノ縄張ヲ検視ス　此日雇英人ジョシアコンドル震災予防意見書ヲ呈ス

と続く。コンドルの震災予防意見書は、彼がこれまで山里・吹上の地質調査を担当したことによるものである。

翌年、早々、事務局の名称が変わる。「御」の文字が加わることになる。

明治十六年一月十八日太政官令達

其局自今皇居御造営事務局と改称候條此旨相達候事（傍点は筆者）

この改称は、宮内省から申し出たものである。その記録が残る。

明治十六年一月九日宮内省稟告

先般御設置相成候皇居造営事務局ノ儀ハ造営ノ上ニ御ノ字無之候処従来　皇居ニ関シ候事柄ニは多クは御ノ字ヲ附セラレ候ニ付テハ旧慣ニ據リ御ノ字ヲ加ヘ皇居御造営事務局ト称セラレ候方可然ト存候條此段上申候也

とある。太政官令達以後は、皇居御造営事務局の名称で一貫する。

コンドルによる宮殿の設計図作成もなり、いよいよ皇居御造営事務局から太政官に上申する。

明治十六年二月十二日太政官へ上申

皇居御造営事務局　副総裁

宍戸　璣

皇居御造営ニ付キ年度ノ経費予算見込の通リ支給允許ヲ請ハンガ為メ不得止ノ事情ヲ條陳スル如左

〈中略〉

経費ノ部

一凡八百萬圓

外

金貳百萬圓　豫備

右二十二年迨年度額平均割合

但會計年度十六年七月ヨリ起算

十六年度

壹百萬圓

…

二十二年度

壹百萬圓

〆七百萬圓

外

壹百万圓

明治十二年後造営被　仰出ヨリ当明治十五年度迨支出

済ト見積

総額八百萬圓

〈中略〉

一正殿ハ洋式ニシテ外部ハ上等品石材ヲ撰ヒ内部ハ賢實ナル煉化石ヲ以テ畳ミ一切ノ装飾ハ多ク国産ノ織物金物磁器彫刻物紙類ヲ用ヒ箇所ニ依リテハ金銀ヲ點用スルコトアル可シ

一和式上等部ハ総テ檜ノ眞去無節ヲ以テシ中以下漸々材品ヲ下シ大凡西京　皇居ニ伯仲スルヲ目途トシ屋根ハ上等部ヲ銅葺トス

一賢所神殿皇霊殿ハ式ニ據テ檜丸柱造トシ附属建物ハ中等以下に准ス一宮内省ハ石煉化石取交中等迠トス

〈以下略〉

と記されている。正殿（謁見所）を洋風石造としたことから経費を八百万円（予備費を含むと一千万円）に見積っているが、既に要した経費が百万円であることを考慮すると妥当な数字といえる。金額が膨らんだが、新政府（太政官）から許可が下されるはずであった。しかし、採決を前に、かねてより山里に石造の謁見所を構築することに反対であった宮内卿からこの案を否定する上申書が太政官に提出される。

明治十六年四月十四日宮内卿ヨリ太政官へ上申

今般　皇居御造営ニ付キ山里へ御建築可相成石造謁見所ノ儀ハ去ル明治九年五月相済ノ上当仮　皇居ニ於テ建築着手ノ央十二年ニ至リ旧西丸へ　皇居御造営被仰出候ニ付右石造謁見所モ同所へ引移可相成筈ニテ既ニ工部省ニ於テ地質等検査候処按外地質不良ノ趣ニ付基礎積立方経費ノミニテ巨額ノ金高ヲ要シ候間断然御止相成石材其他物品ハ全テ工部省ニテ収蔵保存候事去ル十三年十一月上申ノ末御聞届相成候処石材彫刻等モ過半出来相成居候儀ニ付可成ハ今般　皇城内へ御建築相成候ハヽ御禮典並御交際上ニモ至極ノ御都合ニ付御新設ノ筈ニテ實地ニ就キ追々取掛リ候処右謁見所ノ儀ハ元来謁見所ノミノ構造ニシテ　皇居正殿等ニ可充儀ニ無之就テハ庶々不都合ノ場所不少到底完全ノ物ニ無之候間右ハ　皇城内へ御建築ノ儀ハ御止メ相成他日　離宮ノ御苑へ御設置相成候方可然ト存候條至急御詮ノ上何分ノ御指令相成度此段相伺候也

宮内卿は、一貫して皇城内に石造謁見所を構築することを反対であった。それは、謁見所の目的から仮皇居の赤坂離宮内へという持論でもあった。この上申を受けて、太政官では審議をし結論を出す。

明治十六年四月二十三日太政官ヨリ達

皇城内謁見所建築を止ム

宮内卿の意見が聞届けられ、二度と謁見所を山里へという議論は完全に消滅する。この時点で新宮殿を西丸・山里で和風建築へと固まる。

（三）位置の決定、地鎮祭から竣工まで

紆余曲折する宮殿の位置・構造に対して、皇居御造営事務局では、人事として杉孫七郎の御用掛、縄張りでは西丸・山里案に絞ることになる。そして、設計が決定する。

明治十六年七月十七日

御造営設計ノ儀左ノ通リ被定

一西ノ丸山里へ木製仮　皇居御造営被　仰出候事

但宮内省ハ煉瓦造の事

一吹上へ賢所神嘉殿御造営被　仰出候事

右造営五ケ年ヲ期シ落成ノ見込相立費額自今金貳百五拾萬円ヲ目的トシ超過セサル様取調ノ事

一本丸へ永世堅牢ノ　皇居後造営漸次取調被　仰出候事

新宮殿の位置を西丸・山里、祭事の賢所・神嘉殿を吹上とし、和風様式で五ケ年、総額二五〇万円とするものである。注目されるのは、一項加わるもので、建造するのは仮皇居であり、最終的に本丸への移行を念頭に置いていることである。さらに、工事が円滑に進むよう工区を四区に分割し、担当するようにする。

明治十六年八月九日

御造営工業ヲ四区ニ分割シテ担当セラシム左ノ如シ

壹区

賢所

神嘉殿

両常御殿

皇太后宮御休所

女官部屋

貳区

表宮殿御車寄
謁見所
饗宴所
後席之間
御学問所
御厩等
三区
宮内省調理所等
四区
釣橋架設下濠埋立
地違石垣築造
水道
橋梁
瓦斯
庭園等土木ノ工事

工事区の分担もさることながら、新しい縄張りは気になるところでる。図5―8は、第七十五號のもので、付箋には、

明治十六年十月十日　天覧目論見之圖　八百分一

とある。さきに、位置の決定と工事区の分割について述べたが、その時点で本図の雛形は作成されている。竣工時の図と比較すると、本図の縄張りは、変更する箇所があるものの、骨格が固まっていることを看取することができる。本図は、吹上が含まれていないが、それを除き工事分割（壹区〜三区）との関連でみることにする。壹区は、吹上と奥宮殿・女官部屋にあたるが、山里の聖上常御殿と皇居常御殿の位置が竣工時のものと全く同じである。皇太后宮御休所がもう少し北側に移動するがほぼ同じである。女官部屋が楓山下で縄張りされている。貳区をみることにする。付箋の縮尺の下が御車寄となるが、謁見所、饗宴所が主軸上に並び、廊下で結ばれるのは竣工時と同じである。後席之間と東車寄の位置は、北側に大きく移動することになる。内謁見所・御学問所の位置は、相対的にほぼ同じである。三区の宮内省調理所等は、かなり大きく縄張りされているものの位置が重なる。すなわち、宮殿の全体像がようやく見えてきたのである。

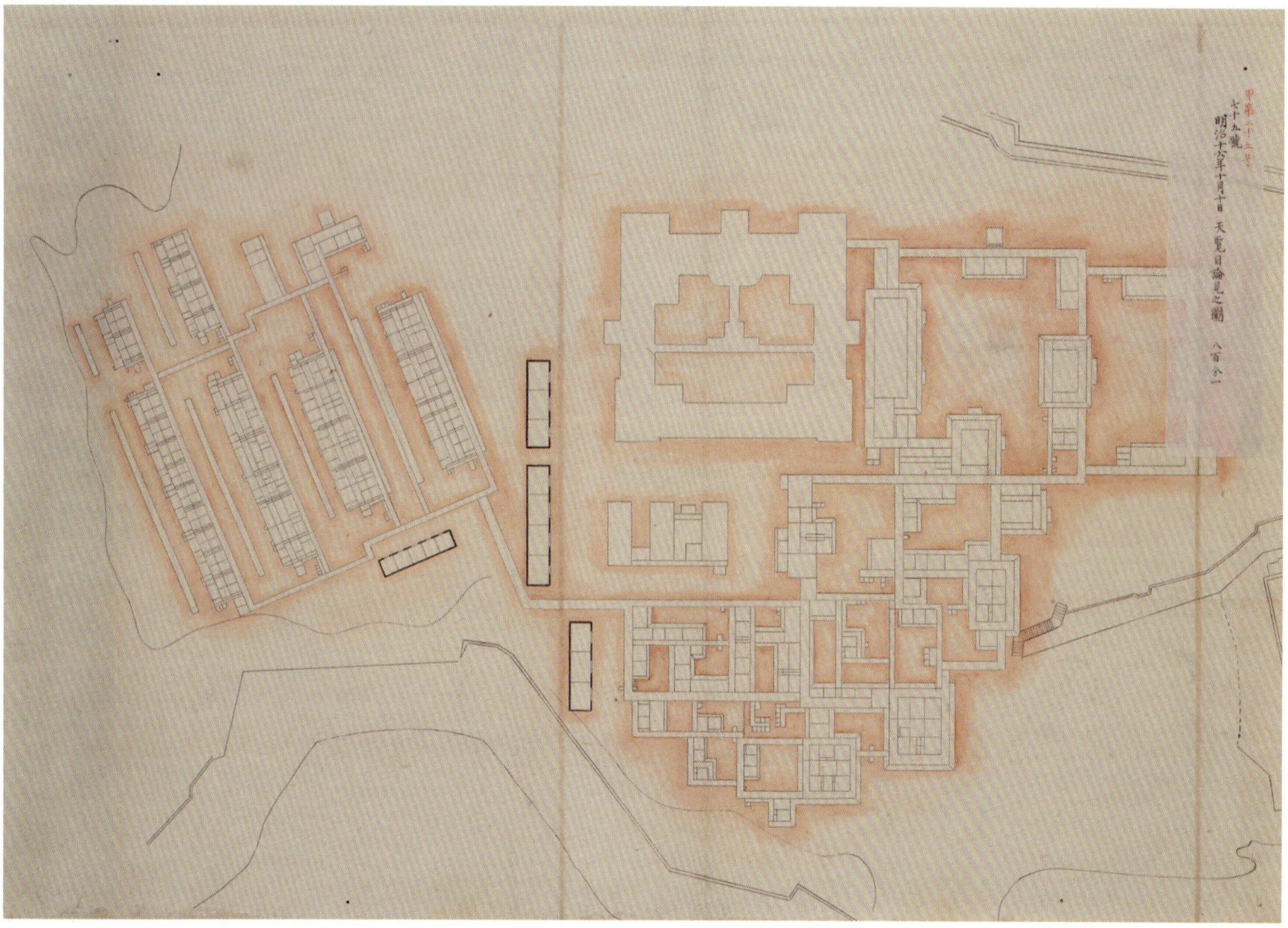

図5－8　明治16年10月宮殿位置決定図

ところで、西丸の地盤の悪さの克服と、吹上に賢所・神嘉殿を縄張りする上で山里吹上を結ぶ鉄製釣橋が課題となっていた。この件について

明治十六年十月十五日

地盤鋤下学問所ヨリ常御殿ヘノ階段二重橋口ノ御門釣橋下ノ濠埋立釣橋再用等ニ係ル　勅旨ヲ宮内卿ヨリ副総裁ヘ伝達セラル、左ノ如シ

地面鋤下ノ儀即今ノ所ヲ極度トシ此儘ニテ建築ス可シ御車寄ヨリ右御殿ヘ階段ハ可成丈緩カニ勾配ヲ取ル可シ

御学問所ヨリ常御殿ヘノ階段ハ可成丈ケ緩カニ取ル可シ

但内階ヘノ階段ハ七級ト十七級トニテ合テ二十四級ニ相成リ夫ニ比スレハ十三級と五級合テ十八級ニテ階段モ短ク緩カニスレハ昇降ニ便宜なる可シ

二重橋御門ハ本ノ石垣上ニ建築ス可シ只今圖取ノ門ハ廃セラレ成丈ケ廣濶ニ御車寄モ後ロノ方ニ退去ス可ク平日車夫雑人等ノ入込マサル様ニハ玉垣等ヲ設置スル方宜シカラン

右縄張図取致ス可シ

釣橋再用ハ御廃止ニテ前議ノ通御通路丈ケ堀ヲ埋メ立山里御門通行ニテ別ニ新道ハ追テノ都合ニ応ス可シトノ　叡旨ナリ

とある。さきに、山里吹上の地形をみたときに、山里の上段を頂点として、御学問所・内謁見所を中段、旧西丸を下段とする見解があることを指摘した。縄張りが決定した段階で御学問所の地形《じぎょう》をどのようにするか課題であった。最終的に奥側を中二階とする二階建となる。図5—9は、『明治宮殿（四つ切り）その壹（写真帖）／大正十一年』（識別番号四六八五八）に所収されている「第九七號　表御座所より常御殿への階段」の写真である。手前が一階の入側、右手の障子戸の内側が御物置である。一六段の階段を登ると常御殿への取合廊下となる。すなわち、中二段＝階段を設けることで難題を克服したことになる。

山里吹上間の鉄製釣橋は、明治五年にウォートルス設計の我国初のもので、多くの人々の関心の的となった（ウォートルスは、新政府の依頼で洋風新宮殿の設計を行い、計画図が国立公文書館に所蔵されている。『謎のお雇い外国人ウォートルスを追って』より）。それは、仮御殿が炎上し、短期間ではあるが明治八年から一般公開されたことによることが大きい。反面、不安定さが露呈し、幅の狭いことが問題となった。図5-7を好例として、主要建物を山里と吹上の双方を縄張りとした時点から、両者を

図5－9　表御座所より常御殿への階段

結ぶのは釣橋ではなく埋立道路に計画されている。釣橋下の道灌濠の埋立（実際には隧道によって濠間を連結）は、半月後の十一月一日に着手する。

その後、宮殿の配置など若干の手直しがあり、十一月十七日には宮内省地形に着手する。これまで二転三転した宮殿の縄張りもようやく固まり、地形造営日の認可となる。

明治十六年十一月十九日皇居御造営費全額御制定ニ付キ収支取扱方ノ儀太政官へ上申

皇居御造営事務局から五ヶ年計画とそれに伴う予算書が上申された。太政官では、十二月十七日付の指令で「伺之趣聞届候事」と予算の承認となる。

翌年になると、組織の変更、明治天皇の行幸と縄張り図の天覧を経て皇居御造営が正式に決定する。その間の記録を抜粋すると、

明治十七年四月十二日太政官ヨリ達

皇居御造営事務局

其局総裁副総裁ヲ廃シ自今宮内省直轄ニ被附候條此旨相達候事

明治十七年四月十四日

吹上へ　行幸御休憩ノ上御造営場へ　臨御御造営縄張及図面ヲ　叡覧在ラセラル

其図面ハ左ノ如シ

図は、第一章図２―１・２に繋がるのでここでは略す。第八十八號の付箋には、

明治十七年四月十四日

御造営御場所へ

行幸ノ節供　天覧シタル図

と記されている。

明治十七年四月十五日

宮内大輔杉孫三郎皇居御造営事務局長被　仰付

同日

宮内卿伊藤博文左ノ口達アリ

昨日　天覧ノ縄張ノ如ク　皇居御造営決定セラル其他は逐次指揮スル所アル可シ此ニ於テ地鎮祭ノ準備ヲナス其次第左ノ如シ

とある。独立組織であった皇居御造営事務局は、宮内省の管轄下に入り、同時に総裁・副総裁制の廃止、事務局長に杉孫七郎が着任することになる。明治四年以降、宮内卿を務めてきた徳大寺實則は三月三十一日で退任し、その職を伊藤博文に代わる。ちなみに、徳大寺は翌年三月二十一日に二度目の侍従長に着任し、明治天皇が崩御後の大正元年八月五日に退任する。明治期を通じて皇室と共に歩んだのである。

E．地鎮祭

地鎮祭は、明治十七年四月十七日午前十時に開始する。地鎮祭に関する記録は、『皇居造営録（聖上常御殿１　明治一五～二一年）』（識別番号四三七〇―一）と『皇居御造営誌　皇居御造営本紀八』（識別番号八三三〇八）の二者がある。地鎮祭以降の記述は、後者に地鎮祭式場見取図が含まれているのを除くと全く同じである。さきに四月十五日に準備とあるが、同日、宮内省式部寮から地鎮祭次第が用意されたものである。式場の位置が特定されていないが、前者の所収資料から、奥宮殿の聖上常御殿建築予定地であることがわかる。以下、式次第の主要箇所を抜粋する。

皇居御造営地鎮祭次第

明治十七年四月十七日早旦式部寮祭場ヲ設備ス其儀祭場ノ四隅ニ青竹ヲ建テ注連縄ヲ引廻シ中央ニ仮幄ニ宇ヲ構ヘ其四方ニ班幔ヲ張リ中央ニ簀薦ヲ敷キ高案二脚ヲ設ケ供饌ノ所トス其一宇ハ神饌幣帛鎮物等ヲ辨備ス午前第十時宮内省式部寮着床次神饌ヲ供ス次奉幣（此間奏楽）次神饌祝詞ヲ奏ス次地鎮祝詞ヲ奏ス神饌ヲ撤ス（此間奏楽）次鎮物ヲ齋場ノ中央ニ設ク次掌典掌典補ヲ率テ四隅及ヒ中央ニ向ヒ幣ヲ奉リ米酒塩物麻ヲ散布シ木綿着ル賢木ノ枝ヲ執テ鎮ム次祭場ニ帰参テ一拝退出

神饌

洗米	一臺
酒	一臺
堅魚	一臺
脂	一臺
海藻（二品）	一臺
菓（二品）	一臺
塩水	一臺
幣串	一本

鎮物

五色絁	各五尺

洗米酒塩切麻　五臺
木綿着ル賢木　五本

とあり、「神饌祝詞」「地鎮祝詞」が続く。さらに祭典奉仕人として一等掌典の櫻井能監以下九名、奏楽太食詞《たいしきちょう》の朝小子と長慶子を演奏する二等伶人の山井秀萬・東儀頼玄以下九名、着床人として宮内大輔の杉孫七郎以下六名が連らね、これに本局員一同が加わる。

史料には、地鎮祭に先行して明治十六年十一月十七日宮内省地形に着手の記事がみられる。しかし、造営決定後、地鎮祭を経てからが建設工事の着工となる。

明治十七年五月九日
聖上常御殿柱石基礎突堅メノ工事ニ着手同十四日　皇后宮常御殿地形ニ着手ス

に始まる。明治二十年十二月末までには建築工事の大半が竣工するが、少々残り、

明治二十一年五月二十三日
謁見所ノ竣工ヲ告ク

で終わる。すなわち、外観となる建物を四年の歳月を費して完成したことになる。その間の主要な間内の工事経過を示したのが**表5―1**である。内装は除き大手石橋と二重橋鉄橋は橋面の仕上りを示している。

史料を読むと、建築途上において三点注目される。一点は、工事の大半が竣工する明治二十年十二月二十四日、皇居御造営事務局を廃止し、宮内省内に残業掛を設置すること。関連して人事異動が生じる。一点は、工事の中で電気燈の点火試験を繰返し行っていること。常に多くの関係者が集まり検討している。ランプから電気燈に代わる光の明るさ、持続、漏電等々の不安からくるものである。一点は、この期間中に装飾品や家具などの調達・手配について担当者を決め、国内外に派遣していることである。順序が変わるが、以下に述べる。

表5－1　宮城内主要箇所の地形着手から竣工一覧

区	場所	地形着手日	木組着手日	竣工日	備考
1区	聖上常御殿		明17・8・15	明20・12・8	明17・5・9柱石基礎
1区	皇后宮常御殿	明17・5・14		明20・12・8	
1区	皇太后宮御休所			明19・12・15	
1区	宮御殿	明17・7・7	明18・4・15		
1区	御霊代・二位局詰所			明19・6・13	
1区	典侍部屋	明18・10・3	明19・3・22	明20・4・21	
1区	奥御車寄	明18・6・20	明18・8・20	明19・11・30	
1区	賢所向	明17・5・21	明17・7・1	明19・11・25	式部職へ引渡
2区	御車寄	明17・8・2	明17・12・15	明20・7・12	
2区	東脱帽所	明17・8・2	明18・5・13	明20・5・6	
2区	西脱帽所	明17・8・2	明18・5・7	明20・5・7	
2区	東西化粧之間				
2区	謁見所	明18・6・9	明18・9・1	**明21・5・23**	
2区	東西溜之間	明17・9・30	明18・8・5	東、明20・11・12 西、明20・11・3	
2区	東車寄	明18・9・6	明19・1・13	明20・12・22	
2区	饗宴所	明17・11・9	明18・9・6	明20・11・30	
2区	後席之間	明18・6・20	明18・9・12	明20・11・20	
2区	皇族大臣候所	明18・4・13	※明18・4・2		
2区	侍従職	明18・6・14	明19・7・3	明20・8・16	
2区	侍従武官詰所	明18・7・6	明19・9・1	明20・5・8	
2区	内謁見所		明18・3・17	明20・8・10	
2区	御学問所	明18・7・20	明18・10・7	明20・11・20	
3区	宮内省	明16・11・17	明19・6・12（小屋組）	**明21・5・10**	
4区	大手石橋	明19・3・5		明20・12・8	
4区	二重橋鉄橋	明19・10・31		**明21・10・14**	

※ゴチックは、皇居御造営事務局廃止後のもの。

●電燈器の繰返し点火試験

エジソンが電気を発明し、ニューヨークに電灯の明かりが灯したのが一八八二年（明治十五）九月四日。我国で東京電力の前身となる東京電燈を矢嶋作郎が設立したのが明治十六年。日本橋で我国最初の一般供給用発電所（東京電燈第二電燈局）が運転開始したのが明治二十年。瓦斯灯（アーク灯）が見られはじめたとはいえ、不安は尽きない。『皇居御造営誌八三　電気灯、電話線、避雷針事業』（識別番号八三三八三）には、明治十九年七月二十九日、皇居御造営事務局長から逓信大臣の榎本武揚に対して電気燈の構造・導入に関する調査取調の依頼を求めた。同年八月五日の回答を受けて、点火試験、さらに東京電燈会社と明治十九年十二月二十五日に約定書を締結するが、不安・混乱を二つの記録から抜粋する。

明治十九年七月二十一日
各宮殿へ設置構造ノ電気燈功力ヲ試験トシテ電燈會社ヘ命シ事務局内西庭中ノ小屋ニ「シリンドル」蒸気鑵ヲ据付夫ヨリ事務局上局及製図場ノ四隅机上ニ電気線ヲ数十ヶ所架設シ其成蹟稍好結果ヲ現ス此日来集人ハ元老院議官宍戸璣皇居御造営事務局長杉孫七郎御用掛麻見義修侍従冨小路敬直同岡田善長同廣幡忠朝同増山正同宮内書記官齋藤桃太郎同田邉新七郎皇宮警察署次長小笠原武英博物館長心得

山高信離工科大学教授辰野金吾農商務省權少技長工科大学助教藤岡市助建設局事務官児玉少双皇居御造営事務局員判任以上並ヒ電燈會社長矢嶋作郎等也

この最初の点火試験にそうそうたる人物が一五名以上、立会っている。さらに、

明治二十年十二月十六日

工業漸次整頓ニ依リ饗宴所廻リ電燈器点火ヲ試験ス宮内大臣以下勅奏任判任官等及ヒ傭独逸人モールコントル伊太利国人キヨソネ剌賀商會傭独逸国人ハイゼー並創業以来御造営ニ関シ当今ノ宮省ニ奉職ノ者ニ至ルマテ参観セシム…（以下、略）

饗宴所での点燈試験が、さながら今日の落成式にあたる程の感動であったのである。電気が宮殿内に引かれることによって、豪華なシャンデリアが一層の輝きを発することを可能にしたわけである。

余談であるが、皇居に電気が点灯するのは、明治二十二年一月六日のことである。

●装飾品、家具の調達・手配等で担当者の国内外への派遣

本書のテーマとなる箇所である。建物の位置、外観と内装が決まり着工となると、次は、室内装飾、家具等々の調達・手配となる。方針は前述したが、専門的知識を要する担当者の選定、資材の調達と製作指導なども求められる。主要な項目を時系列に沿って列挙し、部分的に解説を加える。

明治十八年七月十一日

謁見所東西溜ノ間饗宴所後席之間等ニ装置ス可キ暖温機械ヲ独逸国漢堡カールローデ商會同盟東京京橋区銀座剌賀商會ニ購買ヲ命ス而シテ其購買ニ係ル彼地応接及ヒ鑑定ヲ領事立田革ヘ依頼ス

明治宮殿の主要な間内には、暖炉を設置する。暖炉前飾や暖炉の上に配置する大型鏡縁は、各々異なり、しかも装飾性に富んでいる。これらについては第四章で述べているが、謁見所をはじめとする表宮殿の大きな間内には暖炉を設置せず、そこでは、機械室から送る一種の床暖房の形態をとる。そのための暖温機械の選定に関する記事である。

明治十八年九月二十日

御造営屋上葺立及諸般資用ノ銅板製造方ヲ大阪製銅會社ヘ命シタルヲ以テ其監督方ヲ造幣局長遠藤謹助ニ嘱托ス…（以下略）

宮殿造営で最も銅板を必要とするのは、表宮殿の主要な建物を銅葺屋根にしたことにある。大阪製銅會社では、原資の丁銅を阿仁、大野産とし、事務局側から受取り、大小の延板に加工する。受注枚数は、五九九、四〇〇枚。約六〇万枚を明治十九年十二月末までに皆納する。銅板は、宮殿内でも釘隠、格天井金具、引手金具等々に多用される。銅延立事業は、大阪製銅会社から長谷川貞次郎に引継されるが、それについては第四章で触れている。

明治十八年十一月二十八日

御造営装飾ニ資用セントスル金箔金粉ノ多数必要ナルニ依リ大蔵省国債局ヘ協議シテ金塊拾貫目（約三七・五キロ）銀塊貳百目代價紙幣三萬八百貳拾貳圓九拾五銭ヲ以テ領収ス二十年三月二十三日ニ至リ漸次製造に着手セリ

明治十九年十二月三十一日

宮殿室内装飾及ビ家具取調トシテ出仕官片山東熊九等出仕河野光太郎傭杉田幸五郎ハ独逸国ヘ出発セリ九等出仕河野光太郎ハ二十年六月二日ニ雇杉田幸五郎ハ同二十三日ニ帰朝シ出仕片山東熊ハ同年十一月二十三日ニ帰朝復命ス

片山らは、先に暖温機械の購買で取引のあるドイツのカールローデ商會に依託して各種家具や装飾器具の買付を行う。製作途中の模様替にも対応し、甚大な働きをしている。

明治二十年二月九日

各宮殿折上天井格間嵌込装飾ニ用エル大鷹質華紋打出紙及ヒ各所廊下ノ壁張ニ要スル花紋紙等ノ製作方ヲ印刷局ニ嘱托ス其花紋ノ意匠ハ博物館長山高信離ノ考察ニ出

表宮殿の天井画は、後席之間廣間と東西化粧之間を除く間内で大鷹質打出紙が用いられている。その枚数は、大小およそ四、一一〇枚である。これの模様彩色は、入札で決まるが、狩野守貴以下三名が請負っている。ちなみに大鷹質打出紙の花紋は、東大寺・法隆寺・厳島神社・手向山神社等々の古代紋から選ばれている。一方、後席之間や東西化粧之間の天井画は、幸野梅嶺や久保田米仙らの日本画家が担当し、四季百花を題材とし、二枚と同じ画はない。詳細は第二章で述べた。

明治二十年五月十二日

御間内襖及ヒ壁上張ニ要スル鳥ノ子紙製造方ヲ京都府下平安抄紙場ニ命シ其取扱方ヲ小西五兵衛ニ申付…（中略）農商務四等技師荒川新一郎ニ宮殿室内装飾資用

織物取調ヲ依嘱…（以下略）

鳥ノ子質紙は、奥宮殿の襖や間内の壁張等々に多用される。当初は、小西五兵衛に紙納方を命じた。平安抄紙場会員の平塚源四郎が新発明し、功用が大きいことから小西が辞退し、平塚が請負うことになる。

荒川新一郎の能力には、早くから注目されていた。皇居御造営事務局では、明治十九年七月二十二日に農商務省に出向を依頼する。荒川は、京都西陣織の近藤徳太郎・小林綾造・川島甚兵衛・飯田新七、東京製織会社曽和嘉兵衛、群馬県桐生成愛社青木熊太郎などと親交があり、技術を伝授し、欧州製の錦綺綾羅に遜色がないものを織らせる。表宮殿の間内で遺憾無く発揮するのである。

●宮殿の大半が竣工と皇居御造営事務局の廃止

徳大寺實則の後任として宮内卿に就任した伊藤博文は、内閣制度によって内閣総理大臣と宮内大臣を兼務するが、明治二十年九月十七日、宮内大臣を免ぜられる。後任には、農商務大臣兼議定官の土方久元が任じられる。この時点で、宮殿造営がかなり進行している。さきに、十二月十六日、饗宴所で電燈器点火試験が行われたことを述べた。ここに至り、皇居御造営事業がおおむね竣工する。これまで要所では、明治天皇の行幸を仰いでいる。ここでも同様である。

明治二十年十二月十九日

吹上御苑へ　行幸御造営場へ　臨　御宮内省昇降口ヨリ二階通リ大臣次官々房外椽ヨリ西廊下へ　通御夫ヨリ後席ノ間及ヒ婦人室小食堂饗宴所ニ於テ電気燈及ヒ装飾品等　御覧夫ヨリ鉄橋架設所　御覧御学問所ニテ　御休憩此ニ於テ高等官へ謁見ヲ賜フ畢テ常御殿　皇后宮常御殿　皇太后宮常御殿　皇太后宮御休所宮御殿等　御覧在ラセラレタリ宮内大臣土方久元総理大臣伊藤博文モ来場ス局長杉孫七郎三等出仕監事平岡通義御先導ヲ奏ス此日局員へ立食部傭以下へ酒饌ヲ賜フ

この行幸で、謁見所と御車寄は含まれていない。表5―1にあるように同所が工事中によるためである。しかし、奥宮殿の両常御殿をはじめとして建物自体がほぼ竣工していると言っても過言ではない。昭憲皇后は、翌年六月二十八日、皇太后宮と共に行啓する。皇居御造営事務局長杉孫七郎から宮内大臣に事務局廃止の内申を送る。遂に、

明治二十年十二月二十四日宮内大臣ヨリ達

皇居御造営事務局ヲ廃シ宮内省中ニ掛ヲ置キ管理セシム

となる。

（四）皇居御造営残業掛の任命から明治憲法発布式まで

御造営事務局の廃止は、局員にとって職を失う者がいる。史料では、非職者一九名、部雇に変更する者四五名とある。残業掛は、室内装飾や家具の設置等々が主要な業務となる。御造営事務局の廃止と同時に残業掛が命じられる。

明治二十年十二月二十四日

内匠頭堤正誼皇居御造営残業掛長被　仰付皇太后宮太夫兼内蔵頭杉孫七郎元老院議長平岡通義皇居御造営残業御用掛被　仰付宮内書記官兼調度局長三宮義胤皇居御造営残業装飾御用掛被　仰付内匠助麻見義修皇居御造営残業工事御用掛被　仰付大野利新白川勝文任匠師奏任三等年俸千六百圓皇居御造営残業専務被　仰付片山東熊任匠師奏任四等年俸千貳百圓皇居御造営残業専務被　仰付中溝則武任匠師奏任四等年俸千百圓皇居御造営残業専務被　仰付

残業掛の主要な任務は、間内の装飾や家具の設置等々となる。これまで任命された担当者が力を発揮する。本紀には、明治二十一年一月十日、装飾家具や曇帳枠等の国内で製造するものに着手するとある。建設工事の未完であった宮内省庁舎と謁見所も五月末までに竣工する。電気工事の残り分を含め、六月末までには大半が完成する。九月以降は、皇居御造営残業掛と宮内大臣、大蔵大臣との三者間での残業掛の廃止、事務の引継ぎとなる。

明治二十一年十月六日宮内大臣へ上申

皇居御造営竣工期限ノ儀ニ付テハ追々上申位置候所此頃被　仰出候模様替増工事ヲ除クノ外ハ悉皆落成致候ニ付来ル十日ヨリ宮殿向ハ勿論諸門ニ至る迄都テ本省ノ直轄相成候様致度此段及上申候也

と残業掛からの上申がある。これを受けて、

明治二十一年十月八日宮内大臣ヨリ達

皇居御造営竣工ニ就テハ宮殿向其他諸建物諸門等都テ来ル十日ヲ以テ内匠寮へ引渡ス可シ

とある。何時の時点が竣工かということについて意見が分かれると思うが、筆者は、宮内大臣の達にある内匠寮引渡の日と考える。史料は続く。

明治二十一年十月二十七日宮内大臣達
皇居御造営落成ニ付自今　宮城ト称セラル

明治二十一年十月三十一日宮内大臣ヨリ達
皇居御造営残業掛
元皇居御造営残業掛

其掛ヲ廃ス
其掛事務ノ内会計ハ内蔵寮へ　工事ハ内匠寮へ装飾向ハ調度局へ引継ク可シ

とあり、落成を契機として名称が皇城から宮城へと変更、掛業掛の解散と業務の引継ぎが記されているのである。

この後、明治二十二年一月十一日、明治天皇と昭憲皇太后が赤坂仮皇居から移徙し、翌二月十一日、正殿において明治憲法発布式が執り行われる。

F．間内の名称変更

皇居落成後、間内の名称について、三回にわたり変更が告げられる。

明治二十一年十二月二十七日宮内省ヨリ省中職寮課掛所院校へ達
宮城謁見所以下殿名左記ノ通御定相成候條此段相達候也

殿名	旧称
正殿	謁見所
鳳凰之間	内謁見所
豊明殿	饗宴所
御座所	御学問所
奥御座所	常御殿
皇后宮御座所	皇后宮常御殿
藤之間	皇太后宮御休所
胡蝶之間	同御次

とある。この後、名称の変更が明治二十二年一月十九日と同年十一月二十日の二回行われる。それをまとめると以下の通りである。

変更日	名称	旧称
M22.1.19	竹之間	小食堂
	牡丹之間	婦人之間
	千種之間	後席之間
M22.11.20	桐之間	皇后宮内謁見所
	葡萄之間一・二之間	旧女官面謁所
	西一之間	女官面謁所
	西二之間	同上
	東一之間	東脱帽所
	東二之間	同上

このうち、最後に発令された名称変更が、本書を進める上で混同するかもしれないので、少し加筆しておく。旧称「旧女官面謁所」は、さらに遡ると「西化粧之間」、同様に「女官面謁所」は「西脱帽所」と呼称していた。本書では、明治憲法発布式図や、次章で述べる大正年間に撮影された宮殿内部の写真やキャプションには新称が用いられているのでその用語を、それ以外は旧称で述べている。

（五）建築費

新宮殿を巡り、位置や構造で二転三転したことを述べてきたが、経費や気にかかるところである。史料を読むと、二本立で考えると理解しやすい。一本は、十五年度以前に要した経費。一本は、十五年度以降、とりわけ起工から竣工までの経費。前者は、本紀六の「明治十八年五月二十九日宮内卿へ稟議」の中で、朱書で「備考」とあり、以下の記述がある。

十五年度以前ニ係ル経費支出高
一金百貮萬六千九百拾六圓四拾五錢貮厘

内
金六拾七萬圓　　物品代價
右ハ当初本　皇居御造営ノ御達ニ因リ購買シタル材料ノ現價ニシテ以後
仮　皇居被　仰出結構変換其工造ニ対シ不適当ノ材料モコレアリ今日該
適当ノ材料ヲ購入スル價格ニ比スレハ金五拾萬圓ヲ以テ相当ノ価格ナリ
トス
金三拾五萬六千九百拾六圓四五銭貳厘　諸費
右ハ庁舎其他ノ費

とある。割高な物品の購入があるが、およそ百万円の出費となっている。

後者は、皇居御造営事務局のもとで、五年計画、二五〇万円の予算で起工したが、結果はどうであったであろうか。資料は、本紀七冊のうちの第七冊の最後（識別番号八三三〇九）に記されている。その詳細は、『皇居御造営誌一三二〜一三四　皇居御造営経費顛末決算之部一〜三』（識別番号八三四三三〜八三四三四）でもみることができる。筆者の関心で任意の項目をあげて述べることにする。

表1―2では総額四、五三三、二六七円一一銭の経費を要したことが報告されている。当初の予算が二五〇万円であることから、およそ一・八倍に膨らんだことになる。

さらに、十五年度以前の経費を加えると、五、五六〇、一八三円五六銭二厘となる。すなわち、五五六万円程を要したことになる。結果論ではあるが、当初より皇居御造営計画が一本に絞られ進行したならば、経費はもとより、建築様式も変わっていたに違いない。

付章2　明治宮殿室内装飾に関する主要な資料

第一章および付章1で宮内省宮内公文書館所蔵『皇居御造営誌四～九　皇居御造営誌本紀二～七』、『皇居御造営誌下調図1・2』『明治宮殿（四ツ切）その壱（写真帖）／大正十一年』、『皇居御造営誌八〇～八二　家具装置事業一～三』等々を用いて、従来ほとんど触れられていない明治宮殿造営経過、古写真にみる宮殿内の様子、装飾費明細書にみる間内の特徴等々について述べた。

周知のように、杉戸絵や装飾品の一部は、原資料が現存する。しかし。建造物をはじめとする大半は、昭和二十年の空襲によって灰塵と化している。幸にも、宮内庁宮内公文書館には、装飾品の縮図をはじめとして、資材の調達から製品に至るまでの詳細な事務記録等々が残されている。ここでは、宮内公文書館所蔵資料を中心として、明治宮殿室内装飾を検討する上で基本となる資料の概要を記すことにする。

（一）皇居御造営誌

平成十九年に宮内庁書陵部で開催された『宮内省の編集事業』の展示目録によると、『皇居御造営誌』について、

明治期の皇居造営に関する史料を整理・輯録した記録で、編年叙述体の通史である本紀と事業別の沿革・概要、会計資料、行程表等からなる。

とある。別の項には、

『皇居御造営誌』は、その凡例によれば、造営の記録文書が頗る浩瀚のため随時の検索の便宜を図り編纂されたとあるが、編纂の関係史料を欠くため、事業の詳細は不明である。

組織・人員としては、皇居が竣工して約二年後の明治二三年（一八九〇）七月、宮内省内に設置された皇居御造営誌編纂掛に徳岡緝熙が、次いで翌二四年三月、皇居御造営誌編纂掛長として田中栄考、また改めて編纂掛に徳岡緝熙が任命された。徳岡は、陸軍省御用掛などを経て宮内省に転じ、皇居御造営事務属御用掛・内匠属などを務めており、田中は内間権少・書記官・内大臣秘書官などを経て宮内省に転じ、内事課次長・調査課次長などを務めた。序・凡例が二五年六月付であることから、同誌の完成はそれに近い時期であろう。本編一三〇巻、附属図類六八帖。なお本編に付録として絵図・写真五帖が付いた版もある。

とも記されている。明治六年五月、皇城の宮殿が消失し、赤坂離宮を仮皇居とした時期を経て明治二十一年十月に新宮殿が竣工する。皇城から宮城へと名称が変更するが、本書は明治宮殿造営の公式記録であり、展示目録で記されているように造営事業全体の沿革・概要その他が詳細に記録されており、研究に必須の資料となっている。

さきに、この完成は明治二十五年頃と述べたが、『皇居御造営誌』は、『皇居御造営誌一　序文　凡例　目録　図面一帙添』に始まる。冒頭、皇居御造営事務局長を務めた杉孫七郎は、序・凡例の中で、

皇居御造営誌序

凡例

恒武天皇尊鼎柃平安城千有餘戴
子此明治中興
車駕東幸東京城充皇居六年羅災
有宮殿剣造議事下遂行十七年

始起工孫七郎幹其事監視董督二
十一年工全竣基経営規畫之圖書
汗牛不啻使人不易其顚末是所
以此誌立不可已也今告其成因聊
辯一言云爾

明治二十五年六月

天皇居御造営事務局長

皇太后宮大夫従三位勲二等子爵杉孫七郎

と格調高い漢詩調の文体で記している。この序・凡例が製作時期の目安となっている。

さて、本書で論じる資料について、具体的に列挙し、概要を述べることにする。室内装飾を考える上では、個別の建物・間内の概要をまとめたものと、複数の建物・間内に共通する事業内容をまとめたものとの二者があり、双方の理解を必要とする。

前者の場合、奥宮殿、表宮殿の順で編集してあり、奥宮殿では、『皇居御造営誌二二　聖上常御殿事業』（識別番号八三三二二、以下御造営誌と識別番号は略）、皇后宮常御殿、皇太后宮御休所事業、宮御殿事業、申口取合之間及女官候所・女官客間及呉服所・女官部屋へ渡廊下・同化粧之間等事業、聖上御湯殿・御厠及御学問所へ渡廊下事業、皇后宮御湯殿・御厠及供進所・雑仕詰所事業、御霊代及二位局詰所・御物置事業、奥御車寄事業・皇后宮職属詰所・御文庫事業の九巻に女官部屋関連の三件をあわせた一二件からなる。一方、表宮殿では、『皇居御造営誌三四　御学問所事業』（識別番号八三三三四、以下御造営誌と識別番号は略）饗宴所事業、後席之間事業、東溜之間事業、西溜之間事業、謁見所事業、東化粧之間事業、女官面謁所事業、内謁見所事業、東脱帽所事業、西脱帽所事業、御車寄事業、東車寄事業の一三件、これに侍従詰所・侍従武官詰所・侍医局・皇族大臣候所事業と附立所事業の二件を合わせた一五件からなる。両宮殿では、二七件になる。

他方、後者の場合、『皇居御造営誌八〇～八二　家具装置事業一～三』（識別番号八三三八〇～八三三八二、以下御造営誌と識別番号は略）、電気炉・電話線・電信線・避雷線設置事業、ランプ装置事業、瑠璃鏡及各所窓用瑠璃購売事業、各種織物事業一・二、絵画事業、金箔延立事業、天井張打出紙其他製紙事業、銅板延立事業の一二件がある。

つぎに、簡単に体裁と概要を記す。ここでは、表宮殿の饗宴所事業を例にあげ述べることにする。

表紙をめくると、表・奥客殿の各事業には、巻首図版が必らず付く。前面建図・側面建図・切断図・地之間図・地形図の五点は、必らずある。本書が建物の新築仕様書となっていることによるものである。これに、特徴的な図が加わる。饗宴所の場合は、建築図面として天井及屋根裏之図、天井画として入側格天井平、折上格天井初重蛇腹二点、同・二重蛇腹、同・初重平、同・二重長之間、同・二重平の七点が加わる。天井画は、全てに彩色が施され、縮尺が五分ノ一に統一されているので比較しやすい。しかも、一点ごとに意匠が記されているので、大変、有難い。二重平に例をあげると、

饗宴所折上格天井二重平　意匠政子手函浮線綾紋

極彩色

古紋小牡丹模様　五分壹

とある。余談であるが、表宮殿の天井画のうち、明治期の日本画家が描いた後席之間廣間と東西化粧之間の四季花卉図を除き全て所収されている。

巻首図版の後は、本文となる。そこには挿図は一切ない。冒頭部分を抜粋すると、

饗宴所入側廊下共新築造仕様書

一建坪　貳百六拾五坪三合四夕六才

軒坪六拾四坪九合

舟肘木造屋根銅葺入母屋破風木連格子貳夕軒マバラ棰木舞物外廻リ

腰嵌上白壁

但六尺五寸ヲ以テ壱間トス

軒高　貳拾三尺

仝出　拾尺八寸

北軒高　弐拾三尺五寸

北軒出　九尺七寸

床カ高　五尺・四分

内法高　八尺七寸

此　訳

拾七間 八間　中央ノ間

塗格天井二重折上間内緞子張床寄木張

二拾七間 貳間　東南入側

塗格天井間内緞子張床寄木張

〈以下、略〉

とある、建築仕様書が全体の半数程を占める。室内装飾は、これに続く「張付ノ部」、「金物ノ部」、「塗師ノ部」、「寄木張ノ部」等々が関連する。この中から「張付ノ部」と「寄木張ノ部」を抜粋する。

張付ノ部

一百六拾貳坪九合三夕

張付及木口張坪

一右仕様間内張付骨〆リ打付張共貳返西ノ内紙張箕張五返上半紙張
箕〆リ細川紙張袋張上美濃紙貳返張清張上西ノ内紙上張下紋羽継合セ張込廻リ
柱際鋲留メ致シ上張間内暗褐色緞子地相蜀紅模様小壁仝色仝品鳥鉄仙唐草模様
入側仝色仝品正倉院模様仝小壁仝色仝品亀甲模様後廊下浅黄色綿入繻子寶花模
様何レモ鋲留張立間内金紐四部一打入側廊下金白檀丸形四分一打

一軒廻リ及切椽共木口張下タ張西ノ内紙張上端張奉書紙張仕上ゲ

一九百貳拾七枚

格天井間内入側共

一格間下張西ノ内紙貳返上張大鷹質間内初重格模様蜀葵紋仝長ノ間
模様エチゴ折上ゲ模様春日鉄仙二重格間模様古紋小牡丹長ノ間模様一窠實菱仝
隅模様舞鳳折上ゲ模様巌島鉄仙入側格間模様軟錦紋何レモ模様打出シ極彩色致
シ壱ト間毎ニ鋲留付嵌込押ヘ打

とある。前半が壁張、後半が格天井の天井画に関する仕様となる。専門用語が並び、一読しただけでは理解が難しい。補助的な資料を必要とする。壁張でみることにする。下張仕様は、下張となる和紙の貼り合せと、上張となる緞子地繻子地の模様からなる。下貼については、『皇居造営録（謁見所）四　明治十五～二一年』（識別番号四三五四―四）の第九號「謁見所及饗宴所張付下張之費概算伺（明治二十年四月十一日）」の案件が詳細に記されている。仕様書と共に饗宴所のみを記す。

右仕様地付及鴨居上蔀戸裏共張付の内間内三分地付及鴨居上之張付板裏方ゟ西之内紙ヲ以テ張付組手間毎ニ三辺通リ張立之上表張付骨〆張リ西之内紙張付打付張リ請張紙張合セ箕張リ五返半紙ヲ以テ段々ニ張立箕〆張リ細川紙張合セ袋張貳辺美濃紙張付請張西之内紙ヲ以テ入念張立出来之事（傍点は筆者）

壱坪付ケ物品之量目　但シ六尺方ヲ以テ壱坪トス

西之内紙　裏骨〆張三辺　七拾貳枚
西之内紙　骨〆張リ　弐拾四枚
請張紙　打付張リ　弐拾六枚
半紙　箕張五返　貳百四拾枚
細川紙　箕〆張リ　貳拾六枚
美濃紙　袋張貳辺　七拾枚
西之内紙　請張　貳拾四枚
〆

の仕様が載る。饗宴所の場合、裏骨〆がないので骨〆張リからとなる。また、一坪当りの和紙の枚数が異なるのは、紙漉の産地の相違によるもので、均一サイズではないことからきている。戻って饗宴所間内の坪数と材量をみることにする。

一合百拾七坪壱合九夕壱才
内
五拾七坪六合九夕七才　饗宴所間内
拾壱坪五合九夕四才　同出壁
三拾八坪・壱夕八才　椽座敷
九坪八合八夕貳才　同出壁
〆

とある。御造営誌の坪数が異なるのは、『皇居御造営録（饗宴所）五　明治一三～一五年』（識別番号四三五七―五）の第七號「饗宴所北廊下及謁見所共張付之費概算伺（明治二十年四月五日提出）」の案件が含まれていないことによるものである。ふり返って案件の材料をみると、

饗宴所の材料一〇八円二一銭

品目	数量	一帖当りの単価	小計
上等西之内紙	二六六帖	一六銭	四二円五六銭
仝　請張紙	六五帖	一〇銭	六円五〇銭
仝　半紙	一、四一〇帖	二銭三厘	三二円四三銭

仝　細川紙	六五帖	八銭八厘	五円七二銭
仝　美濃紙	一七五帖	一二銭	二一円

とある。御造営誌の下張を理解するには、材量となる和紙の枚数と値段は必要としない。骨〆張リの西之内紙に始まり、請張の西之内紙で終わる工程がわかれば良いのである。

下張の上に貼る緞子地繻子地の壁張を特定するのは、困難と言わざるをえない。奥宮殿と表宮殿の内謁見所・御学問所の砂子蒔の壁張については、後述する『皇居御造営内部諸装飾明細図／奥宮殿砂子蒔之部』（識別番号八一三九三）をはじめとする二帖に縮図が所収されているので、容易に照会することができる。しかし、内謁見所・御学問所を除く間内の壁張については、『皇居御造営内部諸装飾明細図／曇帳其他裂現品の部』（識別番号八一四一三）があるが、全容を知るには遠く及ばない。同資料には、曇帳（資料に登場するので用いるが緞帳が一般的）、緞子地・繻子地の壁張、レース、椅子張等々の裂現品五四点が所収されている。この中には、使用した位置を特定できる名称入りの裂現品が含まれるが、半数にも満たない。模様の特徴や第一章の古写真との照会で八割程度は特定できるが、残りは不明と言わざるをえない。見本の存在が一層、困難を高めている。すなわち、表宮殿の壁張については、御造営誌の仕様で模様を知ることができるが、具体的な模様となると限られている。

後者の天井画の模様については、各御造営誌の巻首図版、それらを集成した『皇居御造営内部諸装飾明細図／表宮殿格天井模様之部』（識別番号八一三八二）、これらに加えて『皇居御造営諸装飾明細図／後席之間天井織物模様之部』（識別番号八一三八三・八一三八四）、『皇居御造営諸装飾明細図／東・西化粧之間天井模様之部』（識別番号八一三八五・八一三八六）で全てを知ることができる。さらに、大鷹質の打出紙は、大蔵省印刷局に依頼しており、『皇居御造営誌九一　天井張打出紙其他製紙事業』（識別番号八三三九一）に詳述されている。同様に、打出紙模様彩色の請負人名も記載されている。

つぎに、「寄木張ノ部」を抜粋する。表宮壁の主要間内では、御学問所を除き床の寄木張を特徴とする。しかも、間内ごとにほぼ模様を換えている。仕様をみることにする。

寄木張ノ部

一貳百六拾六坪七合七夕三才

寄木張坪

一右寄木張仕様地板檜ハ分村《ママ》無之様小巾板矧合セ　木口ハシバミ入下拵致シ黒檀花櫚槻杢　柾目寄テ取交色合ヨク取合セ膠矧ニ致シ削リ仕上ケ四方目違入床カ板ヘ捻鋲ニテ取付張合セ艶磨キ

（以下、略）

とある。寄木の材料として黒檀、花櫚、槻などは登場するが、模様や木材の比率等々は記されていない。別の資料に頼らざるをえない。木材の比率や模様については、『皇居造営録』や『皇居御造営諸建物其他明細図／寄木張之部』（識別番号八一三八〇）を利用するしかない。つまり、『御造営誌』の仕様の記述には、理解する上で限界があることになる。

他方、複数の建物に共通する事業内容についてみることにする。室内装飾とは直接関係ないが、第四章で述べた暖炉前飾、鏡縁に関連する『皇居御造営誌七八・七九室内暖温機械据附事業一・二』（識別番号八三三七八・八三三七九）をあげる。

明治宮殿の場合、暖炉は、表奥宮殿を問わず主要な間内に設置されている。しかも、暖炉前飾を施し、その上に大型の鏡を設置することで、一層、豪華となる。第一章の古写真でも紹介した。しかし、表宮殿のうち、謁見所・饗宴所・後席之間など六間内に暖炉が設置されてはいない。これは、饗宴所の北側に大型の機械室を設置し、ここで作成された温風を廊下の床下の配管を通して各間内の床下に取設した空気温気室に送り、温気吐出口より間内に温気を流通させたことによるものである。

室内暖温機械は、その後、東車寄受付之間左控室にも小型のものを増設する。冒頭の部分を抜粋すると、

室内暖温機械据附事業

明治二十年三月五日東車寄受付ノ間左控室ヘ蒸気暖温機ヲ増設ニ付機械壹組購買及据付ヲ刺賀商会ニ命ス従前ニ準シ約定書ヲ認定ス（約定書ハ略ス）其金圓左ノ如シ

銀貨千六百七拾九圓五拾七銭壹厘

又此暖温機械ヲ実施スルニ当リテハ其温度ヲ量知スヘキ為（エレクトリックサーモメータ）電気寒暖計壹組ヲ同商会ヨリ購入シ之ヲ装置セリ其代價銀貨六百圓トス而シテ本工事ノ全図ハ数拾葉ニ渉ルヲ以テ要所ノ図ノミ数葉ヲ左ニ添付ス其仕

様並ニ明細書ハ末頃ニ詳カナリ

とある。末尾の明細書をみると、この事業費の総計は、一一九、三三五円一五銭とある。前述の六室に暖気を送る蒸気暖温機械壹揃の値段が二四、七九二円八五銭とある。本体の値段だけで大型の方がおよそ一五倍高い。輸送費、設置するための材料費・人件費等々が残りの経費となる。ちなみに、図と共に大型機械の仕様書が載る。

蒸気空気暖温機械据付仕様書

長五拾壹尺五寸

横六尺六寸

床カ下地面ヨリ室ノ上ハ迄深壹尺九寸

謁見所床カ下地中ヘ取設ノ空気温気室

内

長内法　拾四尺五寸

横内法　六尺六寸　　四ケ所

高内法　六尺

温気室

内部ニ六百方「メートル」ノ暖面積ヲ有スル輪管製ノ暖体並鉄板製ノ水入器等ヲ設置ス四隅ニ方貳尺三寸ノ温気吐出シ口ヲ設ケ間内ヘ浄良ノ温気ヲ流通セシム同所「フレート」ヲ設ケ温気ノ度ヲ増減ナスニ備フ

長内法　拾貳尺五寸

横内法　六尺六寸　　貳ケ所

高内法　拾尺四寸

空気室

内部ノ中央ニ方三尺九寸ノ穴ヲ設ケ外部ヨリ床カ下タ通シ新鮮ナル空気ヲ侵入セシム

同穴ニ鉄製ノ網ヲ蔽ヒ細白布ヲ横ニ畳設シテ空気ノ外部ニ腕スルヲ止ム

同断ニ鉄製ノ枠ニ白布ヲ綾取リ掛ケ空気ノホコリヲ漉サシム

同断右貳尺三寸三尺三寸ノ渠道ヲ設ケ浄良ナル空気ヲ温室ヘ通セシム

（以下、略）

以下、内謁見所、東西溜之間、饗宴所、後席之間の五間内に続く。さらに、機械室ヨリ各室ニ連絡ナス隧道、表・東受附及廊下、機械室、煙筒煉化石積が載る。とにかく詳細なのである。この事業を読むことによって、広い間内の有効的な利用を理解することができるのである。

（二）皇居御造営誌附属図類

明治期の皇居造営に関する図面類で、「皇居御造営下調図」二帖、「皇居御造営諸御建物明細図」三四帖、「皇居御造営内部諸装飾明細図」三二帖からなる。ここでは内部諸装飾明細図について紹介する。

「皇居御造営内部諸装飾明細図」

この明細図は、皇居御造営事務局から仕事を引継いだ皇居御造営残業掛が、後世の参考のために明治二十一年一月に予算を計上し、制作させたものである。天井画、杉戸絵、襖絵、各種蒔絵、建具類、金物類など各々のテーマに合わせ縮尺を統一し—例えば杉戸絵は五分ノ一、釘隠金物は正寸など—、当代の著名な日本画家三三名が担当している（**表6—1**）。画家の中には、杉戸絵や襖絵などの原画制作を担当している人物が含まれているが、必ずしも縮図の制作と一致するものではない。

縮図の担当者については、『皇居造営録（絵画）三　明治一五〜二一年』（識別番号四四四八—三）の第二三號「謁見所其他宮殿向御天井及御建具類等絵控縮図之費伺」（明治二十一年一月二十四日提出）と第二四號「宮殿向御杉戸御小襖并後席之間格天井其他保存縮図請負申付伺」（明治二十一年九月二十八日）の案件に載る。前者は、**表6—1**の一六名の画家と担当箇所、枚数、画料など詳細な情報が記されている。それを集成したのが**表6—2**である。一六名の画家が五二四枚の縮図を担当するが、狩野壽信の二枚から岸九岳の一二三枚と一様ではない。この案件には続きがある。「宮殿向並ニ謁見所其他御建具其外彩色縮図受負之件」（明治二十一年七月七日提出）で小栗令裕以下六名の分を鶴澤探岳が請負うことになる。鶴澤探岳は、二七九枚とおよそ半分を描き、反対に、小栗令裕は、縮図の制作からは外れる。鶴澤守保他四名は、杉戸絵をはじめとする後者の縮図を請負うことになる。少々、興味深いのは、一枚当りの画料が均一ではなく高低の差が大きいことと、二月二十八日に決済が下るが入札していないにもかかわらず画料の総額が当初より三一二円一六銭安い四〇七円九一銭

表６－１　「皇居御造営内部諸装飾明細図」の目録と担当者

識別番号	資料名	縮図担当者（杉戸絵は別紙）
81382	皇居御造営内部諸装飾明細図 /表宮殿格天井模様之部	濱中忠三郎
81383	皇居御造営内部諸装飾明細図 /後席之間天井織物模様之部	三島蕉窓・稲田豊章
81384	皇居御造営内部諸装飾明細図 /後席之間天井織物模様之部	村瀬玉田
81385	皇居御造営内部諸装飾明細図 /東化粧之間天井模様之部	久保田桃水・村上義和
81386	皇居御造営内部諸装飾明細図 /西化粧之間天井模様之部	端舘紫川
81387	皇居御造営内部諸装飾明細図 /奥表宮殿杉戸御絵之部	
81388	皇居御造営内部諸装飾明細図 /奥宮殿杉戸御絵之部	鶴澤守保ほか17名
81389	皇居御造営内部諸装飾明細図 /奥宮殿杉戸御絵之部	
81390	皇居御造営内部諸装飾明細図 /奥宮殿杉戸御絵之部	
81391	皇居御造営内部諸装飾明細図 /奥宮殿襖御絵之部	石川虎之介・山名繁太郎・前田貫業
81392	皇居御造営内部諸装飾明細図 /奥宮殿御地袋御絵之部	芝永章
81393	皇居御造営内部諸装飾明細図 /奥宮殿砂子蒔之部	
81394	皇居御造営内部諸装飾明細図 /奥表宮殿砂子蒔之部	
81395	皇居御造営内部諸装飾明細図 /御宮殿御襖縁及御床敷物模様之部	小堀桂三郎・鶴澤探岳・高取熊若・端舘紫川
81396	皇居御造営内部諸装飾明細図 /御学問所硝子障子模様之部	
81397	皇居御造営内部諸装飾明細図 /御学問所硝子障子模様之部	久保田桃水・村上義和・端舘紫川
81398	皇居御造営内部諸装飾明細図 /御学問所硝子障子模様之部	
81399	皇居御造営内部諸装飾明細図 /御学問所硝子障子模様之部	
81400	皇居御造営内部諸装飾明細図 /賢所宮殿御錺物之部	
81401	皇居御造営内部諸装飾明細図 /表宮殿金物及木象眼之部	岸九岳
81402	皇居御造営内部諸装飾明細図 /後席之間婦人室小食堂釘隠及置物之部	芝永章
81403	皇居御造営内部諸装飾明細図 /表宮殿長押釘隠及引手金物之部	小堀桂三郎・鶴澤探岳・長命晏春・久保田桃水・前田貫業・鶴澤探岳・高取熊若
81404	皇居御造営内部諸装飾明細図 /奥表宮殿天井金物及諸金物之部	鶴澤探岳
81405	皇居御造営内部諸装飾明細図 /奥表宮殿御建具及御金物之部	
81406	皇居御造営内部諸装飾明細図 /表宮殿建具塗模様之部	久保田桃水・高取熊若
81407	皇居御造営内部諸装飾明細図 /表宮殿各所欄間之部	芝永章
81408	皇居御造営内部諸装飾明細図 /暖爐前飾之部	小堀桂三郎・芝永章・前田貫業・鶴澤探岳・高取熊若・端舘紫川
81409	皇居御造営内部諸装飾明細図 /奥表宮暖爐上鏡縁之部	小堀桂三郎・芝永章・高取熊若・端舘紫川
81410	皇居御造営内部諸装飾明細図 /表宮殿曇帳及剣璽之間御引惟之部	
81411	皇居御造営内部諸装飾明細図 /後席之間腰羽目刺繍之部	
81412	皇居御造営内部諸装飾明細図 /後席之間腰羽目刺繍之部	
81413	皇居御造営内部諸装飾明細図 /曇帳其他裂現品之部	

に値下げしていることである。値下げ率は、五六・七パーセントとなる。台所事情であろうが、厳しい一面を垣間見ることができる。

後者は、案件提出日が示すように、室内装飾が完工し、杉戸絵や襖絵などが所定の位置に納められた時期でもある。縮図の制作も最後となる。杉戸絵の縮図制作を共通とし、後席之間と東西化粧之間の四季花卉や小襖・地袋戸などの縮図も請負っている。一八名のうち一〇名が表6―2と重複し、新たに八名が指名されたことになる。第三章で述べたが、杉戸絵は、二九名の画家が担当する。そのうち、杉田絵の縮図を兼務するのは、鶴澤守保・村瀬玉田・山名重太郎・川邊御楯・岸九岳の五名である。意外と少ないのである。ちなみに、一八名の画家がどの縮図を担当したかは不明である。明細図の余白には、鉛筆で原画の作者のみが記されている。

さきに、表6―1で「皇居御造営内部諸装飾明細図」三二帖の目録を示した。いずれも本書の主体となる資料である。その中で、唯一、縮図ではない原品が含まれているので加筆しておく。

識別番号八一四一三「曇帳其他裂現品之部」が該当する。そこには、表宮殿に関する五四点の資料が納められている。内容は、曇帳（緞帳）、壁張となる緞子地繻子地、レースとなる真田織、椅子張のタペストリー織等々の裂品で構成されている。その中には、見本地も含まれており、全てを特定することは困難である。また、明細図のうち「奥宮殿御襖縁及御床敷物模様之部」（識別番号八一三九五）の中に以下の五点の縮図が含まれている。

・御車寄左右之間及饗宴所後入側廊下壁張裂緞子地「寳花模様」
・御車寄壁紙張「雙鷹紋」
・東車寄出壁張「古紋エチゴ」

表6－2　明細図の縮図制作を担当する画家一覧（その1）

	明治21年1月24日提出案件				明治21年2月28日提出案件		明治21年7月7日提出案件
画家名	縮図場所	枚数	画料	1枚当りの単価	枚数（増減）	画料	備考
小栗令裕	御車寄御学問所境鉄門・他	8	16円40銭	2円 5銭	8	9円84銭	請負変更、鶴澤探岳へ
小堀桂三郎	皇后宮御二之間鏡縁他	12	18円95銭	1円57銭 9厘16	10（-2）	8円55銭	
鶴澤守保	後席之間釘隠金物	28	45円50銭	1円62銭 5厘	28	27円30銭	請負変更、鶴澤探岳へ
長命晏春	謁見所釘隠・他	4	5円60銭	1円40銭	4	3円56銭	
芝　永章	聖上御三之間鏡縁・他	25	87円	3円48銭	34（+9）	50円70銭	請負変更、鶴澤探岳へ
久保田桃水	御学問所釘隠・他	21	31円75銭	1円51銭 1厘7	15（-6）	11円85銭	
村上義信	御学問所階下硝子戸・他	62	61円75銭	99銭 5厘967	62	37円 5銭	
前田貫業	宮御殿暖炉前飾・他	3	6円60銭	2円20銭	3	3円96銭	
稲田豊章	皇太后宮暖炉・他	12	23円60銭	1円96銭 6厘66	11（-1）	14円16銭	請負変更、鶴澤探岳へ
高取熊若	聖上御一之間鏡縁・他	13	20円25銭	1円55銭 7厘69	11（-2）	9円45銭	
端舘紫川	聖上御寝之間暖炉・他	106	133円25銭	1円25銭 7厘75	104（-2）	76円95銭	
山名繁太郎	御学問所欄間・他	20	26円60銭	1円33銭	19（-1）	14円76銭	請負変更、鶴澤探岳へ
岸　九岳	皇后宮ランプ釣金具・他	123	107円80銭	87銭 6厘4227	128（+5）	64円68銭	請負変更、鶴澤探岳へ
鶴澤探岳	剣璽之間御小襖縁・他	46	48円35銭	1円 5銭 1厘49	51（+5）	29円 1銭	6名分の縮図228枚分を追加
狩野壽信	謁見所竹ノ節	2	6円	3円	2	3円60銭	
濱中忠三郎	謁見所格天井・他	39	80円65銭	2円 6銭 7厘948	34（-5）	42円69銭	
小計		524	720円 5銭	－	524枚	407円91銭	

-312円16銭（56.7%）

表6－3　明細図のうち、杉戸絵縮図制作を担当する画家一覧（その2）

画家名	御杉戸以外の縮図	画料	表3-2縮図との重複	代表的な御杉戸の位置と作品名
鶴澤守保	聖上常御殿	52円	有、鶴澤探岳へ変更	聖上常御殿西入側中仕切「承和樂」、皇后宮取合「仁和樂」・他
村瀬玉田	後席之間腰張	142円	無	聖上申口之間取合「百合花」「臘梅」・他
三島蕉窓	婦人室後席之間格天井	115円50銭	無	
久保田桃水	東化粧之間・後席之間格天井	110円	有、15枚担当	
稲田豊章	後席之間格天井	101円60銭	有、鶴澤探岳へ変更	
長命晏春		60円	無	
端舘紫川	婦人面謁所格天井	65円	有、104枚担当	
村上義和	東化粧之間格天井	71円	有、62枚担当	
石川虎之助	皇太后宮御小襖	51円	無	
芝　永章	聖上御地袋戸	48円10銭	無	
山名繁太郎	皇后宮御小襖、其外	39円55銭	有、鶴澤探岳へ変更	皇后宮入側「帰厲」「櫻花」・他
前田貫業	皇后宮御小襖	37円	有、3枚担当	
平塚弥太郎	聖上常御殿	38円	無	
川邊御楯	宮御殿	35円	無	宮御殿後廊下「鴉友哺之図」「養老樵父図」・他
小堀桂三郎	聖上御湯殿	18円	無	
高取熊若	宮御殿	17円	有、11枚担当	
鶴澤探岳	聖上御湯殿	13円	有、279枚	
岸　九岳	聖上御湯殿、其他金物	17円30銭	有、鶴澤探岳へ変更	聖上常御殿御湯殿東廊下境「木夫蓉」「枯木ニ木兎」
		1031円 5銭		

・御車寄出壁張「香草紋」
◎廊下向壁紙「二重蔓牡丹」

最後の廊下壁紙を除く四点は、縮図と裂現品とが照合する。二番目の「雙鷹紋」を壁紙張（傍点は筆者）とあるのは誤りである。これらについては、第二章で述べた。

（三）皇居造営録

さきに、「皇居御造営誌」が明治宮殿造営の公式記録であることを述べた。本資料は、「皇居御造営誌」の各事業を編纂する上での基本資料となるもので、七二九件からなる。各冊子の体裁をみると、各種別ごとにまとめられ、事業によっては複数の冊子に及ぶものも少なくない。さらに、各冊子には目次が付けられ、主要な資料に號数をふり、目次と整合する配慮がなされている。奥付けには、「大正十年○月／圖書寮編纂」の印が押されていることから、宮内省圖書寮において、大正十年前後に膨

表6－4　「皇居御造営誌」と「皇居御造営録」との資料照会一覧

区分	皇居御造営誌 資料名	皇居御造営誌 識別番号	皇居御造営誌 冊数	皇居造営録 資料名	皇居造営録 識別番号	皇居造営録 冊数
奥宮殿	22 聖上常御殿事業	八三三二二	1	(聖上常御殿)一~一三	四三七〇—一~一三	13
	23 皇后宮常御殿事業	八三三二三	1	(皇后宮常御殿)一~四	四三七一—一~四	4
	24 皇太后宮御休所事業	八三三二四	1	(皇太后宮御休所)一~二	四三七二—一~二	2
	25 宮御殿事業	八三三二五	1	(宮御殿)一~二	四三七三—一~二	2
奥宮殿	34 御学問所事業	八三三三四	1	(御学問所)一~七	四三五六—一~七	7
	37 饗宴所事業	八三三三七	1	(饗宴所)一~五	四三五七—一~五	5
	38 後席之間事業	八三三三八	1	(後席之間)一~四	四三五八—一~四	4
	39 東溜之間事業	八三三三九	1			
	40 西溜之間事業	八三三四〇	1	(東西溜之間)一~六	四三五九—一~六	6
	41 謁見所事業	八三三四一	1	(謁見所)一~八	四三五四—一~八	8
	42 東化粧之間事業	八三三四二	1			
	43 女官面謁所事業	八三三四三	1	(東西化粧之間)一~五	四三六〇—一~五	5
	44 内謁見所事業	八三三四四	1	(内謁見所)一~三	四三五五—一~三	3
	45 東脱帽所事業	八三三四五	1			
	46 西脱帽所事業	八三三四六	1	(東西脱帽所)一~四	四三六一—一~四	4
	47 御車寄事業	八三三四七	1	(御車寄)一~五	四三六六—一~五	5
	48 東車寄事業	八三三四八	1	(東車寄)一~六	四三六七—一~六	6
その他	80~82 家具装置事業一~三	八三三八〇~八二	3	—	—	
	84 ランプ架設事業	八三三八四	1	—	—	
	85 瑠璃鏡及各所窓用玻璃購買事業	八三三八五	1	—	—	
	86・87 各種織物事業一・二	八三三八六~八七	2	—	—	
	88 絵画事業	八三三八八	1	(絵画)一~三	四四四八—一~三	3
	90 金箔延立事業	八三三九〇	1	—	—	
	91 天井張打出紙其他製紙事業	八三三九一	1	—	—	
	98 銅板延立事業	八三三九八	1	(大阪製銅会社延銅板)一~三	四四四一—一~三	3
	—	—		(金物)一~八五	四四四〇—一~八五	85
	—	—		(片山技師独逸出張)装飾品購買諸件	四四四六—一~三	3
補助	—	—		(運搬掃除)一~五三	四四二三—一~五三	53
	—	—		(物揚場)一~二	四四一九—一~二	2

※「皇居造営誌」の資料名として揚げた数字は、目録の番号を示している。

大な資料を整理し、今日の姿に編纂したことがうかがえる。

内容は、各事業の各工程が細分しているため、関連する所管の決済のもと、事業名と概算額、経過報告、仕様書、工事であれば設計部門の見積書、応札と落札者の約定証、工事着手と落成の報告、仕様替であればその部分が加わる。必要に応じて図面が添付する。

はじめに、「皇居御造営誌」と「皇居造営録」との照会をする。**表6―4**に両者の関係を示した。表宮殿と奥宮殿は、共に主要な間内で全てではない。「皇居御造営誌」では、各々主要な間内が独立事業としているのに対して、「皇居造営録」では東西が対応する溜之間・化粧之間・脱帽所がまとめて一つに編纂されていることを特徴とする。また、「皇居造営録」では、いずれも複数の冊子に綴じられ、資料の数をみると奥宮殿では聖上常御殿、表間内では謁見所と御学問所が他の間内を圧倒する。やはり、中心的な間内では資料も多い。

二つの資料を比較すると、複数の間内に共通する事柄で編纂したものに相違が顕著である。表には、本書に関連するものを抜粋した。この中で重複するのは、絵画と銅板延立の二項目しかない。「家具装置事業」と「片山技師独逸出張装飾品購買諸件」とは一致するようにも見えるが、内容を精査すると大分、異なる。総じて特定の物品に関する事業内容は、「皇居御造営誌」の方が理解しやすい。他方、「皇居造営録（金物）」は、釘・鋲・丁銅等々の購買に関する案件もあるが、釘隠金物・格天井辻金具・引手金物・ランプ釣金物・御棚金物等々の案件が原図・仕様書を添えて揃えてあり、不可欠といえる資料である。さらに、表中に補助として含めた（運搬掃除）と（物揚場）の資料は、製品・材料が国内・海外から東京府・造営地までの手段を繙く上で貴重なものとなっている。

「皇居造営録」に所収されていない図面類がある。筆者は、『江戸城—築城と造営の全貌—』の「第十章　宮殿造営」で宮御殿を紹介したことがある（五一二〜五一七頁）。その中の『皇居造営録（宮御殿）二　明治一七〜二〇年』（識別番号四三七三—一）の第一〇号「宮御殿大工及同手傳人足賃之儀伺」（明治十八年四月九日提出）の案件に、朱書きで地之間圖以下八点の図について「圖面ハ別ニ保存ス」の記入があることを指摘した。地之間図・床カ伏図・小屋伏図等々は、他の案件との兼合で登場するが、矩斗図・梁妻平ノ図などはない。ちなみに、これら建築に関する図面類は、前掲した「皇居御造営諸御建物明細図」に所収されており、主要な図は『皇居御造営誌二五　宮御殿事業』で縮尺を換えたものを見ることができる。このように、建物図面類は、他の資料を併用することで補うことができる。

（四）宮内公文書館以外の所蔵資料

本書では、宮内庁書陵部宮内公文書館所蔵資料を中心として明治宮殿の室内装飾について述べるが、他の機関が所蔵する同様の資料について列挙し、簡単に紹介する。

●東京藝術大学美術館所蔵資料

同館には、後席廣間の天井綴錦の原寸大下絵一一二枚が所蔵されている。この下絵は、幕末から明治中期にかけて活躍した漆工家で円山四條派の日本画家の柴田順蔵（号は是真）の三男である池田慎次郎（号は真哉）が担当したもので、花丸紋として描かれた。同館では、平成十七年「藝大コレクション展　柴田是清—明治宮殿の天井画と写真帖」展が開催され、図録も刊行されている。関連して横溝廣子・薩摩雅登編『柴田是真下絵・写真集　東京藝術大学美術館所蔵』が東方出版より上梓されている。

なお、柴田是清は、杉戸絵を担当した。聖上常御殿申口取合之間では、「杜若」・「五位鷺ニ水葵」を描いている。

●都立中央図書館特別文庫室所蔵の木子文庫・加賀文庫

都立中央図書館が所蔵する資料には、明治宮殿造営に関わった木子家に由来する「木子文庫」がある。木子清敬《きこきよよし》は、内裏の修理造営に当たる番匠の名家、木子家に弘化二年（一八四五）生まれる。皇居御造営事務局には、明治十九年七月十三日に九等官として出仕する。

平成二十七年十月に開催された「江戸城から明治宮殿へ—首都東京の幕開け—」展のパンフレットには、木子清敬編写一冊として『皇居奥表絵画録』（木子文庫W九）が紹介されている。また、同資料には、加賀豊三郎の旧蔵書の加賀文庫から『皇城千草御間格天井綴錦草花』（加賀文庫二〇六三）が載る。これは、前述した東京藝術大学美術館所蔵の下絵と比較すると、草花の絵柄や配置が異なる。後席廣間の格天井画が作成される上で興味深い資料である。

●宮内庁および東京国立博物館所蔵の杉戸絵

明治宮殿の杉戸絵は、奥宮殿一八〇枚、表宮殿内謁見所一二枚の合計一九二枚が制作されている。このうち、昭和二十年五月の空襲の難を逃れた三五組七〇枚が宮内庁と東京国立博物館に所蔵されている。

この杉戸絵に関する資料は、昭和五十七年、関千代が『皇居杉戸絵』で解説書を付けて京都書院から刊行されている。

・『宮城風致考　上・中・下　大正一一年』（識別番号三八六〇二）
・『皇居御造営誌下調図1・2　明治二五年』（識別番号八〇一〇〇・八一三四七）
・『皇居御造営誌四～九　皇居御造営本紀二～七』（識別番号八三三〇四～八三三〇九）
・『皇居御造営誌二二　聖上常御殿事業』（識別番号八三三二二）
・『皇居御造営誌二三　皇后宮常御殿事業』（識別番号八三三二三）
・『皇居御造営誌二四　皇太后宮御休所事業』（識別番号八三三二四）
・『皇居御造営誌二五　宮御殿事業』（識別番号八三三二五）
・『皇居御造営誌二六　申口取合之間及女官候所、女官客間及呉服所、女官部屋へ渡廊下、同化粧之間等事業』（識別番号八三三二六）
・『皇居御造営誌二七　聖上御湯殿、御厠及御学問所へ渡廊下事業』（識別番号八三三二七）
・『皇居御造営誌二八　皇后宮御湯殿、御厠及供進所、雑仕詰所事業』（識別番号八三三八二）
・『皇居御造営誌二九　御霊代及二位局詰所、御物置事業』（識別番号八三三二九）
・『皇居御造営誌三〇　奥御車寄受附之間、皇后宮職属詰所、御文庫事業』（識別番号八三三三〇）
・『皇居御造営誌三四　御学問所事業』（識別番号八三三三四）
・『皇居御造営誌三五　侍従詰所、侍従武官詰所、侍医局、皇族大臣候所事業』（識別番号八三三三五）
・『皇居御造営誌三六　附立所事業』（識別番号八三三三六）
・『皇居御造営誌三七　饗宴所事業』（識別番号八三三三七）
・『皇居御造営誌三八　後席之間事業』（識別番号八三三三八）
・『皇居御造営誌三九　東溜之間事業』（識別番号八三三三九）
・『皇居御造営誌四〇　西溜之間事業』（識別番号八三三四〇）
・『皇居御造営誌四一　謁見所事業』（識別番号八三三四一）
・『皇居御造営誌四二　東化粧之間事業』（識別番号八三三四二）
・『皇居御造営誌四三　女官面謁所事業』（識別番号八三三四三）
・『皇居御造営誌四四　内謁見所事業』（識別番号八三三四四）
・『皇居御造営誌四五　東脱帽所事業』（識別番号八三三四五）
・『皇居御造営誌四六　西脱帽所事業』（識別番号八三三四六）
・『皇居御造営誌四七　御車寄事業』（識別番号八三三四七）
・『皇居御造営誌四八　東車寄事業』（識別番号八三三四八）
・『皇居御造営誌七八・七九　宮殿室内煖温機械据付事業一・二』（識別番号八三三七八・八三三七九）
・『皇居御造営誌八〇～八二　家具装置事業一～三』（識別番号八三三八〇～八三三八二）
・『皇居御造営誌八三　電気燈、電話線、避雷針設置事業』（識別番号八三三八三）
・『皇居御造営誌八五　瑠璃鏡及各所窓用玻璃購買事業』（識別番号八三三八五）
・『皇居御造営誌八六・八七　各種織物事業一・二』（識別番号八三三八六・八三三八七）
・『皇居御造営誌八八　絵画事業』（識別番号八三三八八）
・『皇居御造営誌九〇　金箔延立事業』（識別番号八三三九〇）
・『皇居御造営誌九一　天井張打出紙其他製紙事業』（識別番号八三三九一）
・『皇居御造営誌九八　銅板延立事業』（識別番号八三三九八）
・『皇居造営録（謁見所）一～八　明治一五～二一年』（識別番号四三五四―一～八）
・『皇居造営録（内謁見所）一～三　明治一七～二〇年』（識別番号四三五五―一～三）
・『皇居造営録（御学問所）一～七　明治一七～二〇年』（識別番号四三五六―一～七）
・『皇居造営録（饗宴所）一～五　明治一三～二一年』（識別番号四三五七―一～五）
・『皇居造営録（後席之間）一～四　明治一七～二〇年』（識別番号四三五八―一～四）
・『皇居造営録（東西溜之間）一～六　明治一七～二一年』（識別番号四三五九―一～六）
・『皇居造営録（東西化粧之間）一～五　明治一八～二一年』（識別番号四三六〇―一～五）

・『皇居造営録（東西脱帽所）一～四　明治一八～二一年』（識別番号四三六一―一～四）
・『皇居造営録（皇族大臣候所）一～三　明治一七～二一年』（識別番号四三六二―一～三）
・『皇居造営録（御車寄）一～五　明治一七～二一年』（識別番号四三六六―一～五）
・『皇居造営録（東車寄）一～六　明治一七～二一年』（識別番号四三六七―一～六）
・『皇居造営録（聖上常御殿）一～一三　明治一五～二一年』（識別番号四三七〇―一～一三）
・『皇居造営録（皇后宮常御殿）一～四　明治一七～二一年』（識別番号四三七一―一～四）
・『皇居造営録（皇太后宮御休所及御物置）一・二　明治一七～二一年』（識別番号四三七二―一・二）
・『皇居造営録（宮御殿）一・二　明治一七～二〇年』（識別番号四三七二―一・二）
・『皇居造営録（運搬掃除）一～五三　明治一五～二二年』（識別番号四四二三―一～五三）
・『皇居造営録（金物）一～八五　明治一四～二二年』（識別番号四四四〇―一～八五）
・『皇居造営録（電気）一・二　明治一九～二二年』（識別番号四四四四―一・二）
・『皇居造営録（雑品）一～四二　明治一四～二二年』（識別番号四四四五―一～四二）
・『皇居造営録（片山技師独逸出張装飾品購買諸件）一～三　明治一九～二一年』（識別番号四四四六―一～三）
・『皇居造営録（絵画）一～三　明治一五～二一年』（識別番号四四四八―一～三）
・『皇居造営録（図）　明治一五～二二年』（識別番号四四四九）
・『皇居御造営諸御建物其他明細図／寄木張之部』（識別番号一三八〇）
・『皇居御造営内部諸装飾明細図／表宮殿格天井模様之部』（識別番号八一三八二）
・『皇居御造営内部諸装飾明細図／後席之間天井織物模様之部』（識別番号八一三八三）
・『皇居御造営内部諸装飾明細図／後席之間天井織物模様之部』（識別番号八一三八四）
・『皇居御造営内部諸装飾明細図／東化粧之間天井模様之部』（識別番号八一三八五）
・『皇居御造営内部諸装飾明細図／西化粧之間天井模様之部』（識別番号八一三八六）
・『皇居御造営内部諸装飾明細図／奥表宮殿御杉戸御絵之部』（識別番号八一三八七）
・『皇居御造営内部諸装飾明細図／奥宮殿御杉戸御絵之部』（識別番号八一三八八）
・『皇居御造営内部諸装飾明細図／奥宮殿御杉戸御絵之部』（識別番号八一三八九）
・『皇居御造営内部諸装飾明細図／奥宮殿御杉戸御絵之部』（識別番号八一三九〇）
・『皇居御造営内部諸装飾明細図／奥宮殿御襖御絵之部』（識別番号八一三九一）
・『皇居御造営内部諸装飾明細図／奥宮殿御地袋御絵之部』（識別番号八一三九二）
・『皇居御造営内部諸装飾明細図／奥宮殿砂子蒔之部』（識別番号八一三九三）
・『皇居御造営内部諸装飾明細図／奥表宮殿砂子蒔之部』（識別番号八一三九四）
・『皇居御造営内部諸装飾明細図／奥宮殿御襖縁及御床敷物模様之部』（識別番号八一三九五）
・『皇居御造営内部諸装飾明細図／賢所宮殿御盆物之部』（識別番号八一四〇〇）
・『皇居御造営内部諸装飾明細図／後席之間婦人室小食堂釘隠及置物之部』（識別番号八一四〇二）
・『皇居御造営内部諸装飾明細図／表宮殿長押釘隠及引手金物之部』（識別番号八一四〇三）
・『皇居御造営内部諸装飾明細図／暖爐前飾之部』（識別番号八一四〇八）
・『皇居御造営内部諸装飾明細図／奥表宮殿暖爐上鏡縁之部』（識別番号八一四〇九）
・『皇居御造営内部諸装飾明細図／表宮殿曇帳及剣璽之間御引惟子之部』（識別番号八一四一〇）
・『皇居御造営内部諸装飾明細図／曇帳其他裂現品之部』（識別番号八一四一三）
・『明治宮殿（四つ切り）その壱～その参（写真帳）／大正一一年』（識別番号四六八五七～四六八五九）
・『憲法発布式図一　憲法発布式之図』（識別番号八〇〇八〇）
・『憲法発布式図四　豊明殿御陪食之図』（識別番号八〇〇八三）
・『憲法発布式図五　舞楽殿御覧之図』（識別番号八〇〇八四）
・『憲法発布式図六　南溜之間御陪食之図』（識別番号八〇〇八五）
・『憲法発布式図七　北溜之間御陪食之図』（識別番号八〇〇八六）
・『皇居（表宮殿）（写真帳）／大正一一年』（識別番号四六八三九）
・『皇居（表宮殿表御座所　皇后宮御座所）（写真帳）／大正一一年』（識別番号四六六四一）

参考文献

・恵美千恵子「明治の皇室に選ばれた表象」『天皇の美術史6　近代皇室イメージの創出』吉川弘文館　二〇一七年
・刑部芳則『京都に残った公家たち―華族の近代―』（歴史文化ライブラリー三八五）吉川弘文館　二〇一四年
・小沢朝江『明治の皇室建築―国家が求めた〈和風〉像―』（歴史文化ライブラリー二六三）吉川弘文館　二〇〇八年
・京都国立近代美術館・宮内庁三の丸尚蔵館『皇室の名品―近代美術の粋―』図録　日本経済新聞社　二〇一二年
・銀座文化史学会『謎のお雇い外国人ウォートルスを追って―銀座煉瓦街以前・以後の足跡―』銀座文化研究別冊　二〇一七年
・宮内庁書陵部『儀式関係史料』展示目録　二〇〇四年
・同　『宮内省の編纂事業』展示目録　二〇〇七年
・宮内庁三の丸尚蔵館『幻の室内装飾―明治宮殿の再現を試みる―』図録　二〇一一年
・小泉和子『室内と家具の歴史』中央公論社　二〇〇五年
・小寺瑛広「山高信離とその仕事―博物館長になった旗本―」『國學院大學博物館学紀要』二〇一〇年
・佐々木正勇「官行鉱山の収支について」『研究紀要』第一八号　日本大学人文科学研究所　一九七六年
・鈴木博之監修『皇室建築―内匠寮の人と作品』建築画報社　二〇〇五年
・関千代『皇居杉戸絵』京都書院　一九八二年
・東京藝術大学美術館『柴田是真　明治宮殿の天井画と写生帖』図録　二〇〇五年
・東京国立博物館　特別展観『江戸城障壁画の下絵―大広間・松の廊下から大奥まで―』図録　一九八八年
・東京市『東京市史稿　皇城編第五』一九一八年
・東京都立中央図書館・東京都公文書館『江戸城から明治宮殿へ―首都東京の幕明け―』（東京文化財ウィーク二〇一五参加企画展）図録　二〇一五年
・中島卯三郎『皇城』雄山閣　一九五九年
・野中和夫『江戸城―築城と造営の全貌―』同成社　二〇一五年
・同　「明治宮殿、釘隠金物についての集成と一考察（上・下）―宮内庁宮内公文書館所蔵資料から―」『想古』第九・一〇号　日本大学通信教育部学芸員コース　二〇一六・二〇一七
・同　「宮城、表宮殿の天井画に関する集成と一考察―宮内庁宮内公文書館所蔵資料から―」『城郭史研究』第三七号　二〇一八年
・博物館明治村『明治宮殿の杉戸絵―伝統画派最後の光芒―』図録　一九九一年
・村上隆『金・銀・銅の日本史』（岩波新書（新赤版）一〇八五）岩波書店　二〇〇七年
・山崎鯛介「明治宮殿の設計内容にみる「奥宮殿」の構成と聖上常御殿の建築学的特徴」『日本建築学会計画系論文集』第五八六号　二〇〇四年
・横溝廣子「明治政府による工芸図案の指導について―『温故図録』関係資料に見る製品画図掛の活動とその周辺―」『ＭＵＳＥＵＭ』第三四号　二〇〇三年
・同　「明治政府と伝統芸術―『温故図録』から明治宮殿「千種の間天井画へ」―」『伝統工藝再考　京のうちそと』思文閣出版　二〇〇七年
・横溝廣子・薩摩雅登編『柴田是真下絵・写真集―東京藝術大学大学美術館所蔵―』東方出版　二〇〇五年

あとがき

明治政府は当初、徳川政権下に建てられた元治度西丸仮御殿（一八六四年造営）を仮宮殿として利用するが、この建物は明治六年（一八七三）、女官部屋からの出火によって全焼する。新宮殿造営を巡る迷走については、付章で述べた通りである。新宮殿の位置と様式が決まる明治十六年（一八八三）と宮殿が竣工する明治二十一年（一八八八）は、今日から遡ること一二五年と一三〇年にあたる。

昨年（二〇一八年）の明治維新一五〇年については、歴史認識や話題性からマスコミや雑誌・書籍などに取上げられることが少なくなかったが、明治宮殿に関する論考は皆無に等しいといっても過言ではないだろう。それには、戦禍にまきこまれ昭和二十年に全焼するまでの五七年という歳月の短さもあろうが、膨大な資料を所蔵する宮内庁書陵部図書課からそれらの資料がほとんど公開されないまま今日に至ったことに主たる原因があると思われる。そのため、明治宮殿の印象を世人に問うと、日本史の教科書に載る「明治憲法発布式」が執行された正殿の名称すら口にする人は稀である。少し拡げても西丸の二つの木橋が大手石橋と二重橋鉄橋へ変更されたことをあげる人がわずかにいるに過ぎない。急速な近代化、西欧化という激動の明治期にあって、明治宮殿がその中枢的な位置を占有していたにもかかわらずである。

私自身、明治宮殿造営、いわんや宮殿の室内装飾に関心を持つようになったのは全くの偶然であり、資料との出合いであった。考古学を学ぶ者として、江戸城石垣に興味を抱き、蓮池濠に面する本丸石垣の修繕された時期を特定することが、書陵部宮内公文書館で資料を閲覧する当初の目的であった。かつて、編著『石垣が語る江戸城』を上梓した折、研究テーマとして江戸城を継続するか断念するかで自問自答したことがある。江戸城に限らず近世城郭を学ぶにあたり、石垣を生産地である採石丁場と消費地である城郭との需給関係で明らかにすることには、意義深いものがある。しかし、城をハード面で述べるには、石垣だけでは不十分で、御殿・天守・櫓・門など建造物の構造と時間的変遷が不可欠であることは明白である。都立中央図書館特別文庫室所蔵「江戸城造営関係資料（甲良家伝来）」は、格好の資料である。各種建物や配置図を保管することで、地震や火事に遭遇した際には、それら図面が下図となり、資材と人足の手配さえ目途が立てば短時間での復旧が可能となる。幕府は、大名手伝普請としてこれを実践した。一方で、襖絵や天井画などは下絵があるが故に、新造時に大きな変化がないものとなる。

ところで、明治宮殿造営の中で室内装飾の指揮をとったのは、旗本出身で帝室博物館長を務めた山高信離《のぶつら》である。山高は、慶応三年（一八六七）、パリ万国博覧会に徳川昭武の随行員として参列し、広範な視野を育んだ。その経験が室内装飾において、洋風と和風という二面性を取入れ表現されていることは一目瞭然で、見事の一言に尽きる。前掲した「明治憲法発布式図」では、絵画とは言え、厳粛な間内の雰囲気が、参列した洋装姿の人々の表情から垣間見ることができる。その空間は、豪華な二基のシャンデリアが垂下し、真紅の緞帳などは、正に洋風の代表格である。他方、天井の形式に見る二重折上格天井や、格間を埋尽くす東大寺意匠の吉祥を表す華麗な天井画などは、和風を踏襲するものである。この和洋折衷様式に、違和感は微塵もない。表宮殿の各間は、その目的・機能によって空間としての拡さや天井の形態はもとより、装飾品としての緞帳や天井画など一つとして同じものはない。古代意匠や模様などを参考にしてはいるが、各間オリジナルなのである。

本書を著すにあたって、最初に強く興味をひかれたのは釘隠金物である。二つの理由がある。一つは、製作工程における確立された分業体制、一つは、形状に見る威厳・格式と新たな吉祥模様の配置である。前者は、原資となる阿仁産の丁銅は別として、銅板延立、形状の製作、鍍金という各工程で資材・道具を発注側が用意し、請負人が異なるという馴染みのない制度である。企業が零細で未成熟ということもあろうが、仕様書一つで一連の製品を入札する今日のやり方と比較すると理解に苦しむものがある。後者は、古代から継続する建物の飾金具にあって、奥宮殿と表宮殿の二つの異なる建築様式と機能がある中で、形状・大きさ・模様・彩色に変化をもたせ、使い分けていることにある。奥宮殿の聖上常御殿をはじめとする御殿と表宮殿の御座所である御学問所階下の各間では、伝統ある六葉紋が輝き、威厳を保ち、大きさとわずかばかりの形状の変化で格式を表わす。他方、表宮殿では、控室となる左右廂・脱帽所・北溜之間と廊下に何気なく六葉紋を設置することで皇居の存在を示す。謁見所・饗宴所・後席之間などでは、空間の拡さや各間の機能に応じて吉祥を示す新たな製作に取組む。内法・天井・廻縁長押と形状を変え、種類も豊富である。釘隠金物のような小型の飾金具一つをみても妥協が無いのである。

古写真、装飾明細図（縮図）、公式記録の集積である『皇居御造営誌』、工事経過の詳細な資料である『皇居造営録』の存在は、明治宮殿を研究する上で、第一級の資料であることは間違いがない。しかし、活用するという点では難しい。資料の多さもあるが、ホームページに載る目録では、なかなか目的の資料に到達することができない。その上、関連する資料が多いのである。

日本の近代化を語るにあたって、明治期になされた皇居造営という一大事業の果した役割は大きい。最新の西欧の技術はもとより、調度品や洋装までも受入れている。上水道の整備、電気・瓦斯の普及、橋脚や道路の整備など枚挙にいとまはない。皇居造営が手本となり、急激に市中で進行するのである。大正十一年（一九二二）、『宮城風致考　上・中・下』（識別番号三八六〇二）を表した市川之雄は、同書の中で、上層部に和風の伝統を重要視する意見があったことを紹介している。美術史の門外漢である筆者が、資料の選択に主観が入ることはご容赦願いたいが、極力、忠実に紹介することを心掛け、文化史学の視点でまとめたつもりである。

宮内庁書陵部宮内公文書館で資料を閲覧するにあたり、外立直美氏をはじめ多くの方にご教示、ご協力をいただいた。また、本書を上梓するにあたっては、同成社の山脇洋亮・佐藤涼子・工藤龍平の諸氏に多大なお世話にあずかった。心よりお礼を申し上げる。

なお、本書の刊行にあたっては社団法人尚友倶楽部より出版助成金をいただいた。同倶楽部の上田和子氏のご助力に深くお礼を申し上げたい。

平成三十一年三月

野中和夫

皇《こう》居《きょ》明《めい》治《じ》宮《きゅう》殿《でん》の室《しつ》内《ない》装《そう》飾《しょく》

■著者略歴■

野中和夫（のなか・かずお）

1953年生。
1977年　日本大学文理学部史学科卒業。
1983年　日本大学大学院文学研究科日本史専攻博士後期課程満期退学。
現　在　日本大学講師・拓殖大学講師・千葉経済大学講師。
主要著作
『石垣が語る江戸城』（〔編著〕同成社、2007年）。『江戸の自然災害』（〔編著〕同成社、2010年）。『江戸の水道』（〔編著〕同成社、2012年）。『江戸・東京の大地震』（〔単著〕同成社、2013年）。『江戸城—築城と造営の全貌—』（〔単著〕同成社、2015年）。

2019年 4 月25日発行

著　者　野 中 和 夫
発行者　山 脇 由 紀 子
印　刷　亜細亜印刷㈱
製　本　協 栄 製 本 ㈱

発行所　東京都千代田区飯田橋4-4-8　(〒102-0072) 東京中央ビル　㈱同成社
TEL 03-3239-1467　振替 00140-0-20618

ISBN978-4-88621-821-6　C3021